陈锋 著

清代盐务与财政

博闻自选文丛·史学

中西书局

图书在版编目（CIP）数据

清代盐务与财政 / 陈锋著. — 上海：中西书局，
2023

（博闻自选文丛. 史学）

ISBN 978 - 7 - 5475 - 2093 - 2

Ⅰ.①清… Ⅱ.①陈… Ⅲ.①盐业史-中国-清代-
文集②财政史-研究-中国-清代-文集 Ⅳ.
①F426.82 - 53②F812.9 - 53

中国国家版本图书馆 CIP 数据核字(2023)第 060799 号

博闻自选文丛·史学

清代盐务与财政

陈 锋 著

责任编辑	伍珺涵
装帧设计	黄 骏
责任印制	朱人杰
出版发行	上海世纪出版集团 中西书局（www.zxpress.com.cn）
地　址	上海市闵行区号景路 159 弄 B 座(邮政编码:201101)
印　刷	上海肖华印务有限公司
开　本	700 毫米×1000 毫米　1/16
印　张	28.75
字　数	427 000
版　次	2023 年 6 月第 1 版　2023 年 6 月第 1 次印刷
书　号	ISBN 978 - 7 - 5475 - 2093 - 2/F · 042
定　价	108.00 元

本书如有质量问题，请与承印厂联系。电话:021-66012351

博闻自选文丛·史学

学术委员会名单

（以姓氏笔画为序）

李伯重教授（北京大学）

刘志伟教授（中山大学）

陈支平教授（厦门大学）

陈　锋教授（武汉大学）

范金民教授（南京大学）

赵世瑜教授（北京大学）

赵轶峰教授（东北师范大学）

常建华教授（南开大学）

编辑则例

1. "博闻自选文丛"遴选出生于 20 世纪 50 年代的人文科学研究者的自选集。

2. 作者自选学术论文和学术批评结集,文责自负。

3. 入选文集经学者推荐、评议产生。

4. 本丛书不设主编,由作者自序,不强求体例统一。

5. 本丛书提倡学术的自主性、严肃性、多样性。

序　言

　　中西书局策划"博闻自选文丛·史学",遴选出版 20 世纪 50 年代出生的历史学者的自选集,是一件非常有意义的事。应伍珺涵编辑和范金民教授之邀,笔者的自选集忝列其中,深感荣幸。

　　作为"五〇"学人,作为"恢复高考"后的首届学子,1978 年 3 月考入武汉大学历史系,是一种历史的际遇。我在为"纪念恢复高考 40 年暨武汉大学 77 级入校 40 周年"所出图文集《最忆珞珈 779》撰写的"序言"中有言:"珞珈山,吾侪心中之山。四十年前,1977,岁当丁巳,邓公决策恢复高考,时语为'拨乱反正'。'乱'者,或大学停办,或推荐工农兵,寒门学子无晋途,十载贡院空凋零,才俊星散乡野间。'正'者,贯其学统而考之,正其位,复其善也。古语云:'欲天下足食,则劝耕;欲天下足用,则行俭;欲天下致治,则选贤任能。'选贤任能岂能无规乎? 当时之规,在于恢复高考选择人才矣。一夕定策,560 万参加高考,浩浩荡荡,27 万步入黉宫,喜笑颜开。吾武汉大学历史系 77 级 92 人,男将 67,女将 25,即在 27 万翘楚之中也。更有奇者,时呼吁恢复高考之教授,乃我武汉大学之查公全性,时主持恢复高考工作之教育部高教司司长,乃刘公道玉,刘公道玉又为我辈读书时之武汉大学校长也。开篇云'珞珈山,吾侪心中之山',涵深意焉。……大儒若唐师长儒者,若吴师于廑者,慨然授业。饱学诸师,亦循循教导,倾囊而授。其情时在念中。噫! 吾辈亦不负春光,成绩优矣,学业优矣,频出成果者有之,提前读研者有之,提前毕业者有之。间有收获爱情者,才子佳人,亦是良缘。师长惊为多年未遇之良才,世人目为天之骄子。何以若此,略可归结为三:一曰经历不凡,知世间之冷暖。二曰求学若渴,知时间之宝贵。三曰风气淳朴,良驹驽马可辨。世移时迁,年年有高考,岁岁有拔贡,77 级难再现。"77 级也确实有些历史的本钱。从进入武汉大学读书,已经40余年;1981年12月留校任教,在武汉大学任教也已经满40年。可谓"岁月荏苒,弹指四十年"。

1983年开始正式在《求是学刊》发表第一篇论文《"三藩"兵额笺正》,40年来,先后在《武汉大学学报》《社会科学辑刊》《江汉论坛》《湖北社会科学》《四川大学学报》《历史档案》《平准学刊》《文献》《中国经济史研究》《中国社会经济史研究》《盐业史研究》《经济评论》《历史研究》《东瀛求索》《清史研究》《中国图书评论》《求索》《理论月刊》《人文论丛》《学习与实践》《光明日报》《近邻——近现代中国论坛》《史学月刊》《近代史研究》《创大中国论集》《汉学研究通讯》《清华大学学报》《中国史研究》《辽宁大学学报》《中国经济与社会史评论》《财政史研究》《故宫学刊》《中国经济史评论》《长江文史论丛》《扬州大学学报》《史学集刊》《湖南社会科学》《中山大学学报》《历史教学》《中国社会历史评论》等40余家报刊发表论文一百数十篇。在编选自选集时,再次对拙文首发的编辑表示敬意。尤其《武汉大学学报》和《社会科学辑刊》在笔者学术起步阶段连续发表拙文,对当时的编辑吴友法老师、孙琰老师铭感在心。《光明日报》发表拙文尤多,对张小也、危兆盖、户华为几位朋友也表示特别感谢。

数十年来,我的研究着力点是在清代财政方面,1988年出版的第一本专著亦为《清代盐政与盐税》,这次编选自选集,与伍珺涵编辑商量,定名为"清代盐务与财政",珺涵编辑的意思,以前编入自选集的文章也可适当选入,窃以为已经出版过《陈锋自选集》(1999)、《清代财政史论稿》(2010)、《中国财政经济史论》(2013),不好浪费读者的银子,故已经选入3种文集的文章一概不选,此次选编的是近10年发表的论文,围绕盐务与财政的主旨,共选择16篇文章,分为"盐务管理""盐商营运""盐与内府""财政变革""赋役杂税"5个专题。这些文章基本能够反映我的学术风格和研究特色。在收入本文集时,对发表时的删节进行了恢复,同时作了一定程度的修改,请读者指教。

陈 锋

2022年8月2日于百研斋

目　　录

1

盐 务 管 理

清代的巡盐御史

清代的巡盐御史,或称盐课监察御史、盐政监察御史、巡视盐课监察御史、巡视盐政监察御史、盐院,后来一般简称作"盐政",系户部差遣至各盐区的最高盐务专官,无定品。①在清代的行政机构序列中,盐务官员是一个相对独立的序列;在盐务管理方面,巡盐御史是中央差遣至某一盐区的最高长官,地位隆崇,职责重要,而在某些时期、某些盐区又由地方长官兼署。值得专门对此进行研究。

一、"巡盐御史"与"盐政"的称呼

巡盐御史称作"盐课监察御史""盐政监察御史""巡视盐课监察御史""巡视盐政监察御史""盐院"等,是同一时期的不同叫法,没有疑义。至于什么时间将"巡盐御史"简称作"盐政",史籍并没有明确的记载。如《历代职官表》称:"国朝初承明制,各省置巡盐御史,后定为'盐政'。由特旨简充,其由都察院奏差者,亦以'盐政'名之。"②又如《盐法通志》称:"国初,各省置巡盐御史,后定为'盐政'。由特旨简充,其由都察院奏差者,亦以'盐政'名之。"③亦可见周庆云《盐法通志》的说法是转述乾隆《历代职官表》。笔者在拙著《清代盐政与盐税》的初版中根据所见的史料,注意到乾隆年间将"巡盐

---

① 按:巡盐御史虽然说无定品,但与地方大员的待遇一致,雍正八年,"定总督、河道总督、漕运总督、巡抚、观风整俗使、学院、巡盐御史、巡查御史、巡视台湾御史相见座次及文移均平行"。参见嘉庆《长芦盐法志》卷13《职官上·官制》。
② 乾隆《历代职官表》卷61《盐政》。
③ 周庆云:《盐法通志》卷14《职官二》。

御史"简称为"盐政"非常普遍,曾经概称:"乾隆后简称'盐政'。"后来相关学者的论述,多采用是说。随着阅读范围的扩大,发现在雍正年间,已经有"巡盐御史""盐政"互称的现象,笔者在《中国古代盐业史·清代盐业》以及《清代盐政与盐税》的修订版中改为"雍正后一般简称作'盐政'"的表述,①但未作申论。

　　雍正初年,有关上谕和大臣的奏折中,"巡盐御史""盐政"的称呼已经交互出现,雍正三年上谕户部:"去岁江浙海潮,冲溢沿海场灶,淹没之处甚多,两淮盐政所属地方,经噶尔泰奏闻,朕即发帑赈恤,并将雍正元年、二年灶户未完折价银四万余两悉行蠲免。其两浙盐政所属地方,该巡盐并未将被灾之处题报。"②这里用了"两淮盐政""两浙盐政"的称呼,又用了"该巡盐"的说法。在雍正四年的上谕中,又有"据两淮巡盐御史噶尔泰奏称"的说法。③雍正六年的一段上谕也颇为有趣,该年,户部议覆浙江总督李卫条奏盐务事宜,奉上谕:"李卫平日为人直率,毫不瞻顾,出言多刻,性情骄傲,易于招怨,是以在朕前言其非者颇多,而其操守廉洁,办理事务为国家诚心出力,实所罕见。前因兼管盐务,曾奏请颁给盐政印信,部议屡驳不准。及李卫复将必当给印之处恳切陈奏,部议仍复不准。朕察其所奏有理,特降谕旨,准给。今户部于议覆两浙盐务本内,不称为'该督',而称为'该盐政',其为讥讽显然。及朕降旨意查问,知'该盐政'三字,乃司官张复所更改者。张复以新进小臣,擅敢于本稿之内讥讽封疆大吏,及奉旨察问,又复欺隐诡避,观此实系妄为无知之小人,一无可惜,断不可想者。况张复本籍云南,或因李卫在滇之日曾有宿怨,或因有所党同献媚,是以挟私为此,其情甚属可恶。张复着革职,发回原籍,着该督抚严加约束,以为各部司官假公济私巧为播弄者之戒。"④

　　可以体味出,"盐政"的称呼在当时已经被官场所习用,因为有"部议屡驳不准"的故事。所以称"该盐政"才被雍正帝视为讥讽。所谓的"颁给盐政

　　① 陈锋:《清代盐政与盐税》,中州古籍出版社 1988 年版,第 30 页;武汉大学出版社 2013 年修订版,第 27 页。《中国古代盐业史·清代盐业》,人民出版社 1997 年版,第 675 页。
　　② 《清世宗圣训》卷 28《蠲赈一》。
　　③ 《清世宗圣训》卷 30《积贮》。
　　④ 《清世宗上谕内阁》卷 67,雍正六年三月十五日。

印信"，因是时的标准官衔依旧是巡盐御史，"盐政"当仍然是俗称。雍正七年户部议覆长芦巡盐御史郑禅宝的奏折中，也用了"该盐政既称从前俱未议及养廉"以及"应如该盐政所议"的字样。①

雍正后期，在有关上谕和大臣的奏折中，已经多用"盐政"的称呼，如雍正九年上谕中即有"前据长芦盐政郑禅宝奏称"一语，②雍正十二年上谕中又有"户部议覆长芦盐政鄂礼"一语，③等等。雍正十二年江苏布政使高斌的奏折中更称：

> 伏读上谕：盐政一官，职司催盐；运使一官，职司催课。又谕旨：朕之所闻如此，钦此。臣敬绎圣谕，知系臣下入告者查考未确之言。伏查盐政、运使之体制，有似巡抚、布政，凡催盐、催课以及办理一应事务，有协恭之职任，而无分理之责成。今两淮盐务历年课银，俱系年额年清，惟运盐则商人希图长价，故意延挨，必须盐政、运使秉公实力设法催攒，始克有济。若运使视催盐一事非其责任，势必将运盐之难独诿之盐政，不特无臂指之益，转多掣肘之虞，此正向来之积弊，相沿日久，遂至有盐政催盐、运使催课之议论，实系起于奸商惑听之浮言，并非设官定制之本意也。④

这里既说了盐政与盐运使的职司，以及盐政、盐运使与巡抚、布政使的比附，更多次将盐政与盐运使连称。但是，在现存档案中，雍正年间的有关奏折、题本，还没有发现用"盐政"职衔列名题奏者，⑤题奏的正式职衔依旧是巡盐

---

① 档案，雍正七年六月初九日长芦巡盐御史郑禅宝奏折附片，朱批奏折，档案号：04-01-35-0440-012。中国第一历史档案馆藏，下注"档案"者，均为该馆所藏。

② 《清世宗上谕内阁》卷104，雍正九年三月二十七日。

③ 《清世宗上谕内阁》卷141，雍正十二年三月初九日。

④ 《朱批谕旨》卷205下《朱批高斌奏折》。

⑤ 按：《朱批谕旨》卷205下《朱批高斌奏折》收录的奏折，虽然有"总理盐政、两江总督赵弘恩""管理两淮盐政布政使高斌""管理两淮盐政兼署江宁织造龙江关税务布政使高斌"的列衔，依然不是后来"两淮盐政"的官衔。又按：光绪《两淮盐法志》卷40《转运门·引目上》有"雍正十三年六月，两江总督赵宏恩、盐政高斌奏"字样，之前用的都是"巡盐御史"职衔，这里用的是"盐政高斌"；同书卷96《征榷考·商课下》中，同一份奏折，用的是"管理盐政布政使高斌"。备参考。

御史。

在乾隆元年的有关题奏中,依然用了巡盐御史,如乾隆元年六月二十五日三宝的一份题本,职衔用的是"巡视长芦等处盐政监察御史三保""长芦巡盐御史三保",户部对该题本的议覆亦称:"长芦巡盐御史三保题前事等因,……咨送到部,该臣等会议得,长芦巡盐御史三保等疏称……"①乾隆二年四月十五日三保的一份奏折,职衔用的是"调任两淮巡盐御史三保"。②乾隆元年八月二十六日三保的一份题本,职衔用的是"巡视长芦等处盐政监察御史三保"。③乾隆三年二月二十九日三保的一份题本,职衔用的是"巡视两淮盐政监察御史"。④

在乾隆四年的题本中,我们看到了变化,职衔直接用了"两淮盐政三保"的字样。⑤这与光绪《大清会典事例》的记载吻合。乾隆四年之前的一条相关记载称,雍正八年题准:"长芦掣盐,令该御史按各商销售酱盐菜盐之期。"依旧用巡盐御史。乾隆四年题准:"长芦盐引,令各商通融代销,盐政于批准之后,报部察核。"已经用了"盐政"的官衔。⑥但是,乾隆六年,又用了"巡视长芦等处盐政三保"的字样。⑦尽管奏折中在户部议覆时,多用"长芦盐政",但乾隆九年至十二年伊拉齐的奏折也用了"巡视长芦盐政伊拉齐"的字样。⑧河东

---

① 档案,乾隆元年六月二十五日三保题:《为革商把持引窝等事》,户科题本,档案号:02-01-04-12854-002。

② 档案,乾隆二年四月十五日三保奏:《为奏明起程日期事》,朱批奏折,档案号:04-01-12-0007-029。

③ 档案,乾隆元年八月二十六日三保题:《为引盐销卖不及力难偿限急公事》,户科题本,档案号:02-01-04-12856-010。

④ 档案,乾隆三年二月二十九日三保题:《为详议照品定俸事》,户科题本,档案号:02-01-04-13062-011。

⑤ 档案,乾隆四年九月二十六日三保题:《为奏闻事》,朱批奏折,档案号:04-01-35-0444-011。

⑥ 光绪《大清会典事例》卷221《户部·盐法》。

⑦ 档案,乾隆六年十一月初十日三保题:《为遵旨会议奏销钱粮事》,户科题本,档案号:02-01-04-13359-008。

⑧ 档案,乾隆九年七月十二日巡视长芦盐政伊拉齐奏:《为恭逢浩荡之皇仁敬献涓埃之蚁力事》,朱批奏折,档案号:04-01-35-0620-001。档案,乾隆十年十一月初六日巡视长芦盐政伊拉齐奏:《为奏明养廉余银事》,朱批奏折,档案号:04-01-35-0450-005。档案,乾隆十一年七月十六日巡视长芦盐政伊拉齐奏:《为奏明请旨事》,朱批奏折,档案号:04-01-35-0450-039。档案,乾隆十二年九月二十六日巡视长芦盐政伊拉齐奏:《为奏明请旨事》,朱批奏折,档案号:04-01-35-0451-034。

盐区,在乾隆五年、乾隆七年的奏折和题本中,也用"巡视河东盐政"的官衔。①之后,有关题本、奏折,直接用"长芦盐政""两淮盐政"等列衔多了起来。②

通过上述梳理,可以知晓:在雍正年间,习惯上已经将"巡盐御史"简称为"盐政","巡盐御史""盐政"并用,但"盐政"还不是正式官衔。乾隆以后,则用"盐政"的官衔代替"巡盐御史"列名题奏。

值得注意的是,即使乾隆以后用"盐政"的官衔代替"巡盐御史"列名题奏,但其官印也仍然不是简单地用"长芦盐政"或"两淮盐政"。如乾隆十五年,"都察院议准各盐政敕印",其长芦盐政的官印印文及形制如下所示:

> 部颁满汉篆文一颗,文曰"巡按长芦盐政监察御史之印"。方一寸五分,直纽,纽有穿。印背右正书如印文,又"礼部造"三字。背左清文同。左侧正书乾字一千九百二十五号,右侧正书乾隆十四年六月　日。③

直至清末,正式的官衔或官印仍然不是"盐政",这可以从宣统二年署两广总督袁树勋的奏折中得到印证。该年为了缴回官印,袁树勋奏称:"窃准督办盐政大臣咨开,本处会同度支部具奏,各省督抚会办盐政,请缴销巡盐御史旧印一折,奉旨依议,钦此钦遵,咨行前来。查两广总督兼管盐政,咸丰八年正月奉部颁发咸字四百五号'巡视两广盐课监察御史'印信一颗。"④很显然,"巡视两广盐课监察御史"只是"巡盐御史"的全称。

---

① 档案,乾隆五年七月初二日定柱题:《为众商感戴皇恩急公领运,详请具题添给余引事》,户科题本,档案号:02-01-04-13249-007。档案,乾隆七年六月二十八日尚琳奏:《为奏闻请旨事》,朱批奏折,档案号:04-01-35-1388-032。
② 按:在有些文献中,乾隆以后对"盐政"官员的记载,也仍然有用"巡盐御史"者,如嘉庆《长芦盐法志》卷13《职官上》的记载:"乾隆四年,巡盐御史官达疏称……","乾隆十二年,巡盐御史伊拉齐奏覆……","乾隆四十六年,巡盐御史伊龄阿奏言……",等等。
③ 嘉庆《长芦盐法志》卷13《职官上》。
④ 档案,宣统二年五月二十六日袁树勋奏:《为遵旨缴销巡盐御史旧印事》,朱批奏折,档案号:04-01-1107-013。

二、清代前期巡盐御史的差遣与职掌

巡盐御史统辖一区盐务,任期一年。其职掌概言之即:"掌理盐政而纠其属吏征收督催之不如法者,以时审其价而酌剂之。凡盐赋之奏课与盐法之宜更者以闻。"①其具体职掌,康熙《两淮盐法志》记载:"巡盐御史旧有巡历所属行盐地方之例,恐官役借端供应,致累商民,自康熙十年后,奉差各御史除称掣盐斤地方照旧亲掣外,一应盐法事务,责成该管官员,御史惟悉心综核,其循例出巡,通行停止。……巡盐御史任内征收盐课钱粮,题报起解,限定两个月到部,交库完纳,方准考核。……巡盐御史差满,任内库存钱粮,取接差御史甘结送部,方准考核。自康熙四年起,照例遵行。……奏销盐课盐引,该巡抚及巡盐御史开列各官职名,完欠分数,具疏奏报。"又称:"御史之职掌,察两淮盐策之政令,监临使司,平惠商灶。凡势宦豪猾占夺商利者,纠劾之;私鬻私贩,壅坏盐法者,扑治之;盐粮兑运,催督而疏通之;诸司之事有所兴革,咸请于御史审允之而后行,御史乃视其成,校其功,状殿最,参其德,行量其才艺而纠荐之。"②光绪《两淮盐法志》的记载略简:"两淮巡盐御史巡视两淮盐课,统辖江南、江西、湖广、河南各府州县额引督销,察照户部所定运司、分司、场灶、官丁、亭户,严行卫所有司缉捕私贩。驻扎扬州,典吏十二人。"③巡盐御史掌管一区的盐政事务,两淮巡盐御史也兼理皇帝南巡接驾及诸文化事务。④

康熙《两淮盐法志》载有康熙七年对两淮巡盐御史的"敕命",这是史籍所载的较早的一份"敕命",这份"敕命"首先强调"两淮盐务重大,于台员中慎简廉能,陛见而遣之",同时,两淮巡盐御史还要"兼兑漕粮";其次才是申明"察照户部所定运司、分司、场灶、官丁、亭户,照例统理。该管各府州县额

---

① 《清盐法志》卷5《职官门一·官制》。
② 康熙《两淮盐法志》卷5《秩官》。
③ 光绪《两淮盐法志》卷129《职官门·官制上》。
④ 两淮巡盐御史参与文化事务,参见杜家骥《清代扬州的盐务官》,冯明珠主编《盛清社会与扬州研究》,台北:远流出版事业股份有限公司2011年版。

引,照旧督销",与后来对各盐区巡盐御史的"敕命"约略相同。①下面示列雍正《山东盐法志》所载雍正十年新任巡盐御史鄂礼的"敕命":

> 兹命尔前往长芦,专理盐课,查照户部所定运司、分司、场灶、官丁、亭户,照例统理。该管各府州县额引,照旧督销。凡边商、内商,正课、余盐引目,俱属尔征核。该管衙门官吏、胥役,宜严加约束,使恪遵法纪,无致作弊生事,扰害商民。……至于江海盐徒私贩公劫,严行卫所有司缉捕,防杜乱萌,但不许另外生事苛求,勿得将贫难小民负盐易食者概行扰害。如盐政有应会督抚衙门,须与参酌施行。所属行盐司道府州县官员,有怠玩溺职,贪取侵课,凡干涉盐政,应尔完结者,即行完结,应参奏者,具疏参奏,请旨处分。敕中开载未尽事宜,听而酌便请行。尔受兹委任,须持廉秉公,剔奸厘弊。通商裕国,斯称厥职。如或贪黩乖张,因循怠玩,贻误国计,责有所归,尔其慎之。②

其他盐区对巡盐御史的"敕命",除了个别字句外,基本相同。再示列雍正八年对河东巡盐御史的"敕命"作为参考:

> 兹命尔前往山西河东等处,专理盐课,查照户部所定运司、分司、场灶、官丁、亭户,照例统理。该管各府州县额引,照旧督销。凡边商、内商,正课、余盐引目,俱属尔征核。该管衙门官吏、胥役,宜严加约束,使恪遵法纪,无致作弊生事,扰害商民。……至于盐徒私贩公劫,严行卫所有司缉捕,防杜乱萌,但不许另外生事苛求,勿得将贫难小民负盐易食者概行扰害。如盐政有应会督抚衙门,须与参酌施行。所属行盐司道府州县官员,有怠玩溺职,贪取侵课,凡干涉盐政,应尔完结者,即行完结,应参奏者,具疏参奏,请旨处分。敕内开载未尽事宜,听而酌便请行。尔受兹委任,须持廉秉公,剔奸厘弊。通商裕国,斯称厥职。如或

---

① 康熙《两淮盐法志》卷8《诏敕》。
② 雍正《山东盐法志》卷1《诏敕》。按:其中的"边商""内商""卫所"等词,显然遗留有明代的用语。

贪黩乖张，因循怠玩，贻误国计，责有所归，尔其慎之。①

这种"敕命"，除了申明巡盐御史的各项职责外，也有相关的禁令以及与地方官员的协调。

对巡盐御史的"一年更代"或"一年瓜代"制，时人亦有指陈其弊者，谓"迨巡盐之头绪稍知，而一年之差期将届，急公之心不胜其营私之念"②。但"一年瓜代"之制，除个别情况外，在清代前期基本上没有变化。据康熙《两淮盐法志》的记载，两淮巡盐御史的任职如下：

> 李发元，直隶高阳人，进士，顺治二年任
>
> 李嵩阳，河南封丘人，举人，顺治三年任
>
> 张翩，山西高平人，进士，顺治四年任
>
> 王士骥，浙江山阴人，进士，顺治五年任
>
> 崔胤弘③，直隶长垣人，进士，顺治六年任
>
> 王士骥，浙江山阴人，进士，顺治七年任
>
> 张璿，山西阳城人，进士，顺治八年任
>
> 陈自德，辽东复州人，贡士，顺治九年任
>
> 姜图南，浙江仁和人，进士，顺治十二年任
>
> 白尚登，辽东铁岭人，贡士，顺治十三年任
>
> 周宸藻，浙江嘉善人，进士，顺治十四年任
>
> 高尔位，辽东籍临淮人，贡士，顺治十五年任
>
> 李赞元，山东大嵩卫人，进士，顺治十七年任
>
> 胡文学，浙江鄞县人，进士，顺治十八年任
>
> 郑名，直隶宁晋人，进士，康熙元年任
>
> 张问政，辽东广宁人，贡士，康熙二年任

---

① 雍正《河东盐法志》卷6《官职》。

② 《清盐法志》卷228《两广十五·征榷门》。

③ 崔胤弘，为避雍正帝、乾隆帝之讳，后来的典籍改为"崔应宏"。参见光绪《两淮盐法志》卷131《职官门·职名表》。

赵玉堂,陕西麟游人,举人,康熙三年任

黄敬玑,山东曲阜人,进士,康熙四年任

马大士,直隶浚县人,进士,康熙五年任

宁尔讲,直隶永年人,进士,康熙六年任

郭丕,满洲人,康熙七年任

宋翔,直隶大兴人,进士,康熙七年同任

胡什巴,满洲人,康熙八年任

侯于唐,陕西三原人,进士,康熙八年同任

席特纳,满洲人,康熙九年任

徐旭龄,浙江钱塘人,进士,康熙九年同任

色克德,满洲人,康熙十年任

陈可畏,浙江山阴人,进士,康熙十年同任

聂尔古,满洲人,康熙十一年任

刘锡,满洲人,康熙十二年任

魏双凤,直隶获鹿人,进士,康熙十三年任

戈英,直隶献县人,进士,康熙十四年任

席珠,满洲人,康熙十五年任

郝浴,直隶定州人,进士,康熙十六年任,升太仆寺卿,十七年再任

布哈,满洲人,康熙十八年任

丹代,满洲人,康熙十九年任

堪泰,满洲人,康熙二十年任

裘充美,顺天昌平人,进士,康熙二十一年任

张志栋,山东潍县人,进上,康熙二十二年任

察纳哈,满洲人,康熙二十三年任

舒书,满洲人,康熙二十四年任

噶萨里,满洲人,康熙二十五年任

陶士玉,浙江人,进士,康熙二十六年任

德珠,满洲人,康熙二十七年任

穆舒,满洲人,康熙二十八年任

　　　　吴达哈,满洲人,康熙二十九年任

　　　　喀拜,满洲人,康熙三十年任

　　　　观音布,满洲人,康熙三十一年任①

从以上两淮巡盐御史的任职所列,可以看出,两淮在康熙七年至康熙十年,
有满、汉同任的情况。据康熙《两淮盐法志》记载,康熙七年,部院会议:"嗣
后盐差不分满、汉,应将六部郎中、员外郎及监察御史内选择贤能官员,每一
差应差满、汉官各一员。"康熙八年,侍郎李棠馥条奏:"议停六部官员差遣。
仍于满、汉御史内,每差满、汉御史各一员。"康熙十年,左都御史艾元征条
议:"一差只用一官,将满、汉官名开列,钦点一员,不拘满、汉御史,俱带笔帖
式前往。"②在山东、浙江、河东等盐区,巡盐御史也有满、汉同任的个例,如山
东:"康熙七年,定长芦等处盐差,于六部郎中、员外郎及御史内,每处差满、
汉官各一员,笔帖式各二员。"③又如浙江这一时期的巡盐御史任职名录:敖
哈,满洲人,康熙七年七月任;杨毓兰,河南新乡人,进士,康熙七年七月任。
詹里布,满洲正黄旗人,康熙八年七月任;张凤起,山西翼城人,进士,康熙八
年七月任。杭奇,满洲镶黄旗人,康熙九年七月任;常锡允,河南鄢陵人,举
人,康熙九年七月任。噶尔泰,满洲正白旗人,康熙十年七月任;熊焯,陕西
咸宁人,进士,康熙十年七月任。④再如河东:"康熙七年,满、汉御史各差一
员,笔帖式一员。至康熙十一年后,不分满、汉,止差一员。雍正元年,以川
陕总督兼之。雍正三年,命复盐政,以陕西西安布政司管理。雍正四年,以
西安按察使管理。雍正八年,西安按察使升授西安布政使,仍带管盐务。"⑤

　　清初,最早差遣巡盐御史的是长芦(山东盐区由长芦巡盐御史兼管)、两
淮、两浙、河东等盐区,一般典籍大多简要记载其沿革。乾隆《两淮盐法志》
概称:"国朝顺治二年,定巡视两淮、长芦、两浙、河东盐政,差监察御史各一

---

① 康熙《两淮盐法志》卷5《秩官》。参见光绪《两淮盐法志》卷131《职官门·职名表一》。
② 康熙《两淮盐法志》卷5《秩官》。
③ 乾隆《山东通志》卷13《盐法志》。
④ 嘉庆《两浙盐法志》卷22《职官二》。
⑤ 雍正《山西通志》卷45《盐法》。

员,岁一更代。两淮巡盐御史所辖,则江南、江西、湖广、河南四省隶焉。而以运使行道台事,专理盐政。"①乾隆《大清会典则例》记长芦巡盐御史称:长芦盐"以长芦盐政总理,驻扎天津,兼辖山东(原按:系钦差御史巡视,一年更代)"②。乾隆《山东通志》记载巡盐御史之职掌与变迁较详:

> 巡盐御史:驻扎直隶天津府,辖直隶全省,山东全省,河南之开封、彰德、卫辉、怀庆、归德五府,江南之宿州一州,铜山、萧、砀山、丰、沛五县。定例每岁一差,监察御史由都察院开送吏部题请,间亦有大员特简者,通称巡按长芦盐院(顺治初,差监察御史一员。十年,停差御史,归运使管理。十二年,复差御史。康熙七年,定长芦等处盐差于六部郎中、员外郎及御史内,每处差满、汉官各一员,笔帖式各二员。十年题准,盐差御史不拘满汉,每处止差一员。十一年,定盐政归并各该巡抚管理,停差巡盐。十二年,复差巡盐御史。十六年,停止盐差笔帖式,如差满洲御史,仍带笔帖式一员。雍正元年,定各盐差笔帖式。嗣后停其差遣)。每岁以十月更替,春秋二仲,一至东省,盘查运司钱粮,赴泺关验坨秤掣(顺治元年题定,掣验引盐每月一次,二年题定,每季一次。康熙十二年后,巡盐御史每年冬季按临东省,赴泺关掣盐一次。雍正八年题定,春秋二季赴东秤掣)。凡山东运属衙门,皆听提调,诸州县事关盐法者悉由考核。③

一方面,巡盐御史的设置与差遣时有变更:顺治元年至九年,岁差监察御史为巡盐御史;顺治十年,停差巡盐御史,盐务责成各运司之盐运使管理;顺治十二年,因盐课多逋欠,运司权轻,难以纠劾,仍复旧制;康熙十一年,又裁撤巡盐御史,盐务由巡抚兼管;康熙十二年,又复差巡盐御史。④另一方面,各盐

---

① 乾隆《两淮盐法志》卷 23《职官·官制上》。
② 乾隆《大清会典则例》卷 45《户部·盐法上》。
③ 乾隆《山东通志》卷 13《盐法志》。
④ 《清盐法志》卷 5《职官门一·官制》。周庆云:《盐法通志》卷 14《职官二》。按:据康熙《两淮盐法志》卷 5《秩官》记载,康熙十一年十月,确实有裁撤巡盐御史之议,但"命下遵行之后,两淮盐课,安徽巡抚已征解过五十余万两,随经直、浙抚臣咸以巡抚事繁,多不能分身兼理。议将四盐差停其归并巡抚,仍照旧例差遣御史,按年更换,差满回日考核具奏。其余各省向系巡抚兼理者,仍应照旧"。从前面罗列的两淮巡盐御史的任职情况,也可以看出没有间断。

区的情况也并不一致。如两浙盐区，雍正四年，以巡抚兼理盐政；乾隆五十八年，复设盐政。①福建盐区，"定鼎之初，先设都转运盐使司；康熙中，增设巡盐御史；至乾隆时，事归总督"②。两广盐区，康熙三十年，"始设巡盐御史一人；三十二年停差；五十七年复设，会同巡抚督征；五十九年裁，命两广总督兼管"③。有的盐区从未设置巡盐御史，归总督或巡抚兼管，四川、云南等区即是。

尽管巡盐御史一年瓜代，但也有在任内做出实绩者，如柯士芳，顺治二年巡盐长芦，"时土棍勾串东兵，冒充王府，私贩公行，官引壅塞。特疏除之，引盐以疏"。王星直，顺治二年任浙江巡盐御史，"疏陈盐政要务在招商、疏灶二事。并请禁私贩以通商，定经制以起课，具有条理，皆见施行"。李发元，顺治二年任两淮巡盐御史，"时大兵新下江南，将以淮盐变价充饷，商情惶恐，发元力请于朝，有盐尽商散、恳示固结一疏，部议报可"。朱鼎延，顺治三年任河东巡盐御史，"疏请招商，以苏引派户口之累"。刘秉政，顺治九年任河东巡盐御史，"招商足额，引派户口之累悉除"。顾如华，康熙二年巡盐两浙，"时商灶交困，一切盐醝陋规皆厘革"。噶尔泰，雍正二年巡盐两淮，"是年七月，范堤为海潮所决，死者四万九千余人，奏蠲其未完折价。时当湖广督臣杨宗仁禁价之后，商灶失利，噶尔泰奏明海潮淹没，灶煎不继，盐少价贵，成本倍增，请得随时价运售，不得定盐价以亏商，亦不得高抬时价以病民。商灶日有起色"。郑禅宝，雍正五年官山东巡盐，"上盐务事宜六款，又续陈十款，凡官制考成、优商恤灶、防弊缉私诸善政次第举行，宽严相济，一时盐法澄清，口碑载道"。④

当然，所谓的巡盐御史"一年瓜代"或任期一年，只是清代早期的通例。自从康熙后期"江宁织造臣曹寅与臣煦俱蒙万岁特旨，十年轮视淮醝，天恩高厚，亘古所无"⑤之后，雍正年间以降，这种规制多有打破。如三保在雍正

---

① 嘉庆《两浙盐法志》卷21《职官一》。
② 道光《福建盐法志》卷6《职官》。
③ 周庆云：《盐法通志》卷15《职官三》。
④ 周庆云：《盐法通志》卷19《职官七》。
⑤ 档案，康熙五十一年七月二十三日苏州织造李煦奏折，朱批奏折，档案号：04-01-30-0007-002。

末年和乾隆初年曾经连续担任长芦巡盐御史数年,然后转任两淮巡盐御史两年,再由两淮巡盐御史转任长芦巡盐御史数年,这从前面的档案材料中已经可以窥察到。準泰更是连续担任两淮盐政三年,在乾隆七年,準泰奏称:"奴才自乾隆五年六月间蒙皇上天恩,差办两淮盐务,得以瞻仰天颜,迄今已逾二载。兹又钦奉特旨,再留一年。"①从各盐区的盐法志中,也可以看出这种现象。如长芦,莽鹄立在雍正元年至三年担任长芦巡盐御史,雍正四年顾琮接任,然后,莽鹄立又在雍正五年至七年连任;伊拉齐在乾隆八年至十二年连任;官著在乾隆二十年至二十五年连任;高斌在乾隆二十八年至三十三年连任;西宁在乾隆三十五年至四十五年连任,然后又在乾隆四十七年至五十年连任;等等。②这些连任或转任的巡盐御史大多为内务府包衣出身,与皇室控制盐务余利,或者说与内务府便于从盐务中获取经费有关。

三、清代后期巡盐御史设置的变化

道光元年,巡盐御史的设置在总体上又有较大变化。该年奏准:长芦盐务,专设盐政管理(兼辖直隶、山东、河南等处);两淮盐务,专设盐政管理(兼辖江西、湖广、江宁、安徽等处);两浙盐务,浙江巡抚管理(兼辖江西、江苏、安徽等处);福建盐务,闽浙总督管理;两广盐务,两广总督管理;河东盐务,山西巡抚管理(兼辖山西、陕西、河南等处);四川盐务,四川总督管理;云南盐务,云南巡抚管理;陕西汉中府盐务,陕西巡抚管理;甘肃花马小池盐务,陕甘总督管理;贵州盐务,贵州巡抚管理。是时,已由起初的向各盐区差遣巡盐御史,明显地转向由各该总督、巡抚兼管。

道光十年和咸丰十年,又前后议裁长芦、两淮等处盐政,巡盐御史也就完成了它的历史使命。咸丰十年后,各盐区的隶属情况如下:

长芦——直隶总督

---

① 档案,乾隆七年八月十九日準泰奏:《为恭恩恩准陛见跪聆圣训事》,朱批奏折,档案号:04-01-35-1388-041。

② 嘉庆《长芦盐法志》卷14《职官下》。

山东——山东巡抚

两淮——两江总督

两浙——浙江巡抚

两广——两广巡抚

福建——闽浙总督

河东——山西巡抚

陕西汉中府——陕西巡抚

甘肃花马小池——陕甘总督

云南——云南巡抚

贵州——贵州巡抚

四川——四川总督①

由这一变更而导致的相应变化,较为突出的就是在各行盐口岸设立督销等局,如两淮引地即设有4个督销局:湖北汉口督销局,下设分销局9,子店13,缉私卡24;湖南长沙督销局,下设分店20,子店1,缉私卡7;江西南昌督销局,下设分销局2,分栈5,缉私卡17;安徽大通督销局,下设分销局9,缉私卡13。

晚清咸丰年间"军兴以后,各省多设督销、官运等局,运司之权既分,而盐道一职尤成虚设"②。仍以两淮引地为例,太平天国起义攻破武昌,占领长江沿线后,南运道梗,所有淮盐行销引地,均为川、粤侵占。同治三年,两江总督、盐政曾国藩议复淮岸,在淮盐总汇之区设立淮盐总栈(扬子淮盐总栈),于重要销盐区域创立督销总、分各局。

两淮盐区的淮盐总栈和各地的督销局,在晚清的混乱格局下,其管理及收支各款均有其独特之处,以下依据晚清江苏财政说明书加以说明。

淮盐总栈"为场、运两商交易之枢纽,其初商自主之,官为督率而已。厥后淮引畅行,始立官栈,檄监司大员管理其事。垣商由场运盐至栈,储之于

---

① 参见同治《钦定户部则例》卷30。按:据《清朝续文献通考》等书记载,两淮盐务改归两江总督管理,时在道光十年。《清盐法志》记为道光十七年。

② 《清盐法志》卷146《两淮·职官门》。

仓,运商买盐挨轮派售,悉以牌价为定"。"该栈经曾文正公明定章程,法良意美。"该栈之管理,"员司丁役用人极多,局面阔大,故总办一差,素有优美之名。闻从前银钱互易,市价上落之际,沾润颇丰。自蒯道禀定薪水、公费,总办每月额支银一千二百两,会办每月二百两,此外悉数归公"。该栈之收款主要有四项:栈用、余利、卤耗、缉费。"栈用者,系场商按订单售盐引数,每引捐钱一百四十文,并于官运江滁北盐项下一律照收,以为栈中员司薪水、公费、勇丁各役口粮、各项杂支,并拨济巡警、学堂、牛痘、义渡经费之用。""余利者,出自北盐。查皖岸江运北盐,先饬海分司垫发成本,捆盐储备,再由运司会栈按档分批派委,领运到栈,给商缴价订运。惟所缴牌价系属钱款,而支解各项,钱少银多,如值钱贵银贱之时,以钱易银,除开支外,尚有盈余,即为此盐余利。从前钱价昂贵,盈余较多,除由栈开支各款,并奉提解练兵经费、宁属师范学堂等项。近年则钱价日落,不独无余利可收,解支无着,尚恐亏及成本钱粮。""卤耗者,亦出于江滁北盐。由海分司于发盐时,每包照栈秤九十一斤半秤交,而本栈以八十八斤过掣,其余所多盐斤,以备沿途及存仓后走卤失耗之虞。其后船户包装、包卸,存仓亦随收随掣,卤耗无多,每收北盐一档,江滁并计约可得余斤、卤耗各一票。余斤则由皖局派委,缴价领运,所收售价,另册开报,余钱列收栈用。卤耗则由该栈详请盐院颁发护照,派委运皖,赴局销售,每票计盐一百二十引。所有售价,除由皖局扣收厘金、报效、加价等项外,其余移解到栈,历将收支半年造报一次,详请盐院咨部核销。惟从前定章,北盐两月派运一档,故卤耗亦两月一票,通年约计有六票之数。三十年,铁大臣饬查改章,运盐以收仓为断,销盐以捆掣为断。北盐档分既无一定,则卤耗之收亦无一定。""缉费者,系该栈于光绪二十九年起,大举缉私,初无丝毫经费,全恃彼时钱价高昂,各项盈余,以资应付。嗣因钱价日落,各项盈余,日见短绌,若不宽筹缉费,殊觉难乎为继。自整顿缉私后,岸销大畅,岁增二十余万引。三十一年,蒯前办禀奉盐院批饬运司,谕四岸运商,捐助缉费。迨至三十二年三月,始行定案,饬运商自三月起,于订单请运时,按引捐缴缉费库平银一钱六分,由淮南总局按引代收,按月转解到栈。通年订交五十万引上下,约可收银八万两。此外,又由运司协济五千两及沙漫洲缉私局功盐售价,拨入济用,系为水陆各师月饷、员弁薪水、口粮及各项额支、活支之款。"该栈之支款,"亦分四类:其属之栈用者,则为员司薪水、公费,勇丁各役口粮,以及栈中一切杂支,并拨给学堂、巡警暨牛痘、义渡各局经费。其属之余利者,则有提解练兵经费、摊认善后局经费,并由栈支给哨官差弁薪水、巡防油烛、北盐仓等处岁修,又拨补巡警不敷经费暨救生局局用各项。其属之卤耗者,则为提拨财政局暨常镇道咨领各款,系分解各该处经收。又有运盐水脚等项,并开支员弁薪水、刷备交单簿扇,以及浦勇节赏、添置操衣、员司抚恤等项。至于学堂、义塾、校士馆、养济院、育婴、保婴、官医、牛痘等局,与夫各庙香火,亦经分别拨给。其属之缉费者,则为各轮船、帆船、红巡舢板各船及水陆各队弁勇公费薪饷,专系缉私所需,并附沙局功盐各项开销。此该栈支销大略情形也。余如学堂、巡警、善举支款,亦各从类别报册具登"。①

各省区的督销局,如鄂岸督销局(湖北督销局,汉口督销总局),创设于同治三年,"当时因淮盐引地尽食川盐,逐于汉口设督销总局,派道员杜文澜筹办。而武穴、德安、新堤等处分局,亦相继设立。然荆襄一带久为川盐飞洒,虽迭申划界分销之议,究以淮盐色质皆逊于川,又系板价,而川价因时增减,较便民情,以致川畅淮绌,销路不广。光绪十年,复令樊城、沙市、沙洋、朱河四分局及川界销淮之各子店锐减售价,所有应收各款,亦照川税章程,无非注意敌川,自保淮盐之藩篱。又恐运道遥远,凡在川界销淮者,另外加贴水脚。又将应行归淮之一半钱文,扣存鄂局,垫补不敷。自是以后,淮销渐有起色。计淮界总分局六、边界分店九、川界分局七。既虑川灌,兼防北私,盖所以筹画布置者密且周矣"。该局之收款,除正课、新课仍由运司经征外,"其专归督销汇收者,一曰盐厘,每引收六两四钱八分,内减厘加课一两一分三厘,经费二钱,楚厘一两八钱,九江关税一钱四分,淮厘二两二钱七分八厘一毫,淮军协饷一两四分八厘九毫。一曰新厘,每引八钱。一曰加价,先后七次,每引共收八两二钱八分七厘五毫。此外又有淹消盐厘、淹消新厘、复价、川界销淮盐价行用等名目。淹消之盐,每引收半厘,三两二钱四分,新厘亦折半收四钱。复价一项,系同治七年曾将盐厘减收一两,现又收

---

① 《江苏宁属财政说明书》第125章《扬子淮盐总栈》。

回八成,故曰复价,计每引八钱,惟只淮边两界扣收,川界饬免。盐价按斤核算,所有川界销淮之樊城、老河口两局,每百斤售九八钱四千二百文,另收底串钱每千二十文,沙洋、沙市两局,每百斤售银二两七钱,沙市另收行用银一钱六分,沙洋另收公费行用足钱一百十九文二毫"。该局之支款,"分解、支两项。其报解者,如汉口税务司、两淮运司、江宁藩司、湖北善后局、湖北盐道、江宁财政局、扬子盐栈,皆查照案据分款备解者也。支款除借垫各数另归清结不计外,所有发还商本、总分各局店公费、水陆缉私、弁勇薪粮、川运水脚、各地方文武津贴、功盐赏号种种开支,亦多筹之于先,与经常意义适合。……至员司、勇役额数,每员每名支项若干详载报册,不能殚述。约举全年支销连解款并计,总在二百五十五六万两之谱"。①

湖南督销局(湘岸督销总局),创设于同治三年,设长沙省城,"光绪二十七年,湖南巡抚俞廉三奏办粤盐官运局配销淮盐,寻又于耒阳、菱河、花畹岗、永顺、里耶等处,分设川粤盐斤抽税卡,无非阻遏邻私,畅销淮引之意。计总局一,分销局十八,配销分局暨抽收邻税卡共七,子店在外"。该局之收款,除正课、新课由淮运司经征之外,"其由湘岸征收者,一曰盐厘,请咨环运时,每引预缴银一两,轮销后,又缴三两八钱七厘。一曰减厘加课,每引一两一分三厘。一曰经费,每引二钱。一曰新厘。一曰八成盐厘,即复价,每引皆收八钱。一曰加价。共九项。每引合收八两一钱六分,余斤、羡余等加价不在其内。又有淹消盐厘、淹消新厘局费、缉私岸费、新加缉费、学堂、善堂、备荒各经费,川、粤邻盐加税,或折半征收,或分别拨提,数目畸零,不可枚举"。该局之支款,"解款居其多数,若论开支,每年不过二十七八万两。缘两淮运库,江宁、湖南藩库,以至鄂省、九江、上海、北洋圩栈,皆有仰给湘岸之款。除上年摊还秋操借款银五万三千八百余两,应归临时支销不计外,其经常拨解者,据上年报告,已有二百八十万余两,洵他岸之所无也。至薪公饷项,曾奉部饬,准归局用列支,计总局总办一员,月支薪水银二百两,嗣于光绪三十四年,于和盘托出案内,按月加给公费银一千两,会办一员,月支银一百两,湖南盐法道,月支银七十五两,员绅四十四员,月共支银一千二百八

① 《江苏宁属财政说明书》第127章《湖北督销局》。

十两有奇。此外各分局所、五旗水师、宝庆缉私营、各卡旱队共员司三百三十五员名,丁勇连总局一千四百二十名,每员每名支数若干,均详报册"。①

江西督销局,"同治二年,江路肃清,经曾文正公招商认运,复办淮盐,先设总局于省会,继设分局于吴城。嗣因清界缉私,于吉安、饶州、抚州、九江等府添设分局,复于南昌府属之义宁州,九江府属之端昌县各设一分栈,饶州府属之安仁、万年二县各设一子店,九江府属之德化县设立两子店。统计西岸总局一,分局五,分栈二,子店四"。该局之收款,"按西岸科则,梁盐、碱盐每引售银二十八两三钱六分,连商本在内。若北盐顶梁,成本较增,奉准每引加收给商银三钱,每引共售银二十八两六钱六分。售价后除将商本随时发还该商承领外,余皆统收分解。一曰减厘加课并经费银,每引收银一两二钱一分三厘。一曰盐厘,每引收银四两九钱二分七厘。一曰环运预厘,每引收银二两。一曰新加盐厘,每引收银八钱。一曰八成盐厘,每引收银八钱。一曰第一次筹饷加价,每引收银八钱。一曰第二次续加价,每引收银八钱。一曰第三次赔款加价,每引收银一两九钱二分。一曰第四次续因赔款不敷加价,每引收银九钱六分。一曰第五次抵补药税加价,每引收银一两四钱四分。江南要政加价,每引收银七钱二分。此外,又有缉私经费,每引收银五钱五分;由局扣收局用,每引收银三钱;宜黄新军缉费,每引收银一钱三分;育婴经费,每引扣银一分;小轮经费,每引收银四分;商盐公仓租资,每引扣银六厘四毫。以上各项收款,大率名义缘起,总、分各局均系一律照办"。该局之支款,"所收款目,历循向章,分解各省。如续加价、三加价、四加价、第五次抵补药税、销盐省分加价等款,则解江西藩库兑收。预厘内除拨解运库、克萨款及溢销外,江西厘金内除摊拨各款外,以及解江南财政局之皖厘项下拨解北洋协拨盐厘等款,则解北洋淮军银钱所兑收。如新厘内新案偿款,三加价内新案偿款,缉费内西岸提款每年五千两等款,则解江宁藩库兑收。如皖厘内解金陵溢销、皖厘金陵溢销加价、减厘加课并经费、甘肃新饷划抵新疆赔款、甘饷改拨云南铜本、新增边防改拨赔款、奉省俸饷、东北边防经费、英德俄法借款并加镑、瑞记洋款、闽厂造船经费改拨克萨款、零盐课

_____

① 《江苏宁属财政说明书》第 126 章《湖南督销局》。

费、零盐栈价、零盐解部加价,缉费内拨练兵的款每年三千两。溢销盐厘拨充江北饷银、溢销加价拨充江北饷银、解部抵补药税、加价补解溢销、预厘六分减平、功盐课厘、功盐加价等款,则解两淮运库兑收。如盐厘内之皖厘要政加价、产盐省分加价,缉费内拨充南洋大学堂经费,局费内拨解淮员薪水、筹饷加价、续加价,局费内之拨补用费等款,则解江南财政局兑收。又和盘托出案内,除提局款银三十万两,长存裕宁官银钱局生息外,又按月提义丰元平余银五百两,折息一百两,立成堂过盐挂号费银三百两,总办旧有薪水一百两一并充公,遵饬亦解财政局兑收外,另由驻赣裕宁官银钱局每月拨支总办津贴银一千六百两,现在此项津贴,经该局总办唐道目击时艰,每月报效一千两,于本年四月起,业已报院咨达在案。此外一总局五分局之局用、缉私内之各项支用,均系照章支销,报册可稽"。①

皖岸督销局,"本称招商总局,嗣改今名。专销南、北商盐,滁、来、全官运北盐,并搭销功盐、零盐"。"该岸引界广阔,同一行销淮盐境内,而南盐与北盐则又划分各界,如凤、颖、六、泗四府州属,则行淮北之盐,安、庐、滁、和、宁、池、太七府州属,则行淮南之盐。庐州府之合肥、庐江、舒城、无为、巢县,滁州所属之来安,安庆所属之桐城等八州县,又为北盐南运之专岸。星分绮错,不易稽查。故该岸销盐之畅滞,恒视缉私之勤惰以为转移。"该局之收款,"该局引岸,额运春秋两纲,南北商盐八百四十八票内,南盐春纲二百四十九票,秋纲二百四十九票,行销大通、芜湖、宣城、和州四处,每年开纲两次,由运司开办。北盐春纲一百七十五票,秋纲一百七十五票,行销桐城、运漕三河、合肥等处,每年亦开两次。由该局签派口岸盐船,自十二圩开江,经掣验卡查验,行抵到岸,挂号起仓,挨次轮销,每百斤售价银四两二钱九分,照章核收。盐厘、新厘、复价、报效、局费、缉费、加价各款,存局报解。其余商本银两,随时发还,一面由总局给咨环运后纲。此商盐收款之章制也。又滁、来、全官运北盐,给咨派员,赴扬栈领运,应缴成本银两,先由扬栈垫用,俟售出盐价,再行解还。每百斤售价,较商盐少银五钱,因该处邻私最多,故减价以敌之。每票应完盐厘等款,除复价、报效两款不收外,余与商盐科则

---

① 《江苏宁属财政说明书》第128章《江西督销局》。

一律。此官运收款之章制也。其余下关掣验、楚西两掣验卡、沙漫洲缉私局等处之功盐，以及运司零盐局之零盐，由该岸搭销，所收款目亦同"。该局之支款，"该岸销盐，每年奉派以九万引为定，遇闰加增十分之六厘。内解金陵盐款以七万二千引为度，解安省盐款以八万一千引为度。其七万二千引以外，八万一千引以内之九千引，应解金陵盐款提解运库存储。其八万一千引以外，九万引以内之九千引之款，尽数解交运库，专充江北兵费。惟盐厘一款，按年额以三十万两解税务司，系从每年三月十一日起，至次年三月初十日止为一年，按月提前尽数批解，无论何时解满额数，即行截止。如有余款，解交两淮运库。皖岸销盐解款，定章大略如此。其解江宁藩库者，则有官商两运新厘并入之偿款、加价，此款系按期提前批解。又有划解三成半报效等款。其解财政局者，则有江省偿款、海防加价、抵补药税、要政加价及藩库划出三成半报效，功盐、零盐所收等款。其解安省支应局筹议公所者，则有练军加价偿款、续添偿款两项加价等款。其解两淮运库者，则有溢销盐厘及解部之二文抵补药税、二成复价之充作海军经费、新旧商一半报效等款。至于八成复价，则支还淮商局用，缉费则系总分局员及丁役薪粮、公费，水陆缉私各项坐、活支之用。此该局解支之情形也"。[①]

江宁食岸督销局，"该局督销八岸食盐内，系江宁府属之上元、江宁、六合、江浦、高淳、句容、溧水等七县，扬州府属之扬子一县，凡八岸。以其专售食户，故亦名八食岸。其督销事宜，先由大胜关掣验卡兼办。至同治五年，始改江宁盐巡道经理，总局即设道署。所有缉私、收厘等事及瓜埠、泗源沟两分卡酌派员司，均归巡道主持"。该局之收款，"以盐厘加价为大宗。盐厘每引缴银二两二钱，由岸商照额认引数，按季完纳，缺则包缴，溢则加完。此收厘之科则也。至先后历次加价，第一次自光绪二十一年正月起，每斤加价钱一文，第二次二十七年十月起，每斤加钱一文，第三次三十四年八月起，抵补药税加收二文，江南要政加收一文，第四次宣统元年正月起，培养商灶每斤加收二文。至溢销引盐，例无定数。善后经费，除上、江两岸每引认捐银六钱外，余皆免缴。又六分减平一款，系专就杂支内核扣"。该局之支款，

"如盐厘加价,分解宁藩司暨财政局。减平经费,或解交运司,或即在局内支用。督销因实缺道员无薪水,惟总分各局员司、勇役酌给薪工。计总局文案一员,月支薪水三十两;收支一员,薪水二十两;书识三名,每名十二两;亲兵杂役十名,月各支银四两二钱。又瓜埠、泗源沟两处,均设委员一员,巡船一只,书识二名,巡勇十二名;委员薪水二十两,书识六两,巡勇三两六钱。此外,伙食、房租、杂费,每月共需银八十余两,遇闰照加。此八岸支款之大概情形也。至岁入岁出,该局皆照定章,非有特别之举,未便就经常、临时两项强为划分"。①

以上示列的是晚清淮盐引岸管理的变化。当然,各种记载略有不同,但大致不差。兹依据周庆云《盐法通志》所记"汉口督销总局"加以比较,其云:"汉口居水陆之冲,地属汉阳,与府治、省垣相鼎峙,襟江带汉,面山背湖,故列肆蜂屯,连檐蚁附,为鄂省第一巨镇,分驻同知、通判及仁义、礼智两巡检。当淮纲全盛时,商运商销,不必由官督理。淮南鹾船率先集此,以转销各府州县,岁有定额。自粤贼煽乱,淮运道梗,楚省悉食邻私。其后武汉澄清,华夷互市,轮船上驶,设立江汉关,移驻汉黄德道于镇,商货日盛。……同治三年,规复淮纲旧制,凡各省淮盐引地,通行设局,由官督销,一切局务,遴委道员综理,以本省盐道为会办,于是即汉口立督销总局,并设挂号卡于汉水入江处之南岸嘴。如盐船到岸,必先赴卡挂号,始行寄仓,循序待销,或拨运各分局。湘盐过卡,亦需查验放行,以杜夹私之弊。"汉口督销总局下辖的局、店为:武穴督销分局、新堤分销局、德安府分销局、长江埠分销局、浙河分销局、罗田分销子店、麻城分销子店、黄安分销子店、河口分销子店、小河溪分销子店、应山广水驿子店、汉水垌塚分销子店、崇通商办子店、沙市分局、沙洋分局、朱家河分销局、樊城分销局、双沟子店、老河口分销子店、宜城子店、枣阳子店。②由此可知,在太平天国起义之前,汉口的食盐分销,主要有分驻同知、通判及仁义、礼智两巡检负责,甚至"商运商销,不必由官督理"。在太平天国起义失败,楚地规复淮岸后,则由督销局统揽一省之全局,盐道协助,

---

① 《江苏宁属财政说明书》第 130 章《江宁食岸督销局》。
② 周庆云:《盐法通志》卷 68《转运十四》。

各分局、子店经理一地之事务。这与此前的管理传统已经明显不同。

四、巡盐御史的俸银、养廉银

从总体上说,盐政官员的俸禄标准,基本上与其他行政官员的俸禄标准一致,养廉银标准则有所不同,可以参考笔者撰写的《中国俸禄制度史》清代部分。①清代官员的俸禄是按官品支给,由于巡盐御史"无定品",其俸禄标准一般来说是按其差遣或兼任时的原品级支给。而且,差遣官员之俸禄亦由原来的衙门支付,如长芦盐区巡盐御史,"俸银、俸米,例由在京衙门支领"②。但巡盐御史俸银之外的薪银,反而低于低级别的盐运使等官,蔬菜烛炭银、心红纸张银又高出许多。周庆云《盐法通志》记载:顺治四年议准,在外文职照在京文职,各按品级支给俸银外,"巡盐御史岁支薪银三十六两,蔬菜烛炭银一百八十两,心红纸张银三百六十两。盐运使岁支薪银一百二十两,心红纸张、蔬菜烛炭、修宅什物银各四十两。运同岁支薪银七十二两。运判、提举岁支薪银四十八两,心红纸张、修宅什物银各二十两,伞扇案衣、烛炭银均各十两。运司经历岁支薪银三十六两,知事岁支薪银二十四两,提举司吏目岁支薪银一十二两。库大使、巡检各岁支薪银一十二两"③。这是值得注意的。④清初在军需浩繁、财政紧张的情况下,曾经对官员的俸薪进行裁减,盐政官员的裁减范围和额度甚至超过其他地方官吏。如对官吏俸薪的裁减,据《清朝文献通考·国用四》记载,始于顺治十三年,该年"裁汉官柴薪银"和"直省文官蔬菜烛炭、案衣家具等银",顺治朝对官吏俸薪的裁减有限,只是裁减柴薪银等项,不曾裁减官俸正额;到了康熙朝,情况有所不同,三藩之乱爆发后,"军需孔急,凡内外大小臣工,各减月俸,以佐兵饷"⑤。盐政官员俸

---

①　黄惠贤、陈锋主编:《中国俸禄制度史》,武汉大学出版社 1996 年版。

②　嘉庆《长芦盐法志》卷 13《职官上·职掌》。

③　周庆云:《盐法通志》卷 16《职官四》。按:《清盐法志》卷 7《经费门·俸廉》缺记。

④　后来薪银等的裁减变动,参见陈锋《清代中央财政与地方财政的调整》,《历史研究》1997 年第 5 期。

⑤　参见陈锋《清代军费研究》,武汉大学出版社 1992 年版,第 316—324 页;武汉大学出版社 2013 年版,第 315—325 页。

薪的裁减有所不同,据雍正《畿辅通志》"裁汰俸工规例"记载:"长芦运司各官俸粮银两,自顺治十四年裁,其所裁之银,每年征解一百九十一两四钱一分二厘,至运司各衙门书办工食银两,自康熙元年裁,其所裁之银,每年征解银二百四十两。"其"裁汰俸粮心红纸张工食"记载:"康熙七年四月,户部题定,盐院、运司、运同、运副、运判心红纸张银及门皂等役工食银,量留足用,其余全裁。康熙十四年,户部奉旨,将运司、运判俸银、心红纸张银,并各役工食银,暂行减半。"①又据《盐法通志》记载:"康熙七年,户部咨覆长芦御史呈请公费。查满、汉御史从前俱未有部给公费,今满御史既照各钞关例每月给公费银四两,汉御史亦应照例给公费银四两。任照关差例,满、汉御史每月支粳米半斛。跟随人役各四名,每名每月支粟米半斛。笔帖式每员每月支公费银二两,粳米各半斛,跟随人役各二名,每名每月支粟米半斛。银在盐课内支给,米应移咨巡抚于该地方衙门仓内支领。(康熙)十四年,定两淮、两浙、长芦、河东四处心红纸张银两应裁一半,公费银两应全裁。粳粟米止御史一员,跟随人四名,每年共支粳米三石,粟米十二石。十七年,全裁心红纸张银两,并停止粳粟米石。"②这显然是有所区别的。

巡盐御史的养廉银,各区有所不同,长芦盐区于雍正元年奏准,巡盐御史岁支养廉银 20 000 两;雍正六年,奏拨岁修水师营城堡银 300 两;乾隆十四年,奏裁归公银 5 000 两,解交内务府充公;乾隆三十六年,奏明节省银 11 700 两,发给商人承领办贡。实际养廉银为每年 3 000 两。③这里的记载与嘉庆《长芦盐法志》所记相同:"俸银、俸米,例由在京衙门支领。额支养廉银二万两,内奉裁归公解交内务府银五千两,天津水师营城堡岁修三百两,节省办公,按年交商请领银一万一千七百两。巡盐御史实岁支养廉银三千两。"④

乾隆三十六年长芦盐政养廉银的大幅度裁减,是为了"办贡"。根据户

---

① 雍正《畿辅通志》卷 37《盐政》。按:嘉庆《长芦盐法志》卷 13《职官上》的记载称,裁减实行于康熙七年及十四年。

② 周庆云:《盐法通志》卷 16《职官四》。

③ 《清盐法志》卷 28《长芦十九·职官门》。

④ 嘉庆《长芦盐法志》卷 13《职官上·职掌》

部尚书于敏中的奏折,最初据长芦盐政西宁奏称,是"盐政养廉银一万四千七百两交商人代办贡品,存四千两作养廉",贡品一般是指"端午、年节、皇上万寿、皇太后万寿四贡",同时也包括盐商进贡的古玩、雀鸟、花卉及果品、食物等,户部议覆认为:"嗣后长芦一切贡物,统令该盐政自行购备,不得累及商人。向日所进零星物件,亦令该盐政自备。查两淮盐政公务较长芦为繁,而每年留养廉银仅三千两,其一万七千两作为办贡之用。今西宁议请以一万七百两办贡,仍留银四千两为署中用度,较两淮转多银一千两,亦未平允。应令嗣后长芦盐政每年留养廉银三千两日用,其余一万一千七百两为办贡之需。"朱批:"依议。"①这里特别指出"两淮盐政公务较长芦为繁,而每年留养廉银仅三千两,其一万七千两作为办贡之用。今西宁议请以一万七百两办贡,仍留银四千两为署中用度,较两淮转多银一千两,亦未平允",但在当时并未加增两淮盐政的养廉,直到乾隆五十九年,才"加增二千两,实支五千两"。②

所谓长芦巡盐御史初定养廉银每年 20 000 两,后来渐次裁减,至乾隆三十六年裁减至 3 000 两,后来又增加至 5 000 两,这只是制度的规定,实际情况远为复杂。

如雍正七年,长芦巡盐御史郑禅宝奏称:"长芦巡盐御史衙门有酌留每年养廉银二万两,臣自雍正五年七月初四日到任起,扣至六年七月初三日,一年任内养廉银两除捐收黄铜器皿、修抹水师营墙堡及臣薪蔬公用等项,共动支过银七千七百两,余银一万二千三百两,臣谨缮折奏明等因,雍正六年六月初九日面奉谕旨:将银一万两赏包衣官员,二千三百两赏与臣。钦此钦遵在案。雍正六年养廉银二万两内除捐修天津水师营仓工并抹墙堡捐交变价船只并臣一年薪蔬公用等项,共动支过银七千八百两,尚存余银一万二千二百两,臣谨具折奏明请解交广储司库等因,雍正七年闰七月十二日奉朱批谕旨:仍照旧年将一万两赏与包衣官员,钦此。臣即檄催长芦运司将养廉银

---

① 中国第一历史档案馆等编:《清代长芦盐务档案史料选编》,天津人民出版社 2014 年版,第 130—131 页。引用时重新标点。原书中有些标点明显错误,如:"盐政养廉银一万四千七百两交商人代办,贡品存四千两作养廉""仍留银四千两,为署中用度较两淮转多银一千两"。

② 嘉庆《两淮盐法志》卷 32《职官一·官制上》。

一万二千二百两照数收齐解送内务府交纳。"朱批："不遵旨行，如此琐屑。"①如是，名义上养廉银二万两，除各项开支外，余银一万二千余两，曾经奉旨"将银一万两赏包衣官员，二千三百两赏与臣"，巡盐御史的养廉银实得二千余两；该年，又将养廉余剩银全部解交内务府。虽然有朱批说其"不遵旨行"（指"仍照旧年将一万两赏与包衣官员"），但养廉余剩银最终仍是全部解交。

雍正十三年，长芦巡盐御史三保奏称："长芦巡盐御史养廉，于雍正元年奏定，每年应得银二万两，今奴才自雍正十二年九月初三日受事起，至雍正十三年九月初二日一年任内养廉银二万两，除捐修水师营城堡银三百两，并办理一应公事及日用薪蔬等用银七千七百两外，所有养廉余银一万二千两，现在倾镕元宝，委官解赴内务府广储司库交纳。理合奏明。"墨批（"丧服"期间，故用墨批）："知道了。"②如是，除开支外，养廉余剩银一万二千两全部解交内务府。

乾隆三年，长芦盐政（这里的"盐政"官衔列名，依据奏折）准泰奏称："长芦盐政养廉于雍正九年（原文如此，为"元年"之误）奏定，每年应得银二万两，今奴才自乾隆二年四月十二日受事起，至本年四月十一日一年任内养廉银二万两，除捐修水师营城堡银三百两，并一应办公用度等项，共用银九千三百两外，尚有养廉余银一万七百两，现在倾镕元宝，委官解赴内务府广储司库交纳。理合奏明。"朱批："览。"③这里的朱批"览"以及前揭墨批"知道了"，意味着养廉余剩银全部解交内务府已经是一种惯例。以后，养廉每年的余剩银或多或少，均解交内务府。

如上所述，乾隆十四年养廉银"奏裁归公银"五千两，在"奏裁归公"后，养廉余剩银依然解交内务府。如乾隆十七年长芦盐政吉庆奏称："长芦每年应解裁扣养廉并盈余等银，例应请旨解交。今查自乾隆十六年十二月初二

---

① 档案，雍正七年十月十五日郑禅宝奏：《为奏明解交养廉银两事》，朱批奏折，档案号：04-01-35-0440-014。

② 档案，雍正十三年十一月十二日三保奏：《为奏明养廉余银事》，朱批奏折，档案号：04-01-35-0440-028。

③ 档案，乾隆三年四月二十二日准泰奏：《为奏明养廉余银事》，朱批奏折，档案号：04-01-35-0443-017。

日起，至本年十二月初一日止，盐政应扣裁养廉银五千两，长芦运司、运同、运判共应扣裁养廉银七千一百二十两，又十六年分收支盈余银七千一十八两六钱零，芦属署事各官应解一半养廉归公银一百九十四两二钱零，又本年山东运司裁解养廉银一千两，通共存银二万三百三十二两八钱三分六厘，应解交何处查收，奴才未敢擅便，理合恭折奏闻。"内务府总管大臣海望随后奏："长芦盐政吉庆解交裁扣养廉等银二万三百三十二两八钱零，应交何处查收。"奉旨："交沧州银一万两，其余银一万三百三十二两，交造办处。"①这份奏折明确说明"应解裁扣养廉并盈余等银，例应请旨解交"，而且，不但盐政的养廉有裁减，运司、运同、运判等官的养廉也同样有裁减，所有裁减养廉银及"盈余银"（养廉余剩银）全部解交内务府。在解交内务府后，这些银两又奉旨二次分配。

从上述可以看出，巡盐御史（盐政）每年的养廉银标准是名义上的，除了支发一部分养廉银外，余剩部分，不论是否"裁减归公"，养廉余剩银两全部解交内务府，构成内务府经费的来源之一或皇室财政的一部分。

其他盐区巡盐御史的养廉银各不相同，如两淮盐区，在雍正年间未定养廉银制度之前，已有养廉银的支用，康熙五十五年，两淮巡盐御史李煦称："盐差一年，余银除发织造钱粮二十一万两公项外，应得余银三十一万七千两，……奴才再有奏闻者，凡商人向年捆盐出场，皆起于五月，以暑天捆盐，不至出卤消耗，但五月方开手捆运，未免时日已迟，一年额运之盐，恐不能赶完，李陈常欲挽运为速，即改为正二月间开捆，然流卤消耗，难免亏折，而商人众议，每一引多带五斤，以备消耗，情愿于正项钱粮之外，每引另出五分。奴才反复思量，于众商原为有益，而公务又得早完，此事可以不革。除淮北商人资本微薄，与江都、山清八县食盐商人俱不出外，查淮南一百三十三万官引，每引五分，约计六万六千两零。奴才不敢私自入己，容差满之日，亲赍进呈，以备公项之用。再，盐臣衙门另有经解费一万六千两，求恩赏奴才与曹頫两处，为养廉之资。奴才未敢擅便，伏候批示遵行。"朱

---

① 档案，乾隆十七年十一月二十五日吉庆奏：《为请旨事》，朱批奏折，档案号：04-01-35-0455-005。

批:"是。"①这里即谈到了盐税"余银"解交江南织造以及卤耗加斤增课银解交内务府的情况,又要求将"经解经费"银一万六千两赏给盐差与织造,作为"养廉之资",得到康熙帝的同意。

至于两淮巡盐御史何时正式得到养廉银,乾隆《两淮盐法志》只有"雍正十二年题定养廉银一万五千两"一语,②其他并不清楚。在乾隆帝询问两淮的"节省银"为什么历年差距甚大时,两淮盐政準泰奏称:"奴才查奏历纲节省银两数目一折,钦奉朱批:'览。高斌、尹会一节省独多,此何故也?查明具奏。钦此。'奴才遵查高斌、尹会一节省一项,原系每纲征收经解脚费等银,除一应公事照例支用外,余存银两向系盐政、运司各半分用,虽于雍正二年噶尔泰奏明节省充公,其养廉银两未经定额,是以从前癸卯(雍正元年)等纲节省尚少,至雍正十二年甲寅纲,已经高斌奏定养廉之后,该年余存银数既多,支用之数又少,是以实在节省银数较多,此高斌、尹会一节省之数多于前纲之原委也。"③据此可知,在雍正初年确定养廉银制度之时,两淮并没有确定养廉银的具体数额,养廉在"经解脚费等银"的余存银中,由"盐政、运司各半分用",至雍正十二年才正式确定养廉银数额。也就是说,"雍正十二年题定养廉银一万五千两"是最早确定的巡盐御史养廉银的额度,亦即署理两淮盐政尹会一奏称的"臣查盐政每年蒙恩赏给养廉银一万五千两"④。该年,也同时确定了两淮盐运使的养廉银,即"两淮运使养廉六千两,系雍正十二年前任盐政高斌奏定,在于经解脚费项下动支"⑤。

在雍正十二年确定两淮盐政的养廉银额后,此后,养廉银额又有变动,据乾隆三十四年两淮盐政尤拔世奏称:"两淮盐政养廉原定银一万五千两,嗣于酌定盐务章程案内(该案于"乾隆二十六年大学士、公傅恒等会议"确

---

① 档案,康熙五十五年十一月十八日两淮巡盐御史李煦奏折,朱批奏折,档案号:04-01-35-0438-023。
② 乾隆《两淮盐法志》卷 23《职官·官制上》。
③ 档案,乾隆六年八月十九日準泰奏:《为遵旨覆奏事》,朱批奏折,档案号:04-01-35-0710-029。
④ 档案,乾隆元年四月初六日尹会一奏:《为遵旨覆奏事》,朱批奏折,档案号:04-01-35-0882-008。
⑤ 档案,乾隆十二年四月初三日署理两淮盐政吉庆奏:《为钦奉上谕事》,朱批奏折,档案号:04-01-35-0451-025。

定)减银五千两,仍支银一万两。奴才于乾隆三十三年正月内荷蒙皇上天恩畀以两淮盐政,即经面奏,只须银二千两,其余八千两俟年满解充内府公用。兹本年二月已满一年,所有奴才节省养廉银八千两,现贮运库,应否解交福隆安查收之处,奴才未敢擅便,理合恭折具奏。"①尽管将养廉银减至一万两,尤拔世称只需要两千两,"其余八千两俟年满解充内府公用"。或许由于尤拔世的过于"矫饰",次年"三月奉军机大臣议两淮盐政养廉,将尤拔世所缴之八千两给还,再添给银四千两,并原有之辛工火足六千两,共足二万两之数,奉旨依议"②。也就是说,此时的养廉银达到二万两。

　　两淮盐政的养廉银,不管是减还是增,与长芦盐区一样,养廉银标准只是名义上的,支发的养廉银大多"扣存解交"或"捐献"内务府。如乾隆二十一年,"(两淮盐政)高晋解交扣存养廉银五千一百七十三两三钱三分。前经奉朱批:交阿里衮,钦此。阿里衮现在奉差,今将此项银两,造办处照数平兑收讫"③。乾隆二十四年,"两淮盐政普福解交养廉银八千两"④。乾隆二十六年,"今岁皇太后七旬万寿,奴才谨将养廉银五千两解交三和,以备庆典"⑤。

　　以上说明,盐政的养廉银支发动用,与地方官员有很大的不同,盐政官员名义上的养廉银大都解交内务府,这是一个具有特色的现象,值得特别注意。

---

　　① 档案,乾隆三十四年四月二十四日尤拔世奏:《为奏明事》,朱批奏折,档案号:04-01-35-0463-022。
　　② 档案,乾隆三十五年六月初十日两淮盐政李质颖奏:《为奏明事》,朱批奏折,档案号:04-01-35-0464-039。
　　③ 档案,乾隆二十一年五月十七日管理造办处事务吉庆奏单,朱批奏折,档案号:04-01-36-0006-007。
　　④ 档案,乾隆二十四年三月二十五日广储司查对两淮盐政普福解交养廉等项银两数目记单,朱批奏折,档案号:04-01-35-0457-041。
　　⑤ 档案,乾隆二十六年正月十六日两淮盐政高恒奏:《为奏明事》,朱批奏折,档案号:04-01-14-0032-007。

清代盐运使的职掌与俸银、养廉银及盐务管理经费

"逐利者,商也,主持商利者,官也。"①在食盐产、运、销各个环节,行政管理起着重要的作用,特别是具体职掌各盐区盐政事务的盐运使,更为重要;而前此学者对此缺乏深入的研究,笔者所撰《清代盐政与盐税》及《中国盐业史》清代部分,也只有简要的叙述,②所以专文予以梳理。

一、盐运使的设置与职掌

清代的盐运使,全称为"都转运盐使司运使",在相关史料中,有时亦称"运司运使""都转运使""都转盐运使""都转运司使",或简称为"运使""运司"。其官印型制有记载:"各省盐运使司,铜印,直纽,方二寸六分,厚六分五厘,清(满文)、汉文,钟鼎篆。"③又如长芦的记载:"部颁满汉篆文铜印一颗,文曰'长芦盐运使司之印'。方二寸七分,直纽。印背右正书如印文,又'礼部造'三字。背左清文同。左侧正书乾字二千六百九十七号,右侧正书乾隆十四年十一月 日。"④之所以有"方二寸六分"和"方二寸七分"的不同,当是不同时期所制使然。盐运使在用印之时,一般不用官衔,而用"盐运使司"之印。据现存档案有关奏折来看,其印文为"盐运使司之印",前加盐区

---

① 光绪《两淮盐法志》卷99《征榷门·成本上》。

② 参见陈锋《清代盐政与盐税》,中州古籍出版社1988年版,第30页;武汉大学出版社2013年修订版,第30—32页。又参见郭正忠主编《中国盐业史》古代编,人民出版社1997年版,第676—677页。

③ 《清朝文献通考》卷143《王礼考·玺宝符印》,浙江古籍出版社1988年版,第6094页。

④ 嘉庆《长芦盐法志》卷13《职官·官制上》。

名,如长芦为"长芦盐运使司之印",篆文,汉字居右,满文居左,如下图:

　　盐运使为一区运司的长官,从三品,其位次、职权仅次于巡盐御史。如果说巡盐御史类似于巡抚,盐运使则类似于布政使,即所谓:"盐政、运使之体制,有似巡抚、布政。"①即所谓:"各省地丁,总归藩司;各处盐课,统属运司。"②

　　在长芦、山东、河东、两淮、两浙、两广、福建等盐区,各设置有盐运使。《盐法通志》称:"清初定,长芦都转盐运使司管盐法道,原驻沧州,康熙二十四年,移驻天津。辖盐场十。运使属下有同知一人,副使一人。康熙十六年裁。十七年,复设盐运同知一人。"又称:"河东向设盐运使,乾隆五十七年裁。嘉庆十二年复商后,以河东道兼管山西、陕西、河南盐法,驻蒲州府。"③另据记载,两浙,康熙四十九年,改两浙运使为驿盐道;乾隆四十四年,改为盐道;乾隆五十八年,仍改设运司。福建,顺治初,运司专理盐政;康熙初裁,以驿传道为驿盐道,兼理盐法;顺治十三年,复设运司,改驿盐道为驿传道;雍正四年,复裁运司,改福建运使为盐法道。④两广盐区,"旧设盐法道

---

① 《朱批谕旨》卷205下《朱批高斌奏折》。
② 钞档,《清代题本》152《盐课(8)·两浙(二)》,乾隆四十七年十二月二十日福崧题本。中国社会科学院经济所藏。
③ 周庆云:《盐法通志》卷15《职官三》。
④ 周庆云:《盐法通志》卷14《职官二》、卷15《职官三》。

一员,于顺治十四年裁并海道兼辖。康熙九年,该督抚题改盐驿道,整饬通省盐法驿政"①;到康熙三十二年,"裁改驿盐道设立运使"②。也就是说,在有些省区,既存在盐运使与盐法道职责类同或兼任的情况,也存在职衔、机构的变化。

盐运使实际上是一区盐务的实际掌管者,其主要职责有如下四端。

首先是掌管盐商的请引配盐。如长芦盐区的"关请引目":"明制,长芦引目,每年五月运使委官赴部关引,领回验发。本朝顺治元年,令宝泉局刊铸铜板刷印盐引,……各商赴部,先纳课而后领引。御史未出京之先,运司差管引经承赴京候御史出具印领,到部关引,领回收贮,俟各商领运。"又如"支买盐斤":"各商领引赴批验所,截去右边第二角,封固具申运司,运司又截去右边第一角、左边第二角,印盖付商支运。运司又出结支单,内开某商派支某场盐若干,限以入场出场月日,送院印发给商。入场支盐,行文场官稽查买盐数目,出场日期。行文批验所,稽查入坨数目。"再如"秤掣盐斤":"商盐堆垛在坨,赴司告掣,运司发批验所查验,果与引目相同,即具结申司,呈验听掣。"③

其次是食盐的运销、征课、钱粮的支兑拨解,以及盐属各官的升迁降调,各地的私盐案件,缉私考核,等等,一概管理。即如史载:"凡引票行销,课程完欠,皆由运司督催。其收兑钱粮,稽查商灶,考课运销,办解京边各饷,一切盐政,分别经理,而上之巡盐御史,以达于内部。其地方利害所关,官司所守,刑名所系,则协谋于藩臬,而兼禀其成于督抚,事例甚繁。"④康熙《两淮盐法志》所载,也颇可参考,其文曰:"运使之职掌,摄两淮盐策之政令,率僚属以办其职务,督引票,理课饷,杜私贩,疏商盐,听商灶之讼狱。事关稽察、勾

---

① 佚名:《盐法考》卷16《广东·司榷官制》,清抄本。参见道光《两广盐法志》卷30《职官一》。按:有学者认为,清初顺治年间"盐务归两广都转运盐使司"云云,显然缺乏史实依据。见周琍《清代广东盐业与地方社会》,中国社会科学出版社2008年版,第100页。

② 周庆云:《盐法通志》卷15《职官三》。按:康熙三十二年之前的沿革,《盐法通志》未记。

③ 雍正《畿辅通志》卷37《盐政》。林苏门《邗江三百吟》卷1《请皮票》题记云:"运盐之家,买别家场盐,先在运司请给皮票。票在某旗买某旗盐若干引。"诗曰:"交易须差票,朱签本运司。盐分三等色,引载两家旗。"同书卷1《滚总》题记云:"盐务花名,散漫无稽。每年某某纲,由院司饬商滚总。""扬州地方文献丛刊"本,广陵书社2005年版,第16页。

④ 乾隆《山东通志》卷13《盐法志》。

摄、销引、催科。经管州县,皆照道臣统属之体,凡兴革之事,咸质于运使,运使乃参酌详审,白于御史,而后宣布于治境焉。"①光绪《两淮盐法志》称:"两淮都转运盐使司盐运使一人,秩从三品,掌理两淮盐法,严察场灶,户丁稽核,派销斤引,速征纳,梳积壅,兼辖行盐地方该管州县,兼管下河水利。凡盐场火伏及三江、青山二营暨各委巡备弁兵役,并各处盐义仓谷,俱归钤束经管。驻扬州。"②乾隆《山东通志》记载山东盐运使的衙署及职掌云:"山东都转运盐使,驻扎济南府。康熙三年,兼理盐法道。管辖全省并河南之归德一府,江南宿州等六州县。凡引票行销,课程完欠,皆由运司督催。其收兑钱粮,稽查商灶,考课运销,办解京边各饷,一切盐政,分别经理,而上之巡盐御史,以达于内部。其地方利害所关,官司所守,刑名所系,则协谋于藩、臬,而兼禀其成于督抚,事例甚繁。"③盐运使事实上管理、协调一区盐务以及与盐商、盐务有关的所有事情。

其三是盐课的奏销。在康熙五十年之前,盐课的奏销十分混乱,没有一定的制度,贪官劣吏侵蚀成风。监察御史董弘彪在康熙五十年正月二十一日的一份题本中曾说:"各省地丁总归藩司,各处盐课统属运使,责任相同。凡藩司交代,必将其任内收放钱粮交盘出结,造册呈详巡抚具题,分送部科查核。但各处运使交代,并无印册咨送,亦不题报,所以上下之官得以彼此徇隐。如原任广东运使陆曾,原任浙江运使李文献,俱亏空至数十万。职此之故。"由于存在上述弊端,所以董弘彪请求:"嗣后运使交代,亦令照藩司交代之例,将旧官任内收入钱粮,新官交盘出结,造具四柱清册,呈详巡盐御史具题,分送部科稽查。如有徇隐情弊,察出一体议处追赔。至运同、运判有催征钱粮者,亦应照州县交代例,令御史取具册结,呈报部科,庶亏空易于觉察。"据此,户部在同年二月十六日议覆:"应如台臣董弘彪所题。"并且又建议:"至云南、贵州、四川、甘肃等处,未设立运使,其管盐课钱粮官员交代之时,亦应照此例造册呈送巡抚具题,分送部科查核。"康熙帝二月十八日朱批:"依议。"这样,便明确规定了盐课的奏销制定,在一定程度上剔除了因手

---

① 康熙《两淮盐法志》卷5《秩官》。
② 光绪《两淮盐法志》卷129《职官·官制上》。
③ 乾隆《山东通志》卷13《盐法志》。

续不全而带来的侵蚀弊端。此后,情况有所好转。①这条重要的档案史料,在《清盐法志》中也有简略的记载:"康熙五十年议准:各省盐运司库存盐课,责任与藩司相同。嗣后运使交代,亦照藩司交代之例,将旧官任内收放钱粮,新官交盘出结,造具四柱清册,呈详巡盐御史具题,分送部科稽查。如查出徇隐情弊,一并议处追赔。"②

其四是在金商认引、旧商告退、新商接替的办理中,盐运使也有重要的责任。如山东盐区规定:"凡遇新旧商认、退,定例应各将引窝价值呈递声明,由纲用戳,取具殷实四商联名保结,现年纲首公保状呈司批准,方准过拨。如纲首从中袒护冒保,先究纲首。其告退之商,亦令纲首确查,不得以有力之商借称疲乏,以杜规避。嗣后散商认退分劈,着该现年纲首恪遵定例,并查明现年情节,秉公核实确查,如有殷商巧于脱卸,以及接充之商并非殷实端方,滥行具保情弊,均即有纲驳饬。倘有不遵,即行据实禀候本司传究。"③无论是"引窝"的价值,"保商"的"保结状",还是新、旧商人的实力,以及盐商的退任、接任,都需要盐运使的核查批准。长芦的事例也基本一致:"芦商认办引地,例于具禀后,饬纲查明是否家道殷实,仍由本商自觅散商,联名出结具保,纲总循例加结,始由运司转详,咨部更名。"④

值得注意的是,对盐运使这样级别的官员,也有"专敕",这在明代是没有的,所谓运司"颁有专敕,始于国朝"⑤。其敕文,有大致的格式和内容,如康熙七年对两淮盐运使的敕书内开:

> 两淮盐赋,国计攸关,亟需清理,特命尔以道臣体统行事,用重事权。凡行盐地方,事关稽查勾摄,销引催科,经管州县,皆照道臣统属之体。所属分司掌印各官,如贪污溺职、纵役侵渔,应审问者,先行审问,应劾奏者,转报巡盐御史劾奏。敕中开载未尽事宜,有应斟酌损益,上

---

① 档案,乾隆元年十月二十三日张廷玉题:《为盐课宜加严察以杜积弊以实公帑事》,户科题本,档案号:02-01-04-12859-005。中国第一历史档案馆藏。下注"档案"者,均为该馆所藏。

② 《清盐法志》卷3《通例三·征榷门·课税附交代》。

③ 《清盐法志》卷55《山东六·运销门二·商运》。

④ 《清盐法志》卷17《长芦八·运销门四·商运》。

⑤ 雍正《河东盐法志》卷6《官职》。

可裕国,下可便商者,听熟计经久之法,呈报巡盐御史裁度停当,具奏施行。①

这种敕命,后来成为专门的基本统一的模式,兹选择对山东盐运使的敕命予以示列:

> 敕山东都转运盐使司运使,兹以盐赋国计攸关,亟需清理,命尔以道臣体统管盐法道事物,务要约束衙门官吏胥役,俾恪遵法纪,无致作弊生事,扰害商民。该司本源既正,方可表率僚属用循职业。尔宜招集商人,征核正课。应行引目,务立简明则例,以示绥怀。仍严察灶场户丁,稽核派销斤引。饬捕役以缉私盐,省虚费以速征纳,剔侵蠹以疏积壅。……凡行盐地方,该管州县悉听管理,所属各官,如有贪污溺职、纵欲侵渔,应审问者,先行审问,应劾奏者,呈报巡盐御史劾奏。敕中开载未尽事宜,有应斟酌损益、裕国便商者,呈报巡盐御史,商榷妥当,具奏施行。尔仍听巡盐御史并该抚考成举劾,尔受兹委任,但持廉秉公,厘奸别弊,务使商灶辐辏,国课充裕,斯称厥职。如或贪黩乖张,耗蠹丛生,病商亏课,国宪具存,必不轻贷,尔其慎之。②

对盐运使的"专敕",正说明了盐运使的重要。正如康熙《两淮盐法志》所说,运使督理盐务,"加敕以道臣体统行事,重其权也"③。

盐运使一职,职权既重,事务亦繁,特别是像两淮这样的盐区,地广、引多、课重,一方面,"都转运司之外,复有各省盐法道分辖其事,江南则有分巡江宁道,掌江宁、安宁、宁国、池州、太平、庐州、凤阳、颍州、六安、泗州、滁州、和州、淮安、扬州、徐州、海州等十七府之盐法。江西则有兼巡袁临道,掌南昌、瑞州、袁州、临江、吉安、抚州、建昌、饶州、南康、九江等十府州之盐法。湖北则有武昌道,掌通省之盐法。湖南则有长宝道,掌长沙、岳州、衡州、永

---

① ③　康熙《两淮盐法志》卷8《诏敕》。
②　雍正《山东盐法志》卷1《诏敕》。

州、宝庆、常德、辰州、沅州八府属并澧州、靖州两直隶州属之盐法"①。另一方面，两淮运司更设置19房承办公事，据《淮鹾备要》所记，其各房名称及职能如下：

吏房：管盐属各官升迁降调、补缺、署缺、考核大计等。

户房：分南、北二房，南房管淮南食岸引盐，北房管淮北及江、甘、高、宝、泰食岸引盐。

礼房：专管扣销淮南加斤。

柬房：管署内应用纸柬、各商充退总务等。

兵房：管本衙门各役工食、救生红船工食等。

刑房：管私盐案件，考核功绩及缉私律令事件。

工房：管一切应办工程及下河水利、各场火伏、各处巡费、搜查粮船各事件。

广盈库房：管正项钱粮手本挂号，及杂项钱粮弹兑。

杂科房：专管正项钱粮征比弹兑。

饷房：专管支拨各处饷银。

正另库房：管收支钱粮查销额报，及弹兑杂费钱粮。

折价房：专管征收各场折价钱粮及荡地事件。

收支房：管给本、造马、滚总、开桥、退认引窝、扣销淮北加斤，及一切纲引事件。

架阁库房：管淮南给票重盐、收放引目。

承发房：管奉发、转发及发犁、椎封、水程，并各州县督销考核开复各事件。

宁盐房：专管宁国一岸运盐事件。

仓房：专管盐义仓额贮、拨赈、买补等。

经历房：管一切呈词及教场地租。

---

① 周庆云：《盐法通志》卷15《职官三》。

稿房:专管应讯案件录供。①

以上所列,足见其事务之繁杂,《淮鹾备要》的作者李澄案称:"书吏之冗,莫过于两淮运司衙门;公事之杂,亦莫过于两淮运司衙门。"道光十年十二月,户部尚书王鼎、两江总督陶澍等"会筹两淮盐务",讨论两淮的盐政改革,拟定章程十五条,其中第三条亦称:"领运旧例,有请、呈、加三项名目,又有平、上、去、入四处截角名目,其余朱单、皮票、桅封等名目甚多,不可殚述。以致运司衙门书吏多至十九房,商人办运请引,文书辗转至十一次之繁,经盐务大小衙门十二处,节节稽查,而并无稽查之实,徒为需索陋规之具。应交运司查复,可删者删,可并者并。"②包世臣也有类似的议论:"在运司一衙门,投收支、广盈、架阁、承发四房,出入各五六次,遍历经、库、知、巡四首领,故商命每悬走司之手,然后转历分司场员、坝员、监掣、批验、子盐各衙门,而后盐得上船赴岸。凡经一署,投一房,则有一次费。合计所费,殆浮正杂,而迂曲备至。"③衙门的繁多、事务的繁杂也导致了效率的低下和盘剥的增多。

同时,两淮运司衙门也颇具规模,光绪《两淮盐法志》有如下描述:

运使署沿前明旧址,康熙二十八年,运使崔华重修,有记勒石。……大门东向,偏为盐运使司,照墙一座,入为南向,头门三楹。门左为经历署,为差舍。右东向为知事署,为土地祠。入为仪门,以次大堂,各三楹。仪门外西向,神祠一。南向,官厅三。大堂旧有御书匾额、楹联。前运司崔华题曰"经国堂"。东西为长廊,中有井,覆以亭。堂上左右为广盈库大使署。在堂西北隅有御书楼,三楹。在库署中出其前,为吏廨二堂,三楹。西为架阁库三。堂后为客厅,再后景贤楼,各三楹。西为清燕堂。堂西旧有倚云书屋。楼北为董子祠、荷花厅,左右为廊。

---

① 李澄:《淮鹾备要》卷8《官守吏行》。
② 陶澍:《会同钦差拟定盐务章程折子》,见《陶澍集》上册,岳麓书社1998年版,第169页;又见《陶澍全集》第2册,岳麓书社2010年版,第297页。参见档案,道光十年十二月十三日户部尚书王鼎呈:《两淮盐务章程十五条》,军机处录副,档案号:03-3179-057。
③ 包世臣:《小倦游阁杂说二》,见《中衢一勺》卷5《附录二》;又见《包世臣全集·中衢一勺》,黄山书社1993年版,第130页。

　　沿东北折至三面厅，董井及荷池在焉。清燕堂北为题襟馆……①

　　从这些描述中略可见其规模，楼台亭阁毕备。也可见"经历署""知事署""广盈库大使署"都在一起，或可说连为一体。

　　盐运司衙门既有职权，又有各房，胥吏众多，费用亦多。据说，两广"运司每年羡余六万两，而库官、库吏、胥役侵吞需索，则更浮于官之所入，是皆盐之利也不归正供，而为此辈所侵用"②。包世臣则认为，两淮盐运使司的各项费用，"殆浮正杂"，亦即超过盐税正、杂款项所得。③所谓"殆浮正杂"，或许夸张，据户部尚书王鼎的说法，"两淮杂费有外支办贡、办公等款，在科则内带征，为文武衙门公费并一切善举、辛工、役食杂费等用，踵事递增，益多糜费，……各衙门公费及盐政运司员下书役辛工纸饭并乏商月折等项，每年共需银八十余万两"④。

　　其他运司，一般下设吏、户、礼、兵、刑、工各房办事。如长芦，"额设吏房书吏一名，典史一名。户房总科、杂科书吏各一名，典史二名。礼房书吏一名，典史一名。兵、刑、工房书吏共一名，典史一名"⑤。如河东，"吏房典史一名，户房典史一名，礼房典史一名，兵房典史一名，刑房典史一名，工房典史一名，丰积库攒典一名。以上各吏，充参五年送部考职。外有库房、引房、招房、柬房、承发房"；另有门子 3 名，快手 12 名，皂吏 12 名，库子 4 名，听事吏 4 名，轿伞扇夫 7 名，铺兵 2 名等。⑥又如两浙，盐运使司衙门设有"六

---

　　① 光绪《两淮盐法志》卷 13《图说门》。按：有些建筑房舍有演变过程，如董子祠，起初"在运使堂后，旧址半为民房"，山东平阴人朱续晫在乾隆六年任两淮盐运使后，将其"赎还，复请于盐政，捐资新之"。参见光绪《两淮盐法志》卷 137《职官门·名宦传上》。又康熙《两淮盐法志》卷 6《署宇》记其沿革云："运司署治扬州府宁海门外，为汉董仲舒故宅。……正统间，运司严真始修之……宛若城堡焉。明季屡经兵燹……本朝定鼎近五十年，衙舍渐就倾颓。康熙庚午，运使崔华鼓励诸商倡义捐修，倾仆者鼎新之，颓圮[圯]者葺治之，百废俱兴，宏厂[敞]壮固，焕若改观。"

　　② 《清盐法志》卷 228《两广十五·征榷门》。

　　③ 包世臣：《中衢一勺》卷 5《小倦游阁杂说二》。

　　④ 档案，道光十年十二月十三日王鼎呈：《两淮盐务章程十五条》，军机处录副，档案号：03-3179-057。

　　⑤ 嘉庆《长芦盐法志》卷 13《职官上·职掌》。参见《清盐法志》卷 28《长芦十九·职官门》。

　　⑥ 雍正《河东盐法志》卷 6《官职》。

房吏舍"。①

在盐运司之下,海盐产区又大多设置分司,如长芦有青州分司、沧州分司,两淮有通州分司、泰州分司、淮安分司,两浙有宁绍温台分司、嘉松分司。②分司承催场课,而由运司总其成,即如康熙《两淮盐法志》所言:"长芦、山东、两淮、两浙、河东、福建各运司分司,俱系管盐之官,其分司承催场课,而运司为之综核。"③各分司下辖不同的盐场,承担相应的管理任务。

二、盐运使的俸银、养廉银与盐务管理经费

盐政官员的俸禄标准,基本上与其他行政官员的俸禄标准一致,养廉银标准则有所不同,可以参考笔者撰写的《中国俸禄制度史》清代部分。④周庆云的《盐法通志》载有各盐区盐运使等官员的俸银、养廉银标准,笔者据其制成下表⑤:

表1　各区盐运使等官员的俸银与养廉银

盐 区	官 名	俸银(两)	养廉银(两)
长 芦	盐运使	130	4 000
	盐运使司经历	40	300
	盐运使司知事	40	200
	广积库大使	40	300
	天津分司运同	105	2 000
	蓟永分司运判	60	917.5
	小直沽批验所大使	40	300
	长芦批验所大使	40	200
	丰财场大使	40	300

① 嘉庆《两浙盐法志》卷2《图说》。
② 按:初为松江、宁绍、温台、嘉兴四分司。
③ 康熙《两淮盐法志》卷5《秩官》。
④ 黄惠贤、陈锋主编:《中国俸禄制度史》,武汉大学出版社1996年版。
⑤ 周庆云:《盐法通志》卷16《职官四》。

（续表）

盐 区	官 名	俸银（两）	养廉银（两）
长 芦	芦台场大使	40	300
	越支场大使	40	200
	济民场大使	40	200
	石碑场大使	40	200
	归化场大使	40	200
	海丰场大使	40	300
	严镇场大使	40	300
山 东	盐运使	130	4 000
	盐运使司经历	40	200
	益场库大使	40	200
	滨乐分司运同	105	2 000
	雒口批验所大使	40	200
	蒲台批验所大使	40	200
	永利场大使	40	300
	永阜场大使	40	300
	富国场大使	40	200
	王家冈场大使	40	200
	官台场大使	40	200
	西繇场大使	40	200
	石河场大使	40	200
	涛雒场大使	40	300
河 东	盐法道	105	4 000
	盐经历兼批验所大使	40	300
	库大使	40	300
	监掣同知	80	1 200 原按：嘉庆二十年奏准 加增 800 两
	运学训导	40	100

盐 区	官 名	俸银（两）	养廉银（两）
河 东	中场大使	40	300
	东场大使	40	300
	西场大使	40	300
	解州州判兼理盐务	40	300
	盐池司巡检	31.5	250
	长乐司巡检	31.5	250
	圣惠司巡检	31.5	250
两 淮	盐运使	130	2 000
	盐运使司经历	45	600
	盐运使司知事	40	400
	广盈库大使	40	700
	白塔河巡检司	31.5	400
	淮南监掣同知	80	2 400
	淮南批验所大使	40	700
	淮北监掣同知	80	2 400
	淮北批验所大使	40	400
	淮北乌沙河巡检司	31.5	210
	通州分司运判	60	2 700
	泰州分司运判	60	2 700
	海州分司运判	60	2 700
	各场大使	40	400—500
两 浙	盐运使	130	3 000
	盐运使司经历	45	60
	将盈库大使	40	60
	宁绍分司运副	80	2 000
	嘉松分司运判	60	2 000
	杭州批验所大使	40	300

（续表）

盐 区	官 名	俸银（两）	养廉银（两）
两 浙	嘉兴批验所大使	40	300
	绍兴批验所大使	40	300
	松江批验所大使	40	300
	各场大使	40	200—300
福 建	盐法道	105	4 000
	道库大使	40	202
	各场大使	40	福建各场大使不支养廉银，月支"薪水"7两至18两不等
两 广	盐运使	130	5 000
	盐运使司经历	40	80
	广盈库大使	40	120
	潮州分司运同	105	2 500
	东汇关掣验通判	60	160
	西汇关批验所大使	40	160
	潮州运同知事	40	120
	上川司巡检	31.5	60
	各场大使	40	60—120
四 川	盐茶道	105	2 500
	盐道库大使	40	100
	大宁县盐课大使	40	120
	云阳县盐课大使	40	120
	犍为县盐课大使	40	120
	射洪县盐课大使	40	120
	蓬溪县盐课大使	40	120
云 南	盐法道	105	3 500
	盐道库大使	40	204
	黑盐井提举	80	2 560

盐区	官名	俸银(两)	养廉银(两)
云南	石膏井提举	80	844.8
	摆盐井提举	80	3 760
	黑盐井训导	40	120
	琅盐井训导	40	40
	白盐井训导	40	40
	安宁州吏目	30.5	48
	盐井渡巡检	30.5	48
	各井大使	40	240—336
各省盐道	河南盐道	105	4 240
	江宁盐道	105	3 000
	江西盐道	105	3 000
	湖北盐道	105	3 000
	湖南盐道	105	3 000
	陕西盐道	105	2 000
	广西盐道	105	2 360

上表的数额,原记载注明资料来源于"档册",但未说明是何时的标准,应该是清代中期以后的标准。

其中盐运使的养廉银尤其需要注意。如表中所列长芦盐运使的养廉银为4 000两,运同2 000两,运判917.5两;实际上,"长芦运使养廉,原定每年一万两,运同五千两,运判二千两。雍正七年,盐臣郑禅宝请减运使养廉三千两,运同养廉二千两,运判五百两。部议以芦引倍于山东,则存留养廉原不为多,奏准仍旧。雍正十一年,盐臣鄂礼奏拨运使养廉一千四百两,运同养廉七百两,以给芦台等九场大使为养廉。现在(乾隆十二年)运使实得养廉八千六百两,运同实得养廉四千三百两,运判实得养廉一千八百二十两。今(乾隆十二年)钦遵谕旨,照山东之例,酌留长芦运使养廉银五千两,运同二千两,运判一千六百两。其余银悉行裁减,归于公项。岁底请旨

解交报闻"①。也就是长芦盐运使的养廉,最初定额为一万两,在经过雍正十
一年、乾隆十二年的裁减后,盐运使的养廉仍有五千两,裁减的银两"归于公
项",年底报解内务府。征诸现存档案,可以得到更细致的信息。据长芦巡
盐御史郑禅宝奏称:"长芦运使、运同、运判等衙门从前陋规共银四万五千九
百余两,雍正元年于商欠商补案内议定,运使留银一万两,运同留银五千两,
运判留银二千两,裁去银二万八千九百两,归还商人。"②也就是说,长芦盐运
使等的养廉于雍正元年议定,养廉银从裁减陋规中支出,多余的陋规银两则
归还商人。至于雍正十一年、乾隆十二年盐运使等的裁减养廉,亦如长芦盐
政伊拉齐所奏:"乾隆十二年三月十七日奉上谕:两淮、天津设有盐运使二
缺,并无多办事件,其责任不过稽查钱粮出入,尚不如各道员有刑名地方等
事,其所得养廉款项反数倍于各道员,殊为未协,着该盐政查明,酌留若干,
期于敷用,其余悉行裁减归于公项,以有余补不足,酌盈剂虚之道,亦当如
此。向来该盐政节省养廉以及平余等项,每年请旨,此项亦着入于此内,一
并具奏请旨。……奴才查得长芦运使养廉原定每年一万两,运同五千两,运
判二千两,嗣于雍正七年经前任盐臣郑禅宝奏请,可否将运使养廉内减去三
千两,运同减去二千两,运判减去五百两,复奉户部等议覆,以芦引倍于山
东,则存留运使养廉原不为多,似应仍旧等因,奏准在案。迨后雍正十一年,
经盐臣鄂礼奏准,运使养廉内拨出银一千四百两,运同养廉内拨出银七百
两,共二千一百两,请作捐给芦台等九场盐大使养廉之需,所有现在长芦运
使每年实得养廉银八千六百两,运同实得养廉银四千三百两,运判养廉二千
两,惟运判一项向系九一扣折,实银一千八百二十两。"③长芦盐运使等裁减
的养廉银,按年解交内务府。如乾隆十二年,"通计每年实在归公银六千一
百二十两,即于乾隆十二年为始,行令长芦运使按年照数扣存运库,俟岁底
具折恭奏请旨解交"④。乾隆十四年,"长芦应解乾隆十四年分裁扣运司、运

---

① 嘉庆《长芦盐法志》卷13《职官上》。
② 档案,雍正七年六月初九日郑禅宝奏折附片,朱批奏折,档案号:04-01-35-0440-012。
③ 档案,乾隆十二年四月十三日伊拉齐奏:《为钦奉上谕事》,朱批奏折,档案号:04-01-35-0451-026。
④ 档案,乾隆十二年十二月初六日伊拉齐奏:《为钦奉上谕事》,朱批奏折,档案号:04-01-35-0451-043。

同、运判养廉银六千一百二十两,又乾隆十三年分盈余银七千六十四两三钱五分四厘一毫,又扣存乾隆十三年运司并富国场、归化场署事一半养廉银三百七十三两三钱三分三厘三毫五丝。……前项裁存养廉、盈余等银例应请旨解交"①。乾隆十八年,"长芦每年应解裁扣养廉并盈余等银,例应请旨解交。今查自乾隆十七年十二月初二日起,至本年十二月初一日止,盐政应扣裁养廉银五千两,长芦运司、运同、运判共应扣裁养廉银七千一百二十两,又乾隆十七年分收支盈余银八千一百六十九两七钱零,芦属署事各官应解一半养廉归公银四百二十两九钱零,又本年山东运使裁解养廉银一千两,通共存银二万一千七百一十两七钱六分零,应解交何处查收,奴才未敢擅便,理合恭折奏闻",奉旨:"交沧州银一万两,其余银一万一千七百一十两七钱零,交造办处。"②乾隆二十二年,"长芦每年应解裁扣养廉并盈余等银,例应请旨解交。今查自乾隆二十一年十二月起,至乾隆二十二年本年十二月止,盐政应扣裁养廉银五千两,长芦运司、运同、运判共应扣裁养廉银七千一百二十两,又乾隆二十一年分收支盈余银九千三百二十六两五钱五分零,又山东军[运]司扣裁养廉银一千两,以上共银二万二千四百四十六两五钱五分零。查乾隆二十一年奏蒙谕旨,命交吉庆查收,钦遵在案。今前项银两是否仍交吉庆查收之处,奴才未敢擅便,理合恭折奏闻",奉旨:"交沧州银二万两,其余二千四百四十六两五钱五分零,交造办处。"③

又如表中所列两淮盐运使的养廉银为 2 000 两,据盐法志记载,"雍正十二年题定六千两,乾隆十二年改四千两。又于四十五年奏减二千两,实支二千两"④。可见两淮盐运使的养廉银 2 000 两,是乾隆四十五年以后的标准。征诸现存档案,情况大致相同,但其中的缘由更为清楚。乾隆十二年,署理两淮盐政吉庆奏称:"乾隆十二年三月二十七日接得大学士张廷玉、讷亲,内

---

① 档案,乾隆十四年十一月十八日署理长芦盐政丽柱奏:《为奏明请旨事》,朱批奏折,档案号:04-01-35-0453-025。

② 档案,乾隆十八年十一月初九日长芦盐政吉庆奏:《为请旨事》,朱批奏折,档案号:04-01-35-0455-016。

③ 档案,乾隆二十二年十一月三十日长芦盐政官著奏:《为请旨事》,朱批奏折,档案号:04-01-35-0456-33。

④ 光绪《两淮盐法志》卷 129《职官·官制上》。参见嘉庆《两淮盐法志》卷 32《职官·官制上》。

大臣尚书傅恒字寄内开,乾隆十二年三月十七日奉上谕:两淮、天津设有盐运使二缺,并无多办事件,其责任不过稽查钱粮出入,尚不如各道员有刑名地方等事,其所得养廉款项,反数倍于各道员,殊为未协,着该盐政查明,酌留若干,期于敷用,其余悉行裁减归于公项,以有余补不足,酌盈剂虚之道,亦当如此。向来各盐政节省养廉以及平余等项,每年请旨,此项亦着入于此内,一并具奏请旨,钦此钦遵。……伏查两淮运使养廉六千两,系雍正十二年前任盐政高斌奏定,在于经解脚费项下动支。再查运使从前原有所得款项,如经解脚费除支销外,余剩银两即留为运司日用之需。又运使衙门官役等费,亦听运司自行酌量节省应用,均经奉有部文。自雍正三年前任盐政噶尔泰将支剩银两悉行奏报节省起,继后遵循办理,每于奏销后同盐政项下节省一并清查奏解。迨乾隆三、四两年,又经前任盐政三保将历年运库积贮一切闲款银两彻底奏解归公,及前任盐政準泰接任,自乾隆六年起,每年于奏销后,清查运库闲款,尽数奏解。继后亦复循照办理。现在运使额支养廉银六千两,兹蒙圣谕,谕令奴才查明酌留,期于敷用,奴才查运使养廉,较各道为多,酌留四千两,似亦足以敷用,倘蒙圣恩俞允,请即自本年丁卯纲为始,其减存银二千两,俟明年奏销后入于奏报节省折内一并请旨。"朱批:"览。"①由此可知,在雍正十二年议定两淮盐运使养廉标准为 6 000 两之前,实际上已经有养廉银的支出,即所谓"经解脚费除支销外,余剩银两即留为运司日用之需"。乾隆十二年之所以裁减盐运使的养廉银,是由于其与道员相比,显得标准太高,属于遵旨裁减,裁减银解交内务府。乾隆四十五年,盐运使养廉的进一步裁减,理由同前。乾隆四十五年,两淮盐政伊龄阿奏称:"乾隆四十五年八月十四日奉上谕:两淮盐务事宜,俱系盐政经理,运司事务颇少,其每年养廉支用四千两,为数未免过多,况各省事简道员养廉不过二千余两,运司不宜独优,着将两淮运司养廉裁去二千两,将此传谕伊龄阿知之。钦此钦遵。奴才伏查两淮盐运司诚如圣谕,事务颇少,每年养廉自应与事简道员一例支给,除面饬该司遵照,嗣后将裁去养廉二千两,归入常年节

---

① 档案,乾隆十二年四月初三日吉庆奏:《为钦奉上谕事》,朱批奏折,档案号:04-01-35-0451-025。

省项下奏解。"①裁减银两依然解交内务府。上谕所谓"两淮盐务事宜,俱系盐政经理,运司事务颇少",显然不符合实际情况,与在其他场合的上谕亦相背离,伊龄阿所称"两淮盐运司诚如圣谕,事务颇少"只不过是唱予和汝,奴才附和主上。

包括盐政官员在内的清代官员的俸禄标准,特别是养廉银,有多次变动,所以上表只能作为一般性的参考。

盐运使的俸薪银等的变化,同样值得注意。起初,顺治四年议准:"在外文职照在京文职,各按品级支给俸银外,盐运使岁支薪银一百二十两,心红纸张、蔬菜烛炭、修宅什物银各四十两。运同岁支薪银七十二两。运判、提举岁支薪银四十八两,心红纸张、修宅什物银各二十两,伞扇案衣、烛炭银均各十两。运司经历岁支薪银三十六两,知事岁支薪银二十四两,提举司吏目岁支薪银十二两。"②清初在军需浩繁、财政紧张的情况下,曾经对官员的俸薪进行裁减,盐政官员的裁减范围和额度甚至超过其他地方官吏。如对官吏俸薪的裁减,据《清朝文献通考·国用四》记载,始于顺治十三年,该年"裁汉官柴薪银"和"直省文官蔬菜烛炭、案衣家具等银",顺治朝对官吏俸薪的裁减有限,只是裁减柴薪银等项,不曾裁减官俸正额;到了康熙朝,情况有所不同,三藩之乱爆发后,"军需孔急,凡内外大小臣工,各减月俸,以佐兵饷"③。盐政官员俸薪的裁减有所不同,据雍正《畿辅通志》"裁汰俸工规例"记载:"长芦运司各官俸粮银两,自顺治十四年裁,其所裁之银,每年征解一百九十一两四钱一分二厘;至运司各衙门书办工食银两,自康熙元年裁,其所裁之银,每年征解银二百四十两。"其"裁汰俸粮心红纸张工食"记载:"康熙七年四月,户部题定,盐院、运司、运同、运副、运判心红纸张银及门皂等役工食银,量留足用,其余全裁。康熙十四年,户部奉旨,将运司、运判俸银、心

---

① 档案,乾隆四十五年八月二十三日伊龄阿奏:《为钦奉上谕事》,朱批奏折,档案号:04-01-35-0922-002。

② 《清盐法志》卷7《经费门·俸廉》。按:周庆云《盐法通志》卷16《职官四》多一条巡盐御史的记载——巡盐御史岁支薪银三十六两,蔬菜烛炭银一百八十两,心红纸张银三百六十两。参见嘉庆《长芦盐法志》卷13《职官·官制上》。

③ 参见陈锋《清代军费研究》,武汉大学出版社1992年版,第316—324页;武汉大学出版社2013年版,第315—325页。

红纸张银,并各役工食银,暂行减半。至康熙十六年,户部刊刻由单内,开南北十六场额征俸粮、心红纸张、裁汰工食等银一千九百五十九两五钱七分二厘,遇闰外加俸银六十九两七分九厘六毫九丝二忽七微,照额汇征解部。"①又据周庆云《盐法通志》记载:"康熙七年,户部咨覆长芦御史呈请公费。查满汉御史从前俱未有部给公费,今满御史既照各钞关例每月给公费银四两,汉御史亦应照例给公费银四两。任照关差例,满汉御史每月支粳米半斛,跟随人役各四名,每名每月支粟米半斛。笔帖式每员每月支公费银二两,粳米各半斛,跟随人役各二名,每名每月支粟米半斛。银在盐课内支给,米应移咨巡抚于该地方衙门仓内支领。(康熙)十四年,定两淮、两浙、长芦、河东四处心红纸张银两应裁一半,公费银两应全裁。粳粟米止御史一员,跟随人四名,每年共支粳米三石,粟米十二石。十七年,全裁心红纸张银两,并停止粳粟米石。"②这显然是有所区别的。另外,还可以移录山东盐运使在清代顺康雍时期的俸禄变化作为参照:

> 顺治初年旧制,运使俸银六十六两九钱一分六厘,薪银一百二十两,蔬菜烛炭银四十两,修理家伙银四十两,伞扇棹围银四十两,心红纸张银四十两,共银三百四十六两九钱一分六厘,于顺治十四年照满洲无世职理事官例,裁汰银一百七十六两九钱一分六厘,解部充饷,止给俸银一百三十两,心红纸张银四十两。至康熙十四年,并裁充饷。康熙二十一年,俸银全复,心红纸张银至今未复。康熙三十三年,俸银全裁,作运米脚价。次年复给。康熙三十五年,全裁俸银,为中路运粮之用。至康熙四十年,照旧支给。康熙四十三年,俸银全裁,以补赈济滋阳等处所用仓谷。至康熙四十五年,照额全复。至今(雍正十二年)仍旧(俸银一百三十两)。③

这里记载的俸银及其裁减、归复,又与长芦例不同,盐政官员的俸禄变化显

---

① 雍正《畿辅通志》卷37《盐政》。按:嘉庆《长芦盐法志》卷13《职官·官制上》的记载称,裁减实行于康熙七年及十四年。
② 周庆云:《盐法通志》卷16《职官四》。
③ 雍正《山东盐法志》卷4《职官》。

然要比地方有司复杂。

盐运使俸禄的来源也有所不同,特别是养廉银一项,不但标准比其他行政官员低,来源亦有别。嘉庆《长芦盐法志》记载长芦盐运使"俸银一百三十两。芦属各官俸银及各衙门工食,皆在灶课项下动支。额支养廉一万两(盐课每百两纳银二两七钱),运司养廉一万两内奉裁归公解内务府四千六百两,拨给各场大使养廉银一千四百两,内又捐给磁州教职等官俸银一两六钱七分,每年批解藩库。运使实支养廉银四千两"①。这说明,盐运使的俸银及各衙门工食,大多在灶课项下动支,养廉银因为有"盐课每百两纳银二两七钱"之例,也是在额外盐课项下动支。但值得注意的是,嘉庆《长芦盐法志》记载的,是形成定制之后的情况,在养廉银最初支发时,养廉银是由盐商额外交纳的,这在雍正六年长芦巡盐御史郑禅宝的奏本中有反映。郑禅宝奏称:"长芦盐法衙门,每年俱有酌留养廉银两,长芦运司养廉银一万两,青州分司运同养廉银五千两,沧州分司运判养廉银二千两,俱出于各商领引告运时按数交纳。"郑禅宝要求"改归公项"。②雍正七年,郑禅宝又称:"长芦运使、运同、运判等衙门,从前陋规共银四万五千九百余两。雍正元年,于商欠商补案内议定:运使留银一万两,运同留银五千两,运判留银二千两。裁去银二万八千九百两,归还商人。"③

当然,各地的情况并不一致。雍正《山东盐法志》概称,山东运使以下"俸工俱在运司衙门动支民佃项下钱粮"④。其最初的养廉银标准及变化,据雍正七年巡盐御史郑禅宝奏:"山东运司从前照藩臬二司例,每年给银一万两,运同每年给银五千两,原属浮多。每年应酌给运司银五千两,运同银二千两。经历、库大使、蒲泺(指蒲台、雒口。"泺",原文如此,不同的记载,多有异体字或音同而异名之字)二所,信阳、登宁、王家冈、石河、西由、富国、海仓等七场系简缺,每年各给银二百两。永利、永阜、涛雒三场系要缺,每年各

---

① 嘉庆《长芦盐法志》卷 13《职官上·职掌》。

② 档案,雍正六年九月初七日郑禅宝奏:《为署事养廉应归公项事》,朱批奏折,档案号:04-01-35-0440-006。

③ 档案,雍正七年六月初九日郑禅宝奏折附片,朱批奏折,档案号:04-01-35-0440-012。

④ 雍正《山东盐法志》卷 4《职官》。

给银三百两。"①也就是说,初设养廉银的标准至雍正七年有所裁减,②其裁减银两"悉行归公",并没有归还商人。这里的养廉银记载于《商政》卷内,也说明了盐政官员养廉银的来源与盐商的额外交纳有关。清代中期以后山东盐运使及以下各级官员的俸薪、养廉、公费等标准及其来源,在《清盐法志》中有较为详细的记载,如"运司衙门经费":

> (盐运使)岁支俸薪银一百三十两,在民佃灶课项下动支。养廉银四千两(系乾隆十五年"减定"标准),在养廉本款内动支。各役工食银三百二两四钱,在征存灶课项下动支。公费银一万四千四百两,在面封公费银内动支。
>
> 六房书吏津贴饭食银四千七百余两,又各房津贴司书饭食一百二十两,又养廉房津贴二十两,又承发科津贴纸张等银三十九两零,又春秋造拨册字工二十八两,又柬茶房及各役帮贴五百四十余两,又三班并各杂役饭食一千一百十九两六钱,又礼生及杂差添平夫工食四十七两五钱零,又银匠饭食一百八两,又柬房纸柬二十五两,又节赏及三季公费并上元节灯烛共三百三十余两,又运署杂支银一千二百余两。均在引票饭食及面封公费等项下动支。

由上,不但可以知晓山东盐运使及吏役的俸薪、养廉、公费等支出项目和标准,还可以清楚其不同的来源。至于数额较大的所谓"面封公费",后面还将谈到。

作为参照,还可以略举其他盐区的情况。雍正《河东盐法志》称:"运使从三品,俸银一百三十两,坐安邑县六十六两九钱一分六厘,夏县六十三两八分四厘。心红纸张银四十两,坐夏县。"③雍正《两浙盐法志》记载的盐运使、盐场大使以及各吏役的俸禄、工食银均"额编"各州县,在州县钱粮中支给,如

---

① 雍正《山东盐法志》卷7《商政》。

② 按:系雍正六年十二月初八日奏准。见档案,雍正七年六月初九日长芦巡盐御史郑禅宝奏:《为酌议养廉、裁减陋规,彻底澄清以肃盐政事》,朱批奏折,档案号:04-01-35-0440-011。

③ 雍正《河东盐法志》卷6《官职》。

"都转运使俸银一百三十两,额编平湖、秀水县。门子三名,共工食银十八两,额编桐乡县。皂吏十二名,共工食银七十二两,额编桐乡县。快手十二名,共工食银七十二两,额编桐乡县。听事吏二名,共工食银十二两,额编秀水县。库丁四名,共工食银二十四两,额编秀水县。轿伞扇夫七名,共工食银四十二两,额编秀水县。铺丁二名,共工食银十二两,额编秀水县"①,等等。

晚清《山西财政说明书》记载的"各官养廉"称:"谨查此款为盐务各官厅经费,应作国家经常之支出。系查照定章,通年盐道实支养廉银二千七百八两,系由藩库请领。""各官编俸"称:"谨查此款为盐务各官厅俸给,应作国家经常之支出。系查照定章,通年盐道实支俸银三十两四钱二分七厘,由永济县解送。"②盐政官员的养廉银一般在盐课杂项下支给,正俸一般仍在州县钱粮中支给。

两淮盐区的各官廉俸、役食等款,则均由盐运司支付:"径由运司支放各款,如运司赏号、公费,盐务各官廉俸、役食,运司衙门文案脩金,文武各委员薪水津贴、书役工食、场员朱红,发审局、淮南总局、十二圩零盐局、公估局等经费,盐捕巡防各营兵饷、缉费,典礼各费,承办贡件,并闸坝河工善后等款,饷鞘、平色、火耗、汇费、盘川、贫员路费、恤款、坐薪,及江、甘盐犯口粮等款,另有金陵、扬州各学堂、巡警善举等款,名目繁琐。"③

还应该予以说明的是,盐运使养廉银的减少,一方面是由于上面所说的"奉裁归公"或移作他用,同时也是由于盐政官员的刻意少取,以图报效。如雍正二年长芦巡盐御史莽鹄立所奏:"窃查长芦巡盐御史衙门每年有养廉银二万两,臣蒙皇上知遇深恩,莅任以来,绝宾客,忘室家,惟日夜勤慎,清理盐务,以图报效于万一,所留养廉银二万两内,除臣在津一年薪蔬盘费节赏公用等项,动支过银三千两,又捐造新设巡盐守备把总驻扎衙署兵丁营房动用银八百两外,犹存余银一万六千二百两。臣素性俭朴,又无交接馈送在,臣实无可用之处,随饬令运司倾销元宝,现收司库,侯有解交部饷之便,一并交付差官汇解到京,另文解交内库。此系盐花规礼,原无加平之项,理合预先

---

① 雍正《两浙盐法志》卷14《职官》。
② 《山西运库内外销支款说明书》第3类《财政费》。
③ 《江苏宁属财政说明书》第124章《两淮盐运司》。

奏明,伏乞睿鉴。"朱批:"知道了,嗣后每年养廉之项,当酌量存留,不必勉强拘执。"①连皇帝都感觉有点过于矫情。

俸禄、养廉之外的公费银、津贴银、盘费银、巡费银、缉私经费、缉私薪饷、工食银等项,更是值得特别注意,涉及这些支出的名目、标准、来源以及晚清最后几年的变革。对此,晚清的《山西财政说明书》有集中的说明。②

其记"各官公费"云:

> 通年督办盐政处经费银一万两。自宣统二年为始,抚院纸朱银二百五十六两,盐道纸朱银一百二十八两,又公费银一万两。监掣同知纸朱银三十二两,又公费银六千两,又官运公费银八百两。盐经历公费银一千两,又批验费银一百九十一两四钱,又奏销费银一百三十两二钱。库大使公费银八百两,三场大使公费银共一千四百两。巡检公费银共三百两,又津贴银共四百二十两。解州盐捕州判公费银六百两,安邑县教谕津贴银三十五两,商学训导津贴银三百两。以上除抚院、盐道、监掣同知三项纸朱银,均出自内销盐引杂课项下;所有督办盐政处经费,系动用内销灵宝盐引杂课项下唐裕归公银五千七百五十两,外销盐引公费银二千二百五十两,外销官运余利银二千两,余皆出自外销;惟盐道公费,原系五千两,又官运公费二千两,办差公用一千二百两,换季公用六百两,开网经费五百五十两,截角公用一千五百两,护式平余一千两,余引津贴一千两,共银一万二千八百余两。自宣统二年改定公费,每年银一万两,由藩库请领,其原有应支等银,经抚院丁奏明,全行解司归公。有抚院公费及幕委经费原系银九千四百两,自改定公费后,奉文从宣统二年为始,照数解司归公,合并声明。

其记"道署委员薪资"云:

> 谨查此款为办公经费,应作国家经常之支出。计文案一员,月薪三

---

① 《朱批谕旨》卷49《朱批莽鹄立奏折》。
② 《山西运库内外销支款说明书》第3类《财政费》。

十两;收呈、稽核、监印、收发共四员,各月支薪水二十两;校对一员,月薪十六两;誊清二员,月薪共十四两,遇闰照加,向归外销。

其记"协助津贴"云:

> 谨查此款为盐务杂费,应作国家经常之支出。蒲滩代赋原额、续增,共银一千七百八十四两六钱八分一厘,自咸丰四年定章,出自盐引公费项下,不论有闰无闰,由永济县按年具领,汇入地丁正赋解司。蒲滩津贴原额、续增,共银一万三千一百八十四两七钱九分九厘五毫,光绪六年、十年两次递减,按半中之半给发,每年实发银三千二百九十六两二钱一厘,亦出自盐引公费项下。商领销价,系每畦一锭,坐商应领银六两,作为浇晒工本。以额畦二千七百八十八锭半合算,共应领银一万六千七百三十一两,从内剔除银一千二百五十四两八钱二分五厘,作为河东书院膏火,余皆持有锭票,各坐商分领。旋因收数短绌,光绪八年以后,定为按半给发,每年应支银七千七百三十八两八分七厘五毫,在销价本款内动支。以上均归外销。

其记"书役工食"云:

> 谨查此款为津贴书役办公费,应作国家经常之支出。通年抚院书吏饭食银一千一百四两,加增津贴银一千二百四十两,门票纸价银一百三十三两六钱七分五厘,各役工食银一百九十二两八钱;盐道书吏饭食银一千三百六十两六钱五分,书吏津贴银一千七百八十四两,油红纸价银五百九十三两四分,户房办饷津贴银三十六两四钱,礼房办理学堂公牍饭食银三十九两,引库子津贴银二十二两四钱,上号吏津贴银三十两八钱,茶房工食银二十六两,铺司加赏津贴工食银一十五两二钱,各役额编工食银一百一十八两四钱四分,盐班递减二成津贴加赏银二百二十二两六钱一分八厘,禁子、库兵、更夫、学泉、斗子、钟鼓夫、学夫等工食银一百七十三两八钱,茶房把门、茶炉听事等工食银五百七十七两七

钱二分,钟鼓夫、锣夫四名加恤工食银三十三两七钱四分八厘,野狐泉斗级加赏银四十五两;河东道书吏饭食、纸价银七百二十八两九钱四分四厘,吏、户两房写密禀并津贴银一十两,礼房办理学堂公牍饭食银三十九两,号房工食银四十三两二钱二厘,茶房工食银五十七两一钱六分,各役额编工食银一百三十两二钱八分四厘,快皂加赏工食银五十四两三钱七分五厘,轿夫工食银二百二十六两,吹手工食银五十四两二钱一分,炮手工食炮价银六十三两,杂役工食银一百两;监掣同知书吏犒赏饭食纸张银二百二十六两四钱,书吏津贴公用银七十六两二钱,各役额编工食银一百一十四两四钱九分二厘,各役津贴公用银五十一两四分;盐经历书役饭食银一十二两,各役额编工食银三十五两五钱三分二厘,批验书吏工食银五百七十二两四分;库大使书吏工食银一十二两,皂隶额编工食银七两八钱九分六厘,仓夫斗级工食银九两,仓夫看仓灯油银二十七两五钱八分;三场大使书役工食银六百两,巡役工食银五百五十二两,各役额编工食银三百七两九钱四分四厘,书役津贴工食银二百二十四两;三巡检书役工食银三十六两,弓兵工食银七百二十两,各役额编工食银一百四十八两一钱二分八厘,书役加增工食银二千二百三十二两。以上共银一万五千二百一十九两七钱一分八厘。内抚院书吏饭食,各役工食,盐道书吏饭食,禁子、库兵、更夫、学泉、斗子、钟鼓夫、学夫等工食,监掣同知书吏犒赏、饭食、纸张,盐经历书役工食,库大使书吏工食,仓夫、斗级工食,三场大使书役工食,巡役工食,三巡检书役工食,弓兵工食等项,均在盐引杂课项下开支,例皆扣除三成并六分减平。前列之数,系照原额填入。又盐道各役额编工食,河东道各役额编工食,监掣同知各役额编工食,盐经历各役额编工食,库大使皂隶额编工食,三场大使各役额编工食,三巡检各役额编工食等项,均由解州、安邑、永济等州县解支,系属内销,其余向归外销。

事实上,在有些省区,盐务经费还要繁杂,据《山东财政说明书》的记载,山东盐区的盐务经费达到47项,直接涉及盐运使司的经费有"运司及滨乐分司俸薪""运司及滨乐分司养廉""运司公费""盐运使经历、益昌库、雒口批验所大使俸薪""运属各衙门公费等款""运署监印委员薪水""运署统计委员薪津""委员盘费""运书六房书吏津贴饭食暨帮贴银两""各房津贴""运署承发科津贴、纸张等银""春秋造报拨册字工银两""柬茶号及各役帮贴""运署三班并各杂役饭食""运署三班及各杂役津贴饭食""礼生及听差、添平夫工食""银匠饭食""节赏及三季公费""运司衙门杂支""各官役食""运属各场所书役饭食""引纲帮纲公费""办公公费及弥补积欠""票纲及累商津贴""年终津贴""纲书、纲役饭食"等二十几项,全加引述难免繁杂,特引述几项。如"运司公费":"此款系道光二十九年,钦使查办案内奏定,每年由面封公费项下支银一万八千六百两,作为该司办公之费,遇闰加增;至宣统元年,奉抚院孙札饬,规定司道公费一案,酌定运司自宣统二年起,每月公费银一千二百两,仍在面封银内动支,其节省银两照数支出,解交藩库汇存候拨。光绪三十四年,应支银一万八千六百两,照数支讫。"又如"运书六房书吏津贴饭食暨帮贴银两":"此款系照《盐法志》载,每年额支饭食银四千三百三十八两之数,另加一成津贴银四百三十三两八钱。嗣因办公不敷,又每年帮贴银四百两二钱八分,津贴银七百六两四钱。光绪三十四年,在征存引票饭食项下动支饭食并津贴银四千七百七十一两八钱,又在面封项下支帮贴银一千一百六两六钱八分。"再如"引纲帮纲公费":"引纲一款,每年支银二千一百三两六分,作为正副纲公费及管理引张钱粮公务、纲友脩膳、纲役工食之需,遇闰加增。嗣于光绪二十八年,因公事日繁,经纲禀准,每月另加公费银二十两,年共银二百四十两,按月具领。又帮纲一款,每年支银三百两,作为帮纲薪水;至咸丰九年,裁减银一百五十两;嗣于光绪二十八年,因银价日落,不敷开支,经帮纲禀准,加给银五十两,年共银二百两,按季具领。光绪三十四年,应支前二款银两,均于征存面封公费内支清。又查引帮纲之款,均于道光二十九年钦使查办案内核定有案。"①

这种支出,可以说包括了盐务经费的方方面面,经费来源一般在"面封公费""巡费"等杂项费用下征收和开支。如"面封公费",《山东财产说明书·岁出部》"盐政衙门经费"称:"系从前纲商于面封引张时向商人抽收,支

---

① 《山东财政说明书·岁出部》之《财政费》第2款"盐政衙门经费"。

备抚院、运司及各衙门一切公费,故曰'面封公费'。自道光十九年起归库征收。道光二十九年,钦使奏定,每引征银二钱三分,支解漕院养廉并抚院、运司暨各衙门公费、各房书吏津贴、大小饷差盘费、京饷加平、发化火工、引纲首纲役等一切食用各款。近年又以支发运属候补各员及各局卡委员薪津局用,并每年特别工程等项,除累商全乏及减款各引不征此款、半乏者半征此款外,每年约收银六万两有零,收支相抵,只有不敷,并无余剩。光绪三十四年运库征完银五万七千五百八十五两七分,未完银四千二百三十两五分。"我们在军机处录副档案中也查找到两份道光二十八年呈报的山东盐区的"面封公费"清单,其支出委实惊人。

其《历任运司支用面封公费清单》记载如下:

文绅,道光十九年正月至二十年三月任
薪水并放关银二万三千二百五十两
节寿礼银三千两
程仪银三千两

宝清,道光二十年四月至二十一年二月署任二次
薪水并放关银一万三千九百五十两
节寿礼、铺垫、程仪银共六千六百两

王庭茵,道光二十年八月至九月任
薪水并放关银三千一百两
节礼等银一千二百两
程仪银一千两

何如兴,道光二十一年二月至二十二年八月任
薪水银三万一千两
节寿礼银五千四百两

王笃,道光二十二年八月至九月任
无支项

王镇,道光二十二年九月至二十三年三月署任
薪水并放关银九千三百两
节礼、铺垫、寿银三千四百两

方涛,道光二十三年三月至六月任
薪水并放关银六千二百两

陈功,道光二十三年六月至九月署任
薪水并放关银七千七百五十两
节寿礼、铺垫、程仪银五千五百两

陈士枚,道光二十三年九月至二十五年五月前后两任
薪水并放关银二万九千四百五十两
节寿礼银四千八百两

任钟,道光二十六年十二月至二十七年四月署任四次
薪水并放关银二万一百五十两
节寿礼、铺垫银共一万四千八百两

沈拱辰,道光二十五年六月至二十六年七月任
薪水并放关银二万一千六百五十两
节寿礼银二千四百两
程仪银二千两(指修街道)

刘源灏,道光二十六年八月至二十七年四月任
薪水并放关银五千六百五十两

节寿礼银一千八百两(此项该商供称二十七年四月还库)

韦德成,道光二十七年十二月至二十八年五月任

薪水并放关银六千二百两

节礼等银一千二百两①

道光帝在这份清单上朱批:"钦此。"并没有表示其他的意见,可以想见是一种惯例。这些银两完全是盐运使在俸薪之外的额外收入,即使第一项称为"薪水并放关银","薪水"二字也绝不是俸薪,"放关银"又称"放关规银",也明显是一种规礼银。从这份难得一见的清单可以看出,这些盐运使所得大多数额巨大,且没有什么严格的一定的标准,第一位列出的盐运使文纶,任职一年,竟然收入三万两之巨,仅这一被认可的收入,其标准的俸薪、养廉银就不值得一提了。所以《水窗春呓》在谈及两淮盐官收入时称:

> 盐务盛时,盐政一年数十万,运司亦一二十万,南掣几十万,北掣较苦,亦二三万。三分司与南掣相仿。优差则泰坝五六万,永丰坝子盐、汉岸提课皆数万。即京饷、甘饷解员,亦数千金。又有官运一差,则视乎其人,盈绌不计矣。候补且有坐薪,皆数百金一年。各省作官,无两淮之优裕者。②

两淮由于是盐务大区,盐政官员所得超过山东等盐区是没有疑问的,但是否就是如许数额,笔记小说家言,可供参考。

事实上,盐政官员的各种规礼银数目繁多、数额巨大,即使在雍正初年对各区的盐政陋规进行裁减后,"规礼银"或称"陋规银"仍然数额巨大。如

---

① 档案,道光二十八年十一月十七日,《历任运司支用面封公费清单》,军机处录副,档案号:03-3357-041。呈报人不详。按:"清单"为行书,应该是"录副"档案,非原清单。有些字不易辨识,有的字为简体字,如"宝清"之"宝"字即为简体,颇类似"室"字,笔者在另外一份楷体奏折中发现了盐运使宝清的记载,才予以确定。

② 欧阳兆熊、金安清:《水窗春呓》卷下"盐务五则"条,中华书局1984年点校本,第77页。

雍正七年长芦巡盐御史郑禅宝所说:"长芦运使、运同、运判等衙门从前陋规共银四万五千九百余两,雍正元年于商欠商补案内议定,运使留银一万两,运同留银五千两,运判留银二千两,裁去银二万八千九百两,归还商人。"①

各省区盐政衙门的经费繁多,有的并不完全一致,有的由于分类不同而导致繁简有别。如《浙江财政说明书》称:"盐政衙门经费,名目繁多,兹分七项举其沿革。"简要列出的七项为:"盐院公费""运司衙门经费""运司首领官衙门经费""分司及各场所衙门经费""各盐局及盐巡经费""四所甲商公费""运库划借归提等款"。各项都有细致的说明,如"运司衙门经费"云:

> 除养廉岁额银三千两外,计有八项:(一)公费,每年银三万三千九百六十两,是项公费即由信前运司在提正归公案内详经前盐院张批定之款。(二)津贴,每年银七千二百两,是项津贴划入报效归公银二千四百两,裁减归公银三千六百两,提正归公银一千六百两。(三)司幕津贴,每年银一千四十两,是项津贴向由苏五属商人于大巡经费内按月提解银八十六两六钱六分六厘七毫。(四)文案委员薪水,每年银八百六十四两,查运司衙门档案,光绪七年详定,文案委员一员,月薪银三十六两,监印委员一员,月薪二十四两,嗣于三十三年十二月起,收发文案即由监印委员兼司,每月加给薪水十二两。(五)防卫亲兵薪饷,每岁银三千一百二十九两有奇。(六)书吏纸张、饭食、薪金,每岁共计银四千四百三两有奇。(七)各役工食,有经制各役工食、现用各役工食、详定各役工食、补给各役工食四种。经制各役工食岁额支银二百五十二两。运司衙门经制役食向由秀水县编征银九十六两,桐乡县编征银一百五十六两,按季解赴运司衙门散给。其现用各役工食岁支银一千二十一两有奇,此外尚有银圆二千二百九十六元八角六分三厘三毫,及银角二百四角五分二厘九毫,钱四百九十文。详定各役工食岁支银一千一百二十六两有奇。补给各役工食岁支银二百十四两八钱八分六厘。(八)杂支,名目繁多,如各项工价、各项路费、各项犒赏及其他费用。每岁约支

_____

① 档案,雍正七年六月初九日郑禅宝奏折附片,朱批奏折,档案号:04-01-35-0440-012。

银一万三千六百两有奇。此浙省运司衙门经费之大略也。①

另外,如广东,《广东财政说明书》分别列出"盐务衙门经费""盐务衙门杂支""盐务各局所经费及缉私各费""盐务官运各局经费"四项。并有各项的支出数额。②

一为盐务衙门经费:

> 运司养廉,每年额支银五千两,咸丰六年,奉行酌给八成银四千两,后因潮桥悬欠饷项,议定由各缺养廉摊捐弥补。现时运司养廉一款,除减成扣平外,悉数抵捐潮饷。
>
> 运司官俸,每年额定一百三十两,向不开支。
>
> 运司公费,光绪三十一年,经前王署运司秉恩详定,运司原有各项进款全数归公,专款存库,另定运司公费每月三千两,即在前项提存运司公款项下拨支。
>
> 运同养廉津贴,潮运同养廉,每年额定银二千五百两。自潮桥改设官局后,禀定每年支实银一千八百两,又奏准,每年津贴五千五百两,均由潮桥官运局按月在饷项下动支移送。
>
> 盐务各缺养廉、饭食,经历司、批验所大使,每年各支养廉银一百六十两。库大使,淡水场、大洲场、墩白场、石桥场、小靖场、电茂场、招收场、隆井场、东界场各大使及潮知事,每缺支银一百二十两,博茂场大使支银一百两,白石东场支银六十两,西场支银一百二十两,茂晖场支银六十两,双恩场支银七十两。海甲、河西、惠来、海山、小江各栅,每缺支饭食银一百二十两,上川司巡检支银六十两。每年额支银五千二百一十两。惟此项养廉、饭食,从前各场栅员向以抵解丁课各款,宣统元年,始详请以实银给发。
>
> 盐务各缺官俸,运同每年支俸银一百五两,盐经历支俸银四十五

---

① 《浙江财政说明书》下编《岁出门》第 3 类《支款·财政费》"盐政衙门经费"。
② 以下未注明出处者均见《广东财政说明书》卷 13《岁出门》第 6 类《财政费》。

两,库大使支俸银四十四两,各场大使每年各支俸银四十两,批验所大使、盐知事各支俸银三十一两五钱二分,白石场支俸银三十一两五钱二分,另支加衔俸银八两四钱八分。所有盐务各缺俸银,向在藩库支领。

运署及盐务各署役食,运库及库大使、批验所、西汇关巡役、舵工水手暨各场巡役工食,每年额支银二万一千三百二十三两三钱八分九厘,惟各场应领役食,向于场员交卸时抵解丁课,其发给实银者,只批验大使、库大使及运署各役应领之款。现因各场役食拨解丁课,彼此划抵,转多纠葛,经详定,自宣统元年起,俟各场员交卸后解清交代,一律发给实银,以清款目,而昭核实。

运署门役工食,每年额支银二百一十六两,内除减成、扣平,实发银一百六十二两四钱三分二厘,向在藩库支给。嗣因运库欠解藩库秤头盐美,经藩司移知改在运库支给,作为抵解秤头盐美一款,自后按季由该役赴库请领给发。查秤头盐美,无闰解银一千二百五十二两八钱,有闰解银一千四百六十一两三钱六分六厘。近因此款无收,以致欠解,所有门役工食,系在溢盐程价项内垫支。

运署房书工食、纸札,每年户、兵、工三房趱造册籍纸笔银三百两,刑房纸笔、饭食银一百二十两,库房廪工银三百四十两(原按:以上向系报部),礼承房廪工银三百六十两,奏销纸札银二百四十两,刑房廪工银一百五十两,吏部饭食银三百六十两,三房库小书工食三百六十两,八房办公经费银八十两,管理筹饷案书吏津贴一百四十四两,三房册费银三百两,库房纸札银二百四十两,库房津贴二百四十两,又津贴朱油、数簿一百九十两六钱,库子饭食银八十六两四钱,三房津贴四百八十两,五房饭食六百三十五两一钱八分四厘,礼房承发房津贴九十六两(原按:以上向未报部)。

运库护勇口粮,运署原设护库绥靖营勇四十名,嗣因库储重要,经办事运商禀请,添募安勇二百名。迨光绪二十九年,重加厘定裁节,现存正勇一百名、伙夫六名、长夫六名。所有薪粮,按月由该管带请领转给,每年额支银七千七百一十两。其旗帜、号衣、鞋帽随时更换添置,在库存安勇口粮并弥补饷项下支给购办。

运同署各役工食并工墨饭食,潮运同衙门原有执事人役,自潮桥改设官局,禀准由局给发,计各役共三十六名,每年约支工食银二百五十两。又十房书吏工墨、饭食,每年约支银七百另[零]两,均由潮桥官局按季给发。

运同署各房书吏津贴、公用,此款系发给盐库饷各房书吏六四水脚、溢盐津贴、平余饭食、丁课册费、大盐帮价银两,每年约支银八百余两,由潮桥官运局按季给发。

上述各项在光绪三十四年、宣统元年的支出如下表:

表2 晚清广东运司及所属各官经费

款　目	实支数(两)	
	光绪三十四年	宣统元年
运司养廉	3 756.944	2 500
运司官俸	无	无
运司公费	36 000	39 000
运同养廉津贴	7 300	7 300
盐务各缺养廉饭食	139.999	2 768.155
盐务各缺官俸	465.844	98.063
运署及盐务各署役食	1 957.800	14 261.044
运署门役工食	213	176.400
运署房书工食、纸札	2 528.180	4 593.741
运库护勇口粮	7 453	8 700.875
运同各役工食并工墨饭食	1 322.365	1 432.563
运同各房书吏津帖、公用	1 123.756	1 242.588

二为盐务衙门杂支:

运署办公杂支,运署刊刻关防铃记及购办各局处应用照票纸张、板片等项,系由外销杂款项下拨支,岁无定额。

广粮通判津贴,广州府粮捕通判兼管盐务东汇关掣配事宜,每年支给津贴银二千四百两。

盐员月课奖赏，盐务候补人员，每月考试一次，原定每年支银五千两，嗣因拣发日多，详定每月加课一次，在新筹项下提银一十万两，发商生息，即将息款作为奖赏。后因人多奖薄，复详准在运库收新筹项下，每月加支奖银四百两。现奉饬裁节，每月仍旧只考一次。

查案委员川资、夫马，派员分赴各处调查事件，应需夫马、川资银两，按照路程远近，酌量由库支给。

领解盐引委员盘费、津贴，粤省行盐，现以拆引为包，由运司填照挽运。惟按年仍派员赴部请领新引，发各府截角盖印，缴回解部，其解领盐引之员盘费、津贴，每年支银二千七百四十五两一钱七分五厘。

赍送奏销册差官盘费，盐务东、西、南、北、中、平六柜及潮桥奏销册，由督署派弁赍送进京，两次分送盘费共纹银二十八两八钱。

运库银匠犒赏，每月支银四两，本由运司赏给，嗣因运司各项进款，详定全提归公，此项犒赏，现改由提存运司公款支给。

各署节礼赏犒，三节致送将军、都统暨广协标营参、游及司署幕友节敬，各提塘、城门旗标兵丁、胥役犒赏，本由运司支送，现亦在运司公款项下按节支拨。

伞扇衣帽工料，运署轿夫需用伞扇衣帽，每年夏、秋两季，支给轿伞夫制办，所有工料银两，额定发银八十三两五钱二分八厘。

配兑旗盐夫脚，按年分春、秋两季，由库大使照额定银数请领，发给搬运八旗菜盐夫役。

捆扎残引费，解缴残引，雇夫捆扎工资，向系库大使领办，每年额支银六十九两八钱九分二厘。

运商请领晒驳期溢，从前商领官帑，赴场收盐，有额定晒（即晒价）、驳（即驳艇费）、期（即水脚）、溢（即溢盐价）等款，嗣改为下河运馆，所有官给四项银两，即于该商应行缴回之正耗盐价内如数抵给。

包价，从前发帑收盐，所有装盐蒲包，由官购备，每个给银一分二厘。后因商人自备蒲包，此项包价领出后，仍缴回司署，成为规费。自光绪三十一年详定规费悉数归公，此项包价，现仍由商人按月照折[拆]

盐数目领缴,归入提存运司公款备拨。

部费,每年由办事运商请领寄京,计奏销部费银二千两,京饷部费银四千五百两,兵饷部费银五百两,春秋拨册部费银一千四百两。

添平杂费,系解藩库盐厘兵协饷、武职养廉、铁路河工经费、改还洋款、八旗养赡息、余兵月饷等款,每万两随解添平银五十一两、杂费银三两二钱,又委员解引搭解各款,每次另给银六十两,以备添平之用。

上述各项在光绪三十四年、宣统元年的支出如下表:

表3 晚清广东运司衙门杂支

款　目	实支数(两)	
	光绪三十四年	宣统元年
运署办公杂支	291.104	432.381
广粮通判津贴	已列行政总费附表	
盐员月课奖赏	13 168.800	12 733.781
查案委员川资、夫马	980	1 736.175
领解盐引委员盘费、津贴	2 745.175	3 469.916
赍送奏销册差官盘费	28.800	28.800
运库银匠犒赏	48	48
各署节礼赏犒	4 987.980	5 187.072
伞扇衣帽工料	83.528	83.528
配兑旗盐夫脚	434.248	434.248
捆扎残引费	69.892	69.892
运商请领晒驳期溢	22 892.842	228 920.842①
运商领包价	8 886.144	8 886.144
运商领部费	7 945.454	7 490.909
添平杂费	2 477.555	2 431.060

三为盐务各局所经费及缉私各费:

---

① 按:光绪三十四年与宣统元年相较,差距10倍,228 920.842两,似应为22 892.842两。

　　盐厘局经费,该局委员一人,每月薪水公费银七十两;司事十二人,每月脩伙一百四十九两四钱;勇目一名、巡勇一十二名,月支口粮银五十一两六钱;杂役七名,月支工食银二十二两三钱;快船二只,小艇四只,月支工食银五十六两;禡祭、柴炭、灯油、杂用月支银六十五两四钱,均于该局所收盐厘项下坐支。

　　盐务研究所经费,粤省盐务,自改纲改所以后,历久相沿,款目纠纷,案牍繁赜,场灶沧桑,亟须研究整顿,而候补人员多不谙习,无所借手。宣统元年,前丁运司乃扬详请设立盐务研究所,考选学员二十员,每月各给津贴三十两,并遴委所长、管学、检查、会计、书记各员管理所务,于是年七月开办,所有薪水、学费,全年额支银一万二千四百四十六两四钱,在新筹项下动支。

　　平柜官局经费,该局薪水、工食,每年约支一万六千五百余两。其总、分各局卡,一切局用、伙食、杂支,均无定额,约计年支六千两。

　　潮运同盐田局经费,该局为清查潮属盐田而设,开办时禀派多员分场清丈,经费较多。宣统元年七月,禀请归运同署经理,酌定薪工,年约银二千四百两。又差役路费,年支银八两四钱,执照纸费银一两八钱。

　　潮运同隆澳局经费,开办时系东、西、北栅一围,宣统元年,禀派添入内新围司巡,全年员司薪水、工食,约支银三千五百两。晒丁盐价,在收数时价计算,年无定额。

　　各局厂薪水、局用,运署筹饷处、统计处、煤务委员及六门缉私局、东滘厂、思贤厂、三水厂、江门厂、香安督销兼渔票局、东汇关验仓监配委员,西村缉私委员,新会、东莞、南柜各委员,查雷州盐𪉩委员,育婴堂委员,查验教堂委员,经收芦苞经费司役等薪水脩伙、局用,均经逐加裁节,每年约共支银数万两。现琼崖督销局及查验渔票委员,均已裁撤。渔票各局薪水、局用,阳江渔票局,年约支银二千零两;汕尾渔票局,每年约支银一千八百两;平海渔票局,每年约支银五六百两;博贺渔票局,每年约支银四五百两,均于各该局所收渔票饷项下如数坐支。

　　缉私及查渔票轮船薪粮公费,缉私轮船原有十二艘,除利琛、靖海、利用、西平四艘现已裁撤外,尚有八艘,曰镇东,曰绥南,曰济西,曰安北,曰裕民,曰利川,曰永英,曰利涉。其镇东、绥南、安北三船较大,每月每船应需薪粮银六七百两,此外各船均二三百两,由六门缉私局按月请领转给。另巡查渔票饷轮船两艘,曰化善,曰平南,每月约共支薪粮五百余两。该两船不隶缉私局,由该轮管带赴库请领支给。统计各轮薪粮,每年约支银三万余两。

缉私及查渔票各轮船煤价,各轮船应用煤炭,由司派员专管,随时领价购办。计缉私轮船大者,每月用煤六七十顿,其余各船,每月用煤十余顿或三十余顿不等,统计每月用煤约四百顿。

各项花红津贴,新筹案内详定,各官局及管理筹饷事务、经管渔票南仓各员,于岁收筹饷各款,照此额外,长收盈余数目暨各轮船缉获私盐,分别照章酌提花红,以资鼓励。

上述各项在光绪三十四年、宣统元年的支出如下表:

表4 晚清广东盐务各局所经费及缉私各费

款 目	实支数(两)	
	光绪三十四年	宣统元年
盐厘局经费	4 524	5 361.481
盐务研究所经费	无	7 189.375
平柜官局薪水、局用	19 967.644	26 579.585
潮运同盐田局经费	5 787.198	4 439.956
潮运同隆澳局经费	3 610.234	5 686.713
缉私、督销各局厂薪水局用	53 209.450	75 770.519
渔票各局薪水局用	4 713.979	6 748.697
缉私各轮船薪粮、公费	35 067.576	45 597.830
查渔票各轮船薪粮	7 360.080	66 90.981
各轮船煤价	30 836.387	38 020.963
各项花红津贴	63 768.682	4 545.455

四为盐务官运各局经费:

潮桥官运局经费,总办一员,月支薪水银三百五十两;会办、帮办各一员,月各支薪水二百两;委员十五员,月共支薪水七百六十四两;司事三十八人,月共支薪水六百两。在事员友,随时添设更调,薪脩增减不等。家人、杂差工资,每月共支一百五十一两八钱。缉私勇役共三十六名,每月约共支口粮一百一十二两。屋租每年五百一十两八钱五分一厘。加价坐支委员、司事、勇役,计每月额支薪工八百九十九两四钱。另有牌费及杂支等项。其余该局临时杂支各款,岁无定额。

东江官局经费,该局薪水、工食,每年约支银二万三千五百余两,其局用、局租及巡船、扒船、一切伙食、杂支,均无定额,约计年支一万六千两。

恩开新官局经费,该局薪水、工食,每年约支银一万一千四百两,其一切局用、伙食、杂支,均无定额,约计年支一千五百两。该局于光绪三十四年二月至七月,系由商人承办,是年八月以后,仍归官办。

阳江春新官局经费,该局薪水、工食,每年约支银八千两,其总、分各局一切局用、杂支,均无定额,约计年支八千两。该局于光绪三十四年四月至九月二十日止,系由商人承办,自九月二十一日起,仍归官办。

以上各局经费,均于各该局所收盈余银两如数坐支。除东江及恩开新、阳江春新各局官办、商办变更无常,所有光绪三十四年、宣统元年支数无从列表外,其余如下表:

表5　晚清广东官运局经费

款　目	实支数(两)	
	光绪三十四年	宣统元年
员司薪水	19 291.334	23 802.761
家人、杂差工资	1 573.473	1 895.343
护勇口粮	1 144.993	1 240.912

（续表）

款　目	实支数（两）	
	光绪三十四年	宣统元年
屋　租	507.164	510.851
小河秤费	16 233.891	19 721.641
大河桥费	6 543.345	6 890.779
大河驳泵水脚	178.826	178.826
大河花红	78 832.662	67 447.378
大河运脚帮贴	13 780.327	10 835.760
商埠伙足	684.867	741.940
本局伙足	1 329.911	1 477.297
加价坐支	8 591.232	10 303.695
各项解费	20 247.758	20 247.758
酒　席	1 377.032	1 117.401
杂　用	3 872.926	2 708.305
盘查所杂用	289.198	415.232
赏　封	271.963	168.368
添置器具	76.065	183.828
商款贴息	4 036.271	2 690.847
三节津贴员司	3 714.227	6 250.772
惠来栅赡工	78.373	35.497
川　资	519.702	736.848
公　用	41.625	89.911
汇　费	1 132.386	1 313.568
长桥卡缉私勇役工食杂用	643.383	696.999
家人出息	1 011.630	1 112.040
春价及饭食	26.451	无
奏销房费并工墨	287.753	287.753
计典册费	25.365	无
奏销费	905.909	905.909

上列广东的各项盐务经费已经比较细致,从中可以窥查不同的盐务经费类别、数额、来源、沿革等。下面再列出湖南盐道衙门经费表,作为参照①:

表6 晚清湖南盐道衙门经费

款　目	数目(两)	动支款项	备　考
俸银	74.084	俸工	停支
养廉	2 400	耗羡、川粤盐厘	藩库耗羡项下支银一千六百两,盐库川粤盐厘项下支银八百两,均应扣减平捐款
公费	10 0800	拟定未支	盐道向由盐库支公费银一千二百两,督销局移送岸费银二千二百五十六两、薪水银八百四十六两,所属呈送公费漕规银八千二百六十五两三钱,以资办公
各书饭食	752.8	川粤盐厘	
各书纸工	204,闰加 16.96	闲款生息	
卷书工食	12,闰加 1	充工生息	
吏书工食	100.7,闰加 4.5	捐项、酌增生息	
户、驿书工食	36,闰加 9	酌增生息	
法、吏两房盘查饭食	12	捐项生息	
法书盘查纸张	8	闲款生息	
各书津贴	70,闰加 6	闲款生息	
写生工食纸张	活支无定,约一百数十两	闲款生息	
各役饭食	423	川粤盐厘	
号房工食	12.8	余款生息	
库厅公费	80	川粤盐厘	
库厅津贴	60,闰加 5	余款生息	
库厅书识	24	川粤盐厘	
库丁工食	13.6,闰加 0.8	酌增生息	

---

① 《湖南财政说明书·岁出部》之《行政总费类》"盐道衙门经费"。

按照规定,盐道库向由牙厘局每年移解川粤盐厘银二万两作为经费,支给抚院及提学使盐道等养廉以及各书院膏火之用。此外,另有各书院的经费生息等项,均由盐库经理,作为经费所用。盐道衙门经费,除由司库支养廉银一千六百两外,余即由盐库经费内支发,拟定公费案内酌定公费银一万二千两,奉部核减一成,所有盐库支发公费役食即应停支,督销局移解岸费照章提缴,各属呈送公费漕规免解。另外,该盐道兼理长沙关监督,所有监督办公经费由长沙关开支。

另外,晚清有关各省设立的盐厘局也有数额不菲的支出,再列出奉天盐厘总、分各局作为参照①:

表7　奉天盐厘总、分各局简略说明表

各局名称	建设年月	应领款项	动用何款
东三省盐务总局	光绪三年,奉天始设盐局,专抽盐厘;其间迭有变更;三十三年,设立东三省盐务总局督办盐务	薪津、辛饷、局费	一成五厘经费
盖平盐厘分局	陆续设立	薪津、辛饷、局费	一成五厘经费
复州盐厘分局	陆续设立	薪津、辛饷、局费	一成五厘经费
庄河盐厘分局	陆续设立	薪津、辛饷、局费	一成五厘经费
锦县盐厘分局	陆续设立	薪津、辛饷、局费	一成五厘经费
宁远盐厘分局	陆续设立	薪津、辛饷、局费	一成五厘经费
广宁盐厘分局	陆续设立	薪津、辛饷、局费	一成五厘经费
盘山盐厘分局	陆续设立	薪津、辛饷、局费	一成五厘经费

奉天厘局抽收税厘,所收款项,以85%为正款,称"八五正款",分别起解和留支;以15%为办公经费,称"一五经费"或"一成五厘经费",所有总局之总办、员司、夫役,分局之员司、夫役、巡兵等应支薪津、工食、饷项,以及总分各局办公购置、消耗等项费用,均在此经费项下开支。如有盈余,分别存留,听候拨用。总分各局之外的盐厘补征各局,应支之员司、兵役薪津、工饷、办公各项费用,也均由一五经费项下支发。

_____

① 《奉天财政说明书·光绪三十四年支款说明书》之《岁出经常类·本省支款》第4款《财政费》。

"微员"任重：清代的盐场大使

盐场大使，或称盐课司大使、盐课大使、盐大使、盐务大使，因为掌管食盐的生产与场灶缉私等，不但是清代盐政管理系统中最为基层的层级，也是一个十分重要的官职，如雍正帝所说："盐场大使一官，虽系微员，而责任甚重。"①如果说"盐政、运使之体制，有似巡抚、布政"，那么，盐场大使则类似于州县。②对清代盐场大使的研究，较为少见，③在前此对盐政管理研究的基础上，④本文从四个方面对盐场大使进行较为系统的论述。

一、盐场大使的设置、治所、职掌

《清盐法志》称："盐官之制，设大使以治场灶，司掣验。其上有监掣，有分司，皆隶属运司而受成于盐政。"⑤盐场大使为各盐场的长官，在海盐产区和河东池盐区一般是一个盐场设置盐场大使一人，但也不尽然，表现出复杂

---

① 《清世宗上谕内阁》卷 70，雍正六年六月二十九日。

② 《朱批谕旨》卷 205 下《朱批高斌奏折》。

③ 参见何峰《明清淮南盐区盐场大使的设置、职责及其与州县官的关系》，《盐业史研究》2006 年第 1 期；李晓龙《从生产场所到基层单位：清代广东盐场基层管理探析》，《盐业史研究》2016 年第 1 期。另外，[日]佐伯富《清代盐政之研究》，京都：京都大学东洋史研究会 1956 年版，第 34 页；徐泓《清代两淮盐场的研究》，台北：台湾嘉新水泥公司文化基金会 1972 年版，第 7 页，均有"两淮盐场与职官"专节，也略有涉及。

④ 参见陈锋《清代盐法考成述论——清代盐业管理研究之一》，《盐业史研究》1996 年第 1 期；《清代户部的盐政职能——清代盐业管理研究之二》，《盐业史研究》1998 年第 2 期；《清代的巡盐御史——清代盐业管理研究之三》，《人文论丛》2016 年第 1 辑；《清代盐运使的职掌与俸银、养廉银及盐务管理经费——清代盐业管理研究之四》，《盐业史研究》2016 年第 4 期；以及《清代的盐产区、盐场与场商、灶户、灶丁》，《中国经济与社会史评论》2011 年卷；《清代食盐的运销体制》，《盐业史研究》2014 年第 3 期。

⑤ 《清盐法志》卷 237《两广·职官门·职官》。

性和多样性。云南、四川井盐产区的情况更为复杂。不同的盐区各有沿革变化。

如两淮盐区,清初曾沿袭明代的旧例,设置有副使。《淮南中十场志》称,洪武二十五年,始设盐课司,每场大使、副使各一人,"铸铜条印给之";明代中期以后,陆续裁撤副使;顺治五年,对盐场大使"钦颁印篆";康熙五年,淮南十场中,东台、安丰、梁垛场副使裁撤,"十场俱止大使一人,遂为定制"。①康熙《两淮盐法志》称,在两淮三十场中,清初设有副使的盐场有六,"康熙五年七月奉裁"。②

另据《盐法通志》记载,长芦盐区,雍正十年,曾经裁撤沧州分司所属的利民、利国、富民、海盈、阜财五场的盐场大使,"其灶户归各州县管理";道光十二年,又裁撤沧州分司所属的兴国场大使。这是裁盐场大使归地方行政管理的例子。

山东盐区,康熙十六年,裁撤丰民场,归并永利场大使管理;裁撤宁海、丰国二场,归并永阜场大使管理;裁撤利国场,归并富国场管理;裁撤高家港、新镇二场,归并王家冈场大使管理。这是裁撤盐场后,归并盐场大使的例子。康熙十六年,山东又裁行村场大使,"归并石河场管理"。雍正十年,裁海西场大使;道光十二年,裁登临场大使,"均归并西繇场管理"。道光十二年,裁信阳场大使,"归并涛雒场管理"。③这是为了俭省官员、方便管理的例子。虽然裁撤了一些盐场,盐场事务仍然由相邻的盐场大使管理。

又如广东,据《盐法考》记载,至少在康熙中期以前,设立盐场大使单独管辖的有 14 场,即归德场、东莞场、靖康场、海晏场、矬峒场、淡水场、石桥场、招收场、隆井场、小江场、茂晖场、双恩场、西盐白皮场、东盐白沙白石官寨场。由各州县管理(主要是由各州县征课),不设场官的盐场有 12 场,即香山场(香山县管理)、博茂场(茂名县、电白县管理)、丹兜场(石城县管理)、小江

---

① 汪兆璋、杨大经:《淮南中十场志》卷 1《图经·建置》。参见乾隆《小海场新志》卷 2《秩官志》。

② 康熙《两淮盐法志》卷 5《秩官》。按:两浙盐区的鲍郎场,在雍正七年曾经添设副使一人,乾隆五年又裁去。见周庆云《盐法通志》卷 15《职官三》。

③ 参见周庆云《盐法通志》卷 15《职官三》。

场东界(饶平县管理)、蚕村调楼场(遂溪县管理)、东海武郎场(海康县、徐闻县管理)、大小英感恩场(琼州府管理)、三村马袅场(临高县管理)、陈村乐会场(文昌县管理)、博顿兰馨场(儋州管理)、临川场(崖州管理)、新安场(万州管理)。①这是有的盐场设置大使,一切事务由盐场大使管理;有的盐场不设置大使,一切事务,特别是场课的征收由地方州县管理的例子。

事实上,各盐场有场大场小之分,有地理环境的不同,有产盐多寡之别,有兴盛衰微之机,盐场及盐场大使有所调整在情理之中。乾隆三年,两广总督鄂弥达就谈到广东盐场的情况,所谈非常细致,一般文献难以见到,不惮其烦引述如下:

> 盐课大使专司征课收盐,凡各场地均应设立,但场地大小不同,额收盐斤多寡不一。场小盐少设有大使之处,似应就近归并兼理,场大盐多未设大使之处,似应添设,以专责成。查广州府属新安县归德场额收熟盐一万九千九百五十四包,设有大使一员;东莞县靖康场额收熟盐仅止六千零一十二包,亦设大使一员。香山县香山场额收熟盐一万三千五百八十五包,较之靖康多盐七千五百七十三包,未经设有大使。伏维广州府属海晏场额收熟盐一万一千零四十二包,矬峒场额收熟盐五千三百六十六包,于雍正七年间经前任督院孔毓珣题准,将矬峒场大使裁汰,归并海晏场大使。查靖康、矬峒二场额盐相等,矬峒相近海晏,业已归并在先,靖康相近归德,似亦可以援例,将靖康场盐归并归德场大使兼司征收,将靖康场大使裁汰。再查潮州府属饶平县东界场,肇庆府属阳江县双恩场,原无大使,已奉添设。今广州府属香山县香山场额收盐一万三千五百八十五包,未经设立大使,应请添设大使一员。又高州府属电白县博茂场,茂名县博茂场共额收盐三万一千六百包,亦无大使,应请添设大使一员。……据广州府详称,据东莞、新安二县查明,靖康、归德二场,地方毗连,水陆相去不过二三十里,靖康场务归并归德场大

---

① 佚名:《盐法考》卷16《广东·司鹾官制》,清抄本。按:场名前后有变化,个别的字,也与其他书记载有所不同,照该书实际名称录入。

使管理,洵属近便,可以兼顾。又据香山县详,香山场设立大使,责任专一,有裨盐务。至于课银,向因未设大使,所以由县征解。今既请设事员,应照通例归于大使征收起解,以臻画一。且各丁散处海滨,赴县完课,跋涉维艰,就近输纳,往返近便,更有益于灶丁等由。又据高州府呈,据电白、茂名二县会详称,查得电白博茂与茂名博茂二场,虽分隶二县,然壤地相接,犹如一邑地方,设一大使,足以兼顾。再查两场课银,向俱由县征解,今既请设大使,应俱归于该员征收起解。①

细读之,可见盐场及盐场大使的归并调整,既有场大场小、产盐多寡的原因,也有地理因素。同时,与场课的征收起解也有关系,这里所显示的,是将有些盐场的场课由原来的"由县征解"全部过渡到"由场征解"。同时,由于"场灶繁多,兼之地方辽阔,一场之中,额设大使,料理难周",广东的盐场,往往"另分场(厂)、栅,委员经管"。②如碧甲栅委员、小淡水厂委员,由淡水场分派;海甲栅委员,由石松场分派;小靖场外三场委员,由小靖场分派;河西场委员,由招收场分派;惠来栅委员,由隆井场分派;海山隆澳场委员,由东界场分派。③

盐场大使又有"简缺"和"繁缺"之分。简缺大多予以归并。如两淮盐区,两淮盐政尤拔世奏称:"通属十场内,有西亭一场,广袤约三十里,亭场三十余副,产盐不足千引,额征折价八百余两,事务极简。其接壤之金沙场相去十里,所辖场境亦与西亭相等,亭场三百五十余副,产盐三四千引,应征折价一千七百余两,亦属简缺。若将西亭场大使员缺裁省,并归金沙一场,事务不繁,办理亦易。且向来金沙草少,灶户购买西亭余草,荡户往往牟利居奇,并需车载船剥[驳?],道路迂回,领票照验更多隔碍。……请照从前余中场并归余西场,马塘场并归石港场之例办理。又泰属十二场内之小海场,与

① 档案,乾隆三年二月二十六日鄂弥达题:《为场地大小不同,酌请分别归并,添设各大使,以裨盐务事》,户科题本,档案号:02-01-03-03485-014。中国第一历史档案馆藏,下注"档案"者,均为该馆所藏。

② 档案,乾隆三十六年九月初六李侍尧奏:《为请旨简发场员以资差委事》,朱批奏折,档案号:04-01-12-0145-084。

③ 《清盐法志》卷237《两广·职官门·职官》。按:另外有小江场委员,由隆井场兼理。双恩场原设盐场大使,乾隆二十一年改为委员。

丁溪场相去不过十有余里,小海所管灶地只有四处,亭场七百余面,产盐四万余引,额征折价等银二千二百七十余两,实为简缺。而丁溪亭场亦仅六百余面,产盐约四万引,折价约五千余两,政务并不为繁。……请照从前白驹场并归草堰场,天赐场并归庙湾场之例办理。"吏部议覆认为:"核其政务,西亭、小海二场似不必专员管辖,应将西亭归并金沙,小海归并丁溪,庶场员免于闲冗,而于稽煎、征折亦不至繁剧难胜。……应如该盐政所请。"朱批:"依议。"①由于盐产量增加,"简缺"亦可改为"繁缺"。如福建兴化府属之前江场,最初本是由下里场分设,在乾隆四十八年"请定场员实缺案内",将该场定为"简缺"。此后,该场产盐丰旺,原定盐额十三万八千八十余担,在嘉庆二年"增减各场产额案内",奏准增产盐七万五千担,产盐额为二十一万三千八十余担。福州府属之江阴场,原亦为"简缺",后来场产日增,原定盐额五万九千二百九十余担,也核定增产盐五万三千一百二十余担,产盐额达到十一万二千四百二十余担。"该二场一切督晒缉私,均关紧要,初任人员骤难经理,自应酌量改为繁缺,在外拣选调补,以期胜任。"②盐产量增加,是在生产能力提高的前提下经过奏准的,并不是随便扩大产量。我们注意到,福建的这两个盐场在嘉庆二年,产量已经达到繁缺的要求,但直至嘉庆七年,才由简缺改为繁缺。可见这种改易并不是一件容易的事情。

在有些盐区的盐场,又分设"灶首",如长芦盐区的丰财场,"该盐场灶户,分隶五沽,遇有公事,于各沽灶户中遴选一二人经理。郭云扬系葛沽灶首,萧翰、田得溥系邓善沽灶首,冠兰圃、郑孔昭系东沽灶首,许熙、许印系新河灶首,李友朋、郭启新系塘儿沽灶首"③。这些"灶首"在灶户中遴选,也有相当的职责,遇有不平之事,也可以检举盐场大使等官员。之所以在档案中留存下上列灶首的姓名,是因为盐场大使周桐克扣灶户的帑息银两,灶首呈控,最后由刑部予以审理。

---

① 档案,乾隆三十三年十一月初一傅恒题:《为酌情裁并盐场员缺以归简要事》,户科题本,档案号:02-01-03-06266-003。

② 档案,嘉庆七年十二月十三日玉德奏:《奏为盐场大使员缺今昔繁简不同,请量加酌之改事》,朱批奏折,档案号:04-01-35-0483-039。

③ 档案,嘉庆十一年二月二十四日金光悌奏:《为遵旨审讯定拟奏闻事》,朱批奏折,档案号:04-01-08-0026-012。

在井盐产区，并不是每个盐井或盐井片区都设置大使。如云南，据《盐法考》记载的清初情况：黑井设有盐课司大使一员，白井设有盐课司大使一员，诺邓井设有盐课司大使一员，大井设有盐课司大使一员，师井设有盐课司大使一员，顺荡井设有盐课司大使一员。①据乾隆《大清会典则例》记载，清代中期设有盐课司大使的有黑盐井、白盐井、阿陋猴井、云龙井、抱母井、香盐井、丽江井、只旧草溪井、弥沙井、按版井、恩耕井等，有些盐井如安宁井、景东井、磨黑井、猛野井等则属地方有司管辖。②但这些记载并不全面，有的大使由于新增，没有被记载在内，如安丰井，距白井八里，在明代时为阿拜小井，屡开屡闭；乾隆六年，重新查勘，卤脉旺盛；乾隆七年，定名安丰井，每年煎盐三四百万斤，设置安丰井大使。③有的先设置，后又裁撤，如白石谷井，雍正九年，设白石谷井盐课司大使一员；乾隆二十九年裁缺，"白石谷大使养廉备公银三百三十两应发灶户薪本"。④

各盐场之大使亦有治所，即官署，兹以山东为例简列如下：

> 永利场大使署，在沾化县城东三十五里。
>
> 富国场大使署，在沾化县城东六十里。
>
> 永阜场大使署，在利津县城东北五十五里。
>
> 王冈场大使署，在乐安县城东北一百里。
>
> 官台场大使署，在寿光县城东北五十里。
>
> 西繇场大使署，在掖县城北五十里。
>
> 登宁场大使署，在福山县城北五里。
>
> 石河场大使署，在胶州城东南二里。
>
> 信阳场大使署，在诸城县东南一百二十里。
>
> 涛雒场大使署，在日照县城南四十里。⑤

---

① 佚名：《盐法考》卷19《云南·司鹾官制》。
② 乾隆《大清会典则例》卷45《户部·盐法上》。
③ 乾隆《白盐井志》卷2《盐赋》。
④ 光绪《白盐井志》卷3《食货志·盐课》。
⑤ 乾隆《山东通志》卷13《盐法志》。按：周庆云《盐法通志》卷17《职官五》，以及《清盐法志》卷69《山东二十·建置门》记载的是清代中后期的状况，所记略有不同。

各盐场大使的官署,在有些场区具有相当的规模,如两淮盐区的石港大使署:"照墙内东西神祠,中为大门,门内东西向科房四,大堂二,堂各三楹。西出为花厅,又西财神祠。花厅对照前出为签押房,房西为住宅,宅共三进。旁为厨,有园有井,汲烹便焉。"吕四场大使署:"大门南向,照墙一,东西栅门翼墙二。入为仪门,大堂二,堂各三楹。仪门外为神祠。堂下东西为科房,为门舍,三堂三楹。两厢为客座,堂后住室,两进,各五楹。又东西从舍,各六楹。"安丰场大使署:"大门二,门皆东向。门内西向差舍二,南向大堂三。入后廊房,左右各二楹。二[三?]堂三楹。最后为庖室。东出从舍,为楹五。二堂西屏门外稍北为宅门,内宅三进,南北向不一致。旁皆有厢,共为楹十有七。宅门外东向从舍三,书室三。再前,南向为花厅,厅左舫房一,书室一。余地为园,杂植树木。福神祠在二门外之北。"①仅示列三场大使署,就可以略窥其规制规模。特别是"仪门""大堂""科房""差舍"等的设置,既有"衙门"的象征意义,也意味着其管理职能的健全。②

盐场大使职掌灶户的管理,场课的收纳,食盐的生产、收贮,以及缉查灶私,等等,即所谓:"盐场大使一官,抚恤灶户,稽查私盐。征折则有催征之任,听讼亦有刑名之司。"③按照《大清会典事例》的说法则是:"以盐课大使掌其池场之政令与场地之征收,其有井者,分掌其政令,皆治其交易,审其权衡,而平准之日,稽其所出之数,以杜私贩之源。""场灶照额煎盐,大使亲验,按月开报运使,如有隐匿以通同治罪。"④《清盐法志·职官》称:"盐课司大使掌盐场及池井之务,凡直省有沿海及有池之地,听民僻地为场,置灶开畦为盐而授之商,或官出帑收盐授之商而行之。以盐课大使掌其池场之政令与

<hr>

① 光绪《两淮盐法志》卷13—14《图说门》。
② 当然,有的盐场大使官署也较为简陋,有的甚至租用民房。如山东富国场大使署,最初在沾化县城东六十里的地方,乾隆十九年,移驻昌邑县西北四十里的瓦城村。据乾隆五十八年该场大使伍赞猷称,起初在瓦城村建有衙署,"嗣因历年久远,早经颓废。自到任以来,即租民房办公",租用民房的租金,在养廉银等项目下支给,因"廉俸无多,实难支给",要求拨给专款,于是朝廷同意"自乾隆五十八年为始,每岁给银三十六两,在运库充公项下动支"。参见《清盐法志》卷69《山东二十·建置门》。
③ 档案,乾隆二年四月十六日卢见曾题:《为效力年满恳请援例咨题事》,户科题本,档案号:02-01-03-03354-014。
④ 光绪《大清会典事例》卷231《户部·盐法·禁例》。

场地之征收。其有井者,分掌其政令,皆治其交易,审其权衡,而平准之日,稽其所出之数,以杜私贩之源。"①而《清盐法志·场灶》则有下列记载:

> 凡直省沿海及有池井之地听民辟地为场,置灶开畦为盐而授之商,或官出帑收盐授之商而行之。以盐课大使掌其场之政令与场地之征收,治其交易,审其权衡,而平准之日,稽其所出之数,以杜私贩之源。
>
> 凡各省诸色人户,有司查其数而岁报于部,曰烟户,凡户之别,有灶户。
>
> 凡民之著于籍,其别有四,四曰灶籍。
>
> 凡编保甲,户给以门牌,书其家长之名与其丁男之数而岁更之。十家为牌,牌有头,十牌为甲,甲有长,十家为保,保有正。稽其犯令作匪者而报焉。各盐场、井之灶户,另编牌甲,所雇工人随灶户另注,令场员督查。
>
> 凡田地之别,有灶地。②

这里虽然记载的是场灶,事实上亦是说明了盐场大使的职掌,凡所记载,均为盐场大使的管辖范围。

另据不同的记载,浙江的盐场大使除上述职任外,"每年春秋二拨,管解京、协各饷以及升迁事故"③。福建的盐场大使,还有"解领盐引、钱粮"等职责,而且要"依限回销",否则以例处分。④两淮的盐场大使,"催办盐课之政令,日督总灶巡视各团铛户,浚卤池,修灶舍,筑亭场,稽盘鉴。旺煎月,雨旸时若,则促令伏火广积,以待各商之买补。凡包纳折镪、和土鬻私者,闻于判官申治之"⑤。河东,因为是池盐产区,盐场大使只有中场、东场、西场三盐场

---

① 《清盐法志》卷5《通例五·职官门一·官制》。
② 《清盐法志》卷1《通例一·场产门·场灶》。
③ 档案,乾隆四十四年十一月十二日王亶望奏:《为请旨拣发盐场试用人员以资委用事》,朱批奏折,档案号:04-01-12-0184-035。
④ 档案,乾隆五十五年五月二十五日伍拉纳奏:《为特参领解盐引自京差旋,擅自回籍逗留之大使,以肃功令事》,朱批奏折,档案号:04-01-12-0224-095。
⑤ 康熙《两淮盐法志》卷5《秩官》。参见汪兆璋、杨大经《淮南中十场志》卷1《图经·建置》。

大使,"按场专管验引、放车、称盐出场、巡缉等事"①。事实上,不同盐区的盐场大使,职掌有所不同。

另外,由于盐场大使的职任重要,乾隆七年,专门规定了类似于州县官员的交代规例:"嗣后,盐场大使亦照州县例,勒限两个月交盘,将经征、经解银两,备造四柱清册,由该管分司核具印结,申详盐运司加结,呈详盐政,咨报部科查核。"②

二、盐场大使的"拣选"与"保题"

官员任职,要有一定的条件,这是规范性选官制度的通则。盐场大使作为盐务系统一个重要的层级官员,其任职条件的变化,也是值得注意的。

起初,由于盐场大使职分卑微,待遇有限,而又事情繁杂,有一定功名、一定官阶的人员不屑于担任,只能从一般吏员中选授,导致许多弊端。在注重改革的雍正朝,情况有了改变。雍正六年,长芦巡盐御史郑禅宝"以大使职微任重,甚难得人,奏请拣选"。吏部奏称:"查向例,大使由吏员选授,难得廉洁谨饬之人。各省大使现出十六缺,请于候选知县、州同、州判、县丞内身家殷实,取具京官印结到部者,拣选引见,命往效用。此外,有本省及他省人员才可办事,身家殷实者,许其于该管衙门具呈,该督抚盐政拣选具题。如督抚盐政有确知灼见之人,亦令具题,调取到省,详悉比较,酌量题补。嗣后各省所出盐课大使、盐引批验大使员缺,俱请照此例行。"③《清盐法志》的记载与此略同,该年五月,吏部与户部议定盐场大使的拣选条例:"各省大使员缺,于候选知县、州同、州判、县丞内身家殷实、取具京官印结到部者,拣选引见。"④另据档案记载,雍正六年七月,吏部还曾议准学士缪沅的条奏:"于候选知县、州同、州判、县丞内拣选引见,命往效用,给予正八品职衔。与按察司、知事府经历、县丞等官一体较俸升转。"

---

① 佚名:《盐法考》卷 12《河东·司鹾官制》。清抄本。
② 《清盐法志》卷 3《通例三·征榷门·课税附交代》。
③ 嘉庆《长芦盐法志》卷 13《职官上》。
④ 《清盐法志》卷 5《职官门一·官制》。

奉旨:"依议。"①

据以上的记载,似乎盐场大使的拣选已经有了清晰的条例,由原来的一般吏员改为候选知县等。但是,该年针对浙江盐区盐场大使的拣选,上谕又称:"浙江盐政,向来弊端甚多,必得拣选才能及家道殷实之员分理其事,始与盐务有益。盐场大使一官,虽系微员,而责任甚重。从前李卫奏请拣选人员已经将杨维清等二十三员命往,但彼时朕看杨维清等人甚平常,且未必果系殷实之家,是以着李卫试看,朕意管理盐务之人与河工效力者事同一辙,不若照河工例,就本省或他省内有果系人去得,而家道殷实者,令其赴总督衙门具呈,着李卫详加拣选,具题委用,如李卫有确知灼见之人,亦令其调取赴浙,具题酌量委用,如此则办理得人,于盐政甚有裨益。"②这种拣选一是注意其才能,二是注重家道殷实。可能是出于对李卫的特别信任,虽然有"照河工例"拣选的说辞,但拣选之权基本上操于李卫之手。

吏部等所奏称的盐场大使原来由吏员选授,雍正六年后发生改变,在大多数盐区属于实际情况,如光绪《两淮盐法志》所列《通州分司属四场大使表》:雍正六年之前,丰利、掘港、石港、金沙四场大使,皆为吏员出身;雍正六年之后,则为贡生、监生、举人出身。所列《通州分司属五场大使表》《泰州分司属五场大使表》等亦相同。③但在有些盐区则不尽然,如福建盐区,雍正七年,总督高其倬奏请"拣发大使,来闽差委",并称"有举人出身者,分别保题",但是由于"场务需员,及别项事故,均系总督自行委署更调,并不题补,亦不入计典"。④

雍正八年上谕又称:"向来各处盐政弊端甚多,累民蚀课,难以清厘,多因盐场大使不得其人之所致,是以定议于候补、候选知县等员之内拣选命往,令司大使之事,此时该部因人员不敷拣选,遂将监生捐纳职衔之人亦入于拣选之内。今行之二年,众人渐启钻营之念,闻有央求同乡京官出结而私

---

① 档案,乾隆二年四月十六日卢见曾题:《为效力年满恳请援例咨题事》,户科题本,档案号:02-01-03-03354-014。

② 《清世宗上谕内阁》卷70,雍正六年六月二十九日。

③ 光绪《两淮盐法志》卷134《职官门·职名表四》。

④ 道光《福建盐法志》卷7《职官二》。

相馈送者,此风断不可长。嗣后盐场大使之缺到部,止准于候补、候选人员内拣选引见,不必用捐纳职衔之人,倘或候补、候选人员不敷,着将在部学习之人及留京之拔贡生,令该部堂官及国子监祭酒等择其为人谨慎、有身家可以办事者保送吏部,以备拣选。"①在这里,雍正帝修正了前此吏部的拣选条例以及李卫的拣选实践,强调盐场大使的拣选条件:首先是候补、候选知县人选,不能再用监生捐纳职衔之人;其次,候补、候选人员不敷,才能拣选其他人员;其三,必须是为人谨慎、身家殷实又能办事者;其四,盐场大使出缺,必须汇报吏部,由吏部统一拣选。

雍正十一年,江苏布政使高斌在奏明两淮盐区的盐场大使的情况时称:"窃照两淮盐场大使共二十八员,所有该场经征折价,催运、缉私诸务,甚属紧要,该员各有专责。而部拨京协各饷,例差现任场员押解,每年约需十余员、二十员不等,其出差所遗之缺,并此外事故出缺及差委巡缉各务,均需人员委署办理。雍正九年四月内,蒙圣恩简发鲍斌等十员,命以盐场大使委署试用,内除丁忧事故三员,所余七员,已经陆续题补,并现在场员缺出,委署试用,此外所出之缺,委用乏员,多系兼署。初试微员,恐有不能兼顾之虞。再,一应差委诸务,乏人办理,颇费周章,兹据运使尹会一详请,奏恩简发人员,以资委用前来,仰祈皇上天恩,敕部拣选十员或十五员,命交微臣酌量以盐场大使委署试用,如能称职,照例扣满年限,题请实授,俾场务得员专理,差委亦不致乏人,于盐政实有裨益。"②这里除说明盐场大使"经征折价,催运、缉私诸务"等一般职责外,揭明了"部拨京协各饷,例差现任场员押解"的特殊职责,也同时说明了盐场大使的拣选任用程序以及对前此上谕的落实。

据乾隆二年护理两淮盐政、两淮盐运使卢见曾的题本,雍正六年以后拣选任用盐场大使的条例,在后续待遇方面,事实上还有"浙江例"和"其他盐区例"的区别。这些事例,涉及盐场大使任职达到一定年限之后的"保题"。

卢见曾的题本称:"雍正六年间,经浙督李卫题请,候补、候选知县等官分往场、所,管理盐务,三年果能杜绝私煎私卖,即予保题,以应得之缺即

---

① 《清世宗上谕内阁》卷98,雍正八年九月二十四日。
② 《朱批谕旨》卷205下《朱批高斌奏折》。

用。"而且将"管理横浦、浦东盐务候选知县郑重等七员,循例保题在案"。这就是"三年保题"的浙江例,也就是说,任满三年称职,就可以得到原来的候补实职。两淮等盐场大使"从前并未题明有三年保题之例,自应照雍正六年原题,一体较俸升转,不便援照浙江之例举行"。也就是慢慢地熬年头,什么时间升任,没有明确的时间,这对于以官场为生的人来说难免不平,难免要求重新制定条例。卢见曾在题本中引述石港场大使王之正、西亭场大使翟渊的话说,两浙、两淮盐场"彼此无异,且两淮各场盐务殷繁,比之浙省,奚啻加倍,浙员郑重等于三年内杜绝私煎私卖,已邀保题"。两相比较,"实难免向隅之叹"。卢见曾在题本中又引述富安场大使李植等人的呈词,该呈词颇有意思,也可以从中体会相关人员的拣选、保题情况,不妨原文录下:

> 窃职等俱由拔贡出身,因各省请发盐场效力人员,上谕国子监拔贡生内择其有身家、才堪办事者,保送吏部,带领引见。职等俱系本监拣选保送引见,命往两淮盐场效力。自雍正十一年到淮,历今三载有余,征折解饷,缉私查煎,靡不竭蹶驽骀,以供驱策。复蒙实授,何敢遽思躁进渎陈,但查奉准部文内开,两淮盐大使从前并未题明有三年期满保题之例,应照雍正六年原题,一体较俸升转,不便援照浙例举行等因。伏思职等蒙本监保送效力盐场之时,原只知有浙省之例,实不知更有八品较俸之条。今奉部议,是缘浙省已经题请,故得三年保题,而两淮未曾题明,以致未便援照。两淮盐赋甲于天下,场务殷繁数倍浙省,职等黾勉急公,驰驱劳瘁,若一体较俸,必俟十数余年始得升转,而拔贡又无一定职衔,将来即有升转,未知归用何班,微员效力虽久,并无进身之阶。为此合词公吁。[1]

两淮盐场大使的呼吁,确实值得同情,与两浙比较,也确实不合理,所以,卢见曾认为:"今同一大使,同一举人、拔贡及候补州县,而浙省则三年保题,两

---

[1] 档案,乾隆二年四月十六日卢见曾题:《为效力年满恳请援例咨题事》,户科题本,档案号:02-01-03-03354-014。

淮则较俸升转,定例似未划一。"因此要求按浙江例执行。乾隆帝在这份题本上朱批:"该部议奏。"一时不知道结果如何。幸运的是,笔者恰巧查到了吏部议覆的题本,乾隆二年六月,大学士兼管吏部尚书事张廷玉题称:"该臣等议得,护理两淮盐政印务运使卢见曾等疏称,两淮盐场大使多系举人、拔贡出身,亦有知县、州同、州判借补。……两淮盐务甲于天下,各场大使准照浙省效力三年,著有成效,保题之例,以昭画一等语,应如所请。"朱批:"依议。"①随后,长芦也经吏部覆准,"三年期满保题"。

乾隆三年,因为"淮、浙、长芦俱经吏部覆准,三年期满保题",河东盐政定柱、四川道监察御史褚泰也要求河东、四川援案办理,吏部议覆认为:"举人、候补知县及贡生、候选州同、州判,借补场员及库大使,旧例三年期满,未免太速。应令于到任之后计算,历俸五年,该盐政会同该督抚秉公分别,果能才守兼优,整饬盐务,准其保题,以应得之缺选用。"朱批:"依议。"②于是,将三年期满保题之例改为五年。

乾隆二十二年,署理两广总督李侍尧又奏称:"粤东盐场大使内,有截取举人与指捐大使及捐纳州同、州判、县丞各项不等。论其出身虽有不同,办理鹾政,原无歧视。在举人出身,历俸五年,果有精明强干之员,督臣照例保题,给咨赴部,带领引见,以知县选用。至捐纳前项人员补授大使,惟就现缺较俸,必至二十余年方可推升。"一方面,盐场大使的试用人员(即署盐场大使),捐纳人员与正途出身的人员不同,"署职各官,衔大缺小、衔缺相当者,试用一年,果能称职者,保题实授","捐纳之员,仍令试俸三年"。也就是说,有一年和三年的区别。另一方面,由于乾隆朝捐纳人员的增多,也有人"指捐"盐场大使或捐纳州同、州判、县丞而拣选盐场大使,按照李侍尧的说法,捐纳人员和正途人员虽然同一职任,前途显然不同,"五年"与"二十年"在仕途中无异于天壤,因此要求"稍微变通,将捐纳州同、州判、县丞并指捐人员补授盐场大使,有历俸十年者,准令总督秉公甄别,如果督收溢额,办事勤干

① 档案,乾隆二年六月十二日张廷玉题:《为效力年满恩请援例咨题事》,户科题本,档案号:02-01-03-03368-008。
② 档案,乾隆三年十一月二十六日张廷玉题:《为奏请大使等官一例保题以鼓人材以广皇恩事》,户科题本,档案号:02-01-03-03532-012。

之员,出具考语保题,给咨赴部,带领引见,以应得应升之缺归班先用"。朱批:"该部议奏。"①由于笔者未查到吏部的议覆奏折,是否按照李侍尧的要求实施,不得而知。按照一般的吏部议覆程序,当是实行了的。同时,笔者查阅嘉庆、道光年间的档案,嘉庆、道光年间又将前述五年保题之例改为六年保题。

三、盐场大使的品级、俸禄、养廉及员役待遇

在清初一段时间内,盐场大使的品级"未入流"。一般记载,雍正六年将盐场大使定为正八品,如《清盐法志》称,雍正六年议准:"盐课大使、盐引批验大使,俱系未入流。查大使管理盐务,职分卑微,实不足以弹压商灶,(吏部)臣等酌量给予正八品职衔。"②雍正《河东盐法志》称:"雍正六年,部议大使管理盐务,职分卑微,不足以弹压商灶,酌量给予正八品职衔,与按察司知事等官一体较俸升转。"③乾隆《山东通志》称:"雍正六年定例,拣选保举人员给与正八品职衔,与县丞知事一体较俸升转。"④嘉庆《两淮盐法志》称:"各场大使皆有经征折课、稽煎缉私、弹压商灶之责。秩皆正八品。旧本未入流,雍正六年改定。"⑤这些类似的记载容易引起误解,实际上,雍正六年只是将"未入流"的盐场大使定为正八品,以改变原来的"职分卑微""不足以弹压商灶"的状况,但是并没有享受正八品的俸禄待遇,或者说没有食正八品之俸。

据康熙《两淮盐法志》记载,盐场大使与所大使、库大使一样,"俱未入流,俸薪各照九品支给,原额每年俸银各十九两五钱二分,薪银各十二两"⑥。康熙年间撰修的《淮南中十场志》也记载,在明朝,各场大使、副使"俱未入

---

① 档案,乾隆二十二年十月十三日李侍尧奏:《为请定盐场大使报满之例以励人材事》,朱批奏折,档案号:04-01-01-0212-053。参见档案,乾隆三十三年三月十三日傅恒题:《为试俸期满,详请具题实授事》,户科题本,档案号:02-01-03-06225-012。

② 《清盐法志》卷5《职官门一·官制》。

③ 雍正《河东盐法志》卷7《官职》。

④ 乾隆《山东通志》卷13《盐法志》。

⑤ 嘉庆《两淮盐法志》卷33《职官二·官制下》。

⑥ 康熙《两淮盐法志》卷5《秩官》。

流","本朝议,大使、副使俱每季俸薪银七两八钱八分"。①每季俸银、薪银七两八钱八分,一年的俸薪银即三十一两五钱二分。据光绪《两淮盐法志》记载:"乾隆三年五月,盐政三保等题准,两淮盐场大使有经征折课、稽煎缉私、弹压商灶之责,从前与批验所大使、库大使俱系未入流,每年支俸银三十一两五钱二分,雍正六年定给正八品职衔。只因改品之初,前司未经详明,是以仍照未入流食俸。请将通、泰、淮三分司所属盐课大使二十五员,淮南北批验所大使二员,盐运司库大使一员,俱以乾隆二年为始,照正八品每年支俸银四十两。应增银两俱于各本年裁扣俸银内支给。"②也就是说,所谓的"每年支俸银三十一两五钱二分",实际上包括了俸银十九两五钱二分,薪银十二两,是俸银、薪银之合。更为重要的是,按照光绪《两淮盐法志》的说法,两淮盐区的盐场大使从乾隆二年才正式食正八品的俸禄。笔者恰好查到了这份原始档案,乾隆三年二月二十九日,巡视两淮盐政监察御史三保题称:

> 据运使卢见曾详称,大小官员均应按品支俸,两淮盐课大使、批验所大使、库大使,从前具系未入流职衔,每员每年支俸银三十一两五钱二分,蒙世宗宪皇帝改定正八品职衔。而奉文之日,前司未经详咨,改食正八品俸禄,现在仍照未入流原俸支给。今据各分司详,据各大使呈详,按品增支前来。本司移准浙江盐驿道查覆,该省大使已经咨准部覆,改食正八品俸禄在案。两淮事属一例,所有通、泰、淮三分司所属盐课大使二十五员缺,淮南北批验所大使二员缺,盐运司库大使一员缺,俱应请于乾隆二年为始,改照正八品每年支俸银四十两,每员每年比未入流增支俸银八两四钱八分。二十八员缺共题增银二百三十七两四钱四分。嗣后应增银两俱于各本年裁扣俸银内支给,融入原缺俸银内支销。浙省既已咨定,相应循例呈详咨题。……于乾隆二年九月二十七日准户部咨称:雍正六年七月内本部议覆原任学士缪沅条奏,大使管理盐务,职分卑微,实不足以弹压商灶,酌量给予正八品职衔,与按察司、

---

① 汪兆璋、杨大经:《淮南中十场志》卷1《图经·建置》。

② 光绪《两淮盐法志》卷130《职官门·官制下》。参见嘉庆《两淮盐法志》卷33《职官二·官制下》。

知事府经历、县丞等官一体较俸升转等因,奉旨依议,钦遵在案。……查两淮盐属大使给予正八品职衔之处,吏部即于雍正六年七月内议覆,从前因何不即将食俸缘由报部,迨愈九年之久,始行呈请,事关改食俸银,未便据呈遽议。应令该盐政具题到日再议可也等因到臣。……只因改品之初,各属未经详明,是以仍照未入流食俸。①

这份档案可以弥补文献记载的不足,也可以明了当时的议事决策过程。从中可以看出两个问题:

第一,浙江盐区在此前已经"改食正八品俸禄在案"。据嘉庆《两浙盐法志》记载,两浙盐区的盐场大使,均注明是俸银三十一两五钱二分(这与两淮未改定以前是不一样的,高于两淮),又另外注明"加俸银"八两四钱八分,而且来源也不一样。仁和场大使俸银三十一两五钱二分,"额编仁和县","加俸银"八两四钱八分,"浙江藩库支给"。许村场大使俸银三十一两五钱二分,"额编海宁州","加俸银"八两四钱八分,"浙江藩库支给"。②从这些记载中,显然可以发现经过了另外的议定,只是没有载明改定的时间。在李卫奉旨撰修的雍正《两浙盐法志》中,盐场大使的俸银依旧大多是三十一两五钱二分,只有少数几个盐场大使的俸银略有区别,如许村场大使俸银三十一两五钱六分,浦东场大使俸银三十一两二钱五分,袁浦场大使俸银三十一两三钱四分九厘六毫,穿山场大使俸银三十一两一钱八分五厘九毫三丝四忽,大松场大使俸银三十一两六分六厘六丝九忽。③虽然只是些微的区别,也意味着要么是后来有所画一,要么是前揭嘉庆志的作者有所疏忽。

第二,两淮盐场大使改食正八品俸银的要求,经过了几个来回。在最初乾隆二年九月的题本中,虽然据盐运使卢见曾的申详,有根据,有理由,有调查,但遭到了户部的议驳。户部认为,改食俸银非小事,而且历时九年,为何不及时申报?这份乾隆三年二月的题本就是为了答复户部的疑问,"只因改

---

① 档案,乾隆三年二月二十九日三保题:《为照品定俸以广皇仁事》,户科题本,档案号:02-01-04-13026-011。

② 嘉庆《两浙盐法志》卷 23《职官三》。

③ 雍正《两浙盐法志》卷 14《职官》。

品之初,各属未经详明,是以仍照未入流食俸"。后面未录的文字,基本上是把前面的理由又说了一遍。乾隆帝在这份题本上朱批:"该部议奏。"肯定还要再次经过户部的议覆,然后才能定案。可惜笔者未查到随后户部的议覆题本。不过可以断定,随后是户部议准,朱批依议了的。但问题在于,按惯例和一般的议事原则,乾隆三年的题本,不会要求在乾隆二年改食正八品之俸,题本中说的"应请于乾隆二年为始,改照正八品每年支俸银四十两"之语,是在引述乾隆二年九月的题本中说的。当时并未议准,于是才有后来的题本。光绪《两淮盐法志》说的乾隆二年,是对原始文献的误读。乾隆三年改食比较靠谱。

另据嘉庆《长芦盐法志》记载,乾隆四年,长芦盐政官达曾经奏称:"富国等十场,批验二所,并广积库大使,共十三员,奉文改为正八品,所有俸、役二项,理合照品题增。部议,准于乾隆四年六月初七日始,每员岁给俸银四十两。从前原食俸银十九两五钱二分,每员应增银二十两四钱八分,于裁缺俸粮等银内拨留支给,仍造入奏销册内具题查核。至于各场、所、运库大使,请照正八品添设皂役工食之处,查淮、浙等处管理盐务大使等官,从前题请改食正八品俸银之时,并未议添人役,况原设皂役系额定经制名数,未便加赠,应毋庸议。"①照此记载来看,长芦盐区的盐场大使俸禄,至乾隆四年才"照品题增",而且之前的俸禄也比浙江、两淮盐区为低,只是两淮盐区的俸银标准,没有薪银一项的累加。又如福建盐区的盐场大使,迟至乾隆四十六年,才"与正八品等官较俸升转,悉照各省盐场之例一体办理"②。

巡盐御史、盐运使等盐政官员的养廉银,笔者已经论述过,可以参考。③盐场大使等低级别的盐政官员的养廉银最初并没有议定,在雍正中、后期才予以支发,经历了一个渐次支发的过程。山东、长芦的盐场大使较早支发养廉银。雍正六年,同时议定了山东、长芦盐场大使的养廉银,其议

---

① 嘉庆《长芦盐法志》卷13《职官上》。
② 道光《福建盐法志》卷7《职官二》。
③ 参见陈锋《清代的巡盐御史——清代盐业管理研究之三》,《人文论丛》2016年第1辑;《清代盐运使的职掌与俸银、养廉银及盐务管理经费——清代盐业管理研究之四》,《盐业史研究》2016年第4期。经修改后,均收入本书。

定的标准"按其事之繁简"分为"要缺"与"简缺"，山东"信阳、登宁、王家冈、石河、西由、富国、海沧等场大使七员，系简缺，每年每员量给银二百两；其要缺之永阜、永利、涛雒三场大使，每年每员量给银三百两"。长芦"丰财场、芦台场、严镇场、海丰场、利民场大使五员，系要缺，每员每年量给银三百两"。①

两淮盐区的情况，雍正十二年，江苏布政使高斌奏称：

> 窃照两淮盐政所属各员，向因未定养廉，分司以下费用，资之商灶，难免瞻顾因循，不能整顿。臣高斌于请简干员等事案内会题，请彻底清查规费，斟酌应存应革，赏给养廉，奉准部覆，行令臣等将场商规礼彻底清查，细加斟酌，应存者按季提解运库，酌定每年养廉数目，请旨赏给。其不应存者，出示晓谕，严行禁革等因，行文钦遵在案。臣等公同运使尹会一悉心详议，逐款彻底清厘，将两淮三分司属各场所有规费等项，全数清出，每年共银五万二千六百一十余两，内不应存之各项规费共银一万八百余两，经臣等即行出示晓谕，严行禁革外，所有应存之折价、耗羡、商规引费等项，通共银四万一千八百一十余两，应请自癸丑纲起，俱按季提解运库，酌量分司以下各员所办事务之繁简，分给养廉。共计三十九员，每年养廉并公费及书役饭食纸张等项共银三万一千七百三十余两，恭恳圣恩赏给各员，以为养廉办事之需。仍余银一万八十余两，并请留贮运库，除酌给试用人员薪水之外，其余统作每年陆续添买盐义仓积贮谷石之用。从此章程既定，则场灶之积弊可除，而官员得有遵守，自不敢仍前瞻顾因循，吏治肃清，于盐政实有裨益。②

从高斌的这份奏折中可以看出，在两淮盐区，分司之下各盐政官员，特别是盐场大使的养廉银，在雍正末年才予以支发，其来源是场灶规费，"清查规费

---

① 档案，雍正七年六月初九日长芦巡盐御史郑禅宝奏：《为酌议养廉、裁减陋规，彻底澄清以肃盐政事》，朱批奏折，档案号：04-01-35-0440-011。
② 《朱批谕旨》卷205下《朱批高斌奏折》。

以给养廉",大致类似于地方上的耗羡归公支发养廉。①这次确定的养廉银标准,涉及分司以下官员,特别是各场大使的养廉银,其具体标准为:"淮分司每年养廉银三千二百两,泰分司每年养廉银二千七百两,通分司每年养廉银二千二百两。板浦场大使每年养廉银六百两,安丰、东台二场大使每年各养廉银五百两,丰利、掘港、石港、富安、梁垛、何垛、刘庄、伍祐、临兴、马塘、西亭、金沙、余西、余中、余东、吕四、栟茶、角斜、丁溪、草堰、小海、莞渎、新兴、庙湾、白驹等二十五场大使并盐运司知事、淮所大使、白塔河巡检,每年每员各养廉银四百两,仪所大使、运库大使、泰坝委官每年每员各养廉银七百两,运使经历每年养廉银六百两,安东坝巡检每年养廉银三百两。"乾隆二年,随着各场隶属关系的变化,以及盐场的"归并",又进行了一次调整:"将淮分司所属刘庄、伍祐、新兴、庙湾四场改隶泰分司管辖,泰分司所属栟茶、角斜二场改隶通分司管辖,白驹场裁并草堰,马塘场裁并石港,余中场裁并余西,所有前定养廉银两,原因事务之繁简,今既改隶,其场分虽多寡不同,而管办事务繁简实属相称。……将淮分司养廉内裁减五百两,拨给通分司,俾三分司各得养廉银二千七百两。至板浦一场,因徐渎场归并,前议养廉银六百两,莞渎场养廉银四百两,今莞渎、徐渎、板浦三场,分为板浦、中正二场,虽裁并新设,而事务适均,请将二场各给养廉银五百两。其草堰、石港、余西三场,今将白驹、马塘、余中三场裁并,事务增繁,原给养廉银似属不敷,请于裁存白驹、马塘、余中三场养廉之内各增给银一百两。"②也就是说,淮安分司③、泰州分司、通州分司"三分司"的养廉银统一调整为二千七百两,板浦、中正、草堰、石港、余西各场的养廉银统一调整为五百两。④乾隆三十三年,又调整金沙场大使的养廉银为五百两。⑤

长芦盐区支发盐场大使养廉银的时间与两淮盐区大致相同,但养廉银

---

① 参见陈锋《论耗羡归公》,《清华大学学报》2009年第2期。

② 档案,乾隆二年闰九月二十日大学士张廷玉题:《为遵旨议奏事》,户科题本,档案号:02-01-04-12968-005。

③ 按:淮安分司驻扎淮安,故称"淮安分司";乾隆二十四年移驻板浦,分司名仍旧;乾隆二十八年,淮安分司改称"海州分司"。参见嘉庆《两淮盐法志》卷33《职官二·官制下》。

④ 参见乾隆《两淮盐法志》卷24《职官二·官制下》。

⑤ 嘉庆《两淮盐法志》卷33《职官二·官制下》。

的来源则是裁减高级别盐政官员的养廉银。雍正十一年，"盐臣鄂礼奏拨运使养廉一千四百两，运同养廉七百两，以给芦台等九场大使为养廉"①。

浙江盐区下层官员的养廉银支发还要晚，乾隆八年，户部才议定"场、所等官养廉"。据称："浙江向有引规耗羡，场、所等官各自收用，今既征输归库，理宜酌与养廉。"杭州、绍兴、嘉兴、松江四所及仁和、许村等十场各支养廉银三百两，海沙、芦沥等十场各支养廉银二百六十两，鸣鹤、龙头等十一场各支养廉银二百两。②也有盐区的盐场大使自始至终就没有支发养廉银，如福建各盐场大使，在俸银之外未支发养廉银，另外支发"薪水"银，数额也较少，分为七两、十两、十八两三个层次，福清场、莆田场、浯州场三场的大使薪水银十八两，浔美场、惠安场二场的大使薪水银十两，其余的薪水银为七两。③

根据一般的统计，盐场大使的养廉银标准，长芦盐区、山东盐区分为每年二百两和三百两两个等级，河东盐区为三百两，两淮盐区在四百两至五百两之间，两浙盐区在二百两至三百两之间，两广盐区在六十两至一百二十两之间，四川盐区为一百二十两，等等。④

盐场大使也有许多员役，福建巡抚毛文铨曾经奏称，各场"事务纷繁，办事员役甚众。各场馆既为产盐之地，又为收课之区，有总理、分理之员，有书役，有家丁"⑤。据道光《福建盐法志》记载，各盐场书役等如下：

> 福清场，额设书识二名，盐役三名，轿夫二名，哨丁四十六名。兼管洪白、赤杞二场书识一名，兼管洪白场哨丁十七名，兼管赤杞场哨丁十五名。
>
> 江阴场，额设书识一名，跟役、门子、伙夫三名，轿夫二名，哨丁四十四名。
>
> 福兴场，额设书识四名，门子一名，跟役二名，轿夫二名，哨丁五十

---

① 嘉庆《长芦盐法志》卷 13《职官上》。
② 嘉庆《两浙盐法志》卷 4《课额二》。
③ 周庆云：《盐法通志》卷 16《职官四》。
④ 参见周庆云《盐法通志》卷 16《职官四》。
⑤ 《朱批谕旨》卷 13 下《朱批毛文铨奏折》。

三名。

莆田场，额设书识二名，盐役四名，轿夫二名，团长三十九名，哨丁五十二名。

下里场，额设书识一名，轿夫二名，团长五名，哨丁三十八名。

前江场，额设书识一名，轿夫二名，团长四名，哨丁二十二名。

浔美场，额设书识一名，馆办三名，门子、跟役、伙夫四名，轿夫二名，秤手三名，哨捕三十八名，团长五十四名。兼管炳洲场馆办二名，哨捕二十五名，团长十四名。

惠安场，额设书识二名，馆办八名，秤手八名，跟役、伙夫四名，哨捕六十七名，团长三十四名。

浯洲场，额设书识二名，轿夫二名，哨丁、舵水二十七名，沙永、巡丁、舵水二十一名。

祥丰场，额设书识一名，馆办五名，轿夫二名，跟役、伙夫三名，团长二十名，哨捕四十名，舵水四十名。

莲河场，额设书识二名，帮书二名，馆办五名，轿夫二名，跟役、伙夫三名，游巡、哨捕六十名，舵水十名，团长三十名。

漳浦南场，额设书识一名，柜书八名，跟役、伙夫四名，哨捕二十九名，团长二十二名。

诏安场，额设书识二名，柜书八名，哨丁六十六名，跟役三名，团长十七名。

台湾府洲南场，额设哨丁八名；洲北场，额设哨丁十名；濑南场，额设哨丁十九名；濑北场，额设哨丁二十一名；濑东场，额设哨丁四名；又每场额设家丁一名，管事一名。①

各场设置的书役等，各支数额不等的工食银。如浙江仁和场皂吏二名，工食银十二两；许村场皂吏二名，工食银十二两。每名的工食银为六两。②而且各

---

① 道光《福建盐法志》卷 8《职官三》。
② 雍正《两浙盐法志》卷 14《职官》。

场设置的书役有不断增加的趋势，仍以浙江仁和场、许村场为例，嘉庆《两浙盐法志》记载：仁和场皂吏二名，共工食银十二两，额编仁和县；增设皂吏二名，共工食银十二两，浙江藩库支给；增设门子一名，工食银六两，浙江藩库支给；增设马夫一名，工食银六两，浙江藩库支给。许村场皂吏二名，共工食银十二两，额编海宁州；增设皂吏二名，共工食银十二两，浙江藩库支给；增设门子一名，工食银六两，浙江藩库支给；增设马夫一名，工食银六两，浙江藩库支给。①

四、盐场大使的陋规与公费

盐政衙门向为利薮之地，盐政官员多为攫取利益之人。雍正帝对盐政衙门的陋规、盐政官员的贪婪以及对盐务的弊害有深刻的认识：

> 加派陋规，弊之在官者更大。若不彻底澄清，势必至商人失业，国帑常亏。夫以一引之课，渐增至数倍有余。官无论大小，职无论文武，皆视为利薮，照引分肥。商家安得而不重困。赔累日深，则配引日少，配引日少，则官盐不得不贵，而私盐得以横行。故逐年之课难以奏销，连岁之引尽皆壅滞，非加派之所致欤。②

具体到盐场大使的"陋规"，档案史料和文献资料多有记载。康熙十八年，两浙巡盐御史卫执蒲在谈到浙江各场灶的情况时说："煎盐办课，手足胼胝，寒暑无间，尚不能苟免'饥寒'二字，何也？非力不足以谋生，实吮吸者众也。……分司之人，莫不以灶户为砧肉，……科派陋规，儿浮止额。"③雍正十年，署理广东总督鄂弥达在奏请裁减两广各级盐政衙门的陋规时，曾经谈到盐场大使的陋规："各场大使，管理灶晒，向例发价，皆有'扣头'，收盐皆有

---

① 嘉庆《两浙盐法志》卷 23《职官三》。
② 光绪《四川盐法志》卷首《圣谕》。
③ 档案，康熙十八年六月二十日卫执蒲呈：《奏缴事迹文册》，康熙朝黄册，档案号：1181。

'加秤'，一年四节，晒丁、栅长皆有'额规'，又有家人司事、巡丁各项小礼。"①乾隆八年，福建总督那苏图曾云："各场员年节、生辰俱有规礼，多寡不等。查福清总场向有规礼银一百六七十两，王祥、白沙团向有规礼银五十余两，赤上、杞店团向有规礼银五十余两，洪淡团向有规礼银五十余两。莆田总场向有规礼银七百二十两，……石码馆向有规礼银一千八十两。"②那苏图在他的题本中列举了所有盐场的规礼银额，从他的题本中可以看出，各场规礼银少则几十两，多则达一千余两。

仅以上所举，已经可以看出盐场大使的"规礼"名目多种多样，"节礼""扣头""加秤""额规""小礼"等名目共同构成"陋规"，陋规的数额也远远超出他们的俸禄、养廉所得，不但盐课大使有陋规收入，其家人及吏役也有陋规收入。

各场大使又有数额不等的公费银，如山东永利场大使岁支俸薪银四十两，在民佃灶课项下动支；养廉银三百两，在养廉本款内动支；此外有"小公费银三十五两，在积并余零项下动支"③。山西各级盐政官员皆有公费，其中"三场大使公费银共一千四百两"④。

在有些省区，盐务经费还要繁杂，据《山东财政说明书》的记载，盐务经费达到四十七项，其中涉及盐课大使的公费有四项。一是官台、西繇两场"大公费"："官台、西繇两场大公费。查此款，《盐法志》载，雍正十年，运使杨议详，官台场系兼管裁并之固堤场，灶户星散，稽查私贩往返盘费，较之永利等场费用较多，请酌给公费银二百两，又因西繇场原给养廉不敷办公，议于公费项下酌给银一百两。至道光二十九年，钦使查办案内，改定将前项公费按七五折发。光绪三十四年，在引票饭食等项下支给官台场银二百两，又支西繇场银七十五两。"二是永利等场"小公费"："永利等场小公费。查《盐法志》载，动用充公各款内支永利等场公费银二百九十两，计永利、永阜、官台

①《朱批谕旨》卷 215《朱批鄂弥达奏折》。
②档案，乾隆八年六月二十五日闽浙总督那苏图奏：《为恳恩裁减额外浮费以恤商人事》，朱批奏折，档案号：04-01-35-0448-015。
③《清盐法志》卷 68《山东十九·经费门》。
④《山西运库内外销支款说明书》第 3 类《财政费》。

三场每年各支银三十五两，王家岗、石河两场各支银三十四两，西繇归并登宁，每年支银六十两，涛雒归并信阳，每年支银六十五两，历年均在积并余零项下动支，如有不敷，由解费内拨补，至今照办。光绪三十四年，运库支银二百九十两，除动支节年积并银二百五十二两七钱四分，又在三十四年银内支银三十七两二钱六分。"三是石河场"巡费"："石河场巡费。查此款，石河场附近海滨，私贩麇集，据该场大使禀请，添设巡役二十名，以资巡缉，经前运司英核定，批准巡役八名，每名日给口粮银八分，自光绪三十年冬季为始，按季请领，即在潍县、寿光两县裁留三成巡费项下支发，每年约支银二百二十余两，遇闰加增。三十四年，运库在征存节年潍县、寿光巡费内支给银二百二十七两二钱。"四是富国场"巡费"："富国场巡费。查此款，于同治十一年开办官滩，经该场大使禀准，添设巡役八名，每名月给工食银二两四钱，每年共需银二百三十两四钱，遇闰加增银十九两二钱，按季由该场赴运司具领。光绪三十四年，运库在节年征存面封公费项下支银二百二十七两二钱。"①《浙江财政说明书》称："盐政衙门经费，名目繁多，兹分七项举其沿革。"简要列出的七项为："盐院公费""运司衙门经费""运司首领官衙门经费""分司及各场所衙门经费""各盐局及盐巡经费""四所甲商公费""运库划借归提等款"，各项都有相应的说明。②另外，《广东财政说明书》分别列出了广东"盐务衙门经费""盐务衙门杂支""盐务各局所经费及缉私各费""盐务官运各局经费"四项，并有各项的支出数额，可以参考。③

盐课大使的公费银，名义上当然是为各项办公费用而设，但由于是"外销"经费，其来源一般是盐课的额外加征，没有列入财政的正常奏销。其开支，也不是很规范，往往会改变其原来设定的办公用途和支出数额。

结　语

在笔者看来，清代的行政管理，大致分为四个系统，一是中央管理机构，

① 《山东财政说明书·岁出部》之《财政费》第2款"盐政衙门经费"。
② 《浙江财政说明书》下编《岁出门》第3类《支款·财政费》"盐政衙门经费"。
③ 《广东财政说明书》卷13《岁出门》第6类《财政费》。

二是地方管理机构,三是皇室管理机构,四是盐政、关政、漕政、河政等专门管理机构。①盐场大使是清代专门管理机构——盐政管理系统中的一个层级。清人认为,盐政、运使之体制,类似巡抚、布政,盐场大使类似于州县。②盐场大使职任的重要性值得特别重视。综合上述,可以得出如下认识。

由于地理环境的不同,以及管辖范围的不同和盐产量多寡不一,有的盐场设置有盐场大使,有的盐场没有设置盐场大使;或者由于时事的变迁,盐场大使时有兴废。设置有盐场大使的盐场,一切事务归盐场大使管理是没有疑问的;没有设置盐场大使的盐场,名义上归所在州县管理,但所谓的"州县管理",主要是征收场课。即便如此,有些不设盐场大使的场课也由原来的"由县征解"过渡到"由场征解",表现出盐场大使的专责化倾向。

盐场大使一般均有官署,而且具有相当的规模,在盐场大使的官署内,有"仪门""大堂""科房""差舍"的设置,这些设置,既有"衙门"的象征意义,又是其管理职能健全的标志。盐场大使又有许多员役,书识、轿夫、哨丁、门子、跟役、团长、哨捕、巡丁,种种名目,每场多达数十名、百余名不等,超出人们的想象。有些盐场由于地方辽阔,场灶繁多,有分场、分栅的设置,由盐场大使"委员经管"。有些盐场有分沽的设置,如长芦盐区的丰财场有葛沽、邓善沽、东沽、新河沽、塘儿沽五沽,在灶户中遴选"灶首"管理。这些分场、分栅、分沽以及委员、灶首的设置,意味着盐场大使之下还有基础的管理层级。

盐场大使的主要职掌是管理灶户、收纳场课以及监管食盐的生产、收贮以及缉查灶私,同时也有州县官员的听讼、办案等"刑名"之权,编立牌甲、户给门牌、清理外来人口(雇工)的治安之权,甚至可以运解京、协各饷和解领盐引、钱粮。盐场大使离任,也比照州县例进行钱粮交代。与盐场大使的职任重要相匹配,其由原先的"未入流",逐步落实了正八品职衔和正八品待遇,雍正以后,又有相关的"拣选"要求和"保题"措施,使"责、权、利"趋于一致。

盐场大使的经济待遇主要由正俸和逐渐实行的养廉银构成,但议论纷

---

① 一般制度史著作没有这样划分,如张德泽《清代国家机关考略》(中国人民大学出版社 1981年版),分中央机关、地方机关两类。

② 《朱批谕旨》卷 205 下《朱批高斌奏折》。

纭的"陋规"更是其重要的经济来源。由于"陋规"的泛滥,雍正年间,对包括盐场大使在内的各级盐政官员曾有裁减陋规之举,但实际效果值得怀疑;乾隆年间,盐场大使的各种"规礼银"多达千两,甚至盐场大使的家人及吏役也有陋规收入,令人吃惊。而盐课大使的公费银,名义上是为各项办公费用而设,由于是"外销"经费,其来源一般是盐课的额外加征,不但加重了盐课的额外盘剥,也反映着财政与吏治的交互关系。

盐 商 营 运

清初的招商与盐商的承充

刘淼在论述明代食盐运销体制的变化时说:"明代食盐运销体制的划时代变革,即是万历四十五年纲运法的成立。所谓'纲运法',实质上是由资本雄厚的商人包揽承运官盐引所上纳的税银,而官府所佥定的纲运商人,即系纲商。纲商包运的若干盐引即称为'纲',或称为'窝'、'窝本'、'窝引'等。因此说,持有窝本的纲商,即拥有纲盐运输的垄断权。在法的意义上,因承包纲盐运输得到国家(官)的认可,所以受到国家权力的保护。此外,具有纲运权则意味着独占性经营特权的确立,他人不得侵入,否则即被视为违法。而这种纲运权并有相应的处分权,如转让、继承等权益。所以万历纲法实际上确立了商人在食盐运输业中的独占地位,而这种独占性沿及清代无改,可谓影响深远。"①王振忠说:"万历四十五年,为了梳理盐引,挽救日益严重的盐政危机,袁世振和李汝华共同创行纲法,将先前分散任销的内商组织成商纲,这是明代盐政制度的一次重大变化,它标志着商专卖制的最终确立,为清代纲盐制度的进一步发展,奠定了基础。"②前此许多学者所论大致相同。杨久谊的新作有进一步的认识:"从历史的脉络来看,清代的盐法,承续了中国悠久的盐专卖传统。然而,清朝的盐专卖,不论在形式上或本质上,均与先前各朝的制度大相径庭。……明朝采用纲法不到三十年就灭亡了,不仅纲法还在草创之阶段,试行的地区基本上也只有两淮和长芦,明政府甚且从未正式宣布放弃开中法。因此,明末的纲法虽然开启了后来二三百年商专

---

① 刘淼:《明代盐业经济研究》,汕头大学出版社 1996 年版,第 281—282 页。参见薛宗正《明代盐商的历史演变》,《中国史研究》1980 年第 2 期;《清代前期的盐商》,《清史论丛》第 4 辑,1982 年。朱宗宙:《扬州盐商的地域结构》,《盐业史研究》1996 年第 2、4 期。

② 王振忠:《明清徽商与淮扬社会变迁》,生活·读书·新知三联书店 1996 年版,第 11 页。

卖的先河,在制度上,除了盐的运销可以成为少数商人世袭的利权外,其他一些重要的制度,如'总商'制、'任课'与'任地行引'制,都在清朝才成立及得到长足的发展。换句话说,以商专卖为本质的'纲法'在明末只是粗备雏形,至清朝才逐渐形成。"①

前此学者的主要观点可以归结为三:第一,清代的纲盐制度沿自明代后期的纲法;第二,取得专卖权的盐商成为世袭商人;第三,清代纲盐的一些重要制度,与明代相比已经大为不同。

在食盐专卖的运销体制下,盐商是至为重要的一环。但首先应该明了的是,盐商有多种名目,一般来说,承担食盐运销的盐商为运商,有的盐商有引窝(根窝),且承为世业,无引窝的盐商则要向窝商租借买单。清代最大最主要的盐商是业盐两淮的盐商,即所谓的扬州盐商。佐伯富《清代盐业资本》除对各地盐商的一般性叙述外,主要在于讨论业盐两淮的盐商,他认为:"清代的两大财阀,是山西的票商和扬州的盐商。扬州的盐商是从事淮南盐贩卖的商人,在另外的地方,如长芦、山东、河东、两浙、福建、两广、云南、四川、陕甘、东三省等盐场,也不能说没有盐商的存在,然而,从淮盐在国家财政中所占的比重,以及从扬州盐商的地位来看,毫无疑问地说,其他地区的盐商也只能排在扬州盐商之后。"②虽说其他地区的盐商只能排在扬州盐商之后,但两淮盐商并不能完全代表其他盐区的商人,或者换句话说,其他地区的盐商与两淮的盐商并不完全相同。如山东地区有"引商"和"票商"的区别:"引商半系客籍,皆有引窝。引窝者,商人初任某引地,所费不赀,子孙承为世业,遇有消乏革退,新商必交旧商窝价,方准接充,其价之多寡,以引地之畅滞为衡。各省引商皆然。""票商则皆土著,必亲邻出具保结,方能承充,有力则当,无力则退,客商不能干预。……票地准其作为世业,凡有退认,照引窝一律办理。"③即使同属一省,同属一个盐区,山东的"引商"和"票商"也

① 杨久谊:《清代专卖制之特点——一个制度面的剖析》,台湾"中央研究院"近代史研究所集刊》第 47 期,2005 年 3 月。

② [日]佐伯富:《清代盐业资本》,《东洋史研究》第 11 卷第 1、2 号,1950、1951 年;参见氏著《中国史研究》第 1 卷,京都:东洋史研究会 1969 年版,第 249—290 页。

③ 王守基:《山东盐法议略》,《皇朝政典类纂》卷 71。

是有所不同的。广东则有"排商""长商"的区别,王守基《广东盐法议略》称:"康熙初年,粤商系里下报充,三年一换,名为排商。弊端百出,嗣将排商之费一万一千余两归入正课,举报殷实之户充为长商。然有场、埠之分,场商出资以收盐,埠商运盐以行销。"①邹琳《粤盐纪要》所言略同:"向例行盐,粤商系里下报充,三年一换,名为排商。弊端百出,嗣改举报殷实之户充为长商,然有场、埠之分。场商出资以收盐,埠商运盐以行销。惟场商资本微薄,灶户所产盐斤不能尽数收买,以致场多卖私。"②这里的"埠商",也就是其他盐区所谓的运商,广东前后相继的"排商"与"长商"也有明显的不同。③

更为重要的,有关清代盐商的几个问题,至今并不清晰。第一,在新旧王朝更替之时,清初如何招商,清初的盐商是否是明代的旧商。第二,盐商承充的标准是什么,旧商如何更换。第三,是否各地都有引商或窝商,引商或窝商如何租借转卖引窝。本文主要论述前两个问题,第三个问题另撰专文进行论述。

一、清初的招商

既然清代的纲盐制度沿自明代后期的纲法,取得专卖权的盐商成为世袭商人,那么,清初的盐商是否依旧是原来的盐商呢?

清初战祸连绵,盐商多已逃散,一旦军事稍定,食盐供销问题立待解决,盐商们只要有利可图,自然愿意重操旧业。但际此新旧王朝交替时期,商人不免有种种疑虑,销盐纳课,尤多具体困难。如何消除商人疑虑、解决销盐纳课困难,便是清政府招商措施的开端。

清初的招商,一是招集旧商,二是重新招募新商。

---

① 王守基:《广东盐法议略》,《皇朝政典类纂》卷75。

② 邹琳:《粤盐纪要》,沈云龙主编《中国近代史料丛刊》一编第890册,台北:文海出版社1966年版。

③ 王小荷、黄国信把"排商"之前的盐商称为"王商"。参见王小荷《清代两广盐商及其特点》,《盐业史研究》1986年第1期;黄国信《藩王时期的两广盐商》,《盐业史研究》1999年第1期;黄国信《明清两广盐区的食盐专卖与盐商》,《盐业史研究》1999年第4期。另外,我指导的研究生撰写的论文对广东的专商引岸制以及改埠归纲、改纲归所也有论述。参见赖彩虹《清代两广盐法改革探析》,华中师范大学硕士学位论文,2008年。

　　两淮盐区在招集旧商方面,面临的首要问题是积盐的充饷。顺治二年,两淮巡盐监察御史李发元疏言:

　　　比臣入淮,见巨舰横流,皆囤山助饷之盐,而淮北之盐尽矣。及入扬,四百余船之捆盐已变价开帆;而在桥、在坝、在垣有主无主之商盐,又奉尽行充饷之令,而淮南之盐又尽矣。其已经变价者,臣言亦无益,惟垣盐六万引,皆商人资本购之场下,备脚运载至扬,堆积垣内,各各封识。据道司申详,的系有主。虽云充饷,向未装运。数日以来,情景皇皇,商以此盐与臣决去留,臣亦以此盐与商觇聚散。①

李发元所言清楚地表明,清军在大举南下的过程中,为了弥补军饷的竭蹶,把两淮的积盐无偿地变价充饷;而清朝统治者也没有顾及商人的利益,不管是"有主无主之商盐,又奉尽行充饷之令"。这种只顾眼前的劫略性行为,不但对招商不利,就是对残存的商人,也是一个致命的打击,残商大有如鸟兽散之势。所以李发元要求"仍将垣盐还商",以达到"结其心,施招徕"的目的。由于李发元言真意切地指出了"积盐充饷"的严重性,户部才议覆允从。"部覆"称:

　　　查各商捐资中盐,原以射利。据称淮南、淮北积盐,俱已括充月饷,惟余垣盐六万引,商人之聚散视此,特为请留。盖恐此盐一入公家,则各商无所系恋,必致星散,国课将亏,谅非圣朝惠商之至意,相应允从。②

"将垣盐还商",是两淮招集旧商的第一步。

───────────

　　① 嘉庆《两淮盐法志》卷 40《优恤一·恤商》。参见光绪《两淮盐法志》卷 139《优恤门·恤商上》。按:据钞档,《清代题本》147《盐课(3)·两淮(一)》,顺治十一年五月二十六日兵部尚书沈文奎揭帖称:"顺治二年四月内,城外垣内堆有残盐八万引,奉豫王令旨,行督抚并道府各衙门清查,内除消折外,实存六万余引。"是原有"残盐八万引",已经"消折"掉近二万引。(中国社会科学院经济所藏。下注"钞档"者同。)
　　② 康熙《两淮盐法志》卷 10《奏议一》。

顺治二年十月，两淮巡盐御史李发元题准："垣盐还商，征二免一，量力行盐。"①顺治三年正月，户部议覆两淮巡盐御史李发元陈量力行盐一疏，认为："当此兵燹之后，商人未集，势难取盈，合允盐臣所请，量力行盐，令其极力招商，设法疏通，无多亏国课。"②"量力行盐"依旧是关键之点。同年，李发元又题称："查江南底定，颁行恩诏，大兵经过地方，免征粮一半，归顺地方，不系大兵经过者，免三分之一。元年，山东、长芦盐课悉照此例蠲免。两淮事同一体，亦应照此征课，以昭朝廷浩荡之恩。"③随后，又蠲免顺治二、三年份未完正课银近三十万两。④没有疑问，适当蠲免、量力行盐，是两淮招集旧商的第二步。

同时，最为重要的是承认旧商的引窝。嘉庆《扬州府志》下面的一段记载非常重要：

> 去其繁苛，加以优恤，引窝听商得自为业，曰"根窝"。其届年支运者，亦听商得转相拨售，曰"年窝"。顺治初，部颁引额，剖明之每引四百斤为二百斤。九年，派定淮南、淮北每岁引额。至若行销有界，课程有定，经费有常。⑤

这里的"引窝听商得自为业，曰'根窝'"，意味着新政权对盐商专卖世袭权的承认，而且，这种引窝被界定为"根窝"。这里的"届年支运者，亦听商得转相拨售，曰'年窝'"，意味着引窝（根窝）既可以自己经营，也可以转售于他人行盐，每年转售于他人行盐的引窝被界定为"年窝"。

正因为有上述措施，所以在第一任两淮巡盐御史李发元任内就有了"散者集，逃者复，贫者称贷，农贾徙业而至"⑥的气象。第二任两淮巡盐御史李

---

① 康熙《两淮盐法志》卷7《额例》。

② 光绪《两淮盐法志》卷95《征榷门·商课上》。

③ 康熙《两淮盐法志》卷10《奏议一》。

④ 档案，顺治八年五月二十八日波洛题：《为淮北商困当苏谨陈因革之宜事》，顺治朝题本，第360函。中国第一历史档案馆藏，下注"档案"者，均为该馆所藏。

⑤ 嘉庆《扬州府志》卷21《盐法志》。

⑥ 李发元：《盐院题名碑记》，嘉庆《两淮盐法志》卷55《杂记四·碑刻》；光绪《两淮盐法志》卷159《杂记门·艺文七·碑记》。

嵩阳任内,也是"劝徕慰恤",盐商"新旧俱集"。①

山东盐区是清朝最早恢复招商行盐的盐区之一。顺治元年,山东巡抚方大猷曾明确提出了"欲招商先须惠商"的中心思想。②顺治元年十二月,方大猷在《惠商恤灶疏》中,从引制、引额、引价、灶丁、灶地、盐场、行盐、私贩等八个方面,共提出八项措施。这八项措施事实上都与招商、行盐、纳课有关。

其"引制"一条称:"引制往例,边商中盐,内商出价,每引价一钱五分,运司向户部关领,今合令内商照引纳价,运司解部领引,似更省便。"这主要是考虑到明清易代之际的变制。

其"引额"一条称:"引额旧例八万,加至十二万后,愈增愈壅。崇正(崇祯)十五六年,止行二三万引,今合暂行减额,每岁止令商人照蒲关见盐征课。待商贾渐至,引数渐加。"这不单纯是行盐壅滞要求减引,而是直接行多少盐引就征收多少盐课。

其"引价"一条称:"引价往例,每引盐六百斤,引价一钱五分,正课三钱六分,后因余盐加割没银一钱。今新商告困,暂宽割没,以示激劝。至于盐票之设,所以济引之不及,往例一票征银一二钱不等。连岁引尚难行,票自迟滞,今每票量减一二分,庶商贾乐输。"这是要求减轻引盐的课额,豁免割没银,票盐课额也适当减轻。

其"灶丁"一条称:"灶丁,六府计征银六千六百六十六两零,兹因逃亡者多,当清审其见在若干,按名征课,逃亡死绝者一概豁除。"这是要求清查灶丁,豁除无名灶丁之课,以利于食盐的生产。

其"灶地"一条称:"灶地,六府原额征银一千九百九十一两零,近因佃种不前,合行清查成熟者,计亩上税,荒芜者照例除免。"这是要求清查灶地,豁免荒地之税,也与食盐的生产有关。

其"盐场"一条称:"盐场相去千余里,两分司逐处查点,势难周悉,盐场大使各有分管,今当择人急补,有所责成。"这是就盐场的管理而言,由于盐场地势辽阔,盐运分司难免稽查不周,盐场大使的作用重要,要及时补充

① 嘉庆《扬州府志》卷45《宦迹志三》。
② 《清盐法志》卷62《山东十三·征榷门》。

到位。

其"行盐"一条称:"行盐全在州县,而守令绝不关心,私盐盛行,置之不问,皆由不系官评,遂敢漠视。今当编入考成,听运司开揭于盐院,以行荐劾。"这是专门针对食盐的销售而言,并提出了对地方官员进行销盐考成的建议。

其"私贩"一条称:"私贩年来千百成群,俱投托势宦,捕官捕役贪图月钱,谁肯捉获,应责成盐法道,凡有私盐盛行处所,竟提捕官捕役,从重究治。"这是要求赋予盐法道特别的权力,从重从快处理缉私不利的捕官捕役,本质上也是为了食盐的销售。

户部对方大猷《惠商恤灶疏》的议覆认为:"灶丁、灶地二款,应照民丁民地则例遵行。至额引引价,照长芦优免分数,每引免征五分五厘八丝。又各府照额纳价,运司解部,领引行盐,毋得仍前用票销卖,以滋他弊。若严考成、禁私贩,如议,通行申饬。"①也就是说,基本上照单全部议准了方大猷的条奏。对此,传记亦称:"方大猷,浙江德清人,进士。顺治元年巡抚,时荒乱之余,井灶萧条,上言惠商恤灶八款,通行申饬,有裨商政。"②

顺治元年十二月,长芦巡盐御史吴邦臣在《输征通融疏》中称:"山东州县节被荒残,逃亡殆尽,行盐无地,食盐无人,……抚臣方大猷有见盐征课之说,请敕部通融议覆,以从其请。"户部覆准:"山东盐课岁额六万九千五百六十两五钱五分,照原额先征一半,其一半准来岁带征。"③顺治五年五月,吴邦臣在《除豁未完盐课疏》中称:"山东运司每岁行四十六万三千七百三十七引,每引征银二钱五厘八丝,共该银九万五千一百余两,顺治元年三分免一,该银六万九千五百六十余两。……其未完盐课似应悉为除豁,以昭恤商之仁。"④这包括了缓征盐课和蠲免盐课。吴邦臣的这些上疏和相关措施,也被记录在"宦迹",吴邦臣巡盐,"以商灶节被荒残,额课难办,

---

① 方大猷:《惠商恤灶疏》,雍正《山东盐法志》卷 11《本朝奏疏》。
② 雍正《山东盐法志》卷 10《宦迹》。
③ 吴邦臣:《输征通融疏》,雍正《山东盐法志》卷 11《本朝奏疏》。
④ 吴邦臣:《除豁未完盐课疏》,雍正《山东盐法志》卷 11《本朝奏疏》。

题请缓征,商民戴恩"①。

顺治七年九月,长芦巡盐御史王世功在《恳请照例蠲免疏》中要求蠲免虚悬额引,户部议覆:"山东运司盐课原有定额,因连年兵荒频仍,食盐户口人少,引目未能全领,以致二三两年欠课追比难完,盐臣疏请蠲免,虽与恩例未符,但年地方艰苦,准予豁除。"顺治十一年七月,长芦巡盐御史杨义又上《请照户口更定引额疏》指出:"前抚臣方大猷,盐臣吴邦臣目击行盐无地,食盐无人,引额虚悬,故有见盐征课之请,但见盐征课漫无纪极,何以督率考成。今八年于兹,每岁领引一半,而销引十无三四,元、二、三年积逋,前盐臣王世功疏请恩蠲。乃近日情形更有甚难者,土寇窃发,洪水横流,村落悉成丘墟,田畴尽为薮泽,……以极残之户口责全盛之引额,必不得之数也。"因此要求按户口重新更定引额。②

山东盐区清初实行的"量力行盐","许以见盐上课,行盐若干即征课若干"③,不拘泥于引额成例,销多少盐即征多少课,给商人描绘出诱人的前景,山东的招商非常迅速,据山东盐运使张君赐称:"明末加派叠增,遂至商逃课缺";清朝定鼎,"百政维新","抚按出示招商,许以见盐上课,又蒙总、抚、盐三院会题,部覆行盐若干,即征课若干。钦奉明旨,仍着该地方官极力疏通,荷蒙为国恤商,不以故额为厉"。所以,顺治元年初招商时,"未及两月,新商鳞集百家"。征收的盐课,"元、二两年,较之明末,多征两三倍矣"。④这里虽说是"新商"鳞集百家,但对照雍正《山东盐法志》所说"引商招自远方,世代相传已久"⑤来看,也应该主要是原来就已经行盐的明季旧商。在招商有一定规模和成效后,朝廷又采取蠲免盐课、豁除难销之引的办法,对盐商进行多方面的抚恤。⑥

长芦盐区也是清朝最早恢复招商行盐的盐区之一,由于清初的山东盐

① 雍正《山东盐法志》卷10《宦迹》。
② 雍正《山东盐法志》卷11《本朝奏疏》。
③ 档案,顺治四年八月二十五日英峨岱题:《为虚悬引额难敷,残商困苦已极事》,顺治朝题本,第359函。
④ 档案,顺治四年八月十二日王守履题:《为虚悬引额难敷事》,顺治朝题本,第359函。
⑤ 雍正《山东盐法志》卷7《商政》。
⑥ 有关措施还可参见林永匡《清初的山东运司盐政》,《山东师范大学学报》1984年第4期。

区和长芦盐区同属于长芦巡盐御史管辖,有些盐业恢复和招商的政策具有一致性。同时,林永匡和常建华也先后有文章探讨,可以参见。①

在河东盐区,顺治二年五月,河东巡盐御史刘令尹为"先课后引"还是"先引后课",以及盐课的起征日期,是否仍行旧票,专门以"河东盐法创始,祈酌立定制,以裕国计"为题上奏,其折称:

> 旧例盐引,商人先解纸价领引,至司后按引纳课。今新制,商人先赴部纳银,而后给引。此在附近商人则可,河东地势辽阔,官丁商人错处,安能间关而先纳银乎? 今众商仍欲先解纸价领引至司,而后按引纳课。是不可不预定也。
>
> 至于征课之期,河东一带向罹汤火,至元年十月,贼始西遁,十月以前盐课尽付逝波。此征课定期将从何日为始,是不可不预定也。
>
> 河东盐策,与他省运司不同。他省盐法或煎或晒,皆产于海,惟河东独产于池,风动盐结,乃天地自然之利。但采办之法有二,一为官丁捞采之盐池,周围百二十里,附近十三州县额有丁口,每捞盐十引,令商人纳课银三两二钱,每引重二百斤,此官盐也。皆用引也。一为商人捞采之盐,乃商人自备工本,出人力以捞盐,每百斤为率,内分七十引为官盐,每十引令本商纳课银三两二钱,内分三十引抵作商人工本,不纳课银,止给官票,以别于私盐,此商盐也,用引兼用票也。旧例山西太原、汾州、辽州、沁州等处食本地煎盐,每引折刷小票,每张行盐一百斤,以小贩担负,不能多也。此又照引折票也。我朝盐法,统归户部,不用票而用引,诚有深虑,但官丁采办之盐皆用引可也,而商人采办之盐内有抵作工本者,欲用引则不纳课,不用票将何以别于私盐。
>
> 再,照时已入夏,正河东解池采盐之候,若待引到开池,往返四千余里,奏报稽延,误时且误课矣。臣已星夜催督商民暂用小票捞采,一面候颁引到日票即停止。此臣暂为通商办课之着。

----

① 林永匡:《清初的长芦运司盐政》,《河北学刊》1983 年第 3 期;常建华:《清顺治朝的长芦盐政》,《盐业史研究》2012 年第 3 期。

户部议覆认为："河东盐课,向系宣、大、山西三镇宗禄军饷之用,今宗禄已裁,兵饷减少,臣等酌议,应解京库,以备急需。其给引之法,河东地远,势不能先纳银而后领引,则先解纸价而后按引纳课。旧例可循。至于征课之期,河东地方去年十月方出汤火,应于顺治二年春定期征解,以苏商力。若夫捞采之法,自应仍照旧惯,惟是山西太原,汾、辽、沁州等处依旧欲行票盐,似非画一,应照山东一例革票行引,以除私贩积弊。"①河东盐区的"先引后课"以及顺治二年开始起征,无疑对招商有重要意义。但是,河东盐区明末清初商人的逃亡十分严重,招商依旧面临许多困难,一如河东巡盐御史朱鼎延所奏:

> 河东盐课岁额一十二万有奇,向系商人输纳。至明季崇祯五年,阴雨灾池,生息渐微,兼以兵荒迭臻,商众逃亡,五百余户仅存寥寥三五十人,皮毛俱尽,课额征解不前。……臣自入境以来,各属纷纷告苦,目击心伤,但以国课攸关,点金无术,不得不仍旧例催征。近据山西黎城、沁水、阳城、河南、济源等县申称:遭闯逆蹂躏以来,大旱大疫,人民流亡,田土荒芜。昔也千有余户,今也百十余家。计口算盐,计盐算课,尚不及十分之二。欲以原派之额,委难完足。伏望轸念苦悰,暂照见丁征纳,俟生齿渐繁,再议增加等情。据此,臣思盐课系干军饷,河东岁额一十二万四千九百三十二两一钱,内除运司商人平阳、太、汾、凤翔等处征课九万九千一百七十二两一钱外,潞、泽、怀属户口该银二万五千七百六十两。若减一分则少一分之额,况旧商蔡宗圣等一百零七家已办课六万三千九百七十八两二钱二分,骨力已竭,若再加派,不无困敝之累。清夜图维,无米难炊,不得已劝谕运、安两城人民,愿充商者具结投报,准照旧商一例捞晒办课。皆据新商张永盛等二十六家,赴臣衙门投认。臣即批行运司查议去后,据该司呈称:据新商张永盛等议得潞、泽、怀属额引八万五百引,派银二万五千七百六十两。②

照朱鼎延的题本可以看出,尽管明末清初河东盐业凋敝,但仍招得旧商蔡宗

---

① 佚名:《盐法考》卷 12《河东·河东事例》,清抄本。
② 档案,顺治四年正月二十日朱鼎延题:《为军兴需饷甚殷户口输榷惟艰事》,户科题本,档案号:02-01-02-2080-001。

圣等107家,新商张永盛等26家。在招新商时,尽管招商急迫,也需要"具结投报"等手续。旧商、新商除享受同等待遇外,也豁免了一些加增,特别是豁除了"见丁征纳"或"按户派引"。这在户部对朱鼎延的题本议覆中也看得清楚,户部议覆认为:"该臣等看得,商人领引行盐办课,原系旧例,按户派引,实出权宜。……应如河东盐臣议,先令所招新商二十六人照数完课,其未足之数,亦设法招商。"①顺治六年,"设法招商",又招新商马兴等23名,"其不敷之数,仍设法招徕,以苏民困而复旧例"②。顺治十年,"又招得商人董教等一百一十余名。至此,商数充足,引课皆有商人承认"③。据后来一份档案材料的回溯,到顺治十年已经招商充足的说法是可信的,嘉庆十一年,山西巡抚成宁曾经说:"至顺治十年,经御史刘秉政招募商人董教等一百一十余名,一时商数充足,认地行销,极为盐法盛规。"④

在浙江盐区,据《盐法考·两浙》记载,顺治三年正月,两浙巡盐御史王显题称:"盐之要务有二,招商恤灶而已。浙商今虽漫散,在前朝已掣盐斤,分发各府州县者,未必全无,今概以私盐绳之,则商本亏而不来,概以引盐宽之,则国课缺而非法,惟见盐计引,按引征税,既不亏商,又不亏课,而商可渐次招徕矣。"户部议覆认为:"国家盐课,两淮岁额最多,次则两浙。然欲岁额之无亏,必先商灶之云集。宜盐臣王显首以招商恤灶为言也。查各商现在盐斤,皆商人捐血资以称掣者,今令其见盐计引,按引纳课,则商乐从,而国课无亏。应饬盐臣查明确数,给发新引,照新定经制办课者也。至于水乡草荡涨成可耕之田,原系灶户糊口之需,似宜并听盐臣清查,俾灶户复业,庶煎盐有人而办课亦易矣。"奉旨:"是,依议行。"⑤从"前朝已掣盐斤,分发

---

① 档案,顺治四年二月二十日英峨岱题:《为军兴需饷甚殷户口输榷惟艰事》,户科题本,档案号:02-01-02-2080-002。

② 档案,顺治六年五月十七日巴哈纳题:《为续行招商分引以苏民累事》,户科题本,档案号:02-01-02-2080-008。

③ 《河东盐法备览》卷6《通商门》。

④ 档案,嘉庆十一年十一月十七日成宁奏:《为缕陈河东、吉兰泰盐务分别招商各办引地事》,朱批奏折,档案号:04-01-30-0469-030。

⑤ 佚名:《盐法考》卷11《两浙·两浙事例》。按:笔者查到了现存档案,王显上奏的日期是顺治二年十二月,其原奏称:"今之要务有二,招商恤灶而已。商何以招?以利招之。灶何以恤?以恩恤之。查浙商今虽漫散,在前朝已掣盐斤,分发各府州县者,未必全无,今概以私盐绳之,则商本亏而不来,概以引盐宽之,则国课缺而非法,惟是见盐计引,按引征税,既不亏商之本,又不亏国之课,而商可渐次招徕矣。"大致不误。见钞档,《清代题本》152《盐课(8)·两浙(二)》,顺治三年正月二十九日户部揭帖。

各府州县""各商现在盐斤,皆商人捐血资以称掣者"来看,浙江当时的盐商主要是旧商,对明末的旧商采取的措施是给发新引,见盐计引,照新定经制办课。

顺治三年九月,为"申明掣验之规",王显又题称:"今开创之始,招徕为先。各商急公者固多,而营私者亦复不少,每遇掣期,或观望以待市价之高,或漏掣以酿重照之弊,或越渡以开影射之门……今臣立法,凡掣盐过限半月者,铳引目十分之二,过限一月者,铳引目十分之五,此外免铳。"①户部议覆认为:"盐引掣验,原有定期过限即为铳毁,此旧例也。但国家当定鼎之初,浙江值兵燹之后,盐臣酌定日期,分别铳毁,以示招徕,相应允从。"奉旨:"依议行。"②同年九月,王显因"浙东初定,商疲灶残,曾经寇兵,蹂躏独惨,透征已多",又要求"盐课于某月开征为始,照例分别或蠲三分之一,或蠲其半"。户部议准:"浙东初平,惊鸿未定,商散灶逃,应广示招徕之法。盐臣疏请开征日期与蠲免分数,应遵恩诏,以地方归顺之日征收为始,而蠲免分数当从三分之一,以信明纶。"③重新规定掣盐过限铳毁盐引的时限,以及规定开征日期和蠲免分数,也是为了招商和惠商。

顺治四年以后,两浙历任盐臣王燮、祖建明、石维崐、于嗣登、迟日巽等的上疏大都涉及行盐规制、批验所设置、杂课清理、引费减轻、盐引疏销、带销积引等问题,都值得注意。其中,顺治十二年十月两浙巡盐御史祖建明,以及顺治十六年八月两浙巡盐御史迟日巽的揭帖,对减轻盐商的压力尤为重要。祖建明称:"商之办课,犹民之办粮,民粮出自土地,商课悉己脂膏。两浙年额课银三十一万有奇,惟借住省各商办纳掣运转输。商安则课裕,商困则课亏。此理势之必然。职自奉命莅浙,仰体皇上恤商之至意,苟有利于商者,靡不毕举,有害于商者,悉行力除。"于是革除各项杂费。④迟日巽的奏疏则如下所引:

① 佚名:《盐法考》卷11《两浙·两浙事例》。
② 雍正《两浙盐法志》卷11《奏议》。
③ 佚名:《盐法考》卷11《两浙·两浙事例》。按:该条雍正《两浙盐法志》卷11《奏议》缺记。
④ 钞档,《清代题本》152《盐课(8)·两浙(二)》,顺治十二年十月祖建明揭帖,缺具体日期,顺治十二年十月二十四日到部。

两浙纲商朱永祚等呈称，浙东自顺治三年六月内大兵渡江，原比两淮迟行盐一年，见今与淮商一样，追销积欠之课，实是多征一年。又加增引课四万五千两。旧引堆积司库者四十余万，存部者八十四万四千有奇，愈加壅滞，课逋日甚，呈请设法疏销等情。户部行臣查明具奏。臣查两浙年来海氛未靖，宁波、温、台三府沿海一十五场，商逃灶窜，庐舍多墟，正引、加引多在尘封，按额比商，苦难挖肉。更有历年压欠之课并八十余万带销之引壅滞不楚。淮、浙归诚，先后有别，行引征课实在三年十月间也。今计部以军需告匮，持筹赋额，淮、浙引课一例起科清算，故有欠课壅引。殊不知淮、浙归版各有前后，似难一概起科，况又新增课银四万五千两，加引十万。年来皆属不行，各商比照长芦经制，情愿完课，不敢请引。即请引，无地行销。今以在浙旧引之未销者四十万计，存部之未领者八十万有奇，日逋一日，年壅一年，又复责以带销。无怪乎征解之难足，压欠之难楚也。乞俟温、宁、台郡晏清，几当遵照输纳，暂宽额外之征，以解倒悬之苦。

户部议覆认为："两浙引壅一年，原因顺治三年十月间江东始复，十月方始行盐，以致引目壅积，故臣部已将未领八十余万之积引自十六年起分作四年带销，业经提奉谕旨。今盐臣以海氛扰攘，商人困苦，疏请缓征，应如所议。除见年额课如数征解外，其所积之引课暂宽自十八年为始，将积引照季节责令关领，按年带销全完。至于新增十万引，请照长芦之例，加课而不加引，应如所请，将新增十万引减去，其新增四万五千余两课银加于旧引之中，照额征解。"①

从顺治十六年两浙巡盐御史迟日巽的题本以及户部的议覆来看，尽管当时浙江"海氛未靖""海氛扰攘"，招商办课已有相当成效，只是由于"军需告匮"，户部"持筹赋额"，又想出加引增课的办法，才使得盐引壅滞，不得不又在盐臣的要求下采行新的办法。迟日巽在上述题本中除提到两浙纲商朱

① 佚名：《盐法考》卷11《两浙·两浙事例》。按：《盐法考》把此题本的日期定在顺治十六年十月，实则是八月，十月初二日到部。参见钞档，《清代题本》152《盐课（8）·两浙（二）》，顺治十六年八月迟日巽揭帖。

永祚外,我们在现存钞档中也查到了杭、嘉、绍、温、台、松六所的纲商汪溟泰、汪德佩、金吕、王茂、傅礼、叶文芳、汪文衡、袁复兴、戴茂等的名字,他们共同呈请,"六所纲商酌覆",可见两浙的盐商与盐商组织已经具备相当的规模。①

在福建盐区,据福建巡按御史霍达在顺治六年的揭帖称,在顺治三年九月,清兵始入闽境,当年冬季即开始有盐商行盐,并征盐课,当年解过银2批,每批750两,只是刚刚起步。但"顺治四年夏四五月,山海之间大贼蜂起,所属龙岩、平和、诏安、漳平、宁阳五县前后继陷,道路梗塞,行盐之地被贼盘踞,行盐商人尽皆逃散,以致课额空悬。至顺治五年九月终,大兵至漳,道路才通。六年正月内恢复龙岩、平和等五县"。随即展开招商,于是招徕"旧商"王兴、程和等四人,并认为"催督旧课过严,恐伤朝廷惠爱灾黎之深恩",原来的"旧课","虽属逋欠,实因地方失陷未复,原未行盐,无从办课。所请蠲免,政与恩诏例合。似应准从"。后得到户部的议准。②同年,霍达题称:"今福建甫定,行盐产盐之地虽海运未通,而担负肩挑者已将源源而至。臣多方招徕,今商人、水客已归业者十之七八。"③也主要是招集旧商,而且富有成效。但是顺治七年四月,霍达又题称"福建东路行盐之地,自顺治四年起至今,皆为贼窟,课盐未售,商人束手坐困",要求豁免"四、五两年旧欠额课",也得到户部的议准。顺治七年五月,霍达又称:"万历四十八年以前,闽课正银四万六百七十两零,明季叠加,商不堪命,资本赔累,逃者过半。"因此"条议一十七款",要求"疏引惠商、厘奸裕课",户部分别议覆:"数项新加之课,永为裁革",东、南、西三路的行盐"清分界线",避免"南借西盐,西售南地,彼此奸混",等等。顺治十年,福建巡按御史王应元称:"闽省行盐之法,因地制宜,不特与各省不同,即东、西、南三路亦各迥异,今奉部文,查会计录所载,福建岁额行引一十万四千三百四十引,钦遵新制而行化引之议,每引定盐二百斤,臣与抚臣备行道、司,细加酌覆。据称,三路盐引年止二万一千

<hr />

① 钞档,《清代题本》152《盐课(8)·两浙(二)》,顺治十六年八月迟日巽揭帖。
② 钞档,《清代题本》153《盐课(9)·福建、两广》,顺治六年八月霍达揭帖,缺具体日期,顺治六年十一月二十四日到部。
③ 档案,顺治六年八月初十日霍达题:《为再明闽中行盐定规等事》,顺治朝题本,第359函。

四百四十五道。其余系各场灶户纳价之引,合之始有十万四千三百四十引之数。三路引课实止二万五千七百余两,其余系各场灶户本折盐斤、漳属盐饷等项凑之始有四万六百六十七两零之额。……今欲化引遵制,西路每引支盐六百斤,化一为三,犹可勉副,东路每引支盐六千斤,南路每引支盐四千八十斤,若尽令化引,则引多课少,实为难行。通议概以仍旧为便。"户部亦议准。顺治十三年,福建巡按御史朱克简称:"闽省行盐与各省异,各省盐课多而商本厚,闽省盐课少而商本微。乃今闽省之盐又与旧异,盖行盐必须食盐之人,往时人稠户殷,今户口凋残,百里无烟。行盐必须行盐之地,往时地靖商通,今除泉、漳新复外,余依山傍海半为贼踞。行盐必须行盐之费,往时二船装运一引只费一二钱,今时片板不许下海,俱用肩挑,一人仅挑五六十斤,盘山过岭,跋涉维艰,一引费至六七钱不等,是以商日贫而盐日阻。据众商佥呈,顺治十二年方销八年,寒来暑往之引尚未行半,已扣完十二年之课。"因此要求自顺治十三年起,"销新带旧","将从前积压逐年带销",也得到户部的议准。①以上豁免旧欠、革除加课、旧引行盐、逐年带销等项措施对招商、惠商无疑具有意义。林永匡从议定行盐定则、颁行引目、蠲免无盐之课及旧欠、剔除明末弊政、参劾贪劣官员几个方面对清初福建盐政进行了论述,可以参见。②

在两广盐区,由于清初"用兵之后,埠地荒残",招商与盐业的恢复都遇到一定程度的困难。黄国信认为,清初顺治五年,"以广东地方初定,本省盐课照万历四十八年旧额,按引如数征解,其天启、崇祯年间加派尽行蠲免",清廷开始对两广地区征收盐课,但此时朝廷关心的只是征课,至于食盐专卖制度的细则,并未给予太多的关注。直到顺治十一年,清广东地方官府才真正开始重建两广盐区食盐专卖的努力。③就现在能够看到的地方官员的题本,在顺治八年至康熙初年的一段时间内,为了招商、销盐、征课,主要采取了四项措施:第一,不按照万历年间则例征课,也不按照原来的起运、存留比

---

① 佚名:《盐法考》卷15《福建·福建事例》。

② 林永匡:《清初的福建运司盐政》,《中国社会经济史研究》1986年第1期。

③ 黄国信:《区与界:清代湘粤赣界邻地区食盐专卖研究》,生活·读书·新知三联书店2006年版,第59页。

例,一切权宜。这就是顺治八年广东巡抚李栖凤上奏后,户部覆准的"广东一省明时岁额盐饷一十七万有奇,七分解部,三分留充兵饷,此成例也。今该抚疏称本省额税八万余两,照各榷关例随征随解,暂准留充兵饷。查粤东地方初定,兵需甚急,自应如议留用,年终报销。其广西、湖广衡永平乐,江西等处,计税九万余两,……今粤西大兵云集,荡平有期,不妨渐次酌征,以济急需。至应解部银两,事平之日,仍当照旧解部"。第二,因为"恢复伊始,课引征销不前",要求不按其他盐区的销引征课考成办法,而是"暂缓考成"。这就是顺治十年广东巡按御史杨旬瑛上奏后,户部覆准的"粤东初入版章,户口凋耗,盐课未完,情有可原,合无暂从宽政,免其参罚,仍设法催完"。第三,没有像其他盐区那样题定新的引额,也没有按当时通行的"二百斤成引"的盐引重量,而是依据明代后期的成例进行招商运销。这就是顺治十一年广东巡抚李栖凤上奏后,户部覆准的"至盐引经制,我朝以二百斤为一引,今抚臣疏称地方初附,剖分多引,无益于饷,请以仍旧为便,似应允其所请,暂准旧额五万九千八百零八道,仍如河东例,一年一请,请每于年前先期请发,不误见年行运"。第四,因为"盐场参坏,灶丁杀掳逃亡不可胜计",开除逃亡灶丁,豁免灶课。顺治十三年广东巡按张纯熙题称:"自今为始,敕行盐法道,转行各府州县,逐一清查原额灶丁若干,见在若干,新成长者若干,确查明白。果系年久亡故,通行开除,遗下灶课尽行豁免。"户部议准:"严行申饬该地方官吏商灶人等,一体遵行,如有故违,按律治罪。"①

清初具体的招商,广东与广西措施不同。在广东,尚可喜部下见充商有利可图,纷纷霸占盐埠私充盐商,这些盐商被称为"王商",已有学者论述,可以参见。②事实上,在顺治年间,广东为了招商行盐也曾采取过一些值得注意的措施。一是禁止地方官员和武官乱行抽税。如顺治十三年广东巡按张纯熙所说,地方官员"坐抽私税,五里一关,十里一榷,所过地方,恣行横抽,以致商人裹足不前";武职人员"潮镇标下千总张吉虎踞松口拦河抽税。盐从府城而上,每千斤抽银二两。谷从长兴而下,每百石抽银四两,凡铜锡、鱼

---

① 佚名:《盐法考》卷 17《广东·广东事例》。
② 王小荷:《清代两广盐商及其特点》,《盐业史研究》1986 年第 1 期;黄国信:《藩王时期的两广盐商》,《盐业史研究》1989 年第 1 期。

苗、绫罗、布匹、竹木,无不尽行抽剥";要求对此严加处理,以达到"惩一儆百,而朝廷国课不至尽饱虎弁之腹"。①二是裁革"官商",招徕民商。顺治十六年,广东巡按张问政称:"虽经前任各按臣条议补救,而犹未得利兴弊绝也。职查历年盐课饷额所完之数,尚不及半。职不胜惊骇。因思盐课关军国急需,奈何粤东败坏一至于斯,推原其害,皆由作俑于官商耳。夫粤东现在拆引行盐者,总此官商居利。"此等官商"行营势之威,带弓张旗,鸣锣响喊,与职官分庭抗礼。巨艘连舡,有司不敢过而问;引缩包浮,关厂莫敢向而稽。……报税十无二三,盘验徒为故事。至其到埠发卖,则大异矣。高价勒买,一任施为,甚而计口数丁,不论贫富,压派食盐。稍有还价稽迟,则垄利加算,又或指为私贩,或诬为私买,肆行诈害。未呈告于官府,先捆打于私家"。种种非法,闻所未闻,所以,"欲苏困裕饷,非禁革官商不可",要求"将一切官商尽行革去",另招民商,"编名造册达部,分埠认饷"。②

广西行盐则采取了"招搜流亡旧商"和新商的办法。顺治十六年,户部尚书车克的一份题本揭示了相关情况:据新化县知县称,奉广西右布政司之令,"提解盐商赴广买运盐斤","拘商人李琼芳一十六名,前后二批,差役李秀、罗斗解府换文转解。所有未到新旧盐商,卑职分差传唤,到日即解"。据邵阳县知县称,顺治十五年"批差覃秀等共解过新旧盐商岳伯宝等七十九名",顺治十六年"批差刘祥押解新商尹武藩等一十六名解府,转解往粤买运盐包"。据武冈州知州称:"奉本府通行提取旧商",于是"责令经承出票,多方责差,四路分催,拘获旧商二十一名"。③ 顺治十七年车克的另外一份题本中,也谈到了相关情况。对此,黄国信已经做了分析:"统计中的这批盐商一共六十七名,其中'自赴投到'即自愿充商者八名,约占总数的十分之一,其余十分之九均为'批解'而至,强行征来。"④这种在广西布政司和本府的行文之下"提取旧商""拘商人""拘获旧商""招搜流亡旧商"的办法,以及派

---

① 钞档,《清代题本》153《盐课(9)·福建、两广》,顺治十三年六月十三日张纯熙揭帖。
② 钞档,《清代题本》153《盐课(9)·福建、两广》,顺治十六年闰三月二十六日张问政揭帖。
③ 档案,顺治十六年七月车克题:《为敬陈盐业壅滞之由事》,顺治朝题本,第367函。林永匡在他的论文中已引述过这份档案,并以"招流商行粤盐,以资国计,以佐军需"为题,进行了论述。参见林永匡《清初的两广运司盐政》,《华南师范大学学报》1984年第4期。
④ 黄国信:《区与界:清代湘粤赣界邻地区食盐专卖研究》,第60页。

专差"押解"新旧盐商赴广西买运盐斤、交纳课税的办法,在一般盐区闻所未闻。

至于四川井盐业,与其他盐区不同,明末以来四川遭受破坏特惨,在清初的一段时间内招商办课成为不可能。顺治六年,四川巡按御史赵班玺题称:"四川屡经残破,人民几尽,不特贩盐无商,抑且煎盐无民。"因此要求:"凡一切肩挑背负、易粮糊口者,任令易卖,并不许巡拦苛求。至于秦商往来便船带盐发卖,若不给票照验,恐无以杜私盐之奸。欲候部发大引,不惟商本微小,不能合引,难以通行。且恐路远稽迟无济。请暂行小票,通商惠民。"户部议覆认为:"蜀疆未定,商贾稀少,即有一二秦商市贩盐斤,如一旦起课,恐商贾警散,似应免其征课,亦不必给票。俟川中荡平,商民稍苏,另议。"①也就是说,四川最初即不发引票,也不课税。随后,清廷因地制宜,采取了"听民自由贩运"的措施。由于明代大引"与井灶所出、商民所办实相悬殊",也废止不用,只颁发小票,规定水路每票载盐五十包,陆路每票载盐四包。这既使民众免遭淡食之苦,又能略收税课,即所谓:"小票听民自领自卖,颇为简便,若额定每州每县行盐若干,派引几许,反致行盐无民,岁课有亏。"②由于实行这种较为宽容的政策,所以至顺治十年,"据保宁、顺庆、潼州等属造报,招徕开淘盐井一百八十六眼"。又自"十一年起至十五年止,开过上中下盐井共二百二十三眼",已经开始行用小票,征收盐课。③以后逐步恢复,到雍正年间,已是"盐井日开,户口日增,商贾大集"④,"陕西大贾习醝业者,入蜀转运行销"⑤,情景有了显著的改变。

二、盐商承充的条件与程序

前此学者很少注意到盐商承充的条件与选任条件,在阅读范围内,只

①③　佚名:《盐法考》卷14《四川·四川事例》。

②　雍正《四川通志》卷14《盐法》。

④　档案,雍正十三年十二月初三日张廷玉题:《为盐务章程事》,雍正朝题本,第763函。该档案原在雍正朝题本之盐务类。第一历史档案馆整理的电子档案共有1 731件张廷玉的题本与奏折,笔者全部查阅,未发现这件档案,只能利用笔者20世纪80年代查阅的原始档案。原档案没有编号。

⑤　王守基:《四川盐法议略》,《皇朝政典类纂》卷76。

有少数学者予以注意,如萧国亮举了广东的例子:"盐政之要,首重商人,必择殷富而诚实者充之。……凡有资本,皆可承充,只须商人互保,便为相安。"①刘贵仁、薛培提到两淮和河东盐商选任的两条史料:一是两淮规定盐商必须要由"家道果系殷实、品行素为商贾所信服者"来承充;二是河东"逐一查明,择其经理妥善,资本充裕者,取具保结,令其照旧承办,毋庸更换"。②

如上所述,在明末清初迭遭战乱之后,招商非常困难,"即欲招商疏引,谁肯舍性命而入垒卵之邑"③。而盐业的恢复与招商又非常迫切,当时招商急如星火,有些盐区甚至要押解商人运盐,不论是旧商还是新商,只要愿意运盐纳课,基本上不需要特殊的要求就可以承充盐商,笔者只在河东的招商档案史料中看到过"具结投报"的字样。河东由于招商也很迫切,当时所谓的"具结投报",也有可能是官样文章,并不见得认真执行。顺治后期,在长芦盐区、山东盐区已经有了"势豪不准占揽引窝,商铺不许自定价值"以及"各商告领额引,只用本商的名,不许代掣"的约略规定。④康熙以后,随着盐业的繁盛,及盐商运销食盐利润的提高,盐商承充的条件有了许多具体的规定,而且也有相应的程序予以规范。各个盐区其例略有不同,兹举例予以说明。

如长芦盐区,康熙二年规定,愿意行盐告运者,必须是"殷实人户"。⑤康熙七年议准:"行盐地方将认过引目商人姓名,取保结认状,造册报部,并于年终取具并无派引累民印结送部。"⑥具体条件和程序如下:

芦商认办引地,例于具禀后,饬纲查明是否家道殷实,仍由本商自觅散商,联名出结具保,纲总循例加结,始由运司转详,咨部更名。一面给发行知,领引办运。其中紧要关键,重在出结之保商,不在加结画押

① 萧国亮:《清代盐业制度论》,《盐业史研究》1989年第1期。
② 刘贵仁、薛培:《略论清政府对盐商的控制与利用》,《盐业史研究》1998年第2期。
③ 档案,顺治十年闰六月初九日车克题:《为遵例开复事》,顺治朝题本,第364函。
④ 《清盐法志》卷2《通例二·运销门·引目附转运》。参见《清盐法志》卷17《长芦八·运销门四·商运》;卷55《山东六·运销门二·商运》。
⑤ 《清盐法志》卷17《长芦八·运销门四·商运》。
⑥ 《清盐法志》卷2《通例二·运销门·引目附转运》。

之总商。其或商本实不充足，或外来人地生疏，纲中无商承保，往返查访，稽延时日，亦事势所常有，并非纲总有意刁难，借端需索。惟新商认岸之初，办千引者，先交两课银一千余两不等，名曰"寄库"，以验殷乏。又任运、租运、捆运之外，另有试运章程，试之二三年，果不能办，准其禀退。有"寄库"，则资本之证据早明，有试运，则本商之进退裕如。嗣后新商具呈，但有散商联名结保，即令纲总酌定限期，于二十日内加结画押，运司亦迅速发给行知，庶众商可资鼓舞。

部议芦纲甲年盐引，至丙年五月始办奏销，中隔一年，恤商优厚。其试运一二年之处，如按奏销年份核算，已是办运第三四年，销数畅滞，大概可见。……新商入纲，取具联名商保，如有贻误课运，愿甘分赔甘结。惟各商向有随引带交参课银两，遇有参商欠课，除查抄变抵外，均在商交参课内弥补。①

可以看出，出任长芦引地的新商，一是要商人申请；二是要由纲首查明是否家道殷实；三是要由商人出结联保；四是要由纲首画押，然后由运司报巡盐御史转报户部更名落实；五是年终进行有无派引累民的考查。并且，还有一定的试用期。同时，还要交纳"寄库银"和"参课银"。"寄库银"在于说明商人的实力，"参课银"则用于盐商办运不利遭参革后的赔款抵押。另外，从档案材料中还可以发现，在长芦新商接替旧商的过程中，还有"引窝"的转让，"引窝"按引计算，各有不同的价值，形成所谓的"引价"，一般情况下，在有引窝的盐区，新商需要"归还引价"，才能承接旧商的引地，对此，笔者将另文进行讨论。

上述康熙二年和康熙七年规定的新任盐商必须是"殷实人户"，必须"取保结认状"，是"通例"，所以也通行于其他相关盐区，而长芦盐区的"具体条件和程序"已如上揭，则是较为细致的。而且在清代后期"悬岸"增多，有些引岸"废引改票"的情况下，盐商承充的条件和具体要求，在原来的基础上又有了一些变化。如道光二十八年钦差大臣载铨奏称："长芦盐务疲敝之原

---

① 《清盐法志》卷17《长芦八·运销门四·商运》。

因,所交款目繁多,头绪牵混,更兼迭次加价,浮费过重,竟至商力不敷。又遇银价频昂,是以虽屡经整顿调剂,终不能有起色。……所悬各口岸四十四州县,其河南现悬之二十州县,尽改行票盐,令该盐政仿照淮北先课后引之例,酌定章程办理。其直隶所悬之二十四州县,应令各州县或招商,或招贩,或商运民销,或有人在津认商。统予限半年,一律认办有着。"当时议定的具体办法有数条:其一,"无商悬岸,应试行票盐,并招商招贩,兼行官运";其二,"停减支销,裁汰浮费,以恤商艰";其三,"均摊帑利,以归画一,而便征收";其四,"现商引盐,应加斤减价,以敌私便民而恤商"。① 总之,是减轻商人负担,尽量招商招贩;只要有人愿意行盐,并交清各项课额,就可以运盐行销,不再特别强调"殷实人户"。又如同治八年,直隶总督曾国藩奏定《长芦盐务章程十条》,除认办悬岸、督催总商按时完课等条款外,与新的盐商承充密切相关的是"保结商人宜专责成"的进一步强调和具体化:"查长芦向例,新商入纲,取具联名商保,保其家道殷实。如有贻误课运,愿甘分赔甘结。惟各商因通纲向有随引带交参课银两,遇有参商拖欠课款,除以查抄家产变抵不敷外,均在商交参课内弥补,是以从无保商摊赔之案。迨至道光二十九年,引岸参悬,无商认办,悬课过多,参课不敷弥补。通纲添捐悬岸课一款,随领引时每引交银四分,专补悬课之用。无如悬岸日增,归补愈难,所有续参商课,虽逐案饬令分赔,总未据完交实银。且查芦纲商人多因误运误课,其本商名下自能保全出纲者甚属稀少,若再责令分赔,代人受过,并不予以年限,难免不纷纷畏累远避,则芦属引地从此有参无认,殊于全局有碍,自应量为变通。拟请仿照保固三年定限,如果三年正课之内,认商贻误课运被参,即将应交正课,除查抄备抵外,其余参欠课银,分作三成,在于参商名下追交二成,出结之散商、加结之总商,分赔一成。如逾三年之期,认商业经完过奏销引课,可称家道殷实,即与保商无涉,以示限制。似此酌核办理,庶于课款分赔有着,而于各商亦不致有畏累不保之虞。"②这种新的规定,无疑在

────────

① 档案,道光二十八年十二月初八日载铨奏:《为遵旨会查长芦盐务酌改章程事》,军机处录副,档案号:03-3192-029。

② 档案,同治八年十一月初一日曾国藩奏:《为长芦盐务按照部议分条复奏事》,军机处录副,档案号:03-4886-052。

晚清岸悬商疲的情势下更有针对性。

长芦盐区之外,其他盐区盐商承充的材料,就笔者已经掌握的而言,虽相对简略,但也各有特点。

山东盐区在康熙二年有"凡殷实人户愿行盐者,听其顶补办课"的约略规定。后来的规定逐步细化,如道光二十年的记载:

> 商人原为裕课便民而设,必须家道殷实、人品端方任办,方期课运无误。并因众商人多,散漫不一,是以设立纲首,以为一纲之总,专司保举商人、催督课运。凡遇新、旧商认、退,定例应各将引窝价值呈递声明,由纲用戳,取具殷实四商联名保结,现年纲首公保状呈司批准,方准过拨。如纲首从中袒护冒保,先究纲首。其告退之商,亦令纲首确查,不得以有力之商借称疲乏,以杜规避。嗣后散商认退分劈,着该现年纲首恪遵定例,并查明现年情节,秉公核实确查,如有殷商巧于脱卸,以及接充之商并非殷实端方,滥行具保情弊,均即有纲驳饬。倘有不遵,即行据实禀候本司传究。[①]

从这个定例中可以看出,在旧商告退、新商接替之际,首先需要明了或议定引窝的价值,并由商纲用戳认定。其次,对新商是否"殷实端方"特别看重,不但要家资殷实,还要人品端方,并且需要四名殷实的盐商联名担保。其三,必须由"现年纲首"(即"轮值纲首",参见后述)公保、由盐运司批准后才能生效。其四,退认的盐商必须是疲乏商人,对一纲商人中散商的"认退分劈",纲首亦有稽查责任。从这些规定中还可以看出,在商人的认、退过程中,除盐运使衙门的职责外,盐纲,特别是"纲首"起到十分重要的作用。

山东除引商之外,还有票商。山东的票商,"多系本地土商承办,有力则充,无力则退"。充商与退商虽然也需要保人,但往往"彼任此保,朋比作奸,行私侵课",于是雍正六年题准:"票盐土商如有拖欠钱粮,无力告运者,斥

---

① 《清盐法志》卷55《山东六·运销门二·商运》。

革。由运司另募殷商承办,不拘本地外省,保商亦不拘本县土民。"①既改变了票商由土商担任、保商由土民担保的惯例,也明确了盐运使司在新旧商人更换中的权力。

河东盐区在乾隆年间到嘉庆年间曾经一度实行"课归地丁"的改革。嘉庆十一年,重新实行官督商销的运销体制,又重新招商,其具体办法,是所谓的"以商招商",见于山西巡抚同兴的奏折:"惟有以商招商之法,方可免官吏勒索之弊。现拟先传乾隆五十七年旧商中之家道殷实者,令其互保复充。其有家已中落、无人互保者,是为乏商。即令已复之旧商保举新商承充更换,如所举不实,仍惟保商是问。总期保举更换俱不经地方官之手,而又妥协章程,有弊必除,有利必兴。"②此时虽然也是新招商人,时移世界,与清初已经明显不同,善于作弊的地方官被排除在外,由殷实旧商重新担任并互相担任保人,或保举新商承充。由于当时充当盐商有利可图,这种办法取得明显效果,时隔数月,山西布政使金应琦就奏报:"办理河东盐务,首在招商,而商人承运,尤在家道殷实,为人诚笃,庶可奉行久远。……查明家道实系殷实,为人诚笃可靠,不致再有反悔者,计旧商王恒泰等二十四家,新商贾立德等十六家,共计新旧商四十家。查河东运商向系五十八家,今核计已有四十家,尚短一十八家,……计一两月间即可足数。"③所谓"家道殷实,为人诚笃",依旧是上述"殷实端方"条件的重申。

与上述河东"以商招商",以及长芦、山东等有窝引地的招商主要由商纲操作不同,两广、福建等盐区盐商的承充,地方官起着至为重要的作用。两广盐区既有官运官销和官督商销的区别,又有前后不同的变化,在官督商销招商承办和新商接替旧商的过程中,首先强调的是商人"必须身家殷实"和"招募殷商",其次是严催"地方官详慎招募"。乾隆元年两广总督鄂弥达的

① 参见《清盐法志》卷55《山东六·运销门二·商运》。
② 档案,嘉庆十一年五月二十二日同兴奏:《为筹议河东盐务招商办理事》,军机处录副,档案号:03-1775-031。
③ 档案,嘉庆十一年十月三日金应琦奏:《为办理河东盐务招商事》,朱批奏折,档案号:04-01-35-0487-032。按:实际上很快招满,据新任山西巡抚成宁称:"臣到任后,复督同该司(布政使司)等招定殷实可靠新旧商李自用等十八家,连前已足五十八家之数。"见档案,嘉庆十一年十一月十七日成宁奏:《为缕陈河东、吉兰泰盐务分别招商各办引地事》,朱批奏折,档案号:04-01-30-0469-030。

一份奏折曾经缕述了雍正元年以来两广的官运官销以及改归官督商销的情况:在原来的官运之埠,除平远、兴宁、上杭、武平、东定、长汀、长宁七埠已经招商承办外,尚有宁化、清流、归化、连城、石城等"未据商人承充","各州县一面照旧办理拆运,一面招募殷商,陆续详报咨部"。但两广商人"大都资本微薄,实无殷实之人承充。其附近东省各埠,商力犹能转运支持,至边远之地,商人除完东饷西税之外,每无余资赴东拆运",招商困难;"各州县冀免处分,并不查其是否殷实,苟且从事"。这样一来,必然导致"赤手空拳者乘间营充",盐商"旋充旋退,误引误饷,国课民食均有未便"。因此要求"仰请圣恩,免定限期处分。所有东西两省应请归商各埠,如现有殷商者,准其承充。倘各埠一时未能招募齐足,无商承充者,仍交官办,俟陆续招有殷商详充,照例报部"。这份奏折很长,而且反反复复陈说,所以在折子的最后闻所未闻地出现了"贴黄难尽,伏乞皇上全览"的字样。①"贴黄"是贴在奏折后面的一张黄纸片,类似于现在的提要,鄂弥达竟然要求皇上不看提要,要看全文,胆子确实够大。在另外一份题本中,我们也注意到,两广除"招募殷实良商承办"外,也有着"取具印保各结,送部查核"的要求。②

福建盐区也曾经有官运官销和官督商销的区别,以及前后不同的变化,据称:"闽省现在各州县行盐之水客,原不比两淮、两浙、长芦、河东实系富商大贾,家道殷实之人,不过稍有资本,便充水客行盐",但依然要求"身家殷实",而"情愿承充各商"是否身家殷实,由盐法道具体查实,然后"取具地方官印结",再"咨部请定引课"。③其后乾隆四十年、乾隆五十年的续招新商,依然是由盐法道查明是否殷实商人,"取具地方官印结",并报闽浙总督"覆查无异",然后报户部核准。④到道光后期,情形已是不同,道光二十五年,闽浙总督刘韵珂奏称:"民间任充盐商,本属谋利之计。闽省盐务自乾隆年间改

① 档案,乾隆元年六月初六日鄂弥达奏:《为遵查广东广西二省官卖食盐招商承办情形事》,户科题本,档案号:02-01-04-12853-008。
② 档案,乾隆三十一年三月二十二日傅恒题:《为请定商人欠课之处分事》,户科题本,档案号:02-01-04-15801-022。
③ 档案,乾隆八年三月十五日徐本题:《为密陈闽省鹾政混淆情形事》,户科题本,档案号:02-01-04-013564-008。按:这份题本是满汉合璧本,也非常长,仅汉文部分就长达170面。
④ 档案,乾隆四十年十二月十九日钟音奏:《为奏闻事》,朱批奏折,档案号:04-01-35-0469-043;乾隆五十年十月十二日雅德奏:《为奏闻事》,朱批奏折,档案号:04-01-35-0473-042。

归商办,其时充商有利可图,趋者若鹜,商数多至六十余人,数十年中,课额并未稍亏,商力亦未或绌,即偶有倒革,而一商甫去,一商复来。……及其后团秤革而商之获利薄,仓馆废而商之成本亏,场盐缺、银价昂,而商之纳课售盐均多耗折,于是岁额不克全清,惟借借帑、缓课二端为调剂之策,乃调剂愈数,空款愈增,商困因而愈重,遂致倒罢相继,接任无人。即偶尔招的数商,而不量其身家,不问其愿否举旧商一切逋负,概令肩承,故虽有殷实之人,一经托业,其中无不力尽筋疲,接踵继倒。其能勉力挹注,幸获瓦全者,十无二三。当招商之初,或委州县以访传,或凭旧商之举荐,倾陷需索,百弊丛生,于盐务未见有裨,而民间先致贻累,故闽省绅士向皆以官之招商谓苛政病民。每遇招募之时,被举者皆惮而不前,旁观者亦从而滋议。"①福建此时招商困顿的情形,基本与当时全国的情形一致。

---

① 档案,道光二十五年刘韵珂奏:《为闽省招商缘由事》,此件档案尾残,缺具体月日,朱批奏折,档案号:04-01-35-0516-009。

清代食盐运销的成本、利润及相关问题

清代的食盐运销有官督商销、官运官销、官运商销等多种运销体制,在诸种运销体制中,官督商销是食盐运销的主要形式。官督商销沿袭前代的专商引岸制,设官分职、签商认引、划界运销、按引征课,运商是运销食盐、输纳课税的主体。本文探讨清代食盐运销的成本与利润,主要是就官督商销体系下的运商而言。由于两淮盐区的重要性以及资料的系统性,所以也以两淮盐区为主要考察对象,其他盐区作为参照。

一、食盐运销成本的核算

光绪《两淮盐法志·征榷门·成本》开篇言:"逐利者,商也;主持商利者,官也。"①可谓至为精要。商人运销食盐在于"计本图利"②,而商人盈利之多寡,则受制于运销食盐过程中的成本构成以及售卖食盐的价格,成本与价格之间的差额,构成利润的空间以及利润率的高低。

在官督商销的食盐运销体系亦即食盐专卖体制下,与一般自主经营的商人不同,盐商是具有垄断性质的专卖商人,成本的核算以及售卖食盐价格的确定,不是单纯的商人行为和市场行为,会受到官方的强力干预,"商人运盐成本、输课纳帑,均赖各引地销盐价值"③。"倘价值过昂,则买食为艰,间

---

① 光绪《两淮盐法志》卷99《征榷门·成本上》。
② 档案,嘉庆十二年六月二十一日两淮盐政额勒布奏:《为遵旨覆奏事》,朱批奏折,档案号:04-01-35-0488-036。中国第一历史档案馆藏,下注"档案"者,均为该馆所藏。
③ 档案,乾隆五十三年八月十二日长芦盐政穆腾额奏:《为确查商运亏折情形,恭恳圣恩调剂事》,军机处录副,档案号:03-0623-053。

阁原属未便;倘价值不敷,则成本有亏,商力亦宜体恤。盖以盐价之低昂,视乎成本之贵贱,以为准绳也。"①官方在核定成本和限制盐价时,必然会考虑到"民食""商力"以及引盐的畅销和课税的完纳。换句话说,民食、商力、盐课是清廷和地方官员、盐政官员关注盐商成本和食盐价格的三个主要动因。

民食、商力、盐课,三者密切关联,而成本的核定和盐价的限制又更为紧密地结合在一起。就清代各个盐销区的情况看,并不是一开始就有盐价的限制,经历过从自由售卖到限定盐价的过程,从严格意义上讲,只有在限定盐价之后,才有成本的核算。

清代划分长芦、山东、两淮等 12 个盐区,各个盐区的情况有比较大的差异,长芦、山东等盐区的盐商,采取"直销"的方式,从盐场采买食盐到在引地(引岸)设店销售,均由各纲商人独立运营。淮盐(淮南)的运销方式则与长芦、山东等盐区不同。淮商(运商)又称为"扬商""大商",相当于承包商和一级批发商,只负责运盐到岸,然后有其他盐商或水贩批发、销售。如从盐场运盐到汉口,就有运商(扬商)—岸商(汉商)—盐行—水贩的运销系统,也有另外的成本和盈利方式,②不备述。

以下所说的两淮"成本"以及"盐价"均是指淮南运商运盐到岸的成本和盐价。

就各种版本的《两淮盐法志》来看,康熙《两淮盐法志》没有"成本"的专门记载,乾隆、嘉庆、光绪三种版本的《两淮盐法志》均有"成本"专篇,但其有关"成本"的首条记载,均是雍正元年,似乎成本的核算和盐价的限定起始于雍正元年。但事实上,此前已经有盐价的限定和成本的约略核算。康熙三十年,首次限定汉口盐价,③即所谓"康熙三十年间,楚省盐价每包一钱"④。档案亦称:"淮商运销楚盐,每引四十一包七分,每包八斤四两,康熙三十八

---

① 档案,乾隆五年正月二十五日两淮盐政三保奏:《为遵旨奏闻事》,朱批奏折,档案号:04-01-35-0444-025。

② 参见档案,乾隆二年五月二十九日史贻直奏:《为钦奉上谕事》,朱批奏折,档案号:04-01-35-0442-042。

③ 这里说的"汉口盐价"以及文献和后面论述的"湖广盐价""江西盐价"均是淮盐运抵汉口和南昌的"到岸"价。

④ 周庆云:《盐法通志》卷 67《转运十三·盐价二·两淮》。

年以前,每引成本不过四两有零,每包止卖银一钱。自雍正元年至乾隆四年,递年增加,每引成本多至七两一钱一分四厘零,每包核价一钱七分零。"①康熙四十四年,苏州织造李煦也有奏折说明限制盐价的不合理。②从康熙五十七李煦的奏折也可以知晓,在李煦上奏后,曾有上谕禁止限价,即:"康熙四十四年钦奉恩旨,盐价准随时销售,商民俱各称便。"盐价随行就市,确保了盐商的获利和盐课的输纳,李煦称之为"商人生意好,则国课输将甚易,……国课、商资,均有攸赖"③。也就是说,康熙后期,处于"限价"与"随时销售"的波动期。

由于"随时销售"导致盐价的增高,雍正元年,裁革陋规,轻减盐商的运盐成本,重新定价:"价贱时,每包以一钱一分九厘为率,于价贵时,每包不得过一钱二分四厘。"这是在核定成本时,首次明确地出现"价贱"与"价贵"两种定价模式,并为后来的成本定价所沿袭。雍正二年,因为"海潮淹没,灶煎不继,盐少价贵,成本倍增",汉口盐价也因此而涨,户部议令:"商、民公平买卖,随时销售,不得禁定盐价以亏商,亦不得高抬时价以病民。"④政策迅即改变,一如湖广总督班第所说:"楚省盐价,雍正元年,蒙世宗宪皇帝钦差吏部侍郎黄叔琳会同前督臣杨宗仁、前盐臣谢赐履定议,每包以一钱一分九厘为率,贵亦不得过一钱二分四厘。雍正二年,盐臣噶尔泰以海潮淹没盐场,盐少价贵,奏请随时销售,又蒙世宗宪皇帝谕旨,盐价之贵贱亦如米价之消长,令部议覆准行。……任从市价发卖。"⑤

雍正二年户部所谓的"商民公平买卖,随时销售,不得禁定盐价以亏商,亦不得高抬时价以病民"以及"任从市价发卖",实际上改变了"限价"的初衷,致使湖广地区盐价不断提高。对此,湖北巡抚崔纪有描述:"楚省盐价自雍正二年以后商人借口随时销售之谕旨,任意高抬,皆有案卷可稽,如雍正

---

① 档案,乾隆五年三月十四日署理江南总督郝玉麟奏:《为调剂盐斤价值以利民食事》,朱批奏折,档案号:04-01-35-0444-033。

② 《李煦奏折》,中华书局 1976 年版,第 28 页。

③ 档案,康熙五十七年闰八月初九日苏州织造李煦奏:《为物多则贱,物少则贵事》,朱批奏折,档案号:04-01-035-0438-034。

④ 乾隆《两淮盐法志》卷 10《课入四·成本上》。

⑤ 档案,乾隆五年二月二十五日班第奏:《为遵旨覆奏事》,朱批奏折,档案号:04-01-35-0444-031。

六年每包长至一钱八九分,雍正九年每包长至二钱一分,雍正十一年每包长至一钱七八分,雍正十二、十三两年盐价皆经陡长。"①盐价的"陡长",均是雍正二年的"放价"使然。

湖广地区食盐价格的不断高涨,虽然使盐商获得高额利润,但也导致一系列问题的出现,乾隆帝的上谕将"从前一包盐不过卖一钱三四分,今闻得卖一钱八九分不等",概括为"湖北盐政废弛"。②由此导致连绵不绝的核算成本、限定价格的讨论,以及盐商成本的反复核算和食盐价格的不断限定,江西也因为同为淮盐销区,在讨论湖广的成本时,也开始有江西成本的讨论。兹依据《两淮盐法志》,并以现存档案作为补充,缕述如下。③

乾隆四年,太仆寺卿蒋涟奏称:"目下江楚子盐八斤四两一包,每包价至二钱不等,盐价日昂,小民日受其累,请仿照酌定长芦盐价之例,令该督抚量运道之远近、成本之多寡,官为定价。"于是,从乾隆五年四月开始,到乾隆五年十二月,历时半年有余,反复核算成本,限定盐价,先后由湖北巡抚崔纪、两淮盐政三保、户部及大学士、两淮盐政準泰、江苏巡抚徐士林开出不同的成本清单,湖广总督班第、署理江南总督郝玉麟也参与讨论,意见纷纭。

据两淮盐政三保开出的第一次成本清单称:"自场价、额课、引窝、捆运、包索、水脚,以及河工、织造、铜斤并辛工火足等项,每引需用成本银七两一钱三分九厘六毫零,每包一钱七分一厘二毫零,每斤二分七毫零。"而湖北巡抚崔纪所开成本要低得多:"每引需成本银三两四钱,每包八分一厘五毫零,每斤九厘八毫零。"由于两者相差悬殊,户部"将开列各单互相参较",定出新的价贱和价贵成本单,随后,两淮盐政三保又开出新的"酌减"成本单,户部也再次核定。成本的反复核算以及盐政大臣、地方官员出于不同的目的,

---

① 档案,乾隆五年四月十二日崔纪奏:《为据实陈明事》,朱批奏折,档案号:04-01-35-0444-039。

② 档案,乾隆二年五月二十九日户部尚书、署理湖广总督史贻直奏:《为钦奉上谕事》,朱批奏折,档案号:04-01-35-0442-042。

③ 以下未注出处者见乾隆《两淮盐法志》卷10《课入四·成本上》、卷11《课入五·成本下》;嘉庆《两淮盐法志》卷23《课程七·成本上》、卷24《课程八·成本下》;光绪《两淮盐法志》卷99《征榷门·成本上》、卷100《征榷门·成本下》。

"为商为民，各执一见"①，甚至有"湖北巡抚崔纪与盐政三保彼此抵牾"②之说。乾隆五年底，两淮盐政準泰、江苏巡抚徐士林联衔上奏，他们"逐项确查，按照每纲实在必须银数酌定"的运盐成本和限定盐价的标准，③并同时附录有最后三次不同的成本清单。此清单《两淮盐法志》未载，转录于下④：

大学士等议定成本价值：

贱价每引成本四两三钱九分五厘七毫零

每包一钱五厘四毫零

每斤一分二厘七毫零

贵价每引成本四两九钱三分九厘七毫零

每包一钱一分八厘四毫零

每斤一分四厘三毫零

前任盐政三保续开酌减成本价值：

贱价每引成本六两三钱六分三厘五毫零

每包一钱五分二厘六毫零

每斤一分八厘五毫零

贵价每引成本六两五钱六分三厘五毫零

每包一钱五分七厘四毫零

每斤一分九厘三零

盐政準泰与巡抚徐士林会同核定成本价值：

贱价每引成本五两三钱七分三厘八毫零

每包一钱二分八厘八毫零

---

① 档案，乾隆五年四月二十四日湖广总督班第奏：《为请奏报盐价事》，朱批奏折，档案号：04-01-35-0444-043。

② 档案，乾隆二十八年八月十五日两淮盐政高恒奏：《为遵旨据实查覆事》，军机处录副，档案号：03-0616-016。

③ 档案，乾隆五年十二月二十四日準泰、徐士林奏：《为奏明事》，军机处录副，档案号：03-0610-002。

④ 档案，乾隆五年十二月二十四日準泰呈：《楚盐成本价值清单》，朱批奏折，档案号：04-01-35-0481-055。

每斤一分五厘六毫零

贵价每引成本五两七钱八分二毫零

每包一钱三分八厘六毫零

每斤一分六厘八毫零

最后经朱批同意的"成本",不是户部和大学士的"议定",恰恰是两淮盐政準泰和江苏巡抚徐士林议定的带有折中性质的标准。这在有清一代有关财政的决策过程中比较鲜见,从中亦可以体会到乾隆帝对盐商的偏向。这种"偏向",应该与两淮盐课的款项解交在乾隆四年发生变化有关,即一部分银两由解交户部转而解交内务府,盐商的获利和皇室的费用更加密切地结合在一起。①

两淮盐政準泰、江苏巡抚徐士林在前揭奏疏中同时提出商人余息问题,要求在核定成本之外,"每引酌给余息银二三钱"。户部议覆认为:"该抚等议定盐价,较之臣等原议,业已多增,则各商所趁余利,谅已摊入,倘再议酌加,不免有昂价累民之弊,应毋庸议。"奉旨依议。这里明确标示出,所定"成本"已暗含余利,不得再加。但随后又有特旨准许加给余息,事见乾隆六年江苏巡抚徐士林的奏折及朱批。②此后,江西的运盐成本,基本上是仿照湖广的运盐成本议定。③这里值得注意的是,此前江西并没有核定成本。《两淮盐法志》初次记载江西运盐成本的核算时间为乾隆六年。但按照后来的一些奏报,这种说法有偏差,如嘉庆十二年大学士禄康就曾说:"伏查湖广、江西引盐成本。乾隆五年议定湖广每引五两七钱八分,江西每引五两九钱八分五厘。"④至少在乾隆五年以前,江西是没有成本核算的。

乾隆七年,因雨涝灾害,场盐价格上涨,两淮盐政準泰要求在原有"余利三钱"的基础上,再加"成本三钱",遭到户部的议驳。但谕旨认为:"近年江

---

① 参见陈锋《清代盐务与造办处经费、物料来源》,《盐业史研究》2019 年第 3 期。

② 档案,乾隆六年六月初八日徐士林奏:《为恤商正以惠民,仰恳圣恩准给淮商余息事》,朱批奏折,档案号:04-01-35-0446-028。

③ 档案,乾隆十二年五月十七日刘于义题:《为请旨事》,户科题本,档案号:02-01-04-14108-006。

④ 档案,嘉庆十二年六月三十日禄康奏:《为奏闻事》,军机处录副,档案号:03-1776-050。

苏被水,非寻常可比,着照依该盐政所奏,以次年四月为限,不得为例。"也就是同意了在余息之外,临时再额外加给余息。到了次年四月,临时额外加给的三钱余息到限,準泰"以粮草仍未平减,复奏请恩加成本三钱",奉旨"展限"至八月才予以停止。[①]由此也可以体会到,帝王对盐商以及盐政官员的态度远比户部宽容。

乾隆九年,署湖广总督鄂弥达奏称:"楚省盐价,原准部臣定议,贵价每包卖一钱四分七厘零,贱价每包卖一钱四分五厘零,乃近来店价竟增至一钱八九分零,而各处口岸以渐而加,遂贵至二钱四五分不等,因而奸贩乘机囤卖,掺和石膏,一斤之盐,滤之仅得十余两之食。以每斤二分四五厘之价计之,便须得四五分一斤。在官家、富户力犹可支,而贫难小民苦淡,实属难堪。"[②]食盐的定价设定"贵价"与"贱价",在雍正元年已经制定,以后续有更定,特别是乾隆五年的更定,细致而具体,已如上述。这里的所谓部定"贵价"与"贱价"标准,与《两淮盐法志》有关年份的记载不同,意味着这种"定价"在不断调整。即使有"贵价每包卖一钱四分七厘零"的规定,实际每包售卖"贵至二钱四五分不等",更有掺假售卖以图高利。

乾隆二十八年,湖广总督李侍尧奏称:"楚省行销淮盐,部定每包贵价一钱四分六厘,各商自应遵照出售。如本年正二月间,每包卖银二钱三分,较之原价业已加增一半,乃于三四月间,复接淮商来书,成本昂贵,不可贱价为词,增至二钱七八分之多,实属抬价病民。"要求严加究治,但不可能一一惩罚,仅"择其尤者,照例惩治,以儆其余"。他同时指出:"现在市价尚每包卖银二钱七八分,……核计高色之梁盐每包该价一钱四分六厘,次色之安盐,每包该价一钱四分四厘,是较之现卖银二钱七八分之市价,相去加倍。"[③]奉上谕要求,两淮盐政和地方督抚彻查,两淮盐政高恒认为:"今日成本,较二

① 档案,乾隆七年八月十九日準泰奏:《为密陈场灶连灾,产盐缺少,仰恳皇恩事》,朱批奏折,档案号:04-01-35-1388-040。档案,乾隆八年闰四月十七日準泰奏:《为奏闻事》,朱批奏折,档案号:04-01-035-0448-002。档案,乾隆十一年四月十八日协办大学士、户部尚书刘于义奏:《为遵旨议奏事》,朱批奏折,档案号:04-01-035-0450-034。

② 档案,乾隆九年八月十八日鄂弥达奏:《为请定盐艘章程,并设常平盐仓事》,朱批奏折,档案号:04-01-35-0449-022。

③ 档案,乾隆二十八年七月十四日李侍尧奏:《为奏闻事》,军机处录副,档案号:03-0616-013。

十年前倍之。"由于"今昔不同",即使每引"蒙恩"另外加余息三钱,"仍多不足",因此要求重新核定淮盐运楚的成本。①于是经两淮盐政和湖广督抚等的反复磋商,奏准:"每引实需成本,加以余息三钱在内,按包计算,每包卖银二钱三分一厘。"这是首次在"成本"外,加商人的"余息",使其成为定制(之前加给余息是"蒙恩"特准)。该年议定的成本细目,《两淮盐法志》没有记载,笔者在档案中查到了乾隆二十八年湖广总督李侍尧呈报的这次核定成本、盐价的清单,如下所示:

正项钱粮:原定每引银一两一钱七分二厘七毫零。淮商折开,连带完戊寅纲钱粮十分之一,共银一两二钱八分九厘九毫零,较原定加银一钱一分七厘二毫零(无减)。

织造、河饷并各杂项:原定每引银八钱一分四厘一毫零。淮商折开,现在纳银一两三分九厘零,较原定加银二钱二分四厘九毫零(无减)。

扬州辛工、火足:原定每引六分。淮商折开相同。

扬关钞:原定每引银一分二厘。淮商折开,因屯船分驳,按船计算,需银二分,较原定加银八厘(无减)。

场价:原定每引贵价银一两三分二厘。淮商折开,需银二两三钱,较原定加银一两二钱六分八厘(今减银七钱)。

场盐包索、捆工、挂截等费:原定每引五分。淮商折开,需银三钱二分,较原定加银二钱七分(今减银一钱九分)。

自场至坝水脚:原定每引一钱三分。淮商折开,需银二钱八分,较原定加银一钱五分(今减银八分)。

泰坝抬盐脚费:原定每引一分五厘。淮商折开,人工加贵,现需银二分四厘,较原定加银九厘(无减)。

坝客辛工、火足:原定每引银五厘,淮商折开相同。

自坝至扬、自扬至仪水脚:原定每引银一钱七分。淮商折开,需银二钱七分,较原定加银一钱(今减银三分)。

---

① 档案,乾隆二十八年八月十五日高恒奏:《为遵旨据实查覆事》,军机处录副,档案号:03-0616-016。

三岔河起驳：原定每引银二分五厘。淮商折开，需银九分，较原定加银六分五厘（今减银二分）。

江船水脚：原定每引银五钱。淮商折开，需银一两三钱二分，较原定加银八钱二分（今减银二钱四分）。

仪所捆掣、包索、人工等费：原定每引银二钱九分。淮商折开，需银四钱七分，较原定加银一钱八分（今减银三分）。

脚盐：原定每引银二钱四分。淮商折开相同。

汉口布税、充公：原定每引银四分。淮商折开相同。

口岸匣费并辛工、火足：原定每引银二钱六分四厘三毫零。淮商折开，需银三钱五分，较原定加银八分五厘六毫零（无减）。

引窝：原定每引银一两。淮商折开相同。

辛资、课力、进引、公盐等费：原无定。淮商折开，需银二钱五分（今减辛资钱一钱）。

以上各款，原定成本，每引共银五两八钱二分二毫零。又每引蒙皇上恩加余息银三钱，连原定成本每引共银六两一钱二分二毫零。淮商折开，每引共银九两六钱六分八厘零，较原定加银三两五钱四分七厘八毫零。今减银一两三钱九分。每引定卖价银八两二钱七分八厘零。以每引四十一包六分九厘零核算，每包卖价银一钱九分八厘五毫零。①

这是由两淮盐政、湖广总督吸取两淮盐商（总商）的意见后，议定的汉口运盐成本、盐价，即湖广价。按说同时还应该议定有淮盐运江西口岸的成本价清单，但笔者未能查到，从其他档案中可以知晓也有相关的议定。②湖广最后核

---

① 档案，乾隆二十八年李侍尧呈：《汉口各商开报淮商办运楚盐原定成本及现在应需各项核定应卖价值清单》，军机处录副，档案号：03-0616-038。按：这份清单，缺具体月日，两淮盐政高恒要求重新核定成本，时间在乾隆二十八年八月十五日，随后经过反复磋商，最后核定成本，两淮盐政高恒到湖北会议的时间是十二月二十六日，最后成本清单上奏的时间应该在十二月底。或者就是后引乾隆二十九年正月初一日李侍尧、高恒奏折的附件。

② 嘉庆五年江西巡抚张诚基奏称，江西"每子盐一包重七斤四两，乾隆十四年，定价一钱三分一厘。二十九年，前盐臣高恒奏准，每包卖银一钱九分二厘"。见档案，嘉庆五年七月初四日张诚基奏：《为查明江西淮盐章程，请仍循旧行销，并陋规早经裁革缘由事》，朱批奏折，档案号：04-01-35-0482-047。

定的"每包卖价银一钱九分八厘五毫零",加上余息银三钱,"按包计算,每包卖银二钱三分一厘"。乾隆二十九年另外一份李侍尧与两淮盐政高恒的联衔奏折也有概要的说明:"臣等钦奉谕旨,会同筹议核定盐价章程,会折奏闻等因,臣高恒钦遵,于十二月初八日由扬州起程赴楚,当经恭折奏明,今于二十六日抵武昌,……细加筹议。缘淮商成本各纲既不相同,即一纲之中亦不能画一。今确核癸未纲(乾隆二十八年)每引实成本加以余息钱在内,按包计,实每包卖银二钱三分一厘。应即照此定为限制,……照数售卖,不得逾越,务使价平民便,商力有余。"①从这里可以看出,此次确定成本、盐价,十分慎重。

乾隆三十年、三十一年,因为盐价"长落不齐",本着"撙节核实""折中定价"的原则,核定"湖广汉口每一子包应卖现银二钱二分二厘零,江西南昌每一子包应卖现银一钱九分九厘零。……核之原奏癸未纲价值,汉口每包仍减银九厘,南昌每包仍减银一分八厘"②。比乾隆二十八年的成本定价有所减落,意味着成本和盐价的随时调整。这在《两淮盐法志》中没有记载,也是需要特别注意的。

乾隆五十三年,因着两淮盐政全德的上疏,经过大学士阿桂等奉旨会商后,再次核定成本,湖广每引合计成本银十二两四分九厘,每包二钱八分九厘,江西每引合计成本银十二两五钱七分五厘,每包二钱六分五厘。嘉庆和光绪两种版本的《两淮盐法志》均列有细目,不赘述。这里值得注意的是,以上所列《两淮盐法志》中的湖广成本"每引合计成本银十二两四分九厘零",在后来的档案记载中,既有"乾隆五十三年成本合银十二两四分九厘零"之说,③也有"五十三年奏定盐价,即合银十二两六分九厘。……现行盐价,仍系十二两六分九厘之数"之说。④两者之间有 0.02 两的差额。

① 档案,乾隆二十九年正月初一日李侍尧、高恒奏:《为遵旨筹议会奏事》,军机处录副,档案号:03-0616-039。

② 档案,乾隆三十一年四月初六日两淮盐政普福奏:《为奏明事》,军机处录副,档案号:03-0617-035。

③ 档案,嘉庆十二年五月二十九日铁保呈:《湖广引盐实用成本清单》,军机处录副,档案号:03-1776-045。

④ 档案,嘉庆十一年十月十一日两淮盐政额勒布奏:《为恭恳圣恩俯准酌加余息以裕课运事》,朱批奏折,档案号:04-01-35-0487-031。按:何炳棣的翻译文章认为,"当时汉口出售的食盐每引12.49 两(原作误记为12.049 两)"。见何炳棣《扬州盐商:十八世纪中国商业资本的研究》(巫仁恕译),《中国社会经济史研究》1999 年第 2 期。何炳棣并没有误记。

对于历年成本的增加，两淮盐政额勒布曾总结说："溯查乾隆六(五)年初定成本时，每引止合银五两七钱八分，即议外加余息三钱，迨乾隆二十八年奏定盐价时，成本每引即合银九两三钱六分八厘。五十三年奏定盐价，即合银十二两六分九厘，均加余息银三钱。以上三案，均计成本以定盐价。是每隔二十余年，成本即加三四两不等。生齿日繁，一切水陆捆运各工，逐渐加增，亦时势必然之理。"①如果对前述两淮历次的成本核算加以总括，那么，以"贵价"计算，康熙三十年每引成本为4.17两，雍正元年为5.170 8两，乾隆五年为5.780 2两，乾隆二十八年为9.368两，乾隆五十三年为12.069两。乾隆五年之前变化不大，之后才有较大幅度的增加。这种较大幅度的增加，一方面如额勒布所说，"生齿日繁，一切水陆捆运各工，逐渐加增"，另一方面则是由于"成本"中增加了新的项目。如两淮盐政準泰所说："湖广匣费、布税、充公等项，皆系淮盐运楚成本，为两湖文武各官养廉、公费暨汉口一切盐务支用，皆关计日必需之项，虽现今尚未摊入卖价，而各商业已在楚按年扣缴。"②在上揭乾隆二十八年的成本清单内，已经增加"汉口布税、充公"和"口岸匣费并辛工、火足"的费用。而且，随着盐商向内务府交纳款项的增多以及盐商的"采办物料""呈进玉器"，③虽然在成本中没有反映这些款项，但在议定成本时放宽尺度也是意料之中的事。另外，《淮鹾备要》载有淮南杂项款目32项，包括栟茶场折价、解部饭食、织造水脚饭食、铜斤水脚饭食、节省河饷水脚等；杂费款目11项，包括纸朱、淮南匣费、仪征匣费、池太引费等。④档案中的《杂项清单》则有"额定款数"157款，包括织造银227 600余两、节省河饷银50 000两、铜斤银50 000两、栟茶坍折银1 800余两、织造水脚饭食银6 800余两、节省河饷水脚银780余两、铜斤水脚饭食银1 500两、归公盐规引费银67 830两、外支不敷专为制造玉活银40 000两等。除此之外，还有"年有年无，年多年少，无定活支"款项拨补扬州育婴堂经费不敷银、

① 档案，嘉庆十一年十月十一日额勒布奏：《为恭恳圣恩俯准酌加余息以裕课运事》，朱批奏折，档案号：04-01-35-0487-031。

② 档案，乾隆八年十月二十一日準泰奏：《为商输额款难悬，谨援案议奏，恳恩准以恤商济公事》，朱批奏折，档案号：04-01-035-0448-028。

③ 参见陈锋《清代盐务与造办处经费、物料来源》，《盐业史研究》2019年第3期。

④ 李澄：《淮鹾备要》卷7《盐之利·商课商本》。

拨补收养穷民经费不敷银、拨补江广匪费册首并淹销免纳匪费银、拨补安定书院经费不敷银、梅花书院经费不敷银、承差领解残引加添盘费银、承差领解新引增给用费银等。①这些名目繁多的款项,有的已经列入"成本"之中,有的则没有列入,没有列入的款项,也只能摊入成本的其他类别中。另外,《杂项清单》没有列示的"务本堂公费",用于总商的办公和皇室玉贡,在嘉庆十一年已经"撙节"的情况下,"办公、玉贡,统计每年止用公费银一百二十万两",这些费用虽然没有列入"成本",但"历年运商成本,俱视此数为增减"。②

乾隆五十三年之后,当然也还有"定价"的调整,但此后的调整,基本上是在乾隆五十三年核定成本的基础上进行的,成为一个较为固定的"限制价"或"基础价"。在这个限制和基础上,进行"三年比较",然后再"酌中定价"。乾隆六十年,署理两江总督苏凌阿、湖广总督毕沅即称:"湖广、江西盐价,自乾隆五十三年经大学士、公阿(桂)会同臣毕沅等奏准,湖广每包卖银二钱八分九厘,江西每包卖银二钱六分五厘。以此为限制,试行三年,俟期满,将三年内卖价,贵、贱扯算,再行酌中定价。"③酌中定价的实质,是围绕着乾隆五十三年的核定成本略作调整。

据档案记载,嘉庆十一年、十二年,两淮盐政额勒布、湖北巡抚章煦、湖广总督汪志伊、江西巡抚金光悌、两江总督铁保等在盐商运盐成本加重的情势下,又有在原来所定成本之外,要求"加赏盐斤"或"加给余息"的反复陈请。④从他们的奏报可以看出,到嘉庆十二年,湖广、江西的运盐成本已经在十四两以上。据两江总督铁保呈报的成本清单,湖广引盐的实用成本诸项合计,为每引十四两一钱七分九厘零,按乾隆五十三年成本合银十二两四分

①　档案,嘉庆朝《杂项清单》,具体时间及呈报者均不详,军机处录副,档案号:03-2498-038。
②　档案,嘉庆十二年正月二十五日两淮盐政额勒布奏:《为撙节公费以减派款而培商本事》,朱批奏折,档案号:04-01-35-0488-002。
③　档案,乾隆六十年七月初八日苏凌阿、毕沅等奏:《为查明江广盐价,核与成本无浮,会同奏恳圣恩再准展限定价事》,军机处录副,档案号:03-0733-052。
④　参见档案,嘉庆十一年十月十一日额勒布奏:《为恭恳圣恩俯准酌加余息,以裕课运事》,朱批奏折,档案号:04-01-35-0487-031。档案,嘉庆十二年四月初五日额勒布奏:《为本重运绌,再叩天恩饬查核实,以保课运事》,朱批奏折,档案号:04-01-035-0488-018。档案,嘉庆十二年五月十八日章煦奏:《为遵旨体访楚北盐价情形酌加调剂事》,朱批奏折,档案号:04-01-035-0488-027。档案,嘉庆十二年五月二十九日铁保奏:《为遵旨访查盐斤成本,据实覆奏事》,朱批奏折,档案号:04-01-035-0488-030。

九厘零计算,"湖广每销盐一引,计亏成本银二两一钱三分"①。江西引盐的实用成本诸项合计,为每引十四两五钱三分九厘零,按乾隆五十三年成本合银十二两五钱七分五厘零计算,"江西每销盐一引,计亏成本银一两九钱六分三厘零"②。

如果按照铁保呈报的成本清单核算,问题当然严重。在两江总督铁保、湖广总督汪志伊等人的奏请下,户部否定了"加赏盐斤"以及"按照额定成本"加余息一分五厘的请求,但同意加给余息,"援照余息成例,每引酌量加增银四钱二分"。③

这时的加给余息四钱二分,是在原有余息四钱二分的基础上再次增加,每引盐的余息已经达到八钱四分,核计每引盐的成本定价接近十三两。这个数字,按前揭诸人的奏折以及铁保呈报的实际成本价值十四两有余,仍然亏折一两有余。所以,嘉庆十三年两江总督铁保又重拾之前两淮盐政额勒布的建议,要求按引加余息一分五厘,其理由除盐商亏折外,是南河大工筹款以及商人的河工报效,提出"借商力以治河,资民力以恤商"的政策建议,待"河工告竣即行停止",即停止该余息。④在后来停止该余息的讨论奏折中,不但保留了铁保奏折的内容,还有此后的沿革和相关处置办法。根据两江总督孙玉庭、两淮盐政阿可当阿联衔上奏的两份奏折可以看出关键的两个问题:一是加给余息的算法。这里的加给余息,不但一般人容易迷惑,就是嘉庆帝和户部大臣也不太清楚,所以在档案记载中,即有嘉庆帝对湖广总督汪志伊的询问,也有部臣对"额勒布所奏蒙混"的斥责。加给一分五厘之息是按照每引的成本而加,即"照乾隆五十三年成本十二两六分九厘之数,按加余息一分五厘",也就是成本 12.069 两的 15%,成本变为 12.069+1.810 35＝13.879 35

① 档案,嘉庆十二年五月二十九日铁保呈:《湖广引盐实用成本清单》,军机处录副,档案号:03-1776-045。

② 档案,嘉庆十二年五月二十九日铁保呈:《江西引盐实用成本清单》,军机处录副,档案号:03-1776-046。

③ 档案,嘉庆十二年六月三十日大学士、管理户部事务事禄康奏:《为奏闻事》,军机处录副,档案号:03-1776-050。

④ 档案,嘉庆十三年六月初二日两江总督铁保奏折附片,军机处录副,档案号:03-2079-017。参见档案,嘉庆十三年闰五月二十五日户部左侍郎托津奏:《为查明两淮请增余息应无蒙混情弊事》,军机处录副,档案号:03-1777-039。

两,但扣除乾隆五十四年加给的一厘之息(成本的1‰,一钱二分)和嘉庆十二年的四钱二分之息,保留之前的三钱余息。那么,这时加上余息的成本核算为14.179 35两,已经接近嘉庆十二年两江总督铁保呈报的淮商实用成本数。二是加给余息的时间。按照两江总督铁保的原奏,最初加给余息定为3年,"河工奏定三年,以三年计算,商人得余息四百万,除捐三百万两,所余无几"。随即又称"以六年计算,则商得余息较多,该商等感激天恩,复欲呈请再加报效"。但由于该次盐商报效的河工银达到600万两,分8年带征还款,以及其他原因,加给一分五厘之余息一直延续到嘉庆二十三年底,在这10年的时间里一直奉行14.179 35两的成本核算。嘉庆二十四年之后,又回归嘉庆十二年的成本定价,①并一直持续到两淮"废引改票"之时。②

自从康熙三十年首次限定盐价以后,运盐成本的核算以及"余息"的加给,不断调整,不断增加,其中关键的年份是雍正元年、乾隆五年、乾隆二十八年、乾隆五十三年、嘉庆十二年、嘉庆十三年、嘉庆二十四年。成本的增加,盐价自然随之而加,具体到每斤盐的价格指数,会看得更清楚,徐泓已经做过统计,可以参看。③

两淮盐区之外的其他盐区,如两广、长芦、河东等盐区也有成本的核算。两广盐区于康熙二十七年首次限定盐价,遵循"参酌适中,使商民两便"的原则,确定每包盐的运费,也就是光绪《两广盐法志》所谓的"酌定运费之多寡,远以一分二厘为率,近以七厘为率"。乾隆二年,又有"按盐场之远近,计成本之多少。……分别酌定近场埠地每斤卖银五厘、六厘,次近及稍远者每斤卖银七八九厘,即离场最远隔省路遥之湖南郴、桂等八州县,江西南、赣二府各埠,卖价亦俱不出一分三四厘之外"。④另据档案记载,"埠、灶盐价俱定于

---

① 档案,嘉庆二十三年三月十六日孙玉庭、阿可当阿奏:《为遵旨查明淮盐酌加余息应请停止,以疏积滞而裕民食事》,朱批奏折,档案号:04-01-35-0496-039。档案,嘉庆二十三年六月十五日孙玉庭、阿可当阿奏:《为遵旨查明给事中卢浙条奏两淮盐务情形事》,朱批奏折,档案号:04-01-35-0496-055。按:《历史档案》1994年第1期有《嘉庆后期两淮盐务史料》专辑,收录了一份两江总督孙玉庭涉及"一分五厘余息"的奏折,但这两份奏折没有收录。

② 参见陈锋《清代盐政与盐税》,武汉大学出版社2013年第2版,第317—330页。

③ 徐泓:《清代两淮盐商没落原因的探讨》,《徽学》2011年第7卷。

④ 光绪《两广盐法志》卷25《转运八·成本》。

康熙二十七年"①,也就是说,康熙二十七年在确定运费以及埠地销盐价格的同时,也议定了场盐的价格。另外一份嘉庆十二年两广总督吴熊光的奏折,更加明晰:"粤盐产于广、肇、惠、高、廉、潮六府,行销广东、广西、江西、湖南、福建、贵州、云南七省,……各埠卖价并各场晒价俱定自康熙二十七年,续于雍正元年、十一年暨乾隆元年各场晒价逐次加增,而各埠卖价则仍循其旧。"②由于场盐价格的增加以及运费的增加,至乾隆六年,各埠商人,"以每斤卖银二分一厘算计,每包收价二两八钱",而其成本包括场盐价银、盐课银、部饭银、朱引奏银、仓费银、水脚银、人工盘费杂用银等,这些类别的成本合计,"共计每包需用银二两四钱零",以售盐价值二两八钱减去成本银二两四钱零计算,"该商止可存剩银四钱上下"。③

此后,各项成本增加,卖盐价格仍循其旧,一如嘉庆十二年两广总督吴熊光所说:"生齿日繁,成本日重,淮、浙、长芦等处,以钱水低昂,或以物价腾贵,屡请增价,均经奏蒙俞允。而两粤例价,百余年来独循其旧。……嘉庆七年,前督臣倭什布于审奏临武埠商并无私增盐价案内奏明商人运盐赴埠,路途遥远,水路搬运人工脚价无一不比从前增贵,每包实需成本银三两四钱九分七厘,业已奉旨准行。查该埠例价,每斤一分三厘,今以每盐一包合盐一百五十斤核算,计每斤成本银二分三厘,与例价迥不相符。又嘉庆九年,因雨多盐缺,复经倭什布会同臣孙玉庭奏请展限本内声明,饬照成本发卖,各在案。……今粤盐每包一百五十斤,各埠成本每包自一两至五两零。"吴熊光并同时把"各埠成本细册咨送户部"。④嘉庆七年每盐一包的成本接近三两五钱,嘉庆十二年最高已经达到五两有余,导致卖价与成本价的不敷。但增高售盐价格并不是那么容易,据两广总督蒋攸铦称:"盐有生、熟两种,均系灶丁煎晒出售;商有省河、潮桥两项,各按埠地划界分销。嘉庆十二年,前督臣吴熊光以埠、灶盐价俱定于康熙二十七年,阅今百余载,人工食物无不

---

① 档案,嘉庆二十二年四月十六日两广总督蒋攸铦奏:《为查明潮桥埠盐成本今昔情形不同,循照部议核实奏闻事》,朱批奏折,档案号:04-01-35-0496-004。

②④ 档案,嘉庆十二年八月十三日吴熊光奏:《为遵照部议查明粤盐成本今昔情形不同,应请定价以昭核实事》,朱批奏折,档案号:04-01-35-0489-003。

③ 光绪《两广盐法志》卷25《转运八·成本》。

腾贵，灶价已逐渐加增，商人卖价势难责以仍旧，若任令私增，必致有碍民食，当将省河一百五十九埠核计成本，较旧定例价酌议加增，其潮桥二十九埠因散处省外，声明俟查核齐全再行办理。……伏查省河现增之价，虽止毫厘，而嘉庆十二年奏加之数，则较康熙年间例价，每包已增银四分零至三两几分。在潮桥埠盐，嘉庆十二年本未奏加，现在所增之数，较诸康熙年间例价，每包仅增二钱三分零至一两七钱一分，是潮桥与省河现定成本比对康熙年间例价，在潮桥所增，转较省河为少。"①也就是说，前揭吴熊光因成本不敷要求增加食盐售价，仅限于"省河"埠地，"潮桥"埠地则没有变化。后来"潮桥"埠地也增加盐价，但增加有限。"灶户不能照旧价亏本卖于商人，即商人不能照旧价亏本卖于食户"，导致"该商等不按奏定价值售卖，谋利私增已属显然"。所以此后又有加增盐价和"按照成本售卖""随时长落"政策的出台。②

阅读广东有关核定成本、盐价的奏折，常有与两淮盐区的比较，可以体会到广东事例对两淮事例的仿行。在其他盐区则不尽然，成本的核算没有那么细致或没有那么全面。

如长芦盐区，最早的成本核算和限定盐价开始于康熙二十七年，该年，"直隶巡抚于成龙、巡盐御史布尔海会议题准，计道路之远近、水陆之脚费，斟酌减定盐价，每斤价银一分四毫至一分二厘六毫不等"③。可见最初的定价也是以银两为标准。雍正十年，核算方式改变，开始以钱文为制定盐价的标准，并于乾隆二十九年、三十五年、四十七年、五十三年等多次核定成本、盐价，嘉庆四年，又"传集通纲商众，令将成本内一切价值，逐一核计，此中有应如何调剂并可酌减者，详加筹酌，务于无误课运之中仍得撙节，以平盐价"④。每次

---

① 档案，嘉庆二十二年四月十六日蒋攸铦奏：《为查明潮桥埠盐成本今昔情形不同，循照部议核实奏闻事》，朱批奏折，档案号：04-01-35-0496-004。

② 光绪《两广盐法志》卷25《转运八·成本》。

③ 嘉庆《长芦盐法志》卷10《转运下》，刘洪升点校，科学出版社2009年版，第167页。按：山东盐区同属于长芦巡盐御史管辖(盐务官员的称呼前后有变化，乾隆之前一般称巡盐御史，之后一般称盐政。参见陈锋《清代的巡盐御史——清代盐业管理研究之三》，《人文论丛》2016年第1辑，修改后收入本书)，限制盐价的时间为康熙十九年，是最早限制盐价的盐区。参见周庆云《盐法通志》卷66《转运十二》。《清盐法志》卷59《运销门六》记为康熙二十年。

④ 档案，嘉庆四年四月二十五日董椿奏：《为钦奉朱批备细据实覆奏，请俟查看钱价长落，酌减盐价数目事》，朱批奏折，档案号：04-01-35-0482-008。按：该件档案，《清代长芦盐务档案史料选编》未收录。以下未特别注明者，均属于未收录的档案。

盐价调整,大多以盐商亏折为词。如嘉庆二十一年长芦盐政嵩年奏:"调查各商成本账目,委因阻运滞销,脚价昂贵,钱价松贱,出入核计,实已赔折无余。"①道光十年,长芦盐政阿杨阿奏:"据(长芦商人)称长芦连年交纳正杂帑课等项需银不下二百余万两,以卖出之钱易银完交,统计八、九两年完过帑课杂款等项银四百余万两,牵匀计算,暗中亏折成本约已数十余万两。在商等稍为殷实者已属勉力支持,至素称疲乏者实属难全课运。"②道光二十三年,长芦盐政德顺奏:"商人课从盐出,自应首顾成本,方能勉力行销。……银价与盐价两相交涉,实为长芦全纲成本所关。……约计商人卖进盐价钱文,易银交课,较比八年钱价,每年赔贴亏折成本至一百万余两,商本亏折殆尽,纲局危在须臾。"③

虽说长芦每次核定盐价,是"传集通纲商众,令将成本内一切价值,逐一核计",或者"调查各商成本账目",但与两淮细致的核算成本应该有根本的不同。不论是在《长芦盐法志》中,还是在现存档案中,笔者没有发现一件成本核算清单;有理由认为,长芦的核算成本只是一种大致的说法,其所关心的是随着物价的增长、银钱比价的变动、脚价以及盐穰绳席等运盐成本的增加,来调整销售食盐的价格,以保障运盐成本与食盐销售的大致平衡。

又如河东盐区,初次限定盐价的时间是乾隆十年,限定盐价、核定成本也只限于"场价"(池价),如乾隆二十四年河东盐政萨哈岱所奏:"河东盐价定于乾隆十年,当定价之初,正值池盐旺产、场价平减之时,故前盐臣众神保所定之价,在商人原无赔累之苦,但彼时场价每盐一名止需银二三十两。奴才于十七、十八、十九等年蒙恩派往河东,尔时场价已渐增至五六十两,迨至西宁奏请增价之时,又增银至八九十两,而众商已称亏累不支。此后收盐愈歉,场价转昂。奴才于上年抵任之际,每盐一名需价二百余两。至本年来渐

① 档案,嘉庆二十一年十一月初二日嵩年奏:《为恭恳圣训事》,朱批奏折,档案号:04-01-35-0495-040。
② 档案,道光十年十一月三十日阿杨阿奏:《为备陈芦商运本支绌实在情形事》,朱批奏折,档案号:04-01-35-0508-028。
③ 档案,道光二十三年三月二十一日德顺奏:《为恩施既渥商力仍艰,实由银价愈昂钱价愈贱事》,朱批奏折,档案号:04-01-35-0515-016。

次减退,然每名尚需银一百五六十两,较之定价之时,已增五倍。"①河东盐125引为1"名",在乾隆十年初次限价之时,每名实际场价为"二三十两",核定价为"二十余两",差别不大。乾隆十八年左右,"场价已渐增至五六十两",但并没有对场价的调整,"运商于买盐之价日增,卖价之额有定,其为亏累,谅亦有之"。乾隆二十年,每名达到八九十两,自然导致众商的"亏累不支"。盐政西宁在乾隆二十年奏准"每斤增价一厘,以三年为限"。上揭乾隆二十四年萨哈岱尽管缕述场价的高昂,但并没有增价,依然维持乾隆二十年的标准,再"展限三年"。乾隆二十六年,"池盐愈歉,场价转昂,商本亏折过甚",经萨哈岱奏准,"于现行时价之外,再增银一厘",前后每斤增价二厘,每名的定价达到八十两,此后在这个基础上不断实行"三年展限"之法,依然与实际盐价存在着差距。②有关大臣的奏折中虽然也提及"运脚、口袋、辛工等费,莫不比前加长",但很难看到对运商具体成本的估算。

另外,像浙江盐区,实行更为灵活的政策,基本上没有成本和盐价的限制,即所谓"商盐成本如柴卤、煎工、饭食、捆运、包索、零星杂支等项,均系用钱,每掣视盐产多寡,按本定价,以钱售卖,其价值之低昂,总视商本之轻重随时长落"③。由于浙商的成本以及食盐售卖"均系用钱",交课则用银两,只有在银钱比价发生比较大的变动时,才有对售卖盐价的干预。④

各盐区不同的成本核算,不同的定价方式,以及以银两为标准售卖还是以钱文售卖,都会影响到盐商的利润。

二、盐商运销食盐的利润及相关问题

"利润"是一个比较晚近的词,检索《申报》,清末已有"利润"用语,但在

---

① 档案,乾隆二十四年九月二十一日萨哈岱奏:《为池盐未充,成本尚贵,酌增之价恳恩暂缓删减事》,朱批奏折,档案号:04-01-35-0458-014。

② 档案,乾隆三十二年四月十三日河东盐政李质颖奏:《为运商增价期满池盐场价未平,恳恩照例展限事》,朱批奏折,档案号:04-01-35-0462-052。

③ 档案,嘉庆九年十一月二十六日两浙盐政常显奏:《为覆奏两浙盐价以归核实以全商本事》,朱批奏折,档案号:04-01-035-0485-01。

④ 参见档案,嘉庆九年十一月二十六日两浙盐政常显奏:《为覆奏两浙盐价以归核实以全商本事》,朱批奏折,档案号:04-01-035-0485-01。档案,嘉庆十七年八月初一日两淮盐政苏楞额奏:《为体察现在浙商盐本亏折商力渐乏事》,军机处录副,档案号:03-1781-001。

晚清的官方文献,甚至在笔者主持整理的《晚清财政说明书》中,都没有"利润"词语的出现。文献中一般使用的"余利"或"余息""余润",大致等同于现在所说的"利润"。

黄钧宰曾比较过清代中后期两淮的食盐场价、场课与运至汉口的卖价:"以每引三百七十斤计之,场价斤止十文,加课银三厘有奇,不过七文,而转运至汉口以上,需价五六十不等,愈远愈贵。"①这里是从食盐的出场价说到食盐的销售价,差价三倍以上,暗喻盐商利润丰厚。这只是一种大而化之的说法。最早探讨盐商利润的,是日本人日野勉,他在《清国盐政考》中曾经计算过长芦盐商的利润,作者采取了两种计算方法,一是抛去成本,按售盐价格的简单计算,即"毛利",利润率高达90%。二是考虑到各种因素的综合计算,得出毛利后,再扣除盐店的营业费、大小官吏的节礼银、规例银以及各种应酬费用等,其纯利为14%。②何炳棣于20世纪50年代中期在《哈佛亚洲学报》发表的有关扬州盐商的著名论文,也探讨过两淮盐商的利润,认为在乾隆五年左右,盐商每引盈利2.74两,在乾隆五年至乾隆五十三年,"保守的估计,这时期平均每引的利润最少有3两",而且每引平均3两的利润持续到嘉庆五年。如果以此计算,每年两淮运商累积的利润为500万两左右(盐引总数1 785 492引乘以3两)。③何先生在文章中根据《两淮盐法志》的记载,举出乾隆五年的三组数据作为讨论的依据,一是"以前湖北巡抚的估计"(A),成本3.40两;二是"以前巡盐御史的估计"(B),成本7.139两;三是"江苏巡抚与现任巡盐御史的估计"(C),成本4.395两(便宜时)、4.939两(荒年时)。认为C是最接近真实的价格,B与C之间的差距,"就是每引最高价时的盈利"。这种算法当然也是值得参考的,但由于资料来源的限制,何先生的三组基本数据存在着问题,通过前引档案乾隆五年的《楚盐成本价值清单》即可明了。之后,多有论著涉及两淮盐商的利润问题。④吴承明等认为,"乾隆

① 黄钧宰:《金壶七墨·金壶浪墨》之"盐商",大达图书供应社1936年版,第5页。
② [日]日野勉:《清国盐政考》,东京:东亚同文会1905年版,第56—57页。
③ 何炳棣《扬州盐商:十八世纪中国商业资本的研究》(巫仁恕译),《中国社会经济史研究》1999年第2期。
④ 参见陈锋《近百年来清代盐政研究述评》,台湾《汉学研究通讯》第25卷第2期,2006年5月;吴海波《二十世纪以来明清盐商研究综述》,《盐业史研究》2007年第4期。

年间两淮盐商的利润"每年在 2 500 万两以上;萧国亮认为,"两淮盐商一年获利至少在二千万两以上";周志初认为扬州运商的利润每年在 650 万两左右。①这是从总体上论说盐商的利润。具体分析和计算两淮盐商利润的几位学者中,汪士信和汪崇筼的论著值得注意。汪士信在探讨乾隆时期徽商在两淮盐业经营中的利润时,也采取了盐商应得利润和实得利润两种计算方法,虽然没有明确盐商的利润比例,但估算了乾隆朝两淮盐业利润的分配比例。②在汪士信研究的基础上,汪崇筼认为,乾隆朝两淮盐商的实得利润率为13.8%。汪崇筼又撰文认为,嘉道时期两淮盐商的实得利润近似为 0,通过夹带食盐,获得的利润率为 10.9%。由于汪崇筼并非专业研究者,在史料来源及对史料的解读上存在偏差,尽管有细致的数字分析,其结论仍值得怀疑,仅可作为参考。

笔者认为,探讨盐商的利润率,需要对三个问题进行分析和判断。

第一,盐商运销食盐成本的实际含义及所获利润。

对两淮运商不同时期的运盐成本,前面已经有较为细致的缕述,实际上历次核定的"成本",不是单纯的"成本",而是"成本+利润"集合下的盐价限定,所以在文献中有时称"核定成本",有时称"核定盐价"或"限定盐价",运商按核定的盐价批发给岸商。如果在"核定成本"或"核定盐价"中不包含利润,只有十分有限的"余利",运商将没有利润可图,这显然不合情理。所以前揭乾隆五年户部的奏折中有"各商所趁余利,谅已摊入"成本之说。对此,其他档案也多有记载,如江苏巡抚徐士林称:"商人行盐,计图牟利,断无照本发卖,不取余息之理。……成本内实有余息也。"③成本内所包含的利润大致为多少?张小也在讨论湖广盐价时曾经引述过雍正元年湖广总督杨宗仁的一份奏折:"每盐一包共需本银七分四厘有零,今照一钱定价,每包赚利二

① 许涤新、吴承明主编:《中国资本主义发展史》第 1 卷,人民出版社 1985 年版,第 640 页;萧国亮:《清代盐业制度论》,《盐业史研究》1989 年第 1 期;周志初:《清乾隆年间两淮盐商的资本及利润数额》,《扬州大学学报》1997 年第 5 期。

② 汪士信:《乾隆时期徽商在两淮盐业经营中的应得、实得利润与流向分析》,《中国经济史研究》1989 年第 3 期。

③ 档案,乾隆六年六月初八日徐士林奏:《为恤商正以惠民,仰恳圣恩准给淮商余息事》,朱批奏折,档案号:04-01-35-0446-028。

分五厘有零。"①照此说,成本中包含的利润为 25％左右。而实际上,雍正元年最后议定的成本(价格)已如上揭"价贱时,每包以一钱一分九厘为率;于价贵时,每包不得过一钱二分四厘",利润还要高于杨宗仁所说。像杨宗仁这样直接清晰地给出成本中"赚利"的少见,但也有另外的说辞,江苏巡抚徐士林称当时典当商人的利润一般在 20％至 30％,即"典商三分二分之利"②。两淮盐政额勒布称"百货经商贸易,本轻税薄,尚准其取息一二分"③,即一般商人贸易可获利 10％至 20％,作为垄断性专卖的盐商自然不能低于一般商人的获利。"成本"中包含 25％至 30％左右的利润应该合乎常情,舍此,盐商根本无法应付前述没有列入成本的诸多杂款。讨论这个问题,一方面在于厘清所谓"成本"的本质,另一方面在于说明计算盐商的利润,应该在这个基础上累加。

只要了解成本中已经含有利润,就可以体会到盐政官员和地方督抚动辄议论盐商亏折,不能尽信。事实上,前揭何炳棣的论文已经注意到"巡盐御史偏袒商人"的现象,他们提交的成本清单大多照顾商人是没有疑问的。通过上一节的叙述可知,乾隆五年在讨论盐商成本时,盐政官员和地方官员发生争执,似乎代表不同的利益方,直到乾隆十一年户部的奏折中,还有令盐政与地方督抚"和衷熟筹"之说。此后随着作为地方"文武各官养廉、公费"的"匣费"列入盐商成本,这种激烈的争执鲜见,盐政官员与地方官员的一致性逐渐成为一种常态,以致上谕提醒在讨论成本时"勿得互相关会,稍涉迁就"④。

核定成本清单,照顾商人的利益,意味着成本中利润空间的扩大。如果帝王也偏向于商人,商人的利润就更为可观。从前述中可以知道,乾隆五年最后核定的成本清单,不是户部和大学士在各种方案的基础上议定的方案,

---

① 张小也:《清代私盐问题研究》,社会科学文献出版社 2001 年版,第 53 页。

② 档案,乾隆六年六月初八日徐士林奏:《为恤商正以惠民,仰恳圣恩准给淮商余息事》,朱批奏折,档案号:04-01-35-0446-028。

③ 档案,嘉庆十一年十月十一日额勒布奏:《为恭恳圣恩俯准酌加余息,以裕课运事》,朱批奏折,档案号:04-01-35-0487-031。

④ 档案,嘉庆十二年五月二十九日两江总督铁保奏:《为遵旨访查盐斤成本据实覆奏事》,军机处录副,档案号:03-1776-044。

而是两淮盐政準泰和江苏巡抚徐士林再次提交的方案。按说,户部议定的方案应该较为合乎实际,已经照顾到各方面的利益,朱批同意的两淮盐政準泰等的方案无非是让盐商获利更多。户部议定每引贱价 4.395 7 两,贵价 4.939 7 两,準泰等的方案每引贱价 5.373 8 两,贵价 5.780 2 两;仅以此计算,贱价多出 0.978 1 两,利润为 22.25%,贵价多出 0.840 5 两,利润为 17%。如果再加上成本中已经包含的利润,盐商的利润率已经在 40% 至 50%。

雍正元年以来所核定的成本,有"贱价"和"贵价"两种限定,"酌定贵、贱两价,分别丰年、歉年销卖",一般要求按贱价标准销售,只有在年岁特别不好的情况下,才允许按贵价销售。事实上商人总按贵价销售,即使盐商"俱照贵价售卖""仍照贵价卖销"遭到户部的驳查,盐政官员也总有理由应对。①

全部按贵价销售,已经意味着利润的获取。如果从核定成本前后商人的实际卖价来看,也可以体会盐商的实际利润。如上所述,雍正元年的定价即使是贵价,每包为 0.124 两,实际卖价,雍正九年每包为 0.21 两,按核定成本,每包多卖 0.086 两,利润率高达 69.35%。乾隆五年按準泰等的方案,每包贵价为 0.138 6 两,乾隆四年"每包价至二钱不等",如果按卖价 0.2 两计算,已经多卖 0.061 4 两,利润率高达 44.3%。乾隆二十八年,据前揭湖广总督李侍尧的奏折,在重新核定成本之前,由于已经加给了余息三钱,每包贵价为 0.146 两,二月间卖价为 0.23 两,四月间卖价为 0.275 两(原奏为"二钱七八分"),所以有"较之原价业已加增一半"和"相去加倍"之叹。即使按随后核定的每包限价 0.198 5 两计算,二月每包多卖银 0.031 5 两,多攫取利润 15.87%;四月每包多卖银 0.076 5 两,多攫取利润 38.54%。

从各种记载来看,两淮盐商在盐业经营中,通过合法的和非法的手段,获得高额利润是没有疑问的。否则很难解释盐商"富至百万""富至千万"的资本如何积聚,很难解释鲍志道、鲍方陶兄弟"以家贫就盐"而"拥资巨万",吴景和"以一文起家,富至百万"。②也很难理解在成本估算中引窝价值为

① 档案,乾隆十六年四月二十七日两淮盐政吉庆奏:《为请旨事》,朱批奏折,档案号:04-01-35-0454-036。

② 李斗:《扬州画舫录》,汪北平、涂雨公点校,中华书局 1960 年重印本,第 350 页、148 页、296 页。

1两,而在引窝的转卖中,每引达到数两仍然非常有市场。在前揭何炳棣的论文中,曾经谈到两淮的引窝价值达到每引 2.5 两,何先生虽然没有注明出处,但以其治学之严谨,当有所本。汪崇赟《清嘉道时期淮盐经营成本的估算和讨论》称:"若窝价经常高于每引一两,甚至达到二三两的程度,则势必要在商人报给朝廷的成本中反映出来,有关官员也会向朝廷具奏,官方文书就会有具体的记载。笔者在官方文书中找到不少与盐价有关的记载,但唯独对于窝价,却无法找到相应的记载。"这是由于作者没有查阅档案的缘故。乾隆四年,协理江南道、四川道监察御史褚泰在谈到两淮的窝价时称:"据盐臣三保奏称,窝价并无售至二两以外者。今闻近已售至二两四钱五分。"并认为窝价的增高,是导致食盐价格上扬的主要原因,所谓"商人引价成本即重,焉肯贱卖以自亏。市价之昂,实由以此成"①。三保在乾隆二年由长芦巡盐御史转任两淮巡盐御史,也就是说,在乾隆二年以前,两淮的市场窝价,每引在二两以内,到乾隆四年,已经达到二两四钱有余。乾隆三十四年,两淮盐政尤拔世又谈到两淮的窝价"每引自二两至三两不等,或增或减,本无一定"②。这两条材料所谈窝价都是针对"年窝"而言,如果是"根窝",价值还要高出许多。这是一个复杂的问题,笔者将另文讨论。

市场窝价多出成本窝价的 1.4 两至 2 两,已经占到乾隆二十八年议定的每引成本 8.278 两的 16.91% 至 24.16%(按乾隆五年的成本计算,占比更高),意味着需要获取 20% 左右或以上的利润才能够持平,否则不可能有这样的市场窝价。由这个角度也可以体会两淮商人的获利。

另外,从黑龙江省清末实行官运所得利润中,也可以有所比较参考,据呼兰分销局等 20 个局的统计,食盐的每石成本银均为 11.354 两,利润有所不同。最高者为黑河分销局,所获余利为 13.066 两,毛利润为 115.08%,除去各项开支,纯利润 9.424 两,利润率为 83%。利润最低者为呼兰分销局,所获余利为 6.502 两,毛利润为 57.27%,除去各项开支,纯利润 2.86 两,利润

---

① 档案,乾隆四年十二月初二日褚泰奏:《为敬陈盐政变通之法,以除引窝居奇之弊事》,军机处录副,档案号:03-0609-032。

② 档案,乾隆三十四年三月初七日尤拔世奏:《为核明提引余息银数请旨遵行事》,朱批奏折,档案号:04-01-12-0128-104。

率为25.19%。①依常理而论,商人运销食盐的利润应该高于官局运销食盐的利润。

第二,不同时期、不同盐区的盐商利润。

不同时期、不同盐区的盐商利润各不相同,应该是一种常识。嘉庆十二年,两淮盐政额勒布曾经大致回顾两淮盐商不同时期的获利情况:"两淮从前成本轻贱,产盐丰旺之时,盐无定价,计本售销。迨后定有贵、贱二价,亦系通融售卖,商人获利优厚,是以竞尚奢华,浮靡日甚。自五十三年比较当时成本,酌定限价,初时原有余息,并不亏折。阅年已久,成本日增,而限制如旧。每遇盐多价贱,不能使民遵制售买;盐少本重,不能使商计本图利。以致递形疲乏,业非一日。"②道光十年,两淮盐政钟灵又概称:"淮鹾极盛时,总散各商数百家,有商本三四千万,故能转运裕如;今只数十人,商本不足一千万,且多借本经营,倍形拮据。"③这种总体性的叙述基本符合实情。

两淮、长芦、两广等盐区,成本和盐价的限制,大多发生在康熙二十七年至三十年,河东盐区为乾隆十年,浙江盐区基本没有成本和盐价的限制。在未限定成本和盐价之前以及在没有限定盐价的地区,"盐无定价,计本售销",其利润高于一般商人贸易的"一二分之利",维持在20%至30%当无疑问。如上节所述,在核定成本、限价之后,广东在"雍正元年、十一年暨乾隆元年各场晒价逐次加增,而各埠卖价则仍循其旧"的情况下,乾隆六年每包食盐的售价为2.8两,减去成本银2.4两,获利0.4两,利润率仍能够达到16.7%。嘉庆年间以后,即使增加盐价,盐商获利仍然困难,于是,按照成本售卖,以保障盐商的应得利润。

两淮盐区从雍正元年定有贵、贱二价之后,有一段时间"通融售卖",属于"放价"时期,更多的情况下是按照贵价销售,"商人获利优厚",雍正至乾隆年间成为淮南商人获得厚利的黄金期,其利润率大致维持在50%左右。

① 《黑龙江财政沿革利弊说明书》卷下《官业及官有财产类第七》,陈锋主编《晚清财政说明书》第1册,湖北人民出版社2015年版,第491—492页。
② 档案,嘉庆十二年六月二十一日额勒布奏:《为遵旨覆奏事》,朱批奏折,档案号:04-01-35-0488-036。
③ 档案,道光十年十月初一日钟灵奏:《为查明淮鹾大概情形,据实陈奏,亟须逐一筹办事》,朱批奏折,档案号:04-01-35-0507-054。

嘉庆以降,利润空间缩小,但也不太可能是 0 利润。这可以从两个角度进行窥察。

第一个角度是余息的加给。在嘉庆十二年加余息四钱二分之后,余息已经达到八钱二分,以嘉庆十一年两淮盐政额勒布说的余息四钱二分,"实只得四厘之息(4%)"为标准,①额外加给的余利为 8%。嘉庆十三年,加给一分五厘之余息,即 15%,加上保留之前的三钱余息,约 3%,利润实际上在18%左右。这个利润额度一直延续到嘉庆二十三年底。由于乾隆五十三年之后,核定的成本没有新的变化,嘉庆年间执行的仍然是原来的标准,由于当时实际运盐成本的增加,导致盐政官员和地方官员所说的盐商亏折。在笔者看来,这种所谓的"亏折",是消解了原来运盐成本中包含的利润,使盐商无利可图。但另外有资料表明,即使在这段时间,盐商也不是绝对没有利润,嘉庆十一年,"据各商供称:八年以前因教匪滋扰,八年畅销,有绌无盈。九年、十年始得以盈补绌"②。在社会安定的情势下,核定成本和限定盐价中还是有一定的利润,并且可以"以盈补绌"。嘉庆十三年至二十四年所加的18%的余利,最低限度应该是其实际利润数,否则盐商也不太可能感恩戴德,在报效三百万两的基础上,再报效三百万两。③

第二个角度是盐商的实际卖价。据前揭嘉庆十一年两淮盐政额勒布的奏折,在官定成本盐价不得提高的情势下,"商人计本求利,是以私抬愈甚"。湖广总督百龄并举出了具体的事例,盐商程启大、鲍容楷、方恒茂、洪体仁、姚声五等"每包索价几至四钱",大大高出当时核定成本价银二钱八分九厘。④据随后的进一步审理,嘉庆"九、十两年楚省共销盐一百三十三万三千七百四十二引,按每引多卖银一钱六分五厘计算,共多卖银二十二

---

① 档案,嘉庆十一年十月十一日额勒布奏:《为恭恳圣恩俯准酌加余息,以裕课运事》,朱批奏折,档案号:04-01-35-0487-031。

② 档案,嘉庆十一年正月初十日两江总督铁保奏:《为覆查楚商抬价确数,据实具奏事》,朱批奏折,档案号:04-01-35-0486-022。

③ 有关盐商的报效参见陈锋《清代盐政与盐税》之"乾嘉两朝盐商报效统计""清代各区历朝盐商报效表"。

④ 档案,嘉庆十年九月十二日百龄奏:《为岸商抬价病民,劣绅得贿私和,审明定拟事》,朱批奏折,档案号:04-01-35-0486-003。

万两零"①。可见,由于私抬盐价,盐商每年的获利不在少数。

长芦盐区在乾隆中期已经开始有盐商亏折的奏报,以后的奏报连篇累牍。导致"亏折"的原因,一是由于银钱比价的变动,一是由于物价、运费的增加。据乾隆三十五年长芦盐政李质颖的奏折可知,在乾隆二十九年,"长芦商众因绳索、席片、车船、饭食等费无不加昂,而盐价仍然如旧,是以商力渐困",当时"饬议每斤增钱一文,以敷商本",但"不过五六年之间",盐商"复形竭蹶"。据说,到乾隆三十五年,"每盐一引,亏本七钱有余,合零成万,数且不赀,是以三四年来俱形消乏"。②于是,乾隆三十五年,每斤增制钱二文,乾隆三十六年,每斤增制钱一文,"以资行运"。③

似乎从乾隆中期以后,长芦盐商一直亏折,并无利润可言,但由于清廷同时也实行增加盐价、缓征盐课、蠲免欠课以及调整银钱比价等相关措施,盐商仍然有利可图。即使从专门汇报盐商亏折的奏折中也可约略体会,如乾隆四十七年长芦盐政征瑞称"以商人昔日之余息,尽核归今日之成本"④,道光二十七年长芦盐政沈拱辰称"从前尚可设法补救"⑤,均意味着之前盐商尚可获利。从长芦商人转租引地和借帑还息的档案,也可以略窥盐商的运营及其利润。乾隆五十三年内务府总管永瑢的奏折曾经谈到商人"义和泰"在乾隆三十六年承办被参革商人王至德"蓟、遵等八州县引地"的情况,按当时成本计算,"除去应完正杂课银等项,每年约得余利银三万八千两",以此"余利"分年代还前商王至德的欠款。⑥嘉庆十年,"原业商人王至德之子崇文",因为该引地的争执,上呈文称,王崇文"祖父为内务府世仆,行办窝价自

①　档案,嘉庆十一年正月初十日两江总督铁保奏:《为覆查楚商抬价确数,据实具奏事》,朱批奏折,档案号:04-01-35-0486-022。

②　档案,乾隆三十五年三月初一日李质颖奏:《为钱价平减,运本不敷,恳请酌量加增以纾商力事》,朱批奏折,档案号:04-01-35-0464-028。

③　嘉庆《长芦盐法志》卷10《转运下》,刘洪生点校,科学出版社2009年点校本,第169页。参见《清盐法志》卷21《长芦十二·运销门》。

④　档案,乾隆四十七年八月初九日长芦盐政征瑞奏:《为商运成本日重,酌量因时调剂,据实奏恳圣恩事》,军机处录副,档案号:03-0620-066。

⑤　档案,道光二十七年十一月十三日长芦盐政沈拱辰奏:《为芦纲悬岸暂行官运以济民食事》,朱批奏折,档案号:04-01-35-0516-018。

⑥　档案,乾隆五十三年六月二十二日永瑢奏:《为遵旨议奏事》,军机处录副,档案号:03-1103-020。

置之蓟州、遵化、丰润、玉田、宝坻、宁河等六州县引地并京引四千九十四道，经营六十余岁，一切帑项并无贻误"，可见康熙后期至乾隆年间经营状况良好；到王崇文之父王至德时期，经营不善，"崇文之父王至德名下有除完应交赔罚余盐等银六十六万八千余两，又有领借未完成当帑本银十六万两，并随本加利共银二十九万二千两"，各项欠款在一百万两左右（该呈文称九十六万余两，永瑢的奏折一百余万两）；乾隆三十五年，王至德病故，"彼时崇文等均在年幼，惟兄同文一人仔肩办理。因连年引地叠被水灾，盐斤少销，恐帑课不敷，日夜滋惧。即于三十六年课限以前，在内务府呈诉，与其临时贻误被参，于帑课毫无裨益，请将所有家产以及连年出入账目彻底清查，以便急完本年应交帑课。当蒙传讯，因请推限五年，经内务府代奏，奉旨着派金简前往，并着周元理、西宁会同一并查明，妥议具奏"。于是，乾隆三十六年议准由"吴肇元引名义和泰"承办，吴肇元"素与崇文父办事，所有引地情形，均为熟悉稔知，每年实有余利，是以情愿按照'三十限'代完欠项，将此八州县引地暂行代办"。至于余利额，该呈文称："以八州县引地除去一切费用，每年计得余利银三万八千两，除王至德每年应纳之节省银四千九百九十余两外，尚有余利银三万三千两，尽数交还欠项。"[①]也就是说，三万八千两余利，还要交给内务府"节省银"近五千两，剩下的"余利"全部代还欠项，意味着在这"余利"之外，还有利润。嘉庆十七年，长芦盐政祥绍又谈到义和泰的承办情况，这时的义和泰，已经过吴肇元、吴裕德、吴继祖三代，"三世承办内务府遵化、蓟州、丰润、宁河、玉田、宝坻、大兴、宛平八处官引，迄今四十余载，交项办运，从无贻误。……自乾隆三十六年接办遵化、蓟州等八处引地，至今四十余载，交过正杂课银一百余万两。代交前商王至德赔罚等银九十六万余两"。四十余载"交项办运，从无贻误"，也正说明此一时期仍有丰厚的利润。祥绍在这份奏折中同时谈到吴继祖赏借运本银的情况："赏借运本银一

---

① 档案，嘉庆十年五月十九日长芦蓟州等处引地原业商人王至德之子崇文呈：《为代商拖欠国帑，挪新补旧事》，朱批奏折，档案号：04-01-35-0485-045。按：李晓龙《从认办到租办：清代盐专卖制度下长芦盐区的引岸经营研究》（《中国经济史研究》2018年第6期）曾提及王至德，称"盐商王同文（引名王至德）"，王至德并非引名。另参见赖惠敏《乾隆皇帝的荷包》之"盐商王至德"，台北：台湾"中研院"近代史研究所2014年版，第188—192页。

十万两,该商情愿加一倍利息一十万两,自嘉庆十八年起,按年交银二万两,分限十年全数交完。"①借银十万两,以加一倍利息十万两起算,每年还息银二万两,利息(年利率)由 10％变为 20％,意味着纯利润率最少要达到 20％才能够营运。

山东盐区和长芦盐区的情况基本类似,盐商利润的减少或无利可图,也是由于物价、运费的增加和银钱比价的变动。乾隆五十三年,长芦盐政穆腾额在谈到山东并比较长芦的情况时说:"近因百物昂贵,成本业已倍增,更兼钱价日贱,较之五十一年,每引亏折银五六钱。……通计长芦正引、余引共一百余万道,每年约亏折银五六十万两。东省引、票共七十余万道,每年约亏折银二十余万两。"②嘉庆十三年,长芦盐政李如枚称:"山东商力素称疲乏,近年因成本增贵,盐穰绳席等项无不加昂,亏折日甚,势形竭蹶。"③道光二十七年,山东巡抚崇恩奏称:"各口岸贵贱不等,而其大要,一以银价为权衡。自银价叠增,历经奏准加价,而所加之数,总不抵银贵之折耗。现在市集银价,每两制钱二千文以上。全纲公私用项有款可稽者,以旧时银价计之,岁需赔折银五六十万两。其他一切绳索、席包、舟车运费,百物随银价而长,暗中赔折者尚不在此数,年甚一年。"④除此之外,在一些特定的时期,情景更糟。光绪二十二年,山东巡抚李秉衡就奏称,因黄河泛滥,"卤池化为淡水","以致产盐短绌",场价奇贵,"从前每包需银四五钱者,今则增至三两内外",加上水陆运费,无所不贵,"每包成本需银六七两不等,按照例定斤重、制价,以钱合银,仅卖四两上下。成本之亏,商情之累,于此可见"。⑤银贵钱贱以及物价、运费增加,导致商人利润减少,甚至亏折,在长芦、山东盐区是

---

① 档案,嘉庆十七年六月二十九日祥绍奏:《为承办官引商人照案请借运本事》,朱批奏折,档案号:04-01-35-0493-002。

② 档案,乾隆五十三年八月十二日穆腾额奏:《为确查商运亏折情形事》,军机处录副,档案号:03-0623-053。

③ 档案,嘉庆十三年长芦盐政李如枚呈:《长芦、山东积欠盐课清单》,军机处录副,档案号:03-1777-064。具体呈报月日不详。

④ 钞档,《清代题本》146《盐课(2)·奉天、山东》,道光二十七年六月十三日崇恩奏折。中国社会科学院经济所藏。

⑤ 档案,光绪二十二年二月二十二日李秉衡奏:《为东纲灾重盐绌,商民交困,请减加价事》,军机处录副,档案号:03-6470-016。

较为普遍的现象。

第三,银钱比价的变动与盐商利润、盐商盛衰的关系。

前揭徐泓论文认为,银钱比价是影响盐商成本与利润的主要因素之一,可谓切中肯綮。徐先生注意到在"淮盐的运销体系中,盐商的课额、支出多用银,而在各地的盐店卖盐则以钱文为交易单位"。这在一定程度上或许会影响到运商的利润,但运商运盐到口岸(汉口、南昌)为止,"自与水贩议价交易,听水贩运销"①,运商的成本以及与岸商的交易均是以银两进行,不存在银两与铜钱的兑换,水贩售盐贩卖才使用铜钱,银钱比价影响的主要是水贩的利润。

银钱比价的变动与盐商利润、盐商盛衰最为密切,最具典型意义的是长芦、山东、河东等盐区。

这些盐区的盐商在各地售盐,收取钱文,依据银1两兑换铜钱1000文的标准,易银办课,"银贱钱贵"或"银贵钱贱"都对盐商造成直接的影响。乾隆三十五年长芦盐政李质颖的奏折已经指出:"钱文价值,从前纹银一两换制钱八百文,近年纹银一两,换制钱九百八九十文至一千一二十文不等,是从前卖盐千文值银一两二钱五分,今卖盐千文止值银一两,芦商盐价系奏定钱文数目,不能因钱价之减私自加增,而帑课等项则需将钱易银交纳,一出一入,以今较昔,每盐一引亏本七钱有余。"②所谓"卖盐千文止值银一两",实际上正合乎法定的兑换标准,并不亏折,"每盐一引亏本七钱有余"只是相对于盈利时期而言。所谓的"从前卖盐千文值银一两二钱五分",正意味着盐商仅从银钱比价的变动中就获得利润25%。

从笔者以前的研究中可知,乾隆一朝,总体上处于"银贱钱贵"时期,铜钱最贵时,600文兑换银1两,大多数时间,700文至800文兑换银1两,③长芦等盐区的盐商由此而获得的利润在20%至40%之间。乾隆五十三年,长

---

① 档案,乾隆七年十月三十日两淮盐政準泰奏:《为奏明江西盐价宜因时暂缓定议,以杜商弊事》,朱批奏折:04-01-35-1388-049。

② 档案,乾隆三十五年三月初十日李质颖奏:《为钱价平减,运本不敷,恳请酌量加增以纾商力事》,朱批奏折,档案号:04-01-35-0464-028。

③ 陈锋:《清代银钱比价的波动及其对策》,《中国前近代史理论国际会议论文集》,湖北人民出版社1997年版;《陈锋自选集》收录,华中理工大学出版社1999年版,第379—401页。

芦盐政穆腾额亦称："商人运盐成本，输课纳帑，均赖各引地销盐价值，而行销盐价，俱系钱文，必得以钱易银，方可资办运、交纳之用。……迨乾隆五十一年间，约需制钱一千文，商众已苦赔折。"①这里的"商众已苦赔折"依然是虚词。乾隆五十九年，直隶总督梁肯堂称："长芦商人卖盐钱文，历系易银完课，近年钱价日贱，商本实多赔折，……现在银贵钱贱，以亏折二成核计，津商赔折实须一百余万两。……现在市集钱价较贱，每库平纹银一分二厘合制钱十四五文，二分四厘合制钱二十九文及三十文不等，……钱价长落不齐，向无定准价值，从前纹银一两仅可易钱八九百文。"乾隆在这份奏折中有两处"夹批"，其中在"从前纹银一两仅可易钱八九百文"处夹批"此时商未受利乎?"②乾隆的夹批很有味道，可见其内心十分清楚商人之前的获利。

长芦等盐区由"银贵钱贱"的转折导致的盐商亏折，主要是在嘉庆年间以后，上述已略有涉及，从档案文献中可以知晓，嘉庆初期，"每纹银一两需制钱一千一百数十文至一千二百数十文不等，商人以钱易银，复多亏折"③。自嘉庆十五年以后，"钱价松贱过甚，纹银一两易大制钱一千二百数十文至三百数十文不等。商人销盐一引，酌中核算，得钱六千文，易银不及五两，……即殷商亦悉形疲乏"④。道光十年，长芦盐政阿杨阿称："银价近益增昂，卖出钱文必须向市易银，而一州一县银铺无多，奸狡市侩明知商等应完帑课之时，银价故昂其值，若不与之交易，别无银铺可换，若将钱捆载远行，则又脚价不赀，势不得不隐忍吃亏。年年赔折，以致课运支绌。"⑤这里特别强调，在银价高昂以钱易银时，银铺的刁难和盐商的隐忍吃亏。道光二十三年，长芦盐政德顺又缕述了此前十余年的银钱比价沿革："道光八年，钦

---

① 档案，乾隆五十三年八月十二日穆腾额奏:《为确查商运亏折情形事》，军机处录副，档案号:03-0623-053。

② 档案，乾隆五十九年十一月二十七日梁肯堂奏:《为遵旨据实回奏事》，朱批奏折，档案号:04-01-35-0480-040。

③ 档案，嘉庆十七年三月二十日长芦盐政祥绍奏:《为据实陈明芦、东商人致乏缘由事》，军机处录副，档案号:03-1780-032。

④ 档案，道光四年正月二十二日长芦盐政阿尔邦阿奏:《为长芦积欠过重商累难支，恳恩赏复加价钱文事》，朱批奏折，档案号:04-01-35-0502-029。

⑤ 档案，道光十年十一月三十日阿杨阿奏:《为备陈芦商运本支绌实在情形事》，朱批奏折，档案号:04-01-35-0508-028。

差大臣来津查办调剂,彼时每银一两易制钱一千三百文。道光十年,钦差大臣二次来津,彼时每银一两易制钱一千四五百文。十八年加价案内,每银一两增至一千六百数十文,核计以钱易银,较之八年,每年亏折成本九十余万两。……十八年至二十一年三月,……每银一两又增至制钱一千七八百文,商本仍复亏折。……自二十一年下半年至二十二年上半年,钱价稍微平落。……二十二年下半年,钱价又复增至一千八百数十文。按年比较,钱价逐渐加增,约计商人卖进盐价钱文,易银交课,较比八年钱价,每年赔贴亏折成本至一百万余两。商本亏折殆尽,纲局危在须臾。"①到道光二十二年,达到1800余文易银1两,所以有"商本亏折殆尽,纲局危在须臾"的感叹。

在"银贵钱贱"、兑换银两交课导致盐商亏折的情况下,作为"调剂"之策,清廷曾有银钱兑换比例的调整。初次调整,为嘉庆十四年因"南河大工"而举行的盐斤加价,山东巡抚吉纶、长芦盐政额勒布联衔上奏:"商人以钱易银,各处市价不同,据各州县卫月报,多寡牵算,应请统照制钱一千一百文核银交纳。计每引、票一道交银四钱九厘一毫,……至钱价一节,奴才额勒布具奏长芦增价案内,请照市价,以制钱一千一百文易库平纹银一两,已奉恩旨允准试办。"②长芦、山东盐区按1100文兑换银1两,要早于交纳地丁钱粮时的银钱比价调整(道光十年是1100文兑银1两,道光二十一年是1300文兑银1两,等等),而且步调也不一致。③道光十二年,"河东盐务应征河工经费,每盐一斤加价一文",将河东盐区的银钱兑换比例调整为"以制钱一千三百文易银一两交纳"。④此后,道光二十年、二十八年,征收"河工经费",均是

---

① 档案,道光二十三年三月二十一日德顺奏:《为恩施既渥,商力仍艰,实由银价愈昂钱价愈贱事》,军机处录副,档案号:03-3189-005。

② 档案,嘉庆十四年七月十九日吉纶、额勒布奏:《为遵旨核议覆奏事》,军机处录副,档案号:03-1778-018。参见中国第一历史档案馆、天津市档案馆等编《清代长芦盐务档案史料选编》,天津人民出版社2014年版,第248—249页。由于录副奏折为行草,不易辨认,该选编将"据各州县卫"的"卫"字错录为"乡"字,将"已奉恩旨"的"旨"字错录为"命"字。

③ 参见陈锋《明清时代的"统计银两化"与"银钱兼权"》,《中国经济史研究》2019年第6期。另参前揭《清代银钱比价的波动及其对策》。

④ 档案,道光十二年四月二十七日山西巡抚阿勒清阿奏:《为河东盐务应征河工经费银两缓征事》,朱批奏折,档案号:04-01-35-0510-004。

"仍以制钱一千三百文易银一两交纳"。①长芦盐区在道光二十二年，因筹措"海防经费"，每斤加制钱二文，"查照成案，按直、豫两省现实易银钱价，酌中核定，……以制钱一千六百五十文易库平银一两交纳"。②咸丰四年，经钦差大臣奏准，征收帑利，"五成交银，五成以制钱二千文作银一两"，随后，又奉户部议覆，"五成现钱内搭二成五分钞票"。③可见，长芦、山东、河东等盐区银钱比例的调整，主要是限于筹措河工经费、海防经费的盐斤加价征收，以及与内务府相关的帑利银征收。从有关奏折中强调的"加价银两与正、余引课原有区别"来看，这种银钱比价的调整不适用于正常的盐课征收，但对当时盐商由"银贵钱贱"带来的亏折也有一定的补苴作用。

结　语

　　不同盐区的盐商运销食盐的成本构成，虽然略有不同，但大要包括产盐之地的食盐价格、正项课税、杂项税费、包索费用、储运费用、人工等其他费用，除了正项课税基本恒定外，其他诸如产盐之地的食盐价格、杂项税费、车船水脚在内的其他费用，随着时间的推移，均不断增高，成本的增加是一个必然的现象。清廷和地方官员、盐政官员关注盐商成本，一方面在于盐商的获利，使其有能力完纳课税，保障内务府以及中央和地方有关部门（官员）的经费、养廉银、规礼银，并进行应急费用的报效和筹措。另一方面，也在于民食，如果销售食盐的价格高涨，不单单是庶民百姓的食淡、食贵，也必然造成官盐的滞销和私盐的昌炽，反过来又导致"引滞课悬"，影响到商人和官方的利益。所以，尽管官方多偏袒商人，也不得不对食盐销售价格进行限定。从一定意义上说，没有对食盐销价的限定，也就没有盐商成本的核算。"核定

---

　　① 档案，道光二十年十二月十六日山西巡抚杨国桢奏：《为河东商人应交协济河工经费银两按引征收全完事》，朱批奏折，档案号：04-01-35-0514-041。档案，道光二十九年正月二十二日山西巡抚王兆琛奏：《为河东商人应交协济河工经费银两按引征收全完事》，朱批奏折，档案号：04-01-35-0516-030。

　　② 档案，道光二十二年五月初八日长芦盐政德顺呈：《征收加价章程清单》，军机处录副，档案号：03-3188-020。

　　③ 档案，咸丰四年十二月十五日长芦盐政文谦奏：《为起解帑利等项银钱钞票事》，朱批奏折，档案号：04-01-35-0519-032。

盐价"与"核定成本"大多系接在一起。

也正由于"核定盐价"与"核定成本"捆绑,盐商成本的核算以食盐限价的方式表现出来,两淮盐区所谓的盐商"成本"自然包括利润在内,而且由于许多费用在"成本清单"内没有显现,已经列示的成本类项中必然放宽尺度,使盐商有充足的利润空间,以保证这些费用的筹集和支取。前文所指《杂项清单》列有"额定款数"157 款,由于篇幅的限制无法展开论述,仅"务本堂公费"一项,每年高达一百数十万两,"运商成本,俱视此数为增减",需要细心体会。盐商进行垄断性食盐销售,获得高额利润是无疑的。

盐商的利润是一个复杂的问题,不是简单地统计出一个利润率就能够说明问题的,需要对成本中包含的利润、不同时期不同盐区的利润以及影响盐商利润的因素进行综合分析,才能得出正确的认识。盐商除了正常的获利途径外,还有清廷对盐商"加斤"的补贴和银钱兑换比价的调整,盐商也通过"浮春盐斤""夹带盐斤""私自抬价""蒙混影射""借官行私"等多种手段攫取额外的利润。

补贴与攫取:清代盐商获利方式的多样化

清代的食盐运销有官督商销、官运官销、官运商销等多种运销体制,在诸种运销体制中,官督商销是食盐运销的主要形式。在官督商销的运销体制中,承担食盐运销的盐商有"专卖"和"垄断"的特征,也有其成本核算和正常运营的获利方式与利润空间。①本文论述盐商另外的两种获利方式:一是补贴加价与加斤、加耗,此为清廷对盐商的政策性补贴;二是"浮春盐斤"与"夹带盐斤",此为盐商在食盐运销过程中的非法获利。

一、补贴加价与加斤、加耗

盐商通过食盐的运销而获得相应的利润,是没有疑问的。但在某些特定的时期、特定的背景下,盐商也有可能无利可图甚至亏折。为了维持盐商的正常营运,清廷通过补贴加价以及加斤、加耗等措施,从而保障其有利可图或获取更大的利润。清代的盐斤加价事实上有两种形式:一是对盐商进行补贴,确保盐商的利润获得和正常营运,是为"补贴加价";一是在"用项迭增,入不敷出"的情况下,以加价的方式获取新的财政收入或某一项目的经费来源,是为"因公加价"或"充公加价"。

补贴加价,除了对盐商报效的"特旨加恩"加价外,②一般有两种情况。

第一种情况是由于"银贵钱贱",商人卖盐得钱,纳课交银,导致亏折而

---

① 参见陈锋《清代食盐运销的成本、利润及相关问题》,《中山大学学报》2020 年第 5 期,已收入本书。

② 如乾隆三十六年对长芦盐商和山东盐商的每斤加价一文,就属于这个范畴。参见《清盐法志》卷 21《长芦·运销门》;《清朝通志》卷 91《食货略十一》,浙江古籍出版社 1988 年版,第 7287 页。

加价。雍正六年，长芦巡盐御史郑禅宝称："长芦商人向多疲乏，……实因盐价日减，运本日亏之故。筑盐告运，完课交帑，俱系用银，民间买盐用钱。……今每两合钱二千文，……以钱易银，不敷原数，商运消乏，欠课之源实由于此。"因此要求每斤加制钱一文，以此弥补盐商的欠课。由于是首次要求加价，经过户部的反复讨论而没有结果。①直到雍正十年，"经直隶总督唐执玉题请，每斤酌增大制钱一文，经部覆准在案"②。此后，因银钱比价的变动，加价时有，嘉庆四年，长芦盐政董椿曾经回顾说："长芦盐价自康熙二十七年计道路之远近、脚费之多寡，酌定售卖，原属平价，迨后雍正六年，前盐政郑禅宝以商运消乏，奏请详议，至雍正十年，总督唐执玉覆奏，应以康熙二十七年原定之数作为标准，照部议每斤酌增制钱一文。……乾隆三十五年，前盐政李质颖以从前纹银一两换制钱八百文，近年换九百八九十文至一千一二十文不等，卖盐钱文易银亏本，请增制钱二文。……五十三年，前盐政穆腾额以易银一两需钱一千一百余文，钱贱赔折，加制钱二文。自雍正十年起，至乾隆五十三年，统计六十年内，先后五次，共加增制钱八文。现在近处有卖制钱十一文者，极远之处有卖钱二十三四文者不等。"③乾隆五十三年因银贵钱贱加价后，到嘉庆十七年再次每斤加价二文，但由于盐商欠课的严重，"各商未完积欠帑课银六百五十一万四千四百余两"，这时的加价，已经不是全部补贴商人，而是"加盐价制钱二文，将一文交官，以完积欠，一文归商，俾资成本"。④此后的这类加价，均是沿袭嘉庆十七年的定例。如道光四年"钱价松贱过甚，纹银一两易大制钱一千二百数十文至三百数十文不等。商人销盐一引，酌中核算，得钱六千文，易银不及五两。计长芦正余引一百

---

① 嘉庆《长芦盐法志》卷10《转运下》，科学出版社2009年点校本（刘洪升点校），第168页。

② 档案，乾隆二十九年二月十一日长芦盐政高诚奏：《为据实奏明事》，军机处录副，档案号：03-0616-043。中国第一历史档案馆藏，下注"档案"者，均为该馆所藏。按：乾隆以前，各盐区的长官一般称作"巡盐御史"，乾隆以后，一般称作"盐政"。参见陈锋《清代的巡盐御史——清代盐业管理研究之三》，《人文论丛》2016年第1辑，已收入本书。

③ 档案，嘉庆四年四月二十五日长芦盐政董椿奏：《为钦奉朱批备细据实覆奏，请俟查看钱价长落，酌减盐价数目事》，朱批奏折，档案号：04-01-35-0482-008。

④ 档案，嘉庆十七年六月十三日长芦盐政祥绍奏：《为据实代奏，恭谢天恩事》，朱批奏折，档案号：04-01-35-0492-058。档案，嘉庆二十一年十一月初二日长芦盐政嵩年奏：《为恭恳圣训事》，朱批奏折，档案号：04-01-35-0495-040。

万余道,每年亏银在六七十万两以外,亏折过重"。是时,"积欠已九百九十九万九千余两",每斤加价二文,"准复嘉庆十四年加价之旧,以一文归公,清完积欠,一文给商,俾补钱价之亏折。仍照案以一千一百文核银一两,照数交官,约每年可完积欠几及三十万两,报部候拨,计至道光三十八年积欠可以全清。俟清完之后,加价归公之一文即解交内务府充公。其给商之一文,不拘何时,但钱价平至一千文以内,或奏请裁减,或一体充公,届时再行酌办"。①这份奏折值得特别注意,即使将每斤加价的一文"归公",弥补拖欠,也要到三十多年后的"道光三十八年"。如果那时清完积欠,也仍旧将"归公"的银两由户部改交内务府。说明这种盐斤加价,虽然初衷是补贴商人,但注重课额的"归公"依旧是清廷考虑的重点。

道光四年以后,银贵钱贱更为凸显。道光二十三年,长芦盐政德顺在奏折中谈到了相关情况:

> 银价与盐价两相交涉,实为长芦全纲成本所关。溯查历年卷案,自道光八年,钦差大臣来津查办调剂,彼时每银一两易制钱一千三百文。道光十年,钦差大臣二次来津,彼时每银一两易制钱一千四五百文。十八年加价案内,每银一两增至一千六百数十文,核计以钱易银,较之八年,每年亏折成本九十余万两,幸蒙恩旨加价二文贴补钱价,并蒙赏给充公加价一文贴补成本。……二十二年下半年钱价又复增至一千八百数十文。按年比较,钱价逐渐加赠,约计商人卖进盐价钱文,易银交课,较比八年钱价,每年赔贴亏折成本至一百万余两,商本亏折殆尽,纲局危在须臾。扣至本年三月,贴补之加价二文,二年限满,其赏给之充公加价一文,原限五年,现已限满。众商历年受此银价亏折,已无生路。若必拘泥原定年限,竟将贴补之加价二文停止,并将赏给之充公加价一文收回,窃恐纲局涣散,众商束手,与国计民生在在堪虞。②

---

① 档案,道光四年正月二十二日长芦盐政阿尔邦阿奏:《为长芦积欠过重,商累难支,恩恩赏复加价钱文事》,朱批奏折,档案号:04-01-35-0502-029。

② 档案,道光二十三年三月二十一日长芦盐政德顺奏:《为恩施既渥,商力仍艰,实由银价愈昂钱价愈贱事》,朱批奏折,档案号:04-01-35-0515-016。

正是由于银贵钱贱的普遍化和严重化，一方面将历年的加价不断"展限"，并将"展限"的时间由两年、三年改为五年，加价成为一种连续不断的行为。道光十八年首次议定五年展限，道光二十三年五年期满，依旧"奏准展限五年，扣至二十八年三月均届限满"，又议准"再展限五年"。①另一方面，也将原来的"充公加价"改为补贴加价。这种"充公加价"改为补贴加价的情况，除长芦盐区外，在山东盐区也得以实行："道光二十三年四月间，前抚臣梁宝常奏东商疲乏情形，推展引课各款案内，经部覆准，堰工加价二文，先经奏准一并给商贴补帑利，至二十三年为始，再将一文弥补新旧欠款。"②

第二种情况是因为商人运盐所需物品的成本增高以及采买场盐价格的增高而加价。这种现象在乾隆中期已经显现，据乾隆三十五年长芦盐政李质颖奏称："乾隆二十九年，长芦商众因绳索、席片、车船、饭食等费无不加昂，而盐价仍然如旧，是以商力渐困，仰蒙天恩饬议每斤增钱一文，以敷商本。"③乾隆四十七年，长芦盐政征瑞又称："行办禹州等十万余引之范宗文向为长芦大商，仅据领引不及十分之一，其他一二万引地之商至有全未领运者，……似此领运不前，则商人等行运之艰难已可概见。……其所以不能转运之故，实缘盛世繁昌，百物昂贵，商人行销需费，其盐穄每包向止二三钱者，今则给银四五钱，船车脚价每包向止四五钱者，今则需费八九钱，以及绳斤、席片、捆载人工，无不较前加倍。自三十五年定价以后，迄今十有余年，每引计多耗银七八钱，引地卖盐，价有一定，而此项多耗之费，即在卖盐定价之内，以商人昔日之余息尽核归今日之成本，是以日渐疲乏，几至不能转运。"因此，要求"准于现行盐价之外，每斤酌增制钱二文，以资行运"。④道光七年，长芦盐政阿扬阿在谈到山东盐商时奏称："东运商盐，自永阜场春筑，运至雒口，复分运至各引地行销，自数百里至一千八百里不等。……长途盘

---

① 档案，道光二十八年二月初二日长芦盐政沈拱辰奏折附片，朱批奏折，档案号：04-01-35-0516-038。

② 档案，道光二十八年三月初二日山东巡抚张澧中奏：《为盐斤加价限满，恩恳再展三年，以纾商力事》，朱批奏折，档案号：04-01-35-0516-045。

③ 档案，乾隆三十五年三月初十日长芦盐政李质颖奏：《为钱价平减，运本不敷，恳请酌量加增以纾商力事》，朱批奏折，档案号：04-01-35-0464-028。

④ 档案，乾隆四十七年八月初九日长芦盐政征瑞奏：《为商运成本日重，酌量因时调剂，据实奏恳圣恩事》，军机处录副，档案号：03-0620-066。

运，亏折实多。在从前物价平贱，成本较轻，虽斤重有亏，而余息尚可抵补。迨后百物逐渐加昂，运脚人工递增数倍，以致累益加累，殷商渐疲，疲商益困"，虽然奏准"一文加价调剂"，但仍属"车薪杯水"。①

因为场盐价格的增高以及时局的变动，长芦盐区也直接采取加价的方式。同治十三年，直隶总督李鸿章奏称："军兴十余年，地方多故，商累已深，近年连遭水患，盐失收成，运本加重，加以新晒嫩盐伤耗赔折，累益增累，课运不能及时，皆有岌岌自危之势，迭据通纲商人沥诉苦情，恳请拯救。……查引盐卖价，向有一定钱数，原按课本核计，既便民间买食，而商人得价完课亦有余利。嗣虽纲情日累，尚未至十分亏赔。近则盐收短绌，不敷配运，须赴沿海设法收买，盐价既重，其车船运脚绳席等项，亦多耗费，计筑运熟盐一包，须从前两三包之价，且银价逐年增涨，商人卖盐得钱，必须易银交课，赔累更多，而卖价仍照原定钱数，不特无利可图，实已大亏课本。凡商贾贸易，总以成本重轻为长落，盐商成本愈重，利息愈微。"因此要求"直隶各岸引盐每斤酌加卖价制钱二文"。②河东盐区"百物之价，莫不较昔加增"，其中盐商采买食盐的场价"较之定价之际，每斤尚多二厘有余。再加以脚价、口袋、辛工火食所长之价，通盘合计，每斤实增成本银三厘有余"。河东盐政李质颖要求每斤加价二厘，得到清廷的批准。③而两淮盐区，在"灶盐欠产，蒲草价增，兼因物力昂贵，各商成本较重，办运维艰。……盐价、草价、人工、饭食，无不加倍腾贵"的情况下，也"查看情形，酌为调剂"。④其调剂之法，一般是采用"加斤"的方式，后面将有论述。

每次补贴加价的额度，或每斤一文，或每斤二文，盐政官员与地方官员认为，每次加价一二文，集腋成裘，对商人大有补益，而对食盐民众影响不大，如乾隆四十七年长芦盐政征瑞称："量加二文，在民间每人每日不过食盐

---

① 钞档，《清代题本》146《盐课(2)·奉天、山东》，道光七年四月二十八日阿扬阿奏折。中国社会科学院经济研究所藏。

② 档案，同治十三年四月初八日直隶总督李鸿章奏：《为芦纲连年灾歉，运本加重，伤耗过多，请酌加卤耗、卖价，借以补苴课本事》，朱批奏折，档案号：04-01-35-0524-033。

③ 档案，乾隆二十九年三月二十五日河东盐政李质颖奏：《为据实陈请事》，军机处录副，档案号：03-0616-055。

④ 档案，嘉庆十四年二月初九日两淮盐政阿克当阿奏：《为加斤期满，恳恩展限事》，军机处录副，档案号：03-1777-07。

三钱,数口之家月食盐二三斤,以一家计之,每月不过用钱五六文,以一口计之,每月仍不及一文,尚不为累。"①同治十三年,直隶总督李鸿章也说:"直隶各岸引盐每斤酌加卖价制钱二文。计民间每人日食盐三钱,以月计之,每人仅多费制钱一文零,尚不致病民。"②但连续不断的加价,导致各地食盐价格的不断增高,必然影响到人民的日常生活。

加斤与加耗是在原有额定"引斤"的基础上加载重量,加载的盐斤不缴纳课税,也是清廷补贴商人的重要措施。

长芦盐区的加斤始于雍正元年。③该年,因"引壅商困,积欠课银至一百数十万两",为了弥补积欠,"将长芦现行盐引每包加盐五十斤,以三百斤为一包,免其加课"。④此前,长芦每引盐的重量为 250 斤,加盐 50 斤,每引盐的重量达到 300 斤,这里所谓的"以三百斤为一包"亦即以 300 斤为 1 引。雍正元年的加斤案是因为盐课的积欠,按照当时的估算,每引加盐 50 斤,因不纳课税而免除的课银为"八万六千一百四十二两九钱八分有奇"。以此银数交纳积欠,"于雍正元年为始,应扣至雍正十三年为满",到"带征完日,再将所加盐斤作何加赋,应否裁存之处再议"。也就是说,加盐 50 斤不纳课税带来的收益,到雍正十三年可以完清之前的积欠。积欠完清后,此项加斤作何处理,再作讨论。乾隆元年,"御极之初,轸念芦商疾苦,复沛恩膏"。此后,历经讨论,到乾隆六年,户部先后驳议长芦盐政準泰、直隶总督李卫"加斤免课""以纾商力"的要求,"屡次部驳,俱令按数加赋",并且"将二年至五年应完银两作何完纳,作速按照原限定议具题"。长芦盐政三保极力诉说"各商节年带完灾缓课银,已属竭蹶",始议准加斤"自壬戌年(七年)为始加征,所

---

① 档案,乾隆四十七年八月初九日长芦盐政征瑞奏:《为商运成本日重,酌量因时调剂,据实奏恳圣恩事》,军机处录副,档案号:03-0620-066。
② 档案,同治十三年四月初八日直隶总督李鸿章奏:《为芦纲连年灾歉,运本加重,伤耗过多,请酌加卤耗、卖价,借以补苴课本事》,朱批奏折,档案号:04-01-35-0524-033。
③ 这是就补贴加斤而言,长芦盐区清初最早一次加斤是康熙十六年,该年,户科给事中余国柱条奏加斤增课"每引加盐二十五斤,加征银七分",由最初每引盐 225 斤增加至 250 斤,属于"加斤增课"的范畴。参见雍正《畿辅通志》卷 36《盐政》。
④ 档案,乾隆六年六月十八日长芦盐政、武备院卿三保奏:《为备陈加斤一案情节,密请圣鉴事》,朱批奏折,档案号:04-01-35-0446-029。

有前项银两应请一并……免其追纳"。①至此，加盐50斤重新征课。

乾隆十三年，皇上东巡。奉上谕："此次朕躬顺幸天津，凡修建行宫，预备诸物，皆出众商之力，自宜酌加恩赏，……朕虽未驻跸，伊等业经预备，已属出力，所备之物若毫不收纳，而伊等亦难冀邀恩，着寄信与丽柱，将行宫陈设之物内，有旧佳者，拣选数种，送至尔处转奏。至山东预备之各商，朕曾加恩交于该抚加给盐斤。今丽柱已署长芦盐政，令伊将长芦加给盐斤之处，亦照东省所办，画一酌定。"②此次东巡，乾隆主要是"躬谒孔林，顺幸津郡"，虽然未驻跸天津，但由于天津盐商为修建行宫、备办物品出力，也与山东盐商一样，得到加斤的特别恩赏。

两淮盐区的加斤，一个突出的现象是因乾隆南巡对盐商"踊跃急公"的补贴。据嘉庆《两淮盐法志》记载，乾隆十五年、十六年、二十一年、二十二年、二十七年，五次给两淮盐商"加赏"盐斤，每次每引加赏十斤、二十斤不等。③这些加斤，有的属于"永远沾受实惠"，有的则有限期，一般是"以二年为限"。

两淮除南巡加斤外，也有因盐商报效而加斤者，如乾隆十三年两淮盐政吉庆奉上谕："近年淮商急公输课，颇为踊跃，两淮纲食引盐着加恩于引额之外，每引增给十斤，俾商本不致亏折。"④也有因额外征收款项而加者，如康熙四十三年题准："两淮增织造、铜斤、河工等项钱粮三十余万两，每引加盐四十二斤。"⑤织造、铜斤、河工银是对盐商征收的额外杂项银两，用"每引加盐四十二斤"对盐商进行弥补。更多的情况，是因盐商运盐成本加重而加斤。乾隆三年，江西巡抚岳濬曾有奏折要求仿照"上年浙省商引加斤一案"，要求"将运江淮盐亦照浙省之例，每引酌增盐若干斤，而不增其课"，朱批"该部密

---

① 档案，乾隆六年二月初九日长芦盐政三保题：《为钦奉上谕事》，户科题本，档案号：02-01-04-13354-019。
② 档案，乾隆十三年四月十一日署理长芦盐政丽柱奏：《为钦奉上谕事》，朱批奏折，档案号：04-01-12-0058-021。
③ 嘉庆《两淮盐法志》卷40《忧恤一·恤商》。
④ 乾隆《两淮盐法志》卷31《忧恤一·恤商》。
⑤ 乾隆《江南通志》卷81《食货志·盐法》。

议具奏"，最终未获批准。①嘉庆十二年，湖北巡抚章煦因"近年成本加重，场价日增，各商每运一引，须赔折银二两数钱"，要求加斤补贴。从这份奏折可知，"乾隆十三年、十六年……每引额盐之外，两次加盐二十斤。又嘉庆十年，……再加带十斤，此项盐斤统入正引带运，并无课饷关钞及引窝辛工等项，需本无多，卖出价值即可作补苴"。在嘉庆十年之前，有三次因成本增加而进行加斤，嘉庆十二年再次要求"每引再赏加盐二十斤，不入成本之内，以资沾润"。朱批："户部议奏。"②户部议覆认为："湖北巡抚章煦所奏每引加盐二十斤，虽于盐价固无增长，而该处引包，自乾隆十三年以后迭次加斤，现在每引已行销至三百七十四斤，如再议加带，则盐包愈重，捆掣维艰，且恐商人借端夹带，致令纲引滞销，殊于商运有碍，是该抚所奏加斤之处亦未便准行。"朱批："依议。"③此次加斤虽然未经允许，但因为嘉庆十年"每引加斤十斤"，有"以三年为限"的规定，每逢三年期满，均继续"展限"加斤。嘉庆十四年，两淮盐政阿克当阿称："嘉庆十年，通泰各场被水，灶盐欠产，蒲草价增，兼因物力昂贵，各商成本较重，办运维艰，经督臣铁保查看情形，酌为调剂，援照乾隆十三年加斤之例，奏请每引加盐十斤，不入成本，俾各商稍补亏折。经部议准，自丙寅纲（嘉庆十一年）起，通纲盐引每引加盐十斤，以三年为限。……今自丙寅纲（嘉庆十一年）起，至戊辰纲（嘉庆十三年）止，已届三年限满，……据淮南总散各商江广达等呈称，……自上年夏间，洪湖异涨，兼之蔡家潭、荷花塘漫口，各坝起闸，各场俱被淹浸，蒲草失收，灶丁逃散，场盐价值较前转益加昂，……盐价、草价、人工、饭食，无不加倍腾贵，商力更形支绌，……再予展限三年。"④嘉庆十七年，两淮盐政阿克当阿又称："淮南、淮北总商江广达、萧怡茂等呈称，……洪湖异涨，各场被淹，蒲草失收，一切盐草

① 档案，乾隆三年八月初三日江西巡抚岳濬奏：《为江省之盐价难平，请照浙引加斤，以裕商本而便民食事》，朱批奏折，档案号：04-01-35-1388-010。

② 档案，嘉庆十二年五月十八日湖北巡抚章煦奏：《为遵旨体访楚北盐价情形，酌加调剂事》，朱批奏折，档案号：04-01-035-0488-027。

③ 档案，嘉庆十二年六月三十日大学士、管理户部事务事禄康奏：《为奏闻事》，军机处录副，档案号：03-1776-050。

④ 档案，嘉庆十四年二月初九日两淮盐政阿克当阿奏：《为加斤期满，恳恩展限事》，军机处录副，档案号：03-1777-071。

人工倍加腾贵,各商更形支绌。……通纲盐引加斤,再行展限四年,自壬申纲(嘉庆十七年)起,至乙亥纲(嘉庆二十年)止,俾各商将盈补绌。"①此次"展限四年"属于特殊个例,以后均是循例"展限三年"。直到道光七年,有了进一步的变化,该年"因场盐较前更贵,非前加十斤可以补苴",经过两江总督琦善、两淮盐政张青选奏准:"于前加十斤之外,每引暂再加盐十斤,奉旨准其新旧共加盐二十斤,俾资贴补。"②每引加盐 20 斤成为新的惯例。

浙江盐区的加斤与两淮盐区大致相仿,除因盐商成本增加进行加斤补贴外,也有因乾隆南巡加斤的事例。据署理浙江巡抚熊学鹏的奏折,"杭、嘉、绍三所商盐每引额定三百三十五斤,松所商盐每引额定盐四百斤,乾隆二十七年,圣驾巡幸浙江,杭、嘉、绍、松四所商人钦奉恩旨,每引统于额定盐斤外,加盐五斤,所加之五斤盐,免其输纳课项,以一年为满"。乾隆三十五年,循乾隆二十七年之例,依旧是加盐五斤,以一年为限。③乾隆三十七年,又因皇太后八旬万寿,盐商"趋赴京师,共申庆祝",贡钱贡物,"于定额盐斤之外,每引价盐五斤,三年为期,免输课费"。④

"加耗"又称为"卤耗",在形式上也是一种额定"引斤"之外的"加斤",但其初衷是因盐商在运盐过程中的消耗而加,即所谓"于筑包时酌量准其除去包皮、绳索及沿途抛洒折耗,使商卖不致短秤累民"⑤。但后来逐渐演变成借"加耗"之名目,多加盐斤,或对商人进行补贴,或借以筹款增课。

道光七年长芦盐政阿扬阿在谈到长芦、山东盐区的加耗情景时说,长芦及山东盐商按惯例,"每引于额斤之外,实加包索、卤耗盐二十五斤及三十斤不等",因"长途盘运,亏折实多,在从前物价平贱、成本较轻,虽斤重有亏,而余息尚可抵补。迨后百物逐渐加昂,运脚、人工递增数倍,以致累益加累,殷

---

① 档案,嘉庆十七年二月十三日两淮盐政阿克当阿奏:《为据情具奏事》,朱批奏折,档案号:04-01-35-0492-027。

② 档案,道光十年八月十一日两淮盐政福森奏:《为引盐加斤限满,据情奏恳圣恩再展三年,以培商力事》,朱批奏折,档案号:04-01-35-0507-044。

③ 档案,乾隆三十五年三月初一日署理浙江巡抚熊学鹏奏:《为遵旨查明覆奏事》,朱批奏折,档案号:04-01-35-0464-027。

④ 档案,乾隆三十七年二月初六日浙江巡抚富勒浑奏:《为恭谢天恩据情代奏事》,朱批奏折,档案号:04-01-14-0039-029。

⑤ 周庆云:《盐法通志》卷 51《引目九·引斤》。

商渐疲，疲商益困"。长芦的加耗在原有耗盐之外，多加耗盐至五十斤，山东"援照长芦量为加耗，……请加五十斤之数，未免过多，应请山东（北运）盐每引酌给包索、卤耗盐二十斤，南运盐给予二十五斤，以资补救"。①光绪二十三年，据山东巡抚李秉衡称："运库岁拨京协各饷二十余万两，征收盐课等项往往不及此数，加以海防、河工、洋债三者兼筹，时虞入不敷出。若不设法接济，终恐难以为继。……据引票纲商福安长等禀称，东纲疲累日深，商民交困，上年加价半文，虽以奏明照准，查看地方凋敝情形，未敢加之于民，仍有各商认摊，已属竭蹶万分。若再添筹拨款，实属力有未逮，……屡次集议，惟有加耗、加课一法，尚可稍资挹注。"因为山东盐课拨解京协各饷不敷，所以用加耗盐加课的办法。当时，"北运盐包，例重三百二十斤，南运盐包，例重三百二十五斤"，光绪十八年曾经"办过成案，每引、票加课银一钱，加耗盐六十斤"。随后，因加耗过多，"占碍销数"，奏停加耗，但到光绪二十三年，"筹饷之策，舍此别无良图"，又议"将北运各州县曾经加价之引票每张加抽课银一钱，其并未加增之曹、单、昌、潍、兰、郯、莒、日及南运商办之丰、沛、萧、砀等十二州县，每引票一张加抽课银二钱。以上各处，每盐一包，于例重之外，统加耗盐三十斤"。②光绪二十六年，因"练兵筹饷"，经山东巡抚袁世凯奏准，再次加耗盐三十斤，"仍照二十三年加课办法，每引票一张再加课银一钱"。③

从总体上说，长芦盐区的加耗要比山东为多。据周庆云《盐法通志》记载："道光元年，以十引之盐并为九引，每包连卤耗加盐三十五斤。八年议准，商运盐斤每包于额定斤数并旧加包索卤耗之外，再加盐二十斤。二十一年，减引并包，每包连卤耗加盐三十八斤十二两。二十八年奏准，每包加盐一百五十斤，不加课。"④此种记载，容易引起误解。实际上所谓道光二十八

---

① 档案，道光七年四月二十五日长芦盐政阿扬阿奏：《为援照长芦例案，恳恩调剂，以纾商力而全课运事》，朱批奏折，档案号：04-01-35-0505-007。

② 档案，光绪二十三年二月十二日山东巡抚李秉衡奏：《为东纲盐斤拟请分别加耗加课，以济饷需事》，朱批奏折，档案号：04-01-35-0574-029。

③ 档案，光绪二十六年三月二十六日山东巡抚袁世凯奏：《为详陈盐斤加课以济饷需事》，朱批奏折，档案号：04-01-35-0533-010。

④ 周庆云：《盐法通志》卷51《引目九·引斤》。

年"每包加盐一百五十斤"，是道光元年以来屡次所加的总和，即直隶总督裕禄的奏折所说："道光元年至二十八年，曾因恤商奏加卤耗四次，皆在四十斤上下，最后清查之案加至一百五十斤，所加卤耗，皆与正杂帑课毫无关碍。"加耗的原因，据直岸商人晋有孚等禀称："长芦直岸引盐向系按包装扎，由河分运。近年河道节节淤浅，运路维艰，领告各岸引盐抵岸，必须起剥[驳]多次，且自铁路行车以后，车船俱少，价值因之增昂，盘运既多伤耗，运价又复居奇。加以直岸原交赈垫加价银两本年五月期满后，经奏明展限五年，以七成提归公用，只余三成津贴，以之弥补伤耗、运价两项。"同治十三年，直隶总督李鸿章因"近年连遭水患，盐失收成。……豫省引岸距津场道远，数易舟车，伤耗尤重"，奏准河南引盐每引加耗二十斤，直隶引盐未经议准。光绪二十五年，要求直隶"援照同治十三年豫岸加耗成案，每包准予加盐二十斤，以五年为限"。①在遭到户部议驳，一时未获批准的情况下，直隶总督裕禄又上奏折："经户部议覆，每引若加耗盐二十斤，以直岸应销四十三万一千三百九十余道计之，约共加盐八百六十二万七千八百余斤，共合引一万五千六百八十余道。近年销路如故，忽以无课之盐八百六十余万斤行乎其间，盐愈多则销愈滞，销愈滞则课愈绌。即谓课额由商包纳，无论销引多寡，均可勒令商人包完，而加价一项，设有短少，又将谁认？应毋庸议。……据直岸商人晋有孚等禀称，遵查此次求加卤耗者，但求补盐包内之伤耗，非敢于盐包外溢额求增也。……船车偷盗，查禁尤难，计自津垞筑运以至抵岸出售，阅时半年之久，风吹日炙，出卤尤多，每包有亏盐四五十斤者，有亏盐六七十斤者，所存不过九成之盐，仍纳十成之课，往年尚可支持者，赖有津贴商累之赈垫加价，稍资挹注，今则加价已提七成归公，亏折无从弥补。又值各河淤塞浅阻，盐船大半不能抵厂。本年盐斤伤耗更甚。"因此，"仍请加盐二十斤"。朱批："着照所请。户部知道。"②此后，光绪二十八年，直隶总督袁世凯又奏称：

① 档案，光绪二十五年九月十八日直隶总督裕禄奏：《为长芦直岸引盐运道艰滞，商力难纾，恳请援案酌加卤耗事》，朱批奏折，档案号：04-01-35-0532-051。
② 档案，光绪二十五年十一月十三日直隶总督裕禄奏：《为长芦直岸引盐运道艰滞，伤耗过多，商累实甚，仍恳请援案酌加卤耗事》，朱批奏折，档案号：04-01-35-0532-056。按：袁世凯所说直隶引盐"经前督臣裕禄奏准每包加盐二十斤，于是年六月起奉饬遵行在案"，不确。从前引裕禄的奏折可知，实际批准的时间是光绪二十五年十一月。

"豫岸商人杨成源等禀称,商等行办豫省五十三州县引地,近年成本增重,运路艰难,赔累已属难支,又遭兵火之劫,家业荡然,皆有坐以待毙之势。非蒙设法垂救,难望转机。……查长芦引盐行销直、豫两省,按包计引,于道光二十八年奏准改定章程,直省每包重五百六十七斤七两,豫省每包重五百七十二斤七两。光绪二十五年,直岸各商因盐斤卤耗赔累难堪,详经前督臣裕禄奏准每包加盐二十斤,于是年六月起奉饬遵行在案。若按运路而论,豫岸较直岸为尤远,自津坨筑运,渡河落厂,屡易舟车,抛洒折耗亦较直岸为更多。当时豫岸引盐未清,一律加斤本未公允,仰恳天恩,请准援照直岸加斤成案,将豫岸引盐自光绪二十八年……每包于向章五百七十三斤七两外,再加耗盐二十斤,以恤商艰而保课款。"朱批:"着照所请。户部知道。"①于是,河南引岸再次加耗 20 斤。据袁世凯的奏折也可以知晓,到清末,长芦盐区不论是"直岸"还是"豫岸",由于不断"加斤""加耗",每引盐的重量已接近 600 斤,与清初引重 225 斤相比,已经相差悬殊。

两淮盐区的加耗始于乾隆二年,当时,因"挑浚淮扬运河",事先"预运盐斤堆贮仪所盐垣,历夏经秋,多有卤耗。此系已掣之盐,有亏商本",因此奏准"量加卤耗,六月以前加盐十五斤,七月以前加盐二十斤,八月十五以前加盐十五斤,八月十五以后加盐十斤"。②这次的加耗只是针对淮南的"预运盐斤",淮南的"正运引盐"以及淮北的盐斤均不包括在内。乾隆六年,两淮盐政準泰奏称:"淮南引盐产于场灶,原系卤煎,旋煎旋捆,火气未除,易于淌卤,时当暑月,尤多折耗消融。"因此,奏请所有盐斤一律加耗,"于五、六两月每引加耗十五斤,七月加耗十斤,八月加耗五斤,至九月时已清凉,停止加耗"。③淮北的盐斤于乾隆十一年奏请加耗:"淮南纲食引盐业蒙圣恩于每年五、六、七、八月分别加耗自十五斤至五斤不等,淮北纲食引盐事同一例,且商力较薄于淮南,其卤耗未曾加给,更恳圣主一视同仁,除五月

---

① 档案,光绪二十八年正月二十三日直隶总督袁世凯奏:《为长芦豫岸引盐路远途艰,援案请加卤耗以示体恤事》,军机处录副,档案号:03-06475-012。

② 乾隆《两淮盐法志》卷31《忧恤一·恤商》。

③ 档案,乾隆六年五月十二日两淮盐政準泰奏:《为奏明事》,朱批奏折,档案号:04-01-35-0446-023。

分中河水浅,尚未运掣,毋庸议给卤耗外,请于六月每引加耗十五斤,七月加耗十斤,八月加耗五斤,俾舟车挽运得免亏折。"①乾隆十一年,因"场盐逐渐增昂,……场盐每引卖至一两四五钱至一两六七钱(按:定价为"每引贵价一两三分二厘,贱价八钱二分五厘六毫")",而"淮商以盐为世业,权子母操奇赢,虽物力盈缩,价有贵贱不齐,而从长计议,总期获利,原属商贾常情",如果延续原来的加耗标准,在盐商采买场盐价格增高后,将影响盐商的正常利润,于是又议准淮南引盐的"量加卤耗",在原来的加耗基础上加以调整:"六月以前每引加盐二十五斤,七月以前加盐二十斤,八月十五以前加盐十五斤,八月十五以后加盐十斤。"②这次加耗成为以后遵循的定例。

二、盐商的"浮春盐斤"与"夹带"

"浮春盐斤"与"夹带盐斤"是盐商攫取额外利润的非法手段。

所谓的"浮春盐斤",是指盐商在场区捆载盐斤时,不按额定引重而多捆多载盐斤。由于盐商是按引行盐,按引纳课,额定引重之外多出的盐斤,自不必纳课,所以盐商因浮春多载的盐斤实际上是一种"无课之盐""无课之私",盐商因此可以谋得厚利。乾隆三十年,两淮盐政普福在一份奏折中曾谈到两淮灶户与场商、运商的关系以及盐商浮春的严重性:

> 各扬商具有代办之人在场收买灶盐,名为"场商",有即领运商课本,立垣代买者,有自行收买转售运商者。若辈虽称扬商亲友,其实惟知自利,并不体恤灶户艰辛。而灶盐交易,向系用桶量收,实多滋弊。曾经高恒校准四百斤之秤,又饬各分司照四百斤之数核定,每桶二百斤,两桶配成一引,合秤发运。立法已属尽善,乃该场商等渐次懈弛,奉

---

① 档案,乾隆十一年闰三月十六日署理两淮盐政吉庆奏:《为恤商正所以惠民事》,朱批奏折,档案号:04-01-35-0450-030。按:淮北的加耗延至乾隆十三年才开始实行。参见档案,乾隆十三年四月初九日署理两淮盐政吉庆奏:《为皇恩之溥被如天,商灶之衔感无地事》,朱批奏折,档案号:04-01-35-0452-007。
② 档案,乾隆十一年四月十九日协办大学士、户部尚书刘于义奏:《为遵旨议奏事》,朱批奏折,档案号:04-01-35-0450-034。

行不善。奴才亲至通、泰两属二十二场堆盐各包垣,将伊等自置收灶盐之桶用前发官秤逐一秤较,每桶实多一二十斤不等,总无与官秤相符者。核之每引四百斤之外,竟多至三四十斤不等。而伊等转售扬商,仍以官秤四百斤捆发,并不遵照官秤收买。且有一班掀手量盐轻重松实,从中取利,若按一纲所出一百五六十万额数,每引多收三四十斤核计,则浮收灶盐十五六万余引,各场商竟侵渔灶盐价银十数万两。①

这里所谓的"扬商",即居住于扬州的运商,担负着两淮盐区的食盐运销,"场商"作为"扬商"(运商)采买场盐的代理者,互为一体的利益使其对食盐的生产者——灶户大为盘剥,就普福所说"每引四百斤之外,竟多至三四十斤不等",其浮春盐斤的数额约为十分之一,也就意味着每引盐约有十分之一不缴纳课税,盐商可以借此获得纯利。

应该说,盐商的浮春盐斤是一种普遍的现象,户部尚书王鼎也曾说:"灶户煎丁,滨海贫民,最为艰苦,宜加体恤。查收盐桶、秤,旧有定制,近来场商每以大桶、重秤任意浮收勒掯,致灶户以交官盐为累,而乐于透私。"②山西道监察御史陈肇针对山东盐商的浮春也有进一步的论说:"商人浮春盐斤,其害尤甚于私枭也。查商人按引运盐,俱有一定额数,其引外多秤者,谓之'浮春',如山东盐引以二百二十五斤为度,近来每引浮春多至三五十斤至百余斤不等。山东每年正银五十万五百道,以每引浮春百斤计之,五十万引多春五千万斤,抵官引二十余万道,较私枭之偷贩相去霄壤。地方有十数私枭尚足以滞引病商,而商人浮春盈千累万,安得不碍官引,不侵国课乎?一省如此,他省可想。"据此可见,山东的浮春比两淮还要严重,其浮春之盐甚至超过私枭贩卖之盐,浮春的后果比贩私更为严重,所以陈肇又说:"缉私之法日严,而官引总不畅销,此即浮春之明证,不待烦言而知也。"③

① 档案,乾隆三十年十一月十八日普福奏:《为奏闻清厘场商渔利多收灶户盐斤事》,军机处录副,档案号:03-0617-029。
② 档案,道光十年十二月十三日户部尚书王鼎呈:《两淮盐务章程十五条》,军机处录副,档案号:03-3179-057。
③ 档案,道光六年二月初一日山西道监察御史陈肇奏:《为盐商浮春盐斤暗侵国课,请旨饬禁事》,朱批奏折,档案号:04-01-35-0504-018。

　　所谓的"夹带盐斤"是指盐商在运盐行销过程中借"官引"而影射多带的盐斤,实际上是一种"商私"或"有引"之私盐。商人夹带盐斤以获取额外利润是一种常态,据周济《淮鹾问答》称,淮商"计仪征买私,每斤二十余文,汉口卖私,每斤五十余文,实有加倍之利。……是以千引之船,大约必带私二千石"①。甚至有学者认为,嘉道时期两淮盐商的实得利润近似为 0,通过夹带食盐,获得的利润率为 10.9%。②虽然难以同意"嘉道时期两淮盐商的实得利润近似为 0"③,但盐商通过夹带盐斤获取额外利润则是无疑的。早在顺治三年,两浙巡盐御史王显即称:"各商急公者固多,而营私者亦复不少,每遇掣期,或观望以待市价之高,或漏掣以酿重照之弊,或越渡以开影射之门。"④徐文弼《缉私盐》称:"江淮、两浙之商,例有管理上场下河等伙计。其不肖之徒,纠合无赖,连樯运载,明插旗号,执持官引以为影射,江河四达,莫敢伊何。"⑤孙鼎臣《论盐》称:"总船私、漕私、邻私、枭私之数,不敌商私。船私、漕私、邻私、枭私可以法戢,而商私不能禁。"⑥江西巡抚金光悌称,由于"场灶灾歉",场盐价格增高,盐商"惟有引外夹带盐斤补苴赔垫"。⑦可见,有清一代,盐商之夹带盐斤,一直是一个突出的问题。

　　至于盐商夹带盐斤的比例,顺治十七年礼科给事中杨雍建称:"两浙年额行盐六十六万七千引零,每引额盐二百斤,加包索、卤耗二十五斤,浙西包补溧课,又加七斤,此定例也。比闻迩年以来,运盐有重至二百六十斤者,及赴所称掣,尚有余斤割没。夫每包之数加重至三四十斤。是十引之中夹带几及二引。"⑧如是,当时两浙盐商的夹带盐斤,约占引盐的十分之二。山东的夹带比例大致相同,据直隶总督方观承称:"山东海丰七州县票盐,每包夹

---

①　周济:《淮鹾问答》,《皇朝经世文续编》(盛康辑)卷 51《户政》。

②　汪崇筼:《清嘉道时期淮盐经营成本的估算和讨论》,《盐业史研究》2002 年第 1 期。同时可参见氏著《明清徽商经营盐业考略》,巴蜀书社 2008 年版,第 137—194 页。

③　参见陈锋《清代食盐运销的成本、利润及相关问题》,《中山大学学报》2020 年第 5 期。

④　乾隆《浙江通志》卷 83《盐法上》。

⑤　徐文弼:《缉私盐》,《皇朝经世文编》卷 50《户政二十五·盐课下》。

⑥　孙鼎臣:《论盐》,《皇朝经世文续编》(葛士濬辑)卷 43《户政》。

⑦　档案,嘉庆十二年六月初五日江西巡抚金光悌奏:《为遵旨议奏事》,朱批奏折,档案号:04-01-35-0488-033。

⑧　《清盐法志》卷 171《两浙十二·运销门》。

带盐三十五斤。"①而据陶澍《再陈淮鹾积弊折子》的记载,两淮盐商的夹带还要严重:"私盐充斥固应首重缉私,然岸销之滞,不尽关枭贩。其商运官引之重斤与装盐江船之夹带,实为淮纲腹心之蠹。在商人,于正盐之外,本有耗卤、无课之加斤,即无异官中之私。而又有包内包外之私。其包内者,系运商捆盐出场多带重斤,商斯、商伙亦复如之。且又短发江船水脚,以盐斤私抵船价。其短发所给之价,复被斯伙、埠头等勒扣过半。甚至船户不领脚价,转以重赂向商斯、埠头等图谋装盐,下至商宅之婢役亦月有馈费。彼江船何苦为此,无非借公装私而已。闻江船装盐,每捆解放私盐,谓之'买砠'。每船装官盐十之五六,余船尽以装私,谓之'跑风'。"②陶澍在该奏折中,不但将前述加耗、加斤视为"官中之私",也述说了"包内包外之私"和"借公装私";这些"私盐"的严重性,是导致"岸销之滞"的根本原因,盐商夹带盐斤的比例更达到十分之四五。陶澍在《会同钦差拟定盐务章程折子》中又说:"两淮正引三百六十四斤,现在各场捆盐多者几至加倍。此商人引盐之夹带也。"③这里所说的夹带"几至加倍"与"官盐十之五六,余船尽以装私",实际上是一个意思,只是表达方式不同,都说明两淮盐商所运销的盐斤,夹带约占一半。涂文钧所说"千引之盐,辄带私数百引"④,包世臣所说"近时正引,节次加斤至三百六十斤,而淮南捆至五六百斤,淮北且及倍,此官商夹带之私也"⑤,与陶澍所言约略相同。曾任兵部尚书的卢询更称:"今日私贩之卖私盐,盐商之夹带私盐,皆数倍于引盐数目。"⑥卢询所说的私盐"数倍于引盐",虽然是就"私贩之卖私盐"和"盐商之夹带私盐"合而论之,但也可以体会到盐商夹带盐斤之多。

---

① 档案,乾隆二十七年九月初十日直隶总督方观承奏:《为奏闻事》,朱批奏折,档案号:04-01-35-0461-018。

② 陶澍:《再陈淮鹾积弊折子》,《陶澍集》上册,岳麓书社 1998 年版,第 159—160 页。标点不妥之处,已经改正。

③ 陶澍:《会同钦差拟定盐务章程折子》,《陶澍集》上册,第 167 页。参见《清盐法志》卷 133《两淮三十四·征榷门·商课》。

④ 档案,道光二十六年九月十二日浙江道监察御史涂文钧奏:《为淮鹾积弊亟宜彻底通筹,以保商裕课事》,军机处录副,档案号:03-3191-026。

⑤ 包世臣:《安吴四种》卷 3《庚辰杂著五》。

⑥ 卢询:《商盐加引减价疏》,《皇朝经世文编》卷 49《户政二十四·盐课上》。

　　盐商夹带盐斤,除一般意义上的在盐场"捆盐"时多载盐斤沿途售卖外,最为突出的方式是运盐船只的夹带。盐商捆盐出场,运销各地,为了减少运费,一般多走水路,用盐船搭载,所以盐船的夹带是最为常见的方式。上揭陶澍"每船装官盐十之五六,余船尽以装私",即是指两淮运盐船只的夹带,并且揭示出淮商夹带的严重性。陶澍在另一份奏折中也指出过"商盐船只,每多夹私盗卖"①。其他盐区,也多有商船夹带的情况,如浙江,"杭所盐船,有藏头之名,每于装盐出场之时,串通押运人等夹带私盐,窝顿僻地,俟本船挈后过坝,偷运上船带贩。……嘉所河港四通,支流杂出,兼之地近盐场,贩徒络绎,运挈之际流弊极多,如装盐船户借以船只宽大,有散舱夹底、鸳鸯搭配名色,以致夹带零盐,分藏遮掩,其弊繁滋"②。除盐商的夹带外,盐船上的船户、水手也"夹私盗卖"。③由于盐商往往克扣船户、水手的水脚银,或者不给水脚银,故"听其夹带私盐"以作为补偿,大多听之任之,甚至狼狈为奸。④对此,户部尚书王鼎等人也有清晰的论说:"运盐原有定例水脚,近为埠头串通商伙商厮,从中勒扣,该船户亦意图带私,甘心忍受,且有出钱买装者,遂至脚私日恣。"⑤这种盐商的夹带以及船户、水手的夹私盗卖,必然影响到官盐的销售,即所谓"江船多一分之夹带,即口岸占一分之引额"⑥,是官引滞销的重要原因之一。

　　在盐商运盐船只的夹带之外,运送铜铅船只的夹带和运粮回空漕船的夹带也非常突出。⑦送铜铅船和回空漕船只的夹带,表面上看是船户水手的夹带盐斤、私贩牟利,但实际上与盐商浮春盐斤、夹带盐斤之后的销卖也有一定的关系。清代铜的产区主要是云南,铅的产区主要是贵州,云南的铜料

---

　　①　档案,道光十五年正月初十日两江总督陶澍奏:《为变通巡江章程,以杜江船盗卖、夹私诸弊,保课运而肃纲纪事》,朱批奏折,档案号:04-01-35-0511-056。

　　②　《清盐法志》卷171《两浙十二·运销门·掣验》。

　　③　陶澍:《会同两湖督抚筹议楚省礁务折子》,《陶澍集》上册,第292页。

　　④　王赠芳:《谨陈补救淮盐积弊疏》,《皇朝经世文续编》卷51《户政》。王赠芳又说:"船户不以水脚为利,而以私盐为利。"

　　⑤　《清盐法志》卷133《两淮三十四·征榷门·商课》。

　　⑥　档案,嘉庆二十三年三月十六日两江总督孙玉庭、两淮盐政阿可当阿奏:《为遵旨筹议稽查夹带透漏事宜,以靖私源事》,朱批奏折,档案号:04-01-35-0496-038。

　　⑦　参见陈锋《清代盐政与盐税》,武汉大学出版社2013年第2版,第248—254页。

经四川泸州、重庆运往汉口,贵州铅料经涪陵、万县运往汉口;然后从汉口沿长江东下,经仪征、扬州,沿运河北上,径达北京。在经过川盐产地之时,船户便私买川盐到湖北境地偷卖,即所谓"铜铅船自四川装运北上,一路收买川私入楚售卖"。这种"川私"多为四川盐商贩卖之盐。①运送漕粮在返回江南时,因"芦盐价值较贱,固所带尤多"②。漕船的夹带,据陶澍呈,除售卖"地棍屯积私盐"外,主要是由于"天津商人利于鬻私,甚至在于公埠明目张胆而为之。……公埠虽有印票限以斤数,而带私者并不请票,鬻私者并不填票,徒法难行。……青县、静海、沧州、交河、南皮各州县,临河商店存盐过多,并不按应领应销实数,率付粮艘,以邻为壑。……私盐窝囤存积河干,专候粮船经过,千夫运送,万人共见,兵役巡查,翻[反]无知觉……粮船装私,均用小船载送,天津河下小船如织,围绕粮艘,白昼上载,地方文武熟视无睹"。③所谓"天津商人利于鬻私",已经指明漕船夹带私盐的主要来源,所谓"明目张胆而为之"以及"地方文武熟视无睹",显然是由于官员的"得规卖放"或"得规包庇"。

按照有关定例,"浮春盐斤"与"夹带盐斤"有明文禁止,正是由于官员的"得规卖放"或"得规包庇",导致虚应故事。

山西道监察御史陈肇在谈到盐商的浮春缘由时说:"商人之浮春,官引仍不畅销也。……官吏平时得受陋规,为之祖护,是以从未破案。夫我国家休养生息,户口日增,以食盐之人计之,额定正引、余引之数,原不为多,乃食盐之人日众,缉私之法日严,而官引总不畅销,此即浮春之明证,不待烦言而知也。且私枭偷贩罪名綦重,而商人浮春无数,借官引以售私盐,明目张胆而为之,反得以商力疲乏,屡邀恩施于格外,阴擅其利,而阳避其罪,视私枭更为狡诈。臣查秤掣盐斤,设有运同、同知、大使等官专司其事,若不得规庇隐,商人安得浮春。"④盐商浮春盐斤,是"借官引以售私盐",在盐商筑盐出场

---

① 档案,道光十一年四月二十五日两江总督陶澍奏:《为筹议粮船夹带私盐,请治其源,扼要稽查,以收实效事》,朱批奏折,档案号:04-01-35-0508-065。

② 陶澍:《严查回空粮船夹带私盐折子》,《陶澍集》上册,第155页。

③ 陶澍:《筹议稽查粮船夹带私盐折子》,《陶澍集》上册,第181—182页。

④ 档案,道光六年二月初一日山西道监察御史陈肇奏:《为盐商浮春盐斤暗侵国课,请旨饬禁事》,朱批奏折,档案号:04-01-35-0504-018。

的各个环节,有层层的秤掣稽查,其之所以泛滥,是由于商人的行贿和官员的受贿。

雍正帝在谈到盐船的夹带缘由时概称:"商船夹带,原应秉公盘查,而往往视为利薮,多方需索,恣意搜求,以塞巡查之责。"①浙江道监察御史涂文钧所谈盐船的夹带更有多种原因:"淮南运盐,由场过坝,由坝到仪,层层掣验,以防透漏,尤不能免捆工放斥、江船夹带之弊。乃自有官运'中包',不由仪征捆掣,辄用江船自场领装赴岸之案,致商运纷纷援请,借以减轻脚价为词,一入淮河,奸商串通船户,随处买带。……不肖营弁又复得规包庇,纵任停留。近年各食岸疲滞,实由于此。宜将官运'中包'一概停止。所有数年来安庆、池州、太平等岸私改'中包',逃避盘掣者,总归仪征解捆,仍饬运司遴委妥员,会同监掣各员严行查验,不许放斥卖码,以肃捆政。……近来船户夹私颇有,奸商为之囊橐。一经破案,则诿之店伙,船户谓本商绝不知情。此最为盐法巨蠹,不可不彻底惩治。"②这里不但指出在盐商运盐的过程中,"由场过坝,由坝到仪,层层掣验"正是为了防范盐商夹带,其"不能免捆工放斥、江船夹带之弊"者,显然也是由于管理者的放纵。除此之外,盐商也有其免于稽查、规避稽查的手段,私自将盐包改为"中包",不在规定场所捆掣,就是其手段之一。而且"一经破案,则诿之店伙",盐商又将风险转嫁他人。

两江总督陶澍在谈到漕船夹带的缘由时说:"夹带私盐定例綦严,连年条陈利病者多,而弊仍未除,并且日有甚焉。固有掩耳盗铃,奉行未力,实亦稽查鲜要、弊源未清之故。"③署理漕运总督吴邦庆亦称:"虽有严禁明条,而从未破获巨案,盖因奉行不力,终属有名无实。……细询在漕年久备弁,据称,天津以南之于家堡、杨柳青、独流、砖河等处,向系著名上私之地,近因官役巡缉,又经潜移别处受载,如天津以北之北仓、丁字沽、西沽、海口及故城县之郑家口、头望、二望、三望,直、东两省交界之油坊、渡口驿,并山东境内

---

① 《清世宗上谕内阁》卷147,雍正十二年九月二十九日。

② 档案,道光二十六年九月十二日浙江道监察御史涂文钧奏:《为淮醝积弊亟宜彻底通筹,以保商裕课事》,军机处录副,档案号:03-3191-026。

③ 档案,道光十一年四月二十五日两江总督陶澍奏:《为筹议粮船夹带私盐,请治其源,扼要稽查,以收实效事》,朱批奏折,档案号:04-01-35-0508-065。

七级闸、阿城闸、张秋一带,均系装载私盐地方。……缉私全在地方,而获犯尤专在营汛,缘州县呼应较灵,人知畏惧,惟所辖事务尚繁。各营处处设有汛地,专司缉捕,弁兵耳目既周,且有器械足资抵御,若非得规包庇,私贩焉能越境而行!"①道光帝在接读监察御史朱士林"为害尤深者,莫如粮私,粮船收买芦盐"的奏折后,也有上谕:"着督饬所属,于回空漕船过境时实力查办,不得仍前得规卖放,并借词兑漕期迫,有益纵容。"②

上述意味着查禁盐商浮春夹带盐斤时的"得规卖放"或"得规包庇"是一种较为普遍的现象,但并不等于说没有对盐商浮春夹带的查禁和处罚。顺治十二年,长芦巡盐御史王秉乾就曾经奏称:"盐务大小衙门及稍有干涉之官胥人等,无不有厘头陋规,每引一二三分或数厘不等。究竟商人借此夹带,秤掣含糊,十年以来从无一斤割没报解,弊可知矣。臣革陋规,自臣衙门始,一概禁革。再,向来盐臣不亲掣挈,臣不辞劳怨,躬诣盐所,逐包盘掣,彻底清查,其有多斤一一称出,共多盐九十五万六千四百四十三斤,该追割没银九千五百六十四两四钱三分,商皆慑服,情愿输纳。"③王秉乾此奏虽有自我标榜之意,但也说明,此前的盐官因有"厘头陋规",所以"商人借此夹带,秤掣含糊",王秉乾"躬诣盐所,逐包盘掣,彻底清查",所以查出九十五万浮春盐斤。据江西巡抚先福的奏报,他也曾经破获漕船夹带案件:"嘉庆十六年回空帮船行抵扬州,经委员搜查严紧,于各船闷、显三舱等处全行搜获起卸,计船三百三十五只,积少成多,竟有五万七千余斤。"④300 多艘漕船,在"搜查严紧",翻遍闷舱和显舱的情况下,搜出夹带 5 万余斤,只能说是一个"小案",与前引署理漕运总督吴邦庆所说"从未破获巨案"并不矛盾。相对于漕船的夹带无大案破获,盐船的夹带案有时也曾经惊动朝野,据两江总督李星沅道光二十八年上奏称:"安徽贵池县口岸额销引盐,向系官为运销,又

① 档案,道光十一年五月二十九日署理漕运总督吴邦庆奏:《为回空粮船夹带私盐应请责成地方文武官严拿窝屯,以清其源事》,朱批奏折,档案号:04-01-35-0509-012。
② 档案,道光十年七月十八日署理两江总督、江苏巡抚陶澍奏:《为回空粮船夹带私盐,遵旨严密查缉事》,朱批奏折,档案号:04-01-35-0507-038。
③ 嘉庆《长芦盐法志》卷 10《转运下》,刘洪升点校,科学出版社 2009 年版,第 166 页。
④ 档案,嘉庆十八年二月二十五日江西巡抚先福奏:《为查明嘉庆十六年江西回空粮船起出私盐,分别审拟,据实奏闻事》,朱批奏折,档案号:04-01-35-0494-008。

青阳、铜陵、石埭、建德四县口岸捆运不前,……富安场大使访有夹带私盐情事,协同淮北监掣同知童濂、都司宋天麒查出(夹带)私盐二万三千一百八十三包,计重一百十五万九千余斤,拿获船户葛长富等二十五名。"①一次拿获运盐船户 25 名,查获夹带私盐 100 余万斤,在有关档案和文献的记载中,是较为突出的。

　　盐商之所以有如此多的"浮春盐斤"与"夹带盐斤",其动因当然在于获取额外利润,但其本源则在于各类官员的需索,"视商家为可啖之物,强索硬要,不厌不休"②。上揭卢询的奏折有明确的论列:"官商之盐其较私盐多费者,于盐本、人工、脚载而外,完课一项,实不过十分之一二耳。……各衙门额规千头万绪,盐院、盐道等官固其本管官,额规决不可缺,而行盐地方文官自督抚以至州县杂职,下及胥吏,武官自提督以至千把,下及兵丁,莫不皆有额规。而额外交际诛求,又复不可计算。各项费用总皆增加于盐价之上耳。夫商人亦非必尽出于至愚,其宁亏国课,为身家子孙之累,而决不敢缺少额规者。因盐引之盐原不敷用,亦各赖引外行盐,以济其引盐之不足,夫引外之盐,即私盐也。彼虽官盐,既卖私盐,则安得不为地方官吏之所挟制,而多出于无穷之费用乎!"③盐商行盐办课,除盐本(场盐价格)、人工、脚载(脚价等运盐费用)等成本外,纳课的比例只占其成本的"十分之一二",官员额外诛求无际,不得不"赖引外行盐,以济其引盐之不足",而"引外行盐"亦即私盐(商私)的盛行也正是浮春夹带盐斤的必然结果。

---

　　① 档案,道光二十八年三月十五日两江总督李星沅奏:《为审明官运盐船夹带私盐,按律分别定拟事》,朱批奏折,档案号:04-01-35-0516-047。

　　②《李煦奏折》,中华书局 1976 年版,第 26 页。

　　③ 卢询:《商盐加引减价疏》,《皇朝经世文编》卷 49《户政二十四·盐课上》。

盐 与 内 府

雅好与交谊：清代官员、商人的文玩进贡

　　学界虽然还没有系统探讨文玩进贡的专文，但已经有一些研究清代进贡制度的论著和个案研究，①可以参考。何新华认为，"清代官员例贡有多种形式，年贡、端阳贡、万寿贡是较为常见、固定的例贡形式"②。大致不误。根据档案材料的记载，各地、各部门的进贡形式（次数）并不一致，如江南织造、苏州织造，是年贡、端阳贡、万寿贡所谓的"三节贡"。③粤海关每年"承办贡进方物四次"④，这四次为"端阳、万寿、年、灯四贡"⑤。长芦盐区"每年惟端午、年节、皇上万寿、皇太后万寿四贡系盐政自办。其余古玩、雀鸟、花卉并热河恭进果品、食物等件，每年七八次不等，具系商人办理"⑥。长芦的"四贡"实际上是端阳贡、年贡、万寿贡三贡，另外再加上每年七八次不等的随时进贡。闽海关则是"每年五贡"⑦。甚至也有月月进贡者，雍正五年，福建巡抚常赉

　　①　如林永匡、王熹《清代皇室与年例岁贡》，《故宫博物院院刊》1990 年第 4 期；董建中《清乾隆朝王公大臣官员进贡问题初探》，《清史研究》1996 年第 1 期；董建中《李侍尧进贡简论》，《清史研究》2006 年第 2 期；何新华《清代贡物制度研究》，社会科学文献出版社 2012 年版；潘洪《清代土贡制度研究》，武汉大学历史学院 2016 年博士学位论文。

　　②　何新华：《清代贡物制度研究》，第 130 页。

　　③　档案，同治十三年六月初一日江南织造庆林奏：《为奏销办解癸酉年贡及甲戌年万寿端阳贡品事》，朱批奏折，档案号：04-01-36-0075-019。档案，同治十三年十一月十五日苏州织造毓秀奏折附片，朱批奏折，档案号：04-01-36-0015-031。中国第一历史档案馆藏，下注"档案"者，均为该馆所藏。

　　④　档案，乾隆十年十月二十二日两广总督策楞奏：《为请旨事》，朱批奏折，档案号：04-01-35-0889-005。

　　⑤　档案，乾隆二十三年二月十八日两广总督李侍尧奏：《为奏明事》，朱批奏折，档案号：04-01-01-0227-019。

　　⑥　乾隆三十六年二月十七日于敏中奏折，见中国第一历史档案馆、天津市档案馆等编《清代长芦盐务档案史料选编》，天津人民出版社 2014 年版，第 130—131 页。

　　⑦　档案，乾隆十四年正月二十二日福州将军马尔拜奏：《为奏明动支关库钱粮事》，朱批奏折，档案号：04-01-35-0323-037。

即说:"闽省旧例,每月俱有土产食物差家人进贡,如有应奏折子,即同进贡折子并装一匣,直到宫门呈进。"①年贡、端阳贡、万寿贡等一般也称为"节贡",是一种"例贡"。另外的进贡如"迎銮贡"则是一种"特贡"。可以认为,清代官员及商人的进贡事实上是"例贡"和"特贡"两种形式,如果考虑到官员、商人的平时进献,笔者称为"日常贡",则有"例贡""特贡""日常贡"三种形式。在这三种形式的进贡中,年贡主要是进献方物特产,极少有文玩的进贡;其他形式的进贡,程度不同地与文玩进献关联。

在清代文献中,"文玩""清玩""古玩""古董""珍宝"交替使用,并没有明确的分野,本文所使用的"文玩"一词,是一个较为宽泛的概念,包括古器物、古籍、书画、玉器、文房用具等供帝王欣赏把玩的物品。

一、君臣"情谊"与官员进贡

雍正帝曾经说:"在廷诸臣有进献书籍笔墨文玩之事,朕以君臣之间情谊贵乎联属,如古来之跻堂称觥,献芹献曝,皆所以通上下之情,不使尊卑之分大相暌隔也。……今诸臣有所进献,朕何忍悉行屏拒,故其物虽极轻微朴陋,朕亦鉴其诚心而收纳一二件,大抵多系笔墨笺纸之类。"②又说:"在廷诸臣有进献书籍笔墨文玩之事,朕以诸臣之意出于诚恳,若一概拒却,恐无以联上下之情,而成泰交之谊,故其物虽极轻微鄙陋,朕亦鉴其忱悃,而收纳一二件,此朕优待臣工、曲体下情之深恩,并非以其进献之物可适于内廷之用而收纳也。……我圣祖仁皇帝六十年来,诸臣进献之物不过如此,天下人所共知者,而蒙圣祖宽大包涵之度,鉴其微忱,不遗葑菲,所收率多笔墨笺纸书册之类,恩谊可谓至矣。"③这里的意思十分明显,官员进贡书籍笔墨文玩与帝王的收纳,既是一种雅事,也是君臣联谊的一种手段。在君的一面,其他

① 《朱批谕旨》卷40,朱批常赉奏折,雍正五年九月初二日,《文渊阁四库全书》第418册,台北:台湾商务印书馆1983年版,第219页。

② 《清世宗上谕内阁》卷49,雍正四年十月初八日上谕,《文渊阁四库全书》第414册,第464页。

③ 《清世宗上谕内阁》卷51,雍正四年十二月二十六日上谕,《文渊阁四库全书》第414册,第517—518页。

贡物往往"概行掷还"，文玩往往全收或"收纳一二件"；在臣的一面，不但不避讳，有时还过分张扬。雍正帝之所以连续说出上揭的两段话，也正是由于进贡官员的过分炫耀。雍正四年，雍正帝"检阅"礼部侍郎查嗣庭的日记，内中载云："某日赴圆明园进献，上收砚头瓶一具，毫笔二百枝。是日，督抚提镇进献者甚多。"雍正帝在前引上谕中称："查阅查嗣庭进献原折，则收伊砚头瓶一种，乃新磁[瓷]，极不堪可笑之物，至于所进毫笔，朕因伊系读书人，正可留以自用，比时即发还之，而伊日记中则云收纳二种，即此见其虚假矣。本无督抚提镇进献之事，而伊记为'甚多'，不知伊所见者是何省何人，其粉饰装点者，究属何意？"又说："查嗣庭私编日记，讥讪朝政，而于赏赐进献之物，则以无为有，以少为多，将来布散流传，必致生人议论。"查嗣庭"以无为有，以少为多"的过分炫耀，抑或是由于其"讥讪朝政"，引起雍正帝的愤慨，不但"着三法司一并审讯具奏"，连其进献的砚头瓶，也被雍正说成"乃新磁，极不堪可笑之物"。甚至当时（雍正三年）进献的督抚查弼纳、孔毓珣、李绂、陈世倌、图理琛以及杨名时、李绂、何世璂、甘汝来等所进之物奏单，一并"发与汉大学士、九卿阅看议奏"。①直至乾隆二十二年，乾隆帝依然谈起查嗣庭的旧案："朕近于几暇，恭读皇考世宗宪皇帝谕旨，……逆犯查嗣庭日记，有进砚头瓶、湖笔一事，形诸记载，可见人心险薄，何所不至！益以仰见皇考圣明洞照，防微杜渐之渊衷，所以维持世道者，至深且远。因忆御极以来，虽曾禁臣工贡献，而朕四十寿辰，臣工于方贡外，亦有进玩器书画庆祝者。在督抚诸臣，受朕委任，若因办觅贡物，而使属员得以乘机迎合，或贻累于富户商人。稍有人心者，当不出此。设令有之，亦断不能逃朕洞鉴。然金邪好事之徒，未免因此妄生疑议，构造浮言，是亦查嗣庭者流耳。当此光天化日之下，虽伊等技无所施，而究不若概行禁绝者之为善也。嗣后廷臣督抚，其毋有所献，并谕中外知之。"②这里除依旧指责查嗣庭之流的人心险薄，也表明依旧有臣僚进献玩器书画，并宣称此后不准再沿袭进献。

① 《清世宗上谕内阁》卷49，雍正四年十月初八日上谕，《文渊阁四库全书》第414册，第464页；《清世宗上谕内阁》卷51，雍正四年十二月二十六日上谕，《文渊阁四库全书》第414册，第517—518页。
② 《清高宗实录》卷481，乾隆二十年二月丙午，中华书局1986年版，第15册，第32页。

事实上，由于康、雍、乾三帝的文玩爱好以及"盛世藏玩"的社会潮流，官员的文玩进献依旧不绝，并不因查嗣庭案而消弭。

官员的进贡文玩以"万寿节贡"最为突出，特别是"逢十"庆祝，也就是"万寿大庆"时，进贡尤多。

康熙五十二年，"恭遇皇上六旬万寿，普天同庆"。康熙《万寿盛典初集》集中记载了各类官员的文玩进贡，包括内阁大学士、学士的进贡，翰林院掌院学士、侍读学士、侍讲学士、侍读、侍讲、修撰、编修、检讨、庶吉士的进贡，南书房翰林诸臣的进贡，养心殿诸臣的进贡，武备院大臣的进贡，吏、户、礼、兵、刑、工六部官员的进贡，都察院左都御史、左副都御史的进贡，通政使司通政使、通政、参议的进贡，大理寺、太常寺官员的进贡，顺天府府尹、府丞的进贡，退休官员的进贡，等等。即所谓："致仕在籍诸臣，先后进献诗册、古玩、书籍、土宜等物，庆祝万寿。……是时，致仕在籍诸臣诣京庆祝者，……莫不制为诗文，写成卷册，及家藏书画、古玩、土宜物产，与在位诸臣，后先进献。惟是庆祝之后，各旋田里，别无册籍可稽。"而这仅仅是"三品以上，耳目见闻所及"的记载。另外还有直省进士、举人、贡监生员的进贡。这些进贡委实惊人，不妨将原任经筵讲官、户部尚书王鸿绪恭进的物品示列如下：

《万寿颂》一册。银晶大士一尊，玛瑙寿星一尊，脂玉双螭杯一只，脂玉花觚一品，脂玉笔床一对，寿字玉水盛一品。嘉窑茶杯一对，万窑宫碗一对，嘉窑茶撇一只，寿字嘉窑霁青茶杯四圆，宣铜案炉一座，寿山福海嘉窑茶杯一对，官窑黄寿芝一盆，砚山紫寿芝一座。天仙拱寿宋刻丝书一轴，万寿描金笺一百幅，寿山石图书一对，嘉窑合碗一只。宋板[版]唐孔颖达《周易义》一部，宋板唐陆德明《诗经重言重意互注》一部，宋板《太学类编成周制度》一部，宋板《吕氏读诗记》一部，宋板刘敞《七经小传》一部，宋板《韬略》二本，宋板许慎《说文解字》一部，宋板孙愐《唐韵》一部，宋板王昭禹《周礼详解》一部，宋板《资治通鉴考异》一部，宋板《大广益会玉篇》一部，宋板《唐陈子昂集》一部。元板《资治通鉴》一部（计二十套）。朝鲜板《唐柳宗元文集》一部。旧板《子汇》一部。明沈度金书《华严经》一部，明董其昌审定《戏鸿堂帖》二部，宋高宗御书杜诗一卷。北宋燕文贵《秋山萧寺图》一卷，北宋李公麟《华严变相图》一卷，元赵孟頫楷书《道德经》一卷，元赵孟頫《浴马图》一卷，元钱选《秋江待渡图》一卷，元钱选《田家聚乐图》一轴，明文徵明《秋林谈道图》一轴，明董其昌书吕祖金丹诗一轴，明仇英《大士》一轴，明董其昌画一册，明董其昌书《桃源行》一册，明董其昌书《清静经》唐诗一册，明项圣谟花卉一册。官窑水盛一面，定窑水池一面，宣窑霁红盘一对，宣窑把杯二对，宋制番玛瑙香盘一面。西洋地平仪一架，西洋察量远近仪器一个，西洋小规矩一个，西洋吸铁石一块（计吸十八斤），西洋盐露一瓶，西洋流黄露一瓶，西洋象牙塔一件，西洋象牙箫一件，西洋鼻烟二瓶，西洋法琅鼻烟瓶三个，西洋化五金水一瓶，西洋方石一块，西洋罗斯玛里诺露四瓶，西洋保心石一块，西洋巴尔撒木阿铎铎克里的果一盒，西洋显微镜一个，西洋宝烧瓶二个，西洋规矩四个，西洋古巴依巴油四瓶，西洋火漆一匣，西洋巴尔撒[撒]木油二盒，西洋葡萄酒六瓶，西洋德里亚格二匣，西洋法琅珠子三十三个，西洋香二匣（计二块），西洋巴尔撒木香珠十挂，西洋法琅珠二挂。①

这是退休官员王鸿绪的独自进贡，除玉器、玛瑙、水晶、瓷器外，包括宋版书13部，元版《资治通鉴》20套，朝鲜版《柳宗元文集》1部，以及宋高宗御书，宋元明时期燕文贵、李公麟、赵孟頫、钱选、文徵明、董其昌、仇英、项圣谟等人的书画作品，甚至有大量西洋器物。

其他官员进贡的书画作品除前已经提到的著名书画家外，还有王羲之、颜真卿、柳公权、宋徽宗、黄庭坚、范宽、赵千里、吴镇、黄筌、黄公望、李辰、解缙、蓝瑛、祝允明、倪瓒、沈周、文彭、陈献章、郭熙、钱选、赵伯驹、冷谦等人的书画，晋唐以来的名家作品大都在列。另外，兵部侍郎宋骏业一人进贡宋版书24套；候补内阁学士顾悦履一人进贡宋版《韩愈集》4套，旧版《十三经注疏》24套；顺天府府尹屠沂、府丞王懿进贡宋抄本《欧阳修全集》、文徵明手抄

---

① 康熙《万寿盛典初集》卷59《庆祝五·贡献六》，《文渊阁四库全书》第654册，第81—84页。

本《通鉴》,也令人吃惊。这些万寿大庆的超常进贡,一般来说超出了官员们的个人集藏,不另外购买是很难想象的,或许这就是后来乾隆帝指称的,逢万寿节,"向来各省督抚,例进方物,……不外乎任土作贡之义。乃阅时日久,督抚等踵事增华,即有购觅古玩充贡者"①。

为了醒眉目,特就康熙《万寿盛典初集·庆祝·贡献》各卷所记主要部门有关官员的文玩进贡,列表如下②:

表 1

呈进人	古　籍	书　画	玉　器	其他古玩
内阁大学士温达、松柱、李光地、萧永藻、王掞,学士马良、傅尔呼纳、舒兰、巴格、阿尔法、绰奇、蔡升元、彭始抟、邹士璁、沈涵	宋版书 2 套,"旧板"书 25 套,元版书 1 套,宋人手抄本 1 套	朱子、黄庭坚、米芾、赵孟頫、董其昌、文徵明等书法 13 幅(卷、册);赵千里、刘松年、黄筌、赵孟頫、仇英、董其昌、黄公望、李成、李辰画 11 幅(卷)	汉代玉书尺、玉方卮、玉圆卮,宋代蟠桃玉杯、夔龙玉水注、玉天鹿笔架等	包括宣窑、哥窑、官窑、定窑、成化窑、万历窑等瓷器及砚台、银晶杯等
吏部尚书富宁安、吴一蜚,侍郎孙柱、李旭升、王顼龄	"旧板"书 15 套	苏轼、黄庭坚、米芾、赵孟頫、文徵明、董其昌、祝允明等书法 18 幅(卷、册);李昭道、李公麟、郭熙、马远、刘松年、赵孟頫、倪瓒、黄公望、林良、吕纪、唐寅、仇英、沈周、杨宗白画 21 幅(卷)	汉代玉笔搁、玉联佩,宋代玉炉、玉杯、碧玉花囊、碧玉小盏、白玉花卮、玉笔搁等	包括宣窑、哥窑、官窑、弘治窑、正德窑、嘉窑、万历窑等瓷器及宋拓米芾行草墨刻、《孔子周流图》、银晶水盛、扇器、古铜花尊等
户部尚书穆和伦、张鹏翮,侍郎塔进泰、王原祁、噶敏图、廖腾煃,仓场侍郎施世纶	宋版书 18 部,元版书 25 套	朱子、苏轼、米芾、董其昌书法 8 幅(册);陈所翁、李唐、朱瑶、王渊、刘松年、赵伯驹、仇英、陆治、唐寅、柳休元、林椿、王牧之等人画 22 幅(卷)	汉代蟠龙玉瓶、玉图章、玉罦,宋代玉卮、福禄连环玉卮、玉芝水盂、玉蟾水盛等	包括哥窑、定窑、宣德窑、成化窑、嘉靖窑瓷器及玛瑙盘龙杯、洋雕漆香盒、洋漆镀金炉等

① 《清高宗实录》卷 1018,乾隆四十一年十月辛丑,第 21 册,第 656 页。
② 康熙《万寿盛典初集》卷 54—59《庆祝·贡献》,《文渊阁四库全书》第 654 册,第 1—93 页。

（续表）

呈进人	古籍	书画	玉器	其他古玩
礼部尚书赫硕色、陈诜，侍郎二格、王思轼、冯忠、胡作梅	"旧板"书16套，明版书9套	颜真卿、苏轼、赵孟頫、董其昌书法4幅（卷）；赵孟頫、倪瓒、沈周、唐寅、董其昌等画6幅（册）	宋代玉龙凤尊、玉寿觥、玉双喜笔洗、玉夔龙笔阁等	包括官窑、哥窑、定窑、宣窑、成窑、万历窑瓷器及宋琴、宣铜炉、银晶龙瓶等
兵部尚书殷特布、孙征灏，侍郎觉和托、李先复、巴颜柱、宋骏业	宋版书1部，"旧板"书18套	王羲之、苏轼、米芾、董其昌、卫夫人、苏夫人书法7幅；宋徽宗、李唐、赵伯骕、李公麟、边景昭、吴镇、黄公望、赵孟頫、吕纪、王振鹏、仇英、唐寅、文徵明、董其昌、张平山、管夫人画28幅（卷）	古玉佩鱼一枚，脂玉印盒，玉水盛一具，玉桃杯一只	包括周鼎、汉鬲、古琴、古镜、古剑、宋砚、端砚、宋瓯瓷砚海、宋瓷蕉叶笔搁、玛瑙书镇、古瓷水注、宣炉等
刑部尚书哈山、胡会恩，侍郎萨尔泰、艾芳曾、博音岱、王企靖	宋版书2部，"旧板"书11套	柳公权、米芾、赵孟頫、董其昌书法8幅（卷）；郭熙、刘松年、赵孟頫、谢时臣、董其昌、杨绍卿、夏昺等人画16幅（卷）	玉杯一对，玉碗一只	十锦扇器一匣，旧墨一匣
工部尚书满都、张廷枢，侍郎张格、阮尔询、马晋泰、刘谦	宋版书1部，"旧板"书46套	赵孟頫、董其昌、文徵明、文彭、陈献章书法13幅（卷）；郭熙、徐世昌、陈居中、李昭道、钱选、赵孟頫、赵伯驹、冷谦、李公麟、文徵明、董其昌画14幅（卷）	宋政和年制镇纸玉尺、宋玉蟠螭水汲、陆子刚制桃红玉扇器	宋制银晶笔山、万窑万寿盘、宣窑梅瓶

除了上述记载的进贡外，官员面见皇帝还有另外的进贡。如原任吏部尚书宋荦，《万寿盛典初集》记载："吏部尚书致仕宋荦恭进：太平惠民和剂局方一部，欧晁琴趣一部，名人法书四卷，古画三轴，文玩六件。"①据他的《祝圣恭纪》称："康熙五十有二年，恭逢皇上六旬万寿，臣荦于二月十二日由臣本籍启行，命臣男筠随侍，赴京恭祝圣寿，……于三月初五日抵都门，……初七

① 康熙《万寿盛典初集》卷59《庆祝五·贡献六》，《文渊阁四库全书》第654册，第81页。

189

日,臣荦进呈古玩、书籍十五种,蒙收宋板书三部。"①可以认为,《万寿盛典初集》记载的"贡献",是公开的礼品单,面圣时的进献则属于私下的见面礼。

还可以举出嘉庆帝"五旬万寿"的文玩进贡作为参照。嘉庆十四年,嘉庆帝五旬万寿,是时的社会境况已远非康乾时代可比,事前一年,嘉庆帝也有谕旨:"来年为朕五十诞辰,或以五旬庆节,非常年万寿可比,辄欲竞献奇珍,……五旬庆辰,除该督抚应进土贡,仍准循例进献备赏外,所有金珠玩好各物,概不准呈递。若督抚中有准其届期来京申祝者,亦止准呈递如意。或系科甲出身,素工词翰者,并准其进献诗册书画。"②实际情况并非如嘉庆帝所谕,即使是"进献诗册书画",也不一定是"科甲出身,素工词翰者",笔者在现存档案中查阅到了进贡清单,仅列示休致革职人员的"进呈书画",以窥一斑:

> 原任巡抚陈淮一册。
>
> 休致宗人府府丞徐绩一册。
>
> 休致大理寺卿翁方纲一册,休致大理寺少卿庆岱一册,休致大理寺少卿宜绵进《佛说十吉祥经》一匣。
>
> 四品京堂姜晟一册。
>
> 休致侍读学士吴省兰一册。
>
> 休致通政司参议闻佳言一册。
>
> 休致内阁侍读学士通恩一册,休致学士廷弼一册。
>
> 原任左都御史周廷栋一册。
>
> 原任总督倭什布一册。
>
> 原任巡抚汪日章一册,原任巡抚张诚基一册。
>
> 原任侍郎蒋予蒲一册。
>
> 原任给事中揆文一册。
>
> 原任御史吴荣光一函计四册。

---

① 宋荦:《西陂类稿》卷25《记·祝圣恭纪》,《文渊阁四库全书》第1323册,第281页。
② 光绪《大清会典事例》卷298《礼部九·朝会·万寿圣节二》,中华书局1991年版,第4册,第505页。

原任郎中台福一册,丁树本一册,庆祥一函计二册。

原任员外郎范重荣一册,祁韵士一册,祁埙一册,袁锡一册,龚正调一册。

原任主事汪本申一册。

原任内阁中书觉罗清昌一册。

原任中书科中书陈山纪一册。

原任庶吉士赵继昌一册。

原任指挥吴廷标一册。

原任笔帖式鹤鸣一册。

原任道(员)曹芝田一册。

原任知府缪晋一函计二册,常丹葵一册,张汝骧一册,冯克葊一册,德生一册,周有生一册,樊士鉴一册,方应恒一册,阿勒景阿一册,吴兆熊一册,杜安诗一册,杨兆鹤一册。

原任同知张继荣一册,李壎一册,王揆一册,沈廷谐一册,滕开业一册。

原任知州钟岱一册,周兼杰一册,陈景登一册,李维谦一册,张辉吉一册,王鸿一册,孙荣昇一册,高昇一册,沈堂一册,万在衡一册。

原任知县王元弼一册,卫贤书一册,万培成一册,艾荣松一函计四册,熊言孔一册,邹镏一册,刘沄卿一册,陈廷镇一册,窦熙一册,沈恕一册,唐登云一册,宋开勋一册,沈思说一册,席友兰一册,曾翁受一册,胡德溶一册,沈竣一册,任质淳一册,张昉一册,胡瑛一册,陈梦兰画册一本,崔象山一册,锺济亨一册,唐鸿鉴一册,冯国桢一册,舒其绍一册,李廷兰一册,张范东一册,杨英会一册,徐垲一册,汪师周一册,林际春一册,陈元芳一册,费清一册,陈夔让一册,徐立朝一册,陈文汉一册,许弼亨一册,康湜一册,金泳一册,达椿一册,杨兰一册,茹绍基一册,张士凯一册,陈惠润一册,李祥凤一册,王亨祺一册,余学道一册,张毓龄一册,孟甲年一册,万承纪一册。

原任通判王文续一册,陈宝元一册,福康一册,张景耀一册,郝松年一册,叶鹏鬵一册,赵学涧一册。

原任经历宋调梅一册,张文策一册,陈灿一册,胡林一册,谈集一册,史培一册。

原任盐大使任绍濂一册,熊之垣一册。

原任州同池大经一册,蔡景清画一册,陈果一册。

原任县丞张枢一册,段復清一册,朱煜南一册,刘焜一册,蔡治溶一册,张绍高一册。

原任州判蔡荣纬一册,张维垣一册。

原任巡检李鸿光一册,武廷柱一册,施云中一册,陶家宾一册。

原任主簿葛恩一册,张云焕一册,周文镰一册。

原捐从九品郭旭一册,张景先一册,陈光照一册。

原任未入流邵世均一册,黄文焕一册。

原任典史陆棻一册,王沅等一册,杨嗣曾一册,陈敏修一册,冯绍忠等一册,傅镇源一册,陈维一册,潘渭一册,顾惇典等一册,佟辉业一册,张步衢一册,余承裔一册,揭启晨一册,朱连杰一册,毕林一册,程震一册,蒋俊、冯浩共一册。

原任学政周维堂一册,原任训导卫锺元一册,原任教谕司时乐一册,原任教谕刘毓随一册。

原任总兵官信一册,原任守备王槐荫画一册,原任千总陈纯一册。

已革中式贡士缪庭标一函二册;已革举人李新一册,朱光照一册,谢凤翥一册;已革武举古维城一册;已革官学生昇额布一册;已革生员朱洛一册,梅渥一册,徐怡升一册;已革监生孙承祖一册,姚文煜一册,惠林一册,张秉衡一册,李映东一册、画一套又画二本。①

前揭康熙帝六旬万寿的文玩进贡大都是高级别的官员,一般官员的进献缺乏记载,这里揭示的嘉庆帝五旬万寿书画进贡,则包括了大量低层级官员、吏员甚至革职人员,似乎意味着在大规模的帝王祝寿活动中,官员的文玩进

---

① 档案,嘉庆十四年《休致革职人员进呈书画名单》,呈报者和具体时间不详,军机处录副,档案号:03-1529-015。

贡是普遍性的。①

在帝王巡幸以及其他节贡时，也多有文玩的进献。不论是南巡、东巡，地方官员皆有"逐道进贡者"。②康熙四十二年三月，康熙帝南巡，恰逢五旬万寿，各种进贡突出，以致康熙帝发出感叹："尔等如此进献，在外督抚亦必效之。"康熙帝进而说："朕素嗜文学，尔等诸臣有以诗文献者，朕当浏览。"③看似是帝王雅好，也无疑加剧了巡幸之时歌功颂德的诗文撰写以及古籍、文玩的进贡。据《圣驾五幸江南恭录》记载，康熙四十四年南巡，三月十四日，"将军马进古董等物，上收古书一部，洋漆杯二只。……都统蔡进古董等物，上收古书四部。……都统赵进古董等物，上收古书一部。织造曹进古董等物，上收玉杯一只，白玉鹦鹉一架。中堂张进古董等物，上收古书一部，古瓷笔架一枝"。十八日，"龙江关萨雅进献古董二十四件，皇上收四件"。二十日，"司道各官进献古董，名字手卷、古炉、瓷器、古董等色，各点收三色"。二十一日，"江苏臬司高进献玉杯古玩，抚标中军林政进献古窑罗汉一尊、红毛玩景小船一只、名字手卷、古书四色"。二十六日，"翰林沈宗敬进献古书二部，高曜进古玩"。四月初四日，"督院、提督、北关、布按二司各进古玩"。初七日，"将军偌进古玩十二件，上只收檀香佛、董字藏经手卷"。十四日，"江抚宋进献古书四箱"，等等。在收到将军偌某进献的古玩后，康熙帝说："你在浙做官清廉，难为你了。"④言下之意，许多进献来自搜刮，自掏腰包者甚少，所以才有"难为你了"这种带有感情色彩的语言。

各地方大员在帝王巡幸中的进献是一种较为普遍的现象。在官员进献后，一般有御书墨宝赏给，也可以从御书墨宝的赏赐中加以体会。如乾隆十六年，皇上驻跸淮安，赐漕臣瑚宝御书"天储永裕"；驻跸扬州，赐两淮盐政吉

① 一些当朝的著名书法家也撰写诗文进贡，如翁方纲"敬撰古体诗百首，缮册一本恭进"。见档案，乾隆三十五年六月二十四日广东学政翁方纲奏：《恭逢皇上六旬万寿大庆事》，朱批奏折，档案号：04-01-14-0036-049。

② 《清朝文献通考》卷138《王礼考十四·巡幸》，浙江古籍出版社1988年版，第6025页。

③ 光绪《大清会典事例》卷297《礼部八·朝会·万寿圣节一》，第4册，第487页。

④ 佚名：《圣驾五幸江南恭录》，1910年刻本，第8、10、12、13、15、20、22、26页。按：该书又名《圣祖五幸江南全录》。又按：《清代宫廷史》也收录了一些实例，参见万依、王树卿、刘潞《清代宫廷史》，辽宁人民出版社1990年版，第106—107页。

庆御书"笑海流膏";驻跸苏州,赐江苏巡抚王师"吴会风清",赐苏州织造图拉"采章明备",赐致仕礼部侍郎沈德潜"道存风雅";驻跸江宁,赐两江总督黄廷桂"秉钺三江",赐江宁将军锡尔瑞"整武钟山",赐署安徽巡抚张师载"勤襄保障",赐安徽巡抚卫哲治"化洽皖江",赐江宁织造高晋"黼黻文明";驻跸杭州,赐闽浙总督喀尔吉善"海疆制阃",赐署浙江巡抚永贵"湖山膏雨",赐署浙江巡抚永贵之祖母禄布哩氏"节劲霜筠",赐浙江提督吴进义"夔铄专阃",赐署浙江布政使德福"布德",赐浙江按察使叶存仁"秉宪",赐吏部尚书梁诗正之父梁文濂"湖山养福",赐梁诗正"台阶爱日",赐翰林院侍讲刘起振"词垣耆瑞";等等。①赏赐臣僚墨宝,可以反推有关官员的进贡。

有时由于进贡太多,抑或不入帝王法眼,导致帝王的烦躁,如乾隆四十一年上谕:"因平定两金川,巡幸山东,告成阙里,各省督抚呈递贡折者甚多,……朕非但不喜,且觉烦渎可憎。……所有此次各督抚呈进之物,已谕令奏事处概行掷还。"②

在节贡中,以端午贡的文玩进献为突出。道光二年广东的端午贡中,除鼻烟、沉香、岩露香、莲头香、切花香、花机纱、增城葛、浅色葛、深色葛、本色波罗葛、牙色波罗葛等物品外,即包括了"花卉画扇一百柄二匣"。③咸丰八年广东的端午贡,除前述物品,又包括了端砚。在广东巡抚柏贵的奏折中,并指明了贡品的产地:"端砚出自肇庆府,花机纱出自新会,鼻烟、岩露香各种系由香山、东莞二县采办,沉香系由琼州府采办,葛布系由雷州府及潮州运同及增城县采办。"④安徽巡抚的"端阳贡",除了进贡珠兰茶、松萝茶、银针茶、雀舌茶、梅片茶、樱桃脯、枣脯、青饼、青螺、琴笋、藕粉等地方特产外,进贡的文玩有徽墨、朱锭、宣纸、歙砚、青阳扇等名目。⑤像广东的端砚,安徽的徽墨、朱锭、宣纸、歙砚等物品,也应该属于方物土产,但在进贡方物土产的

---

① 乾隆《钦定南巡盛典》卷73《褒赏》,《文渊阁四库全书》第659册,第208—209页。

② 《清朝文献通考》卷138《王礼考十四·巡幸》,第6052页。

③ 档案,道光二年十月十五日两广总督阮元呈:《端阳贡品清单》,朱批奏折,档案号:04-01-14-0057-068。

④ 档案,咸丰八年三月十二四广东巡抚柏贵奏:《为咸丰八年应进端阳贡物暂行停止事》,军机处录副,档案号:03-4128-052。

⑤ 吴振棫:《养吉斋丛录》卷24,中华书局2005年版,第310—314页。

"年贡"中并没有这些名目。①

更为值得注意的是官员的"日常贡"，即平时进贡文玩。

这种平时进贡，大致分为两种情况，一是主动进献。如康熙五十二年，苏州织造李煦"差家人王宗赉进寿山石器，共百件有余"②。乾隆七年，江西巡抚陈弘谋"进呈《司马光传家集》十部二十套一百六十本"③。乾隆十一年，兵部左侍郎凌如焕代父凌起潜（曾任内阁学士、礼部侍郎，时年九十一岁）将"平日虔礼佛像并供奉宋板《法华经》七卷恭呈皇上"，朱批："览奏俱悉，今赐汝父书福一方，以为汝父寿考之徵。"④二是奉上谕进贡，如雍正七年，奉旨："传与鄂尔泰家人，你总督前次折奏，要进云南所出红白玛瑙石，朕只当是荆州石，曾批令不必进来，今你回去传与总督，将此红白玛瑙石随便带些来朕览，不必多了。"于是，云南总督鄂尔泰进呈"翡翠石一块，姑绒石一块，三台石、橡子石、橡皮石、松花等石共二十块"⑤。乾隆初年，已经"四载归田"的退休翰林院侍读学士王图炳，除遵旨恭书圣制诗赋、春帖、对联、屏障、挂屏、炕屏及《玉皇本行集经》外，将"旧刻《韩愈文集》四套，旧版《五经》十二套，明顾懿德山水一幅，陈继儒跋董其昌临黄山谷《月赋》一幅、《笔赋》一卷，具折令家人恭赍赴阙进呈"⑥。乾隆三十五年，两淮盐政李质颖奉上谕"寻觅藏经纸暨宣纸及名人字迹"，于是，进贡"藏经纸二十张，宣纸四十五张，又大小宣纸四十五张，磁青纸十张，恭呈御览"；又进贡"家藏怀素草书《千字文》手卷一轴，赵孟頫楷字《法华经》一部"⑦。同年，李质颖又"寻觅得宋苏轼墨迹手卷一

---

① 参见《清朝文献通考》卷38《土贡考》，第5211—5212页。

② 档案，康熙五十二年正月二十日苏州织造李煦奏：《为请皇上圣安事》，朱批奏折，档案号：04-01-30-0007-036。

③ 档案，乾隆七年六月十八日江西巡抚陈弘谋奏：《为恭进书籍事》，朱批奏折，档案号：04-01-14-0008-050。

④ 档案，乾隆十一年十一月二十日兵部左侍郎凌如焕奏：《为恭谢天恩仰祈圣鉴事》，朱批奏折，档案号：04-01-14-0012-006。

⑤ 档案，雍正七年五月十八日云南总督鄂尔泰奏：《为奏闻事》，朱批奏折，档案号：04-01-30-0094-009。

⑥ 档案，乾隆八年詹事府詹事、翰林院侍读学士王图炳奏：《为遴遣家人具折恭请圣主万安事》，朱批奏折，档案号：04-01-15-0018-021。按：此为黄本奏折，具体月日不详。

⑦ 中国第一历史档案馆、扬州市档案馆编：《清宫扬州御档选编》第2册"乾隆朝（上）"，广陵书社2009年版，第147页。

轴,宋马和之画手卷一轴,晋侧理纸一圆,宋仿纸四十张,恭呈御览"①。乾隆四十年,山西巡抚巴延三奉上谕"照《谭录》所载澄泥研(砚)购进数方,觅人仿制",于是,"绛州购有遗研三方呈送";②随后,又于"绛县等处续购三方禀送"。③乾隆四十四年,又奉旨"仿照贾氏《谭录》,于汾河试取澄泥砚材",巴延三称:"于上年九月间预令绛州及稷山、河津二县各制绢囊,安放于河流稍缓处所,收取澄泥,今届期满之时,……将绢囊内浸取澄泥,解到验试,谨将试得细净澄泥砚材十八块,敬谨装匣呈进。"④据档案记载,乾隆四十五年,又呈进"细净澄泥砚材十八块";乾隆四十九年、五十年,各恭进"细净澄泥砚材二十七块"各不等。⑤

二、商人进献、采办文玩

一般商人并没有向皇帝进贡的资格和门径,能够向皇帝进献文玩的商人,或者是高官的后代,或者是特别富有且有地位的商人。这些商人的进贡也要通过地方官员的专折奏请,然后由其代为呈进,或有面圣之机时恭进。

高官的后代,如原任总河刘勷长子刘光晟,是专门"采办洋铜"的商人,因为感谢获得"奏准充商"的资格,借乾隆十年"欣逢皇上万寿圣节"的机会,"谨备古玩玉器一十八件恭进",因为"无由上达",请山西巡抚阿里衮"代为转奏"。朱批:"览。"也就是说得到了乾隆帝的同意。⑥

---

① 档案,乾隆三十五年九月初三日两淮盐政李质颖奏:《为觅得宋苏轼墨迹手卷事》,朱批奏折,档案号:04-01-38-0006-031。

② 档案,乾隆四十年七月二十三日署山西巡抚巴延三奏:《为奏闻事》,朱批奏折,档案号:04-01-14-0042-083。

③ 档案,乾隆四十年九月十四日署山西巡抚巴延三奏:《为恭进续觅绛研仰祈圣鉴事》,朱批奏折,档案号:04-01-14-0042-076。

④ 档案,乾隆四十四年九月二十六日山西巡抚巴延三奏:《为恭进澄泥砚材事》,朱批奏折,档案号:04-01-14-0043-082。

⑤ 档案,乾隆四十五年九月二十四日山西巡抚喀宁阿奏:《为恭进澄泥砚材事》,朱批奏折,档案号:04-01-14-0043-082。档案,乾隆四十九年九月二十三日山西巡抚农起奏:《为恭进澄泥砚材事》,朱批奏折,档案号:04-01-12-0192-040。档案,乾隆五十年九月二十六日护理山西巡抚郑源璹奏:《为恭进澄泥砚材事》,朱批奏折,档案号:04-01-14-0045-010。

⑥ 档案,乾隆十年七月初三日山西巡抚阿里衮奏:《为奏闻事》,朱批奏折,档案号:04-01-14-0011-017。

进献文玩的特别富有且有地位的商人主要是保有专卖权、富可敌国的盐商,特别是业盐两淮的商人。除前揭长芦盐区"古玩、雀鸟、花卉并热河恭进果品、食物等件,每年七八次不等,具系商人办理"①这种随时性的进贡外,主要的进贡时机是万寿节和皇上巡幸。

在万寿圣节时,盐商多有进献,且往往随盐政官员进京祝寿并进贡。乾隆二十六年,逢皇太后七旬万寿,浙江杭、嘉、绍、松四所盐商吴玉如、叶如春、方同元、吴大盛等人"敬备玉、铜、瓷器八十一件",由浙江巡抚兼管盐政庄有恭"代为奏进"。②

乾隆三十六年,逢皇太后八旬万寿,两淮盐政李质颖奏称:"两淮商众蒙皇上天恩准其赴京,恭襄庆典,莫不踊跃鼓舞,将段落陈设物件敬谨办理齐全,装载船只,奴才于中秋后令江广达等陆续运送进京,十月初五可以全行运到。"③这里是"装载船只"运送陈设物件,并由两淮总商江广达(即江春)"陆续运送进京",可以想见进献的物品不在少数。

嘉庆十四年,两淮盐政阿克当阿奏称:"于上年十一月内,据淮南总商江广达(这里的'江广达'为江春之子江振鸿)等呈称,嘉庆十四年恭逢皇上五旬万寿,商等受恩深重,情愿报效银二百万两,于万寿圣节前,随贡先进现银一百万两,以备赏需。其余一百万两分庚午、辛未两纲,各缴银五十万两,解交内务府,……嘉庆十三年十二月十二日上谕:……今该商等将所进现银一百万两,已于六月内照数交全。奴才遵奉谕旨:总商江广达等率同盐运司德庆弹兑足数,另款密为存贮,恭候谕旨动用,断不敢稍露风声,其庚午、辛未两纲每纲应交银五十万两,俟至彼时交收存贮,另行奏闻候拨。……奴才带总商江广达、洪恒裕、张广德、黄漾泰、汪肇泰、邹同裕等六名,令其随带呈进

---

① 乾隆三十六年二月十七日于敏中奏折,见中国第一历史档案馆、天津市档案馆等编:《清代长芦盐务档案史料选编》,第130—131页。

② 档案,乾隆二十六年十月十八日浙江巡抚兼管盐政庄有恭奏:《为据情代奏事》,朱批奏折,档案号:04-01-14-0033-029。

③ 档案,乾隆三十六年八月初四日两淮盐政李质颖奏:《为奏闻事》,朱批奏折,档案号:04-01-14-0038-043。

贡品,随班叩祝,所有贡品,俟该商等到京时由奴才代为呈进。"①这件奏折揭示出三个问题:第一,逢万寿大庆,盐商不但进献贡品,也捐献银两。这种捐献数量巨大,达到 200 万两,而且是秘密进献,"密为存贮","断不敢稍露风声",所以一般典籍并没有记载,笔者根据典籍统计的《清代各区历朝盐商报效表》,也没有将此统计在内。②第二,这次万寿进献文玩等物,至少有 2 次,一次是"于万寿圣节前,随贡先进现银一百万两,以备赏需",在前一年捐献现银 100 万两时,已经有"随贡";嘉庆十四年"随班叩祝"时,又"令其随带呈进贡品"。第三,两淮总商江广达、洪恒裕、张广德、黄滢泰、汪肇泰、邹同裕等随班进京,地位隆崇,深得帝王喜爱,上谕用了"总商江广达等率同盐运司德庆"一语,似乎在帝王眼中,总商的地位高于盐运使德庆。

嘉庆二十四年,内阁奉上谕:"朕六旬万寿庆辰,各省盐政、织造、监督等,着派阿克当阿、延丰、延隆三员来京祝嘏。"于是,两淮盐政阿克当阿"照例带领总商黄滢泰、邹同裕、许豫鼎、鲍崇城、汪肇泰、巴恒大六名进京,同申庆祝"③。这里的"照例",显然是前此两淮盐政率领总商进京贡献的延续。没有进京的其他地区的盐商也有贡品呈献,如浙江盐商俞晋"恭逢皇上六旬万寿,……敬谨备贡一份"④。

在皇上巡幸地方时,一方面,盐商捐银资助用度,如乾隆四十五年南巡,"两淮众商感激踊跃,请捐备赏银一百万两"⑤。可以说,盐商的捐银在南巡

---

① 档案,嘉庆十四年七月初四日两淮盐政阿克当阿奏:《为遵旨密为存贮报效银两并带商人叩祝万寿事》,军机处录副,档案号:03-01797-107。按:据笔者查阅的档案,逢万寿节,盐商捐银的事例很多,一直延续到晚清,只不过晚清盐商的捐银数额已经无法与清代前中期相比。如光绪十九年,"明岁皇太后六旬万寿",两淮盐商捐银四十万两,浙江盐商捐银十二万两,长芦盐商捐银十万两,山东、广东盐商均捐银四万两,河东盐商捐银三万两,等等,容另文论述,不一一备注。

② 参见陈锋《清代盐政与盐税》,中州古籍出版社 1988 年版,第 227—233 页。

③ 档案,嘉庆二十四年七月十三日两淮盐政阿克当阿奏:《为恭折奏闻事》,朱批奏折,档案号:04-01-14-0054-043。

④ 档案,嘉庆二十四年八月初六日两浙盐政广泰奏:《为浙商恭备祝嘏贡品事》,朱批奏折,档案号:04-01-15-0038-012。

⑤ 档案,乾隆四十五年十二月初六日两淮盐政伊龄阿奏:《为奏明请旨遵办事》,朱批奏折,档案号:04-01-01-0374-036。按:此前的南巡当然也有盐商的捐银,如乾隆十四年,两淮盐商捐助南巡银一百万两,两浙盐商捐助南巡银四十万两。

中起到至关重要的作用。另一方面，盐商捐建或修葺行宫别业，并予以装点，①或直接进献文玩等物。在《圣驾五幸江南恭录》中也有盐商进献文玩的记载，如康熙四十四年三月十一日，"抵扬州黄金坝泊船，有各盐商匍匐叩接，进献古董玩器书画不等"。十四日，"扬州府盐商进古董六十件，又进皇太子四十件"。十九日，盐商汤元丰、王永祥等"进献古董十色，皇上大悦，收宋李迪大画一幅，字画名扇十柄，竹器二件"，等等。②

另外，在准备编撰《四库全书》时，盐商进献图书也十分突出。乾隆三十八年，两淮盐政李质颖奉上谕："藏书之家，江浙为尤盛，……淮扬系东南都会，闻商人中颇有购觅古书善本弄藏者，而马姓家蓄书更富，凡唐宋时秘册遗文，多能哀集，存贮其中，宜有可观。若能设法借抄副本，呈送于四库，所储实有裨益。李质颖系翰林出身，于典籍气味尚近，且现为盐政，查办尤易。……需派总商内晓事之人如江广达等，令其因［姻］亲及友广为访借，不必假手吏胥。"李质颖奏称："钦遵圣训，当即选派晓事总商江广达等八人，令其因［姻］亲及友，广为访借，务期必得，以多为贵。至于商人马裕，素有藏书，……该商欣喜踊跃，即将书目呈出，奴才查其全目，共一千三百八十五种。内督臣高晋选去一百三十三种，又已经选定尚未取去知会奴才查办者六十二种，今奴才悉心采择，又选出二百十一种。据马裕禀称，……何敢复烦抄缮，致需时日，只求将原书呈进，便是十分之幸了。（夹批：'俟办完四库全书，仍将原本发还，留此亦无用也。'）"③乾隆的意思是"借抄"，素有藏书的盐商马裕则是揣摩或深谙皇上心思，"求将原书呈进"。经过几次拣选，李质颖奏称："于商人马裕家藏书内选取七百七十六种，并另觅书七百九十种，节次敬谨进呈。"④根据乾隆的上谕，对捐书"最多者如浙江之鲍士恭、范

① 如"乾隆十六年春间，欣逢皇上南巡，……添房屋数十间，以为扈从官员伺候办事之所，商等逐细估计，需费无多，先捐银二十万两，以备办料兴工"。见档案，乾隆十八年七月十五日两淮盐政普福奏：《为商众报效情殷事》，军机处录副，档案号：03-0295-068。
② 佚名：《圣驾五幸江南恭录》，第 7、9、10 页。
③ 中国第一历史档案馆、扬州市档案馆编：《清宫扬州御档选编》第 2 册"乾隆朝（上）"，第161—163 页。
④ 中国第一历史档案馆、扬州市档案馆编：《清宫扬州御档选编》第 3 册"乾隆朝（下）"，第172 页。

懋柱、汪启淑,两淮之马裕四家,……着赏《古今图书集成》各一部,以为好古之劝。又如进书一百种以上江苏之周厚堉、蒋曾荣,浙江吴玉墀、孙仲曾、汪汝瑮及朝绅中黄登贤、纪昀、励守谦、汪如藻等,亦俱藏书旧家,并着每人赏给内府初印之《佩文韵府》各一部,俾亦珍为世宝,以示嘉奖"①。

同时,在两淮和长芦,盐商也有采办文玩的惯例,即如乾隆三十五年上谕:"两淮商人购办古玩一事,业经查明核办。昨召见西宁,据奏,长芦所办古玩,亦系商人购备,……其事系历任相沿,即高斌、李质颖亦如此办理。"②在采办文玩的同时,盐商一方面也附带着"恭进玉器、古玩",既有"恭进玉器、古玩,荷蒙赏收之件",也有"所进些微玉器、古玩,未蒙赏收者"。③由于是奉旨"采办",上谕要求凡是赏收之件,"悉动公项,准令报销"。但盐商再三要求无偿贡献,为此,两淮盐政尤拔世专折上奏:"据淮南北三十总商江广达等禀称:商等上年恭进玉器、古玩,本属无多,内中有用价购买之件,亦有各商自有之件,按次匀配恭进,实欲稍尽蚁忱,仰报天恩于万一。……奴才细加查阅,又传运司带同众商到署,面为询问,并又将朱批恭读宣示。据该商等伏地金称,商等受皇上天高地厚之深恩,丝毫无由仰报,去年恭进些微之件,系属已办之事,若再开价具领,则是无有人心,跪求之次,至于感激涕零。奴才体察伊等情形,实出至诚,而且已办之事,实属无从再起弊窦。"④盐商的文玩进献,似乎是出于"至诚"。直至嘉庆六年,"蒙恩旨,停止呈进玉器,众商情愿按年交银五十万两"。也就是说,两淮盐商之前采办玉器文玩,虽说是"悉动公项,准令报销",但事实上款项也出自商人,所以才可能有"停止呈进玉器,众商情愿按年交银五十万两"之说。按年交银五十万两,分上、下半年两次"解交内务府"。⑤在两淮总商采办的其他物料中,间或亦有文玩之件,如乾隆二十三年至二十七年两淮总商黄源德、江广达等采办

---

① 李斗:《扬州画舫录》卷4《新城北录中》,广陵书社2010年版,第46页。

② 《清代长芦盐务档案史料选编》,天津人民出版社2014年版,第129页。

③ 档案,乾隆三十四年四月二十四日两淮盐政尤拔世奏:《为奏明事》,朱批奏折,档案号:04-01-14-0035-030。

④ 档案,乾隆三十四年六月十七日两淮盐政尤拔世奏:《为据情转奏仰恳圣恩事》,朱批奏折,档案号:04-01-14-0035-071。

⑤ 档案,嘉庆十二年正月二十五日两淮盐政额勒布奏:《为搏节公费以减派款而培商本事》,朱批奏折,档案号:04-01-35-0488-002。

的物料清单中包括了九如意、如意、牙花、自鸣钟、铜鼎等；乾隆二十四年至二十六年两淮总商洪充实采办的物件清单包括了珊瑚、洋金花笺、玻璃大缸、玻璃大花樽等件。①

三、文玩进贡的相关问题

有清一代的文玩进贡，必然涉及许多问题，在这里主要叙述四个问题。

（一）文玩进贡的动因及影响

上有所好，下必甚之，"天子好利则诸侯贪，诸侯贪则大夫鄙，大夫鄙则庶人盗。上之变下，犹风之靡草也"②。文玩进贡的繁盛与否，固然与社会经济的盛衰有关，但与帝王的爱好有更大的关联。康雍乾时代文玩进贡的昌炽，在很大程度上根源于康熙帝、雍正帝、乾隆帝的文玩爱好、收藏、鉴赏及其艺术品位。除了他们的自我宣扬外，曾担任翰林院侍读学士并受乾隆帝知遇之恩的王图炳也曾称颂："圣祖仁皇帝功德巍荡，文治光昭，即至游艺宸章，皆如禹鼎汤盘。……我皇上（乾隆帝）……好古敏求，实绍周文之圣统。"③所以，康、雍、乾诸帝尽管也有禁止进献文玩的谕旨，大臣、商人的进献之风依然劲吹。这或许是大僚巨商深谙帝王品性的缘故。

康雍乾时代的文玩进献，必然会影响到那个时代的世风。乾隆帝的三段上谕颇有意味。

一在雍正十三年乾隆帝即位不久，上谕称："自古地方官员，有进献方物之礼。盖以地土所产，贡之于君，所以见其诚意。而为君者，鉴其意而酌纳，所以笃堂廉之谊、联上下之情也。朕即位以来，亦循照旧例。间有进献珍宝古玩者，朕概降旨停止。……以贡物而累及闾阎，万万不可，即或交与属员

① 档案，乾隆二十七年呈报（呈报者不详）：《总商黄源德、江广达、徐尚志、王履泰、李永大自二十三年起至二十七年采办一切物料总数清单》，军机处录副，档案号：03-1102-014。档案，乾隆二十七年呈报（呈报者不详）：《总商洪充实自二十四年至二十六年采办物件清单》，军机处录副，档案号：03-1102-015。参见陈锋《清代盐务与造办处经费、物料来源》，《盐业史研究》2019 年第 3 期，已收入本书。

② 参见陈锋《论中国古代社会的腐败与世风》，《光明日报》2003 年 11 月 25 日；又载《新华文摘》2004 年第 4 期。

③ 档案，乾隆五年（具体月日不详）詹事府詹事、翰林院侍读学士王图炳奏：《为恭谢圣恩深厚事》，朱批奏折，档案号：04-01-14-0008-025。

代办,而价值不敷,令其暗中赔补,是又假公济私,收受贿赂之巧术也。"①此段上谕有鉴古之进献及乃祖乃父收受进献之得失的意思,并指摘官员的进献难免是"假公济私,收受贿赂之巧术"。

一在乾隆三年,针对"外省备进贡物,名为奉上,其实借以营私。每次未收之件,既可分馈权要,又可归入私囊。而属员等竞事逢迎,辄以帮贡为词,借端派累,层层取巧,以致小民朘削难堪"②的现象,上谕称:"进贡之意,不过借此以联上下之情耳。殊不知君臣之间,惟在诚意相孚,不以虚文相尚。如为督抚者,果能以国计民生为务,公尔忘私,国尔忘家,则一德一心,朕必加以奖赏。若不知务此,而徒以贡献方物,为联上下之情,则早已见轻于朕矣。且朕现在谕令督抚等毋得收受属员土仪,诚以督抚取之属吏,属吏未必不取之民间,目前所受虽微,久之必滋流弊。若进贡方物,虽云督抚自行制办,而辗转购买,岂能无累闾阎,是所当行禁止者。"③此段上谕在于说明进献的本意是"联上下之情",可以有进献,但不能过分,更不能取之下属、取之民间。

一在乾隆十六年,针对官员"耽情古玩"的现象,特别是广西提督豆斌"性耽逸乐,雅幕清客,终日烧香作画,玩弄古董",乾隆称:"提督控制全省,为镇将之统帅,责任甚重。若戎务不至废弛,偶于公暇寄情清玩,亦无关紧要,但恐以时际升平,偷安耽乐,启因循怠玩之风,则大有关于军政。"武官玩弄古董,耽情古玩,关乎军政,因此要求彻查。④

特别是以盐商为代表的商人每次进献文玩,皇帝并不全收,而是有选择地收取,返还部分就预留了经手权要截留自存的空间。

乾隆三十三年,查抄两淮盐运使卢见曾案件,揭发出卢见曾在盐商代为"购办古玩""盐商进贡"过程中的贪婪情事。其中,乾隆二十五、二十六、二十七年令商人"代办玉器书画共三十三件",乾隆二十七年,"各商承办差务完竣,存有古玩,又向商人挑留十九件",据为己有,折合银额达到一万六千

① 《清世宗实录》卷157,雍正十三年六月辛卯,中华书局1985年版,第8册,第924—925页。
② 光绪《大清会典事例》卷401《礼部一一二·风教·禁止贡献》,第5册,第489页。
③ 《清高宗实录》卷66,乾隆三年四月甲申,第10册,第67页。
④ 档案,乾隆十六年二月十六日江西巡抚舒辂奏:《为遵旨覆奏事》,朱批奏折,档案号:04-01-16-0035-022。

余两。据称:"其在任多年,与商结纳甚久,断不止于代办古玩一节,恐怕有勾串商人,按引分肥、私相馈送情事。"①另外一件查办档案又称,卢见曾"勒取商人古玩",并与盐商"串通结纳,从中获利"。所有查出"金玉各器及珠宝古玩字画等项","逐一查点",饬令"解交内务府"。②另外一位职责重要的盐务官员"监掣同知"杨重英,"与卢见曾上下同官,一气十载,奉迎结纳,朋比为奸"。仅盐商吴裕大一人被杨重英"勒索"的银两,乾隆二十一年"送银六千七百两",二十五年"送银五千一百两",二十六年"送银七千一百两,通共被勒银一万八千九百两"。又"自(乾隆)十九年起至二十三年止,商人毕起新等陆续送银一万六千二百两"。一个官品不高的监掣同知之所以得到如此多的贿赂,除管辖盐商的"封引""捆盐""装盐"等重要环节外,是由于与上级官员的交好:除卢见曾外,他与历任两淮盐政吉庆、高恒、普福的关系非同一般,所以"杨重英更有脸面,恃势妄作,每事搜求"。搜求的时候,"必令各商自行面交,方肯接受。商等或借办工(这里的'办工'是办皇家事务)请示,或借公事进见之时,各自携带面交。惟伊近身家人经见,并无外人过付,商等亦不敢声张"。③乾隆五十八年,直隶总督梁肯堂在参奏长芦盐政穆滕额时也说:"穆滕额自到长芦盐政任后,令商人按次缴银,自办贡物,共缴过银二十五万两零,并未将贡余发还。"④盐政官员扣留应返还盐商的贡物成为一种常态。在乾隆三十三年卢见曾案发后,两淮盐区曾经专门制定章程,特别强调:"盐政每次进贡古玩,有蒙恩赏收者,有未蒙赏收发回者,此等发回物件,盐政应将奉到批回原折同物件俱发运司,传同商人逐项领回,听承办之商自行变价归款。该运使即于原办册内逐一登注,并于报销数内扣除,自无混淆

① 档案,乾隆三十三年八月十七日江苏巡抚彰宝、两淮盐政尤拔世奏:《为严审定拟具奏事》,军机处录副,档案号:03-0616-040。
② 档案,乾隆三十三年十月初三日山东巡抚富明安奏:《为知照事》,军机处录副,档案号:03-1301-014。按:具称曾经"造具清册",有查抄清单,但"清单"未查到。
③ 档案,乾隆三十三年七月二十六日彰宝、尤拔世奏:《为遵旨严行审讯据实覆奏事》,军机处录副,档案号:03-1301-002。
④ 档案,乾隆五十八年正月十九日直隶总督梁肯堂奏:《为钦奉谕旨先行回奏事》,朱批奏折,档案号:04-01-08-0112-003。另据穆滕额的供词称:"我在长芦盐政任内六年,……至蒙发还物件,原应还给商人,我的糊涂想头,又恐商人领去变价,贱价卖了,又要吃亏,所以就将剩余物件俱存留库内,或作下年添凑之用,是以未经发还。……这总是我糊涂该死,只求皇上将我从重治罪。"见中国第一历史档案馆、天津市档案馆等编《清代长芦盐务档案史料选编》,第183—184页。

之弊。如此,盐政亦不能拣择私存。"①事实上,该章程难见成效。嘉庆帝针对和珅案亦曾揭示:"督抚等所进贡物,在皇考不过赏收一二件,其余尽入和珅私宅。"②像和珅这样的中枢贪官且不论,一些盐政官员在犯事革职查抄时,家藏古玩也特别多。前述两淮盐运使卢见曾的查抄清单未能查到,但笔者查到了乾隆三十三年河东盐政达色的查抄清单,其与古玩相关的主要物品如下:

玉器:

青玉杏花山一件、白玉苍龙瓶一件、汉玉八仙山一件、白玉鳌尊一件、汉玉牡丹凤一件、汉玉达摩一件、青玉耕织图一件、玉葫芦鼻烟壶一件、青玉如意一件、紫檀镶玉如意二件、菜玉如意一件、碧玉福禄樽一件、新玉石榴暖手一件、新玉鱼暖手一件、新玉寿星一件、玉杯一个、玉双喜人一副、青玉花樽一件、新玉双兔暖手一件、白玉柄一件、碧玉柄一件、青玉杯一个、碧玉牌一块、碧玉瓶二件、玉斧一件、玉狮水盛一件、青玉双龙玦一件、旧玉夔龙玦一件、玉玦一件、小玉人一个、旧青玉圈一个、菜玉扳指一个、旧玉水盛一件、白玉山子一件、青玉石子三件、玉水盛一件、青玉桃盒一件。共计四十一件。

古玩瓷器:

定窑水盛一件、官窑官樽一件、定窑霁红瓶一件、定窑太和鼎一件、定窑盘龙洗一件、定窑盘一件、双插瓷瓶一件、小葵花洗一件、定窑盘一件(原文如此)、双耳瓷瓶一件、小碎瓷瓶一件、瓦窑梅花插一座、旧瓷鼎一座、定窑大盘一件、松花小瓶一个、人物瓷盘一个、旧瓷盘一件、双耳瓷瓶一件(原文如此)、青花瓷瓶一座、汝窑碗一件、大龙泉盘一件。共计二十一件。

铜器:

铜鼎一个(缺耳)、铜鸡瓶一件、小铜鼎一座、旧铜瓶一座、旧铜壶一座、鎏金鼎一座、旧铜花浇一件、珐琅铜瓶一个。共计八件。

---

① 档案,乾隆三十三年十二月初八日两淮盐政尤拔世奏:《为遵旨妥议章程事》,军机处录副,档案号:03-0348-053。

② 《清仁宗实录》卷37,嘉庆四年正月甲戌,中华书局1986年版,第28册,第427页。

玩器:

玛瑙杯一个、碧霞犀一块、水晶瓶一件、文竹如意一件、玻璃镜一架、大理石小屏风一座、小香几一副(匙盒全)、《长生寿图》一幅。共计八件。

人参朝珠皮张等物:

人参二两四钱、沉香素珠四盘、琥珀根素珠二盘、蜜蜡素珠三盘、绿琉璃素珠一盘、菩提子素珠一盘、减牙(原文如此)素珠一盘、离宫锭素珠一盘、乌云豹皮八十张、沙狐皮五百张、舍利猻皮十六张、珍珠毛羊皮五百张、水獭皮三十八张、白羊羔皮三百二十五张、麻叶皮八十张、天马皮八张、黑羊羔皮九十张、羊皮五十张、舍利猻搭护料二件、舍利猻大褂料一件、乌云豹大褂料一件、天马皮袍褂料二件、青白狐坎袍料二件、珍珠毛羊皮袍褂料八件、染獭皮战裙料一件、山羊皮马褂料五件。以上朝珠共计十三盘,大小皮张共计一千六百八十七张,又皮衣料共计二十一件。

零星杂项:

大白毡五条、大小红毡二十八条、大小绸软帘八件、号棚纱帐一件、铜帐钩二副、蓝布帐房一架、手珠一挂(上有小玉十二件、杜金小牌二件)、小荷包一百二十三个、补子三副、香斋戒牌二个、对子荷包十一对、小刀二把、牙筷四件、杭纬二匣、鼻烟壶十个、吉红瓶一个、驴肝马肺瓶一个、青花白瓷小炉一件、翠花一匣、铜手炉二个、铜盆五个、铜火盆一个、旧皮靴二双、新旧缎靴五双、缎鞋一双、袜子四双、领衣五件、蓝绸大小旧衬衣八件、大小旧汗衫十件、□□□裤子十三条、套袖头十五副、战裙五副、毡雨帽二件。共计二百八十五件。①

达色担任河东盐政的时间甚短,仅仅半年的时间,②就攫取如此资财。如刑

---

① 档案,乾隆三十三年正月(具体日不详)山西解州知州博文呈:《查抄盐政达色任所资财物件册》,军机处录副,档案号:03-1300-004。

② 山西巡抚彰宝称:"河东盐政达色于本年七月赴任,亲至省城与臣初次相见。"达色于乾隆三十二年七月到任,十二月即被查。见档案,乾隆三十二年十二月初九日彰宝奏:《为奏闻事》,军机处录副,档案号:03-0123-037。

部左侍郎四达、山西巡抚彰宝联衔上奏所称："盐政达色置买器物,勒派各商。"①山西巡抚喀尔吉善在参奏河东盐政白起图时曾称："盐政一差有裕课恤商、厘剔奸弊之任,必得操守清正、禁绝苞苴,方克称职。"勒派盐商,是其职任的悖离,除其"居心贪鄙、任意营私、罔顾声名"外,当与搜刮文玩便于进贡有关。②

　　盐政官员盘剥盐商,是较为突出的现象。除此之外,也有不同层级的地方官员馈送上司的现象。如山西道监察御史朱潮在参奏山西巡抚瑛棨时所说："臣于本年五月初二日参奏陕西军务内,有商州知州曹熙赠送抚臣瑛棨古玩一节。……至收受古玩一层,曾与同官刘庆坐谈,说及外省馈送上司陋规,相沿成习,其中若器饰玩好竟不指为脏私,而视为固有。即如陕西知州曹熙,闻其致送抚臣古玩值数千金。"③所谓"外省馈送上司陋规,相沿成习",所谓"器饰玩好竟不指为脏私,而视为固有",是一幅怎样的景象,大可以细细体味。这或许也是当时许多官员进献文玩时或是表白出自"家藏",或是表白"不累官民"的原因。

　　(二) 文玩进贡的真伪与采办文玩的要求

　　文玩的真伪(真品、赝品)始终是一个令人迷惑的问题,两淮盐政李质颖即感叹"名人字迹,临赝者居多"④。所以在官员、商人进献的文玩中难免有赝品。即使以鉴赏文玩见长的乾隆帝也曾经被赝品迷惑,众所周知的《清明上河图》赝品多次被乾隆帝入藏即是一例。在一定程度上说,皇上每次收纳数件、"收纳一二件",既是优雅的作态,也可以看作是真品、精品的选择过程。

　　为了防赝、求真、求好,一方面,在得到贡品后,皇上对有疑问的物件会

　　① 档案,乾隆三十三年正月初八日四达、彰宝奏:《为备陈会审案情请旨办理事》,军机处录副,档案号:03-1300-001。

　　② 档案,乾隆六年八月二十一日喀尔吉善奏:《为据实参奏事》,军机处录副,档案号:03-1291-031。

　　③ 档案,同治元年五月二十九日山西道监察御史朱潮奏:《为据实覆奏事》,军机处录副,档案号:03-5062-014。

　　④ 中国第一历史档案馆、扬州市档案馆编:《清宫扬州御档选编》第2册"乾隆朝(上)",第147页。

请人鉴别，即使是对古玩颇有心得的乾隆帝也并非全然自信。如乾隆帝在接到有人进贡的"瓦砚"时，就请造办处砚匠顾继臣"认看"，顾继臣"认看得：头等实在瓦砚三方，平常瓦砚二方，南边石仿做平常瓦砚三方，歙石仿做平常瓦砚一方"。经过顾继臣鉴定的"头等"瓦砚三方，实为"未央宫瓦砚一方（边磕，紫檀木匣）、铜雀台瓦砚二方（漆匣一方、楠木匣一方）"。汉代的未央宫瓦砚和铜雀台瓦砚均属珍稀文玩，在经过顾继臣"认看"后，乾隆下旨重新收拾，主要是"将未央宫瓦砚面上字磨去，另写御笔诗刻上，……铜雀台瓦砚二方，亦将面上字磨去。漆匣的，着众翰林题跋，刻上。楠木匣的，着做铭"。并谕令将收拾好的未央宫瓦砚归入乾清宫上等砚台中，铜雀台瓦砚摆放在重华宫。①又如，乾隆帝在接到湖北巡抚陈辉祖进献的青绿弦纹鼎时，特别指示"交懋勤殿认看"②。另一方面，皇上有时会特别赞扬有"眼力"的官员和商人。如康熙帝南巡时，对蔡姓都统进贡的古书就特别赞扬："朕一路来所收书甚多，俱不及你的眼力好。"在收到盐商进献的宋人李迪的大画等时，"皇上大悦"。在收到杭州籍官员葛宜、黄遵州等进献的盆景时说："自淮扬一路来，看过许多盆景，不如你们进的收拾得好，全收了。"③同时，皇上也特别注意筛选有鉴赏能力的官员进行寻觅，如要求世家出身、有较高鉴赏水平的翰林院侍读学士王图炳多多寻觅"古名人书画卷册、旧版书籍等物"，④并多次要求有关官员多加甄别。如在访求澄泥砚时，山西巡抚巴延三奏称：所购澄泥砚，"虽无铭刻，亦颇精良。并据该州禀称，询之士人，咸称即系澄泥绛研（绛州澄泥砚）。奴才复访诸近省汲古之家，质之高年渊博之士，所论咸同，谅非假饰"⑤。在访求"藏经纸暨宣纸及名人字迹"时，两淮盐政李质颖遵旨

① 中国第一历史档案馆、香港中文大学文物馆合编：《清宫内务府造办处档案总汇》第14册，人民出版社2005年版，第45页。
② 档案，湖北巡抚陈辉祖呈：《进献清单》，朱批奏折，档案号：04-01-15-0094-006。按：该件清单没有具体时间，只列明"湖北巡抚臣陈辉祖跪呈"。陈辉祖在乾隆三十六年之前任广西巡抚，乾隆四十三年任闽浙总督，任闽浙总督之前为湖北巡抚。
③ 佚名：《圣驾五幸江南恭录》，第8、11、22页。
④ 档案，乾隆八年（具体月日不详）詹事府詹事、翰林院侍读学士王图炳奏：《为遴遣家人具折恭请圣主万安事》，朱批奏折，档案号：04-01-15-0018-021。
⑤ 档案，乾隆四十年七月二十三日署山西巡抚巴延三奏：《为奏闻事》，朱批奏折，档案号：04-01-14-0042-083。

奏称："于书吏内择其老实谨慎者……暗中寻访"，觅得藏经纸、宣纸若干，但"奴才向未留心翰墨，实不能辨其真伪，仰求皇上指示，如有真纸在内，求皇上教导，下次即可照样寻觅，不至为人所愚"。即使是所谓的家藏怀素草书《千字文》手卷、赵孟頫楷书《法华经》，"奴才亦不敢信以为真，但以家藏旧物，笔势似乎生动。谨装潢呈进，一经圣目，真伪了如。奴才数十载疑团一朝顿释，何幸如之"。①明明已经注意到鉴别真伪，但仍然放低姿态，奉迎圣上，字里行间战战兢兢之态尽显。

在具体的购办贡品过程中，皇上对有关官员也多有具体的要求。乾隆十六年，两广总督陈大寿、粤海关监督唐英奉上谕："粤海关官办年贡一项，陈大寿等曾奏明所办物件，未免粗俗，此次端阳竟未办官贡，此在伊等不无节省帑项之意，但思此项贡物，向俱市之洋船，或于省会雇工制造，若竟未采办，则洋货既无官购，恐壅滞不能流通，而工匠无官局雇觅，亦恐有失业之苦，与工商俱有未便。……嗣后仍着照旧办理，惟令工致精雅，不令日趋粗俗可耳。"②直接指斥贡品"粗俗"，直接要求"工致精雅"。乾隆三十二年，两淮盐政尤拔世奉旨成做"秋山行旅图"大型玉器，以及"玉仙山图""白玉铎""青玉苍龙佩""青白玉碟子""青白玉碗"等玉器，待送交北京后，新任两淮盐政李质颖奉旨："木架做得甚糙，样式亦不好，将此木架发与两淮李质颖看，嗣后类此样式活计不许做。"为此，尤拔世"赔交造办处银一百七十九两一钱七分六厘"，李质颖也表态："奴才看此木架，样既蠢笨，工亦粗糙，蒙恩指示，嗣后凡有交办事件，凛遵圣训，不敢再照此样成做。谨将玉铎木架即另拟式样，饬匠攒做，今亦完工，一并恭呈御览，并将发回木架回交造办处查收。再，五月二十九日接奉内务府总管三和寄字，奉旨交奴才成做蕴真斋装修一分[份]，即选择熟谙商人先发银四千两挑买紫檀，选雇工匠，照依发来画样尺寸，图绘新样花纹，奴才悉心酌定于闰五月十一吉日开工。奴才每间日赴

---

① 中国第一历史档案馆、扬州市档案馆编：《清宫扬州御档选编》第2册"乾隆朝（上）"，第147页。

② 档案，乾隆十六年六月二十七日两广总督陈大寿、粤海关监督唐英奏：《为覆奏事》，朱批奏折，档案号：04-01-14-0026-001。

工亲看,督催攒造,务于六月内赶办完竣,七月初起运进京,断不敢少[稍]有迟误。"①从中足见要求的细致、程序的繁杂。如果成做违例或不合上意,有关官员也要进行赔补。

(三) 进贡文玩的去处

各种形式的文玩进贡数量巨大,仅就《万寿盛典初集》所记载的康熙帝六旬万寿一次进贡的不完全统计,极其稀见的宋版书达 77 套之多,还有众多董其昌书法,如董其昌书《天马赋》、董其昌临颜真卿书、董其昌书《乐寿堂歌》、董其昌草书杜甫诗、董其昌书《白羽扇赋》、董其昌临米书《天马赋》、董其昌临《怀素帖》、董其昌临米芾书、董其昌临赵孟𫖯书、董其昌泥金字册、董其昌楷书《闾阎篇》、董其昌小楷、董其昌草书、董其昌书应制诗、董其昌书《天街晓望》诗、董其昌仿虞欧字、董其昌行书、董其昌书唐宋人诗、董其昌临《英光帖》、董其昌临《黄庭经》、董其昌大字、董其昌草书、董其昌行书、董其昌临米书、董其昌临赵书、董其昌草书、董其昌行草、董其昌大字、董其昌小楷、董其昌《八仙歌》、董其昌仿《怀素帖》、董其昌书《四勿箴》、董其昌书唐柳宗元《观庆云图》诗、董其昌行书《昼锦堂记》、董其昌行书《春晴》诗、董其昌行书《春雨》诗、董其昌书唐张嗣初《春色满皇州》诗、董其昌临颜真卿书、董其昌书吕祖《金丹》诗、董其昌《千字文》、董其昌仿颜真卿怀素二种、董其昌书《彭祖颂》、董其昌书王贞白《宫池产瑞莲》诗、董其昌书《太极真人歌》等。宋版书与董其昌书法正是康熙帝的至爱,所以进献尤多。更有稀世珍品王羲之《鹅群帖》、颜真卿《座位帖》、柳公权行书、宋高宗御书、苏轼大字、苏轼书《四时行乐》诗、苏轼书唐诗、苏轼书《喜雨亭记》、黄庭坚书《博学道》诗、米芾行书、米芾行草书、米芾书《狮子说》、米芾书唐诗、宋徽宗画鹰、李公麟《华严变相图》、黄公望《长江万里图》等。

进贡如此众多的古籍文玩,成就了宫中弆藏,"唐宋以来名人书画真迹

---

① 档案,乾隆三十五年六月初四日两淮盐政李质颖奏:《为奏闻事》,朱批奏折,档案号:04-01-38-0006-030。

甚夥"①。其去向，除了皇上欣赏把玩，收藏于养心殿、御书房、古董房外，②也收藏、陈列于其他处所，如前揭湖北巡抚进献的文玩 26 种套，其中，"旧文玩二盒十件"，专门贴黄标明"玉器交养心殿内，盒交造办处"；"旧制炉顶二盒十四件"，贴黄标明"交养心殿内"；"洋漆香盒九件"，贴黄标明"交外养心殿归洋漆七件，交造办处一件，留用一件"；"螺钿镶嵌盒五件"，贴黄标明"交永安寺二件，交瀛台二件，交画舫斋一件"；"粟纹觥一件"，贴黄标明"交宁寿宫"；"夔纹方炉一件"，贴黄标明"交外养心殿"，等等。③另外有相当一部分用来赏赐臣下，重新返归民间。如对名臣宋荦的赏赐："康熙癸未春，圣驾南巡，赐臣荦御书六种，回銮后复赐御书二种，共八种。""康熙四十四年春，两河底绩，上以清口一工，尚须善后之策，驾临阅视。……御书《制砚说》一卷，回銮后，七月初七日，又赐御书《北台眺望》诗扇一柄。以上御笔共十六种。""康熙五十有二年，恭逢皇上六旬万寿，……蒙赐《佩文韵府》一部，共二十套；《渊鉴类函》一部，共二十套。"④乾隆四十九年，"赏赐宋版《五经》"于湖广总督舒常。⑤又据乾隆《八旬万寿盛典》记载："赐入宴王以下大臣官员兵民人等御制诗刻如意、寿杖、朝珠、貂缎、文玩、荷包、银牌等有差，其未入宴之兵丁等各赏银牌一面。"其中，一品文职大臣三十六人，分别赏赐如意、朝珠、寿杖、湖笔、徽墨、砚、鼻烟壶、斋戒牌、绢笺等物。另外还包括一品武职大臣十七人，二品武职大臣三十一人，三品官二百十人，四品官三百六十九人，五品官三百六十七人，六品官五百九十六人，七、八、九品官二百七十一人，各有赏赐。由于商人的特别进献，对盐商也有丰厚的赏赐，分别赏给两淮盐商江广达、程谦德、江正大、汪日初御制《千叟宴》诗一张、如意一柄、寿

<hr>

① 《国朝宫史》卷 33《书籍十二·总集》，北京古籍出版社 1987 年版，第 651 页。

② 《国朝宫史》卷 21《官制二》："养心殿，……收掌内库钱粮及古玩书画陈设。……御书房，……专司收贮书籍、古今字画。……古董房，……专司收贮古玩器皿。"（第 457—458 页）

③ 档案，湖北巡抚陈辉祖呈：《进献清单》，朱批奏折，档案号：04-01-15-0094-006。

④ 宋荦：《西陂类稿》卷 25《记·御书恭纪三》《记·御书恭纪四》《记·祝圣恭纪》，《文渊阁四库全书》第 1323 册，第 275—276、281—287 页。

⑤ 档案，乾隆四十九年二月初六日湖广总督舒常奏：《为恭谢天恩事》，朱批奏折，档案号：04-01-12-0204-068。

杖一根、各色绢笺二十张、朱红绢福方二十张、湖笔二十枝、徽墨十锭、砚一方、鼻烟一瓶、鼻烟壶一个,以及大卷缎、小卷缎、羽纱料、毡衣料、貂皮等物品。分别赏给长芦盐商张长庚等五人,御制《千叟宴》诗一张、如意一柄、寿杖一根、各色绢笺十张、朱红绢福方十张、湖笔十枝、徽墨五锭、砚一方、鼻烟一瓶、鼻烟壶一个,以及大卷缎、小宫宁绸、羽纱料、袍褂料、貂皮等物品。①这种"进献—赏赐"模式,或许就是雍正帝说的"所献之物,备随时赏赐内外臣工,以示家人一体之意"②。

(四) 文玩进贡的经费动用与经费来源

一般来说,凡是各种场合的主动进献,至少在名义上是出于官员、商人的私藏或己资。凡是例贡、奉旨采办文玩或奉旨制造文玩时,会动用有关经费。兹对有关经费的动用与经费来源示列如次。

乾隆十年,据两广总督策楞奏称:"粤海关承办贡进方物四次,例在担杂项下开销,从前每年约动用银五万余两。乾隆七年,钦定以三万两为率,连解京运费在内。"③这里指明了银两数额及其变动,经费是在粤海关税的"担杂项下"。

乾隆二十三年,两广总督李侍尧奏称:"乾隆二十三年正月初四日奉上谕:向年粤海关办贡外,尚有交养心殿余银,今即着于此项银内买办洋务一次,……兹向省中各洋行铺店及嚣门驻嚣夷人处所,遍加购觅得有镀金洋景亭一座,自鸣钟五架,乐钟六架,挂钟二架,推钟七元,表七元,鼻烟壶盒八件,规矩六件,玻璃棋盘一个,重一钱上珍珠一颗,七分上珍珠一颗,六分上珍珠一颗,五分上珍珠一颗,四分上珍珠一颗,三分上珍珠九颗,二分上珍珠二十颗,小珍珠手串二串。谨先行呈进。所需价值并运费共银六千六百一十二两六钱零,遵旨在于办贡余银项下动支,造具黄册咨送养心殿,恭呈御览。伏查乾隆二十二年分留粤办贡银三万两内,除办过端阳、万寿、

---

① 乾隆《八旬万寿盛典》卷 32《盛事八·千叟宴三》,《文渊阁四库全书》第 660 册,第 369—373 页。

② 《清世宗圣训》卷 2《圣德二》,《文渊阁四库全书》第 412 册,第 30 页。

③ 档案,乾隆十年十月二十二日两广总督策楞奏:《为请旨事》,朱批奏折,档案号:04-01-35-0889-005。

年、灯四贡共支用过银一万五千五百五十八两四钱零,尚余银一万四千四百四十一两五钱零,向例先行请旨解交养心殿查收。兹又除此次传办品物支用价值、运费银六千六百一十二两六钱零,尚存银七千八百二十八两九钱零,应否留粤以备本年洋船进口补行采办金珠奇异陈设之用(贴黄:奉朱批"是,留彼应用,钦此"),抑或仍同例解裁存银二万五千两一并解交侍郎臣吉庆查收。"①这里说明了粤海关采办品种、经费来源、用银额,余银的解交。

乾隆三十三年,两淮盐政尤拔世奏称:"盐务外支银四万八千余两,向止拨出银一万二千两办理常贡之用,其余银两俱系借公事名色影射支销。今臣等查明,两淮经费各有专款,一切公私用度,悉属裕如,不应于外支银两内重复乱用。并有相沿陋规一万七千四百余两,均应革除,拨入外支项下,共成六万五千四百余两,存为办理常贡及奉旨特交办理各事件之用。"②这里明确说明两淮办理常贡及特贡在两淮盐务的"外支银"内动支。

乾隆三十五年,两淮盐政李质颖奏称:"两淮凡有交办玉活计,奏定在于外支不敷银四万两内动用,纲竣奏销,遵奉在案。今查已丑纲已竣,所有前任盐臣尤拔世任内节次办缴过玉活计共计六十三件,内除三十件声明工价无多,毋庸开报请销外,其余三十三件用过工价银二千六百六十二两一钱九分八厘,经造办处查核,内白玉铎一件用过工价银一百七十六两一钱七分六厘,奉旨罚赔,已经移明前盐臣尤拔世按数赔补,就近径解造办处交收。实准销银二千四百八十六两二分二厘。又用过宝砂匠工家伙金刚钻等九项共银九百十五两四钱八分九厘,通共银三千四百一两五钱一分一厘,应余银三万六千五百九十八两四钱八分九厘,除开造总册移报造办处查核外,谨缮黄册恭呈御览。再,余银内,已经前盐臣尤拔世赔交造办处银一百七十九两一钱七分六厘,实存银三万六千四百二十二两三钱一分三厘,照例附便使解交

<hr />

① 档案,乾隆二十三年二月十八日两广总督李侍尧奏:《为奏明事》,朱批奏折,档案号:04-01-01-0227-019。

② 档案,乾隆三十三年十二月初八日两淮盐政尤拔世奏:《为遵旨妥议章程事》,军机处录副,档案号:03-0348-053。

造办处充公。"①这里说明了成造玉器的工价、物料价以及经费来源、余银的解交。

嘉庆十二年,长芦盐政李如枚奏称:"长芦贡费于乾隆三十六年奏明,每年在盐政养廉银内节省银一万一千七百两由运库发商领办,其不敷之处,向于商捐公费内拨用。此项公费由来已久,系按引捐一钱二分,统年销引九十余万道,各商捐出盐平色银约收实银十万两有奇,内以七八万两添补办贡。"②办贡银两除在盐政养廉银内动支外,大部分银两来自盐商的按引摊捐,这种摊捐,虽然是以"商捐公费"为借口,但用于"公费"(船坞、船只岁修,以及兵丁巡役饭食、浮桥水手桥夫工食、领缴引目盘费等)的数额很少,绝大部分用于置办贡品。

以上所揭示的备办贡品,均有经费银的开支,这与前代无偿的进贡有重要的区别,即所谓"我朝列圣相承,深仁厚泽,……率令有司以经费购办,未尝责贡民间"③。但需要特别指出的是,这种所谓的"经费",其来源如上揭"摊杂项下"、"办贡余银项下"、"交养心殿余银"项下、"外支银"项下、"外支不敷银"项下、"养廉节省银"项下、"商捐公费银"项下等,均不是"正项钱粮",即所谓"向不作正开销",也不列入国家财政的正常收入和正常开支奏销,是一种额外的搜刮,并有单独的奏销体系。④

只有在一种特定的情势下,经费的来源与开支才有改变。如同治十二年,淮安关监督文桂筹办慈禧皇太后四旬万寿贡品,"太监李双喜传旨:着传淮安监督赶紧恭办绿玉镯子十五对,白玉镯子十五对,绿玉戒箍十五对,白玉戒箍十五对,均照交下镯子、戒箍式样成做呈进,钦此。又于十一日太监李双喜传旨:着再添做绿玉圆镯四对,白玉圆镯四对,均照交下银镀金圆镯式样成做,钦此。相应将银镀金镯子、戒箍式样三件赍送淮安关监督查

---

① 档案,乾隆三十五年十一月二十日两淮盐政李质颖奏:《为奏销交办活计用过银数事》,朱批奏折,档案号:04-01-35-0465-023。

② 档案,嘉庆十二年六月十二日长芦盐政李如枚奏:《为查明征瑞、穆滕额在长芦盐政任内办贡事》,朱批奏折,档案号:04-01-35-0488-038。

③ 《清朝文献通考》卷38《土贡考》,第5211页。

④ 参见陈锋《清代前期奏销制度与政策演变》,《历史研究》2000年第2期。

收。……臣在于江海关洋税、苏松各厘局并两淮盐厘项下,分别筹画,先拨银五万两,迅速解关,以备支用。如有不敷,再行续请拨解"①。当时,由于其他经费无着,不得不动用作为传统"正项钱粮"的关税以及新加征的厘金和盐厘。同样是同治十二年,江南织造庆林奏称:"内务府来文传旨派办万寿贡、端阳贡缎绸纱绉,……所有办解本年万寿贡各色缎绸等项,准藩库解到银七千八百两,共动支料工银七千七百八十三两二钱五分七厘。"②同治十三年,庆林又奏称:"办解过癸酉年贡各色缎绸、笔墨纸张、茶叶等项,准藩库解到银一万二千两,共动支料工银一万一千九百七两三钱六分,……又恭办甲戌年万寿贡各色缎绸等项,藩库解到银八千两,共动支料工银七千八百二十两九分七厘,……又办解过端阳贡各色缎绸纱绉、香料、缂绣、罗扇等项,藩库解到银八千两,共动支料工银七千七百五十两九钱六分四厘五毫二丝。"③为什么要动用"藩库"银,这当然是一个奇怪的现象。从另外一份奏折中,可以窥察原委。同治十三年,苏州织造毓秀奏称:

> 三节贡品一项,诚如户部所奏,向不作正开销,第奴才衙门额设办差银三万两一款,系专备内务府造办处传办内廷应用零星活计之需,按年造册奏报,由造办处核销,是额设专款例有专款之用,非贡品所能动支也。奴才伏查昔年织造兼管浒墅关税务,例有罚料及监督养廉为办贡之需,自兵燹以后,关税停征,罚料无款,监督及织造养廉又经前抚臣李鸿章奏明核减,每月连同书吏饭食纸张等项,共拨银一千两,量入为出,仅敷应用。内务府深悉情形,于同治十年五月奏明,三处织造应进贡品,现值关税停征,力有未逮,应请停缓,仰蒙俞允在案。嗣于十一年三月,内务府又以贡品为内廷应用要需,未便久事停缓,奏请暂行拨款

---

① 档案,同治十二年十一月十一日淮安关监督文桂筹办慈禧皇太后四旬万寿圣节贡品附片,朱批奏折,档案号:04-01-14-0075-148。

② 档案,同治十二年十月初三日江南织造庆林奏:《为奏销办解万寿、端阳贡品事》,朱批奏折,档案号:04-01-14-0075-131。

③ 档案,同治十三年六月初一日江南织造庆林奏:《为奏销办解癸酉年贡及甲戌年万寿、端阳贡品事》,朱批奏折,档案号:04-01-36-0075-019。

办理，作正开销，奉旨依议钦此。是以自同治十二年端节为始，按期拨款办理呈进。今户部奏请，自十三年为止，截清界限，嗣后不准作正开销。自应遵照，除本年端节、年节贡品，业经拨款办齐，解京呈进，容奴才造册报销外，其自十四年以后应进万寿、端阳、年节贡品可否仰恳天恩俯准，仍照内务府十年奏准成案，缓俟关税开征后再行呈进，抑或仍应按照十一年奏案暂行拨款办理，作正开销，俟关税开征再归旧制之处。军机大臣奉旨：已有旨，暂停呈进贡品，所请着毋庸议。①

这是一份十分重要的奏折，已经明确说明了贡品从"向不作正开销"到"作正开销"，再到"不准作正开销"的变更。细读之，可以体会原来的办贡经费来源以及新形势下经费来源变更的事由以及呈进贡品的开开停停。

当然，在一些情况下，也有一些奉旨官员会"自掏腰包"或自行"捐制"。如，乾隆九年，九江关监督唐英奉旨烧造"各款式各色鼻烟壶"，唐英进呈"各款式鼻烟壶四十件"，据称"未敢擅动烧造钱粮，奴才暂行捐制"。②又如，乾隆三十五年，两淮盐政李质颖奉旨采办旧纸和名人字画，李质颖称："觅得藏经纸六十张，大宣纸十七张，米芾大字手卷一轴，苏米合璧手卷一轴，恭呈御览。因装盛宣纸木匣颇长，牲口难以驮载，是以在运送淳化轩装修船上附带进京。……至于纸张、字迹，价甚有限，奴才业已给发，恳请免开价值。"朱批："此事亦不必急忙搜求也，古字甚少，古画亦可并寻，但总不可张皇。"③乾隆帝的朱批未理会"免开价值"，反而说"古字甚少，古画亦可并寻"。揣摩乾隆帝的意思，盐政是很阔的官，盐商也很富有，既然"价甚有限"，这点钱你当然掏得起。事实上，米芾的大字手卷，苏轼、米芾的合璧手卷该是多么珍稀。

① 档案，同治十三年十一月十五日苏州织造毓秀奏折附片，朱批奏折，档案号：04-01-36-0015-031。
② 档案，乾隆九年二月初八日九江关监督唐英奏：《为奏明事》，朱批奏折，档案号：04-01-36-0001-019。
③ 档案，乾隆三十五年闰五月初二日两淮盐政李质颖奏：《为密寻旧纸旧字事》，朱批奏折，档案号：04-01-14-0006-038。

结　语

　　进献文玩的官员，就其进献数量及品类等级，退休官员要远远高于在职官员。上揭原任户部尚书王鸿绪一人进献宋版书 13 部、元版《资治通鉴》20套以及包括宋高宗御书在内的书画作品，就已经是明显的标示。另外如原任礼部尚书许汝霖进献有黄庭坚《白鹤》《娱宾》二赋、宋宣和御书《鸳鸯图》、赵孟頫《双骏图》、赵孟頫《金丹诀》、董其昌《夏山图》、董其昌《千字文》、文徵明《西园十咏》、吴镇《江村渔乐图》等，原任工部右侍郎彭会淇进献有宋版《尚书》一套、宋版《柳宗元集》二套、祝允明书王乔《赤松颂》一卷、文徵明《江阁秋云图》一轴、仇英《员峤仙游图》一轴等，①都是不可多得的精品。在任官员的进贡，有所保留，大都声称"家藏旧字""家藏旧画"，甘肃巡抚吴达善进献古铜器皿等文玩时，甚至有"古铜器皿系乡民刨挖，所值无几"的怪诞说法。②退休官员的大量进献和在职官员的谨慎进献，在某种意义上展现出的是"相沿成习"、世风下的肆意与忌讳。

　　进献文玩的商人，主要是富甲一方的盐商，即使在嘉庆年间大规模的进贡之风已经有所停歇的情况下，两淮盐商依然多次进京献贡。除了盐商在各种场合的进贡外，盐政官员借机索取尤为值得注意。上述已经揭示河东盐政达色的抄家物品，两淮、长芦等盐政官员更为突出，曾经担任过两淮盐政、长芦盐政的巴宁阿被查抄时，除"海甸住房一所，计一百四十三间，城内住房二所，计三百十四间"外，古玩主要有：嵌玉如意二十一柄，嵌玉盒十件，嵌玉文具一对，嵌玉帽架痰盂八对，嵌玉挂屏插屏十二对，嵌玉四季盆景三对，嵌玉炕几香几二对，嵌玉盘一对，玉插牌一对，玉瓶一件，玉兽一件，玉笔筒笔架七件，石砚二十八方，墨十四匣，笔二百一十枝，高丽纸七捆，扇十八匣，自鸣钟七架，珐琅瓶子鼎五件，珐琅帽架吐盂五件，珐琅渣斗四匣，古铜

---

　　①　康熙《万寿盛典初集》卷 59《庆祝五·贡献六》，《文渊阁四库全书》第 654 册，第 80—93 页。

　　②　档案，乾隆二十二年十月初一日甘肃巡抚吴达善奏：《为奏明事》，朱批奏折，档案号：04-01-14-0027-039。

花插一件,古铜鼎瓶三件,五彩瓷碗三匣,哥窑碗一对,宣窑炉一件,嘉窑香炉一对,霁红瓶洗三件,洋瓷盘碗三十四件,瓷器十六桶,螺钿盘盒五十三件,雕漆盆景九件,雕漆大吉葫芦瓶十八件,雕漆盘盒瓶九十五件,银丝香盒二十三件,铜器六十八件,锡器九十三件,花梨、紫檀柜桌三十六件,紫檀盒十对,赵子昂《马》一轴,杂画二箱,等等。①他们积累起来的财富与文玩,主要是盘剥商人所得。曾经担任过两广总督的李侍尧,在被查抄时,也被查出许多来自西洋的物品,除洋烧蓝金盆、金洋錾如意等外,仅宝石就有"红宝石一大块(重三百五十四两)",以及"红宝石大小二块、红宝石料大小十块、红蓝宝石大小二十块、红蓝宝石九块(一匣)、红宝石九块(一匣)、红宝石五块(一匣)、红宝石二块(一匣)、宝石各色七十块(一包)"。②这也意味着广东官员在采购西洋物品进贡时的借机渔利。

　　清代官员、商人的文玩进贡,昌炽于康乾年间,嘉庆,特别是道光以降逐渐式微。个中原因,除了帝王的爱好有所不同外,也与贡物制度的调整有关。嘉庆四年上谕称:"所有如意、玉、铜、瓷、书画、挂屏、插屏等物,嗣后概不许呈进。至在京王公大臣每年所得分例,尚不能敷当差之用,岂有余资,亦不许呈进贡物。"③嘉庆十三年上谕又说:"朕自临御以来,严饬各省督抚等,于任土作贡之外,不得别有进献。……况宫府所藏,百物充牣,朕躬行节俭,凡珍异华美之物,皆所不取,实由天性。初非出于矫强,谅亦诸臣所共喻。……所有金珠玩好各物,概不准呈递。"④道光帝即位之初,曾经连续"核减贡单",道光元年,"颁朱笔改定贡单",对原来的进贡项目进行核减;道光

---

①　档案,乾隆五十九年《查抄巴宁阿家产清单》(具体月日与呈报者不详),军机处录副,档案号:03-0682-025。据福康安的奏折,查抄巴宁阿的时间是乾隆五十九年六月二十二日。见军机处录副福康安奏折,档案号:03-0682-024。另据查抄穆腾额清单,穆腾额所藏文玩有:镶玉如意六柄、珊瑚朝珠一挂、蜜蜡朝珠一挂、翡翠朝珠一挂、松石朝珠一挂、催生石朝珠一挂、染红色象牙朝珠一挂、玉翎管、玉扳指、鼻烟壶等。见档案,乾隆五十八年一月二十九日巴宁阿呈:《查抄穆腾额清单》,军机处录副,档案号:03-1329-029。按:长芦盐政穆腾额的查抄为新任长芦盐政巴宁阿主持,巴宁阿刚查抄完前任穆腾额,自己即被查,颇有意味。

②　档案,乾隆四十五年《李侍尧任所器物、人口清单》,军机处录副,档案号:03-0352-033。

③　《清仁宗实录》卷37,嘉庆四年正月甲戌,第28册,第427页。

④　光绪《大清会典事例》卷298《礼部九·朝会·万寿圣节二》,第4册,第505页。

二年,"复奉朱笔,再加核减,并奉旨,自道光二年年贡为始,照此次所圈贡单届期呈进"。①道光三十年,咸丰帝即位后,总管内务府又呈《不许呈进物件清单》,包括"前经裁撤不准呈进物件",两江总督原先呈进的"陈设小刀、斋戒牌、鼻烟壶等项",闽浙总督原先呈进的"绢笺、笔墨等项""玻璃朝珠、洋磁器皿、丁香油等项",云南巡抚原先呈进的"象牙朝珠、画扇、香佩、果囊、香珠、念珠等项",两广总督原先呈进的"钟表、玻璃器皿、荷包、金银线等项",长芦盐政原先呈进的"各色挂屏、桌屏、花篮、香囊、翠钿等项",两淮盐政原先呈进的"各项玉玩、紫檀、玻璃挂灯、桌灯",粤海关监督原先呈进的"朝珠、钟表、镶嵌挂屏、盆景、花瓶、珐琅器皿、雕牙器皿、珈蓝香手串、玻璃镜、日规、千里镜、洋画",等等。②同时,时值衰世,办贡困难,国计民生堪忧,对文玩价值的认识也发生变化,即所谓"此等古玩,饥不可食,寒不可衣,真粪土之不若。而以奇货视之,可乎?"③

---

① 档案,道光二年闰三月二十六日安徽巡抚孙尔准奏折附片,朱批奏折,档案号:04-01-14-0057-005。
② 档案,道光三十年二月初七日总管内务府呈:《不许呈进物件清单》,内务府全宗,档案号:05-0762-431。
③ 《清续文献通考》卷62《土贡考》,浙江古籍出版社1988年版,第8181页。

清代盐务与造办处经费、物料来源

　　清代的内务府在厘革明代内官监司之弊的基础上设立，是清代管理皇室财政和内廷事务的机构。内务府的设立，清初多有变更，康熙二十三年始形成内务府"七司三院"之制，之后，仍有不断的变化。除总管内务府大臣掌内务府一切事务外，具有类似于中央户部职能的机构主要为广储司和会计司，广储司为内务府掌管库藏及出纳总汇的机关，会计司管理庄田地亩、征纳钱粮、俸禄支给等。

　　清代内务府有较为固定的经费来源和较为固定的经费支出，在一定程度上意味着国家财政与皇室财政有了较为明确的划分，但在许多情况下，国家财政与皇室财政仍然有混同的现象。①据祁美琴《清代内务府》的研究，内务府的经费来源，包括来自中央部库的皇室经费，来自盐业的收入，来自榷关的收入，以及贡品、没收、罚赎、捐纳、商业活动、恩赏、生息银两等。内务府的经费支出，包括皇室日常膳食和服饰用品、赏赐、节日庆典、修缮祭祀、出巡、衙门办公费和官员差役人员的薪资等。②这些说法大致不误，但仍需要厘析内务府广储司银库与造办处钱粮库的关系，许多问题值得进一步探讨。本文主要探讨三个问题：一是在内务府广储司银库之外，造办处的单独库储；二是在造办处的经费来源中，有哪些是来自盐务的款项；三是在造办处的物料及活计中，有哪些与盐务相关。

---

　　① 陈锋：《清代内务府的设立与皇室财政》，《财政史研究》第 11 辑，2018 年。参见陈锋《清代造办处作坊的匠人待遇与银两来源》，《故宫学刊》第 18 辑，2017 年，已收入本书。
　　② 祁美琴：《清代内务府》第 5 章《清代内务府的经费来源》、第 6 章《清代内务府的经费支出》，中国人民大学出版社 1998 年版。

一、管理分途：内务府与造办处的库储

在叙述内务府历史沿革的典籍中，光绪《大清会典事例》的记载最为准确：

> 国初置内务府，设总管，间以大臣总理。顺治十一年，改置十三衙门，曰司礼监、尚方司、御用监、御马监、内官监、尚衣监、尚膳监、尚宝监、司设监、兵仗局、惜薪局、钟鼓司、织染局。十二年，改尚方司为尚方院。十三年，改钟鼓司为礼仪监，改尚宝监为尚宝司，改织染司为经局。十四年，置御药房，以首领太监管理。十六年，始设南苑官。十七年，改内官监为宣徽院，改礼仪监为礼仪院。十八年，裁十三衙门，复置内务府，分设六司，曰广储，曰会计，曰掌仪，曰都虞，曰慎刑，曰营造。又改兵仗局为武备院，改御马监为阿敦衙门。康熙三年，奉旨，染织局交内务府总管管理。又改设染织局官。十六年，改阿敦衙门为上驷院。又定，纳银庄隶会计司。二十三年，增设庆丰司，是为七司，又增置奉宸苑。①

也就是说，清代内务府的"七司三院"之制，到康熙二十三年才最终形成。②而不是像《日下旧闻考》及有关学者所说的，康熙十六年形成"七司三院"定制。七司中的广储司，下设"银、皮、瓷、缎、衣、茶六库，为内府库藏总汇之所"③。广储司所属六库，也是逐步形成的。在顺治十八年，有银库、皮库、缎库、衣库四库；康熙二十八年，"增设茶库、瓷库"，遂有六库之名，其中，"银库掌金、钱、珠、玉、珊瑚、玛瑙及诸宝石。缎库掌龙蟒妆缎、纱绸绢布。皮库掌貂、

---

① 光绪《大清会典事例》卷21《吏部五·官制·内务府》。
② 据《钦定历代职官表》卷37《内务府表》称："（康熙）二十三年，设庆丰司，置郎中二人，增置员外郎四人，主事一人，不隶内务府。雍正元年，归并内务府管理。"可见，康熙二十三年设立的庆丰司，不归内务府管辖，雍正元年始隶属于内务府。
③ 乾隆《日下旧闻考》卷71《官署》。

狐、猞猁、狲、水獭、银鼠等皮及哆啰呢毯、氆绒、褐羽缎、象牙、犀角、凉席。茶库掌茶叶、人参、香、纸、颜料、绒线。衣库掌朝衣、端罩、各色衣服。瓷库掌瓷器及铜锡器皿"。①这也就是乾隆《大清会典》所说的"广储司,凡府库有六,……各有专司,物相类者,则兼掌之"②。而从《大清会典则例·内务府·广储司》其他各条的记载"茶库香料、茶叶、各色纸张、颜料、紫檀、花梨等木,瓷器库铜、锡、铅等,如不敷用者,移咨户部领取。缎库制帛,茶库宝砂,移咨工部领取"来看,各库所掌管的物品还要广泛,茶库除掌茶叶、人参、香、纸、颜料、绒线外,还掌宝砂、紫檀、花梨等木。也可以说,内务府六库,掌管内廷所用各色物品。

内务府广储司六库所藏的各色物品,都与皇室财政关联,即使是物品,"如不敷用者,移咨户部领取",也于中央财政有或多或少的关系。其中的银库,更是关系密切。据现存档案,银库所藏,分为两部分,一是金银,二是器皿。与前揭《大清会典则例·内务府·广储司》所记略有出入。雍正三年十二月初十日总管内务府的奏折称,据《黄册金银数目折》,"查得银库依雍正元年奏过黄册内实存赤金五千九百七十四两一钱一厘一丝九忽六微,淡金一万五千四百九十三两九钱六分一厘五毫八丝,银八十三万二千三百六十五两六钱五分一厘二毫三丝三忽七微一纤三沙六尘二埃八渺六漠。二年正月初一日起至三年八月二十九日止,进赤金九百二十一两七钱七分一厘四毫,淡金二千八百二十两八钱六分二厘,银一百一十二万五千八百七十一两九钱三分一厘五毫六忽一微。二年正月初一起至三年八月二十九日止,用赤金七千十六两四钱一分九厘八毫,淡金八千八十九两九钱二分七厘,银一百八十四万八千九百两三钱七分五厘八毫九丝一忽三微七纤五沙"。据《蓝册金银器皿等项数目折》,各色金银器皿也在银库内储藏,包括金银器、古铜钱、石砚以及珍珠、宝石、玉石、玛瑙、水晶、青金石、珊瑚、寿山石、青田石、琉璃、玻璃等制品。③据此可知,当时内务府的存银规模大致在八十余万两,一

① 乾隆《大清会典则例》卷159《内务府·广储司》。
② 乾隆《大清会典》卷87《内务府》。
③ 中国第一历史档案馆、故宫博物院合编:《清宫内务府奏销档》第1册,故宫出版社2014年版,第427—517页。

年半左右的进银规模大致在一百一十万两左右,一年半左右的出银规模大致在一百八十余万两左右。①每年均不足一百万两,规模不是很大。由于雍正元年造办处设立钱粮库,这里雍正二年正月至三年八月内务府广储司银库的银两数额,应该不包括造办处钱粮库的银两。

在造办处未设立钱粮库之前,造办处所需银两与物料均向内务府广储司各库及户部、工部咨取,造办处一旦设立专库,情形又有所不同。即如雍正元年七月二十九日怡亲王谕:"历来造办处成做活计,俱向各司院咨行,……今造办处既设立库房,如有应用材料,俱向各该处行来本库预备使用,则材料庶不至靡费。"②怡亲王在这里说的"库房",应该是物料库。

已经有学者指出,造办处"钱粮库设于雍正元年"③。由于资料的限制,还不清楚雍正元年造办处的"立库",钱粮库与物料库孰先孰后。《钦定八旗通志》称:"养心殿造办处,总管事务大臣三人,郎中二人,员外郎三人,主事一人,委署主事一人,库掌六人(六品),催长十三人,库守八人,笔帖式十五人,拜唐阿五十二人,领催二十二人。"④这里的"库掌""库守"等职,即意味着造办处库储的管理。光绪《大清会典事例》有较为细致的沿革记述:

> 初制,养心殿设造办处,其管理大臣、官员无定额。……雍正元年,设六品库掌一人。又奏准:造办处立库。将枪炮处、珐琅处、舆图处、自鸣钟处,俱归并造办处管理,增设六品库掌三人,八品催总九人,笔帖式

---

① 当然,内务府每年的存银、进银、出银数额并不相同,据雍正七年十一月十六日总管内务府奏报库存银两数目:"雍正三年九月奉旨领取户部银四十万两,自雍正三年十月起,至本年十月,陆续进银一百三十四万一千九百二十五两零,共计银一百七十四万一千九百二十五两零。除历年用过入于月折奏销外,今库存银一万六千八百三十三两零,矿纹银一万四千九百一两七钱,朝鲜国纹银六千四百九十两,琉球国纹银一百两,安南国九五色银七百八十七两一钱,双全收贮银三十五万九千余两,遵旨熔化之色银一百三十二万八千八百九十两内,现得纹银四十七万六千三百余两。"见中国第一历史档案馆、故宫博物院合编《清宫内务府奏销档》第3册,第367—368页。
② 中国第一历史档案馆、香港中文大学文物馆合编:《清宫内务府造办处档案总汇》第1册,人民出版社2005年版,第61页。
③ 吴兆清:《清代造办处的机构和匠役》,《历史档案》1991年第4期。按:滕德永指出,"雍正元年,造办处立库,将炮枪处、珐琅处、舆图处、自鸣钟处,俱归并造办处管理",未注明出处。滕德永:《乾隆朝清宫造办处的经费管理》,《明清论丛》第16辑,2016年。
④ 《钦定八旗通志》卷45《职官志四》。按:《钦定历代职官表》卷37《内务府表》及乾隆《大清会典》卷87《内务府》等有更为简略的记载。

八人。三年,增设六品库掌二人。七年,铸给图记。十一年,设委署库掌一人,又增设委署库掌一人。……乾隆元年,增设委署库掌一人。二年,奉旨增设八品催总四人。三年,增设委署库掌二人。……(乾隆五年,)又奏设立专管库务、造办事务官员。奉旨:设专管库务官一人,造办事务官一人。①

分析这段史料可知:雍正元年,最先设六品库掌一人,不太可能同时管理钱粮库与物料库,随后,因着大臣的奏请,又设立库掌三人。雍正元年的造办处已经有库掌四人,同时管理钱粮库与物料库成为可能。此后,一直到乾隆初年,库房的管理人员仍有增加,特别是雍正七年,"铸给图记",标志着造办处库房已经独立运作,这或许就是《钦定历代职官表·内务府表》按语所称:"内务府之制,以七司各掌府事,其余分建衙门,并铸给关防印信,统辖于总管大臣而不与七司相隶属。"同时,造办处郎中、员外郎、主事、库掌、司匠等管理人员"掌造办供御对象,监督工作,管理储藏之事"。②

造办处库房"统辖于总管大臣而不与七司相隶属"以及"管理储藏之事",意味着造办处的钱粮库与内务府广储司的银库在雍正以后是两个系统。这意味着前此学者笼统地指称内务府的经费来源与支出并不妥帖。

二、经费归口有别:造办处来自盐务的银两

前揭祁美琴《清代内务府》曾经笼统地探讨过内务府经费的来源,并有"来自盐务的收入"专节,③赖惠敏《乾隆皇帝的荷包》有"盐务与皇室财政"专章,④均可以参考。她们主要是对内务府经费来源进行探讨,基本没有涉及造办处来自盐务的银两。滕德永《乾隆朝清宫造办处的经费管理》认为,造

---

① 光绪《大清会典事例》卷1173《内务府·官制·养心殿造办处》。
② 《钦定历代职官表》卷37《内务府表》。
③ 参见祁美琴《清代内务府》,第135—145页。
④ 参见赖惠敏《乾隆皇帝的荷包》,台北:台湾"中研院"近代史研究所2014年版,第211—293页。

办处的经费,"主要来自盐政、税关和织造"。这是一篇探讨造办处经费管理、经费来源、经费分配的专文,值得特别注意。该文涉及的"来自盐政"的银两只有养廉银、节省银等数条,可以参考。①实际上,造办处经费有一部分来自织造的说法,尚需要斟酌。

当然,嘉庆《大清会典》有一段记载:"其(造办处)银两每年由两淮盐政,江宁、苏州等织造,粤海关、凤阳关、九江关、淮关监督解到备公、平余、饭食、养廉等项,照来文数目查收入库,亦无定额。"②这里专指造办处的经费来源,值得认真体味,所谓造办处的经费"主要来自盐政、税关和织造",或许以此为依据。但这段史料是说"每年由两淮盐政,江宁、苏州等织造,粤海关、凤阳关、九江关、淮关监督解到……",仔细领会,就可以知晓,其是指由这些官员"解到"的银两。由于江宁、苏州等织造大多兼任两淮盐政和有关税关的监督,他们"解到"的银两并不代表是织造的银两,而是由其报解的盐务或关税银两。由于本文不是专门探讨织造银两的收支拨付,兹略举两件档案材料予以揭示。乾隆十一年,江苏布政使安宁、苏州织造图拉联衔奏称:"织造衙门每年例有浒墅关解交盈余银三万两,为办差之用。查乾隆九年分出办差存剩银一万七千二百六十三两四钱七分七毫,经奴才等将应否解交内大臣海望之处,缮折具奏请旨,奉到朱批谕旨:是,钦此。……乾隆十年分准浒墅关解到银三万两,除办理各项差使共动用过银一万五千五百八十八两八钱四分五厘九毫,缮造清册呈送办理织造事务之王大臣查核外,所有存剩银一万四千四百一十一两一钱五分四厘一毫,应否仍解交内大臣海望。"朱批:"览。"③据此,苏州织造解内务府的银两,是由浒墅关拨付织造的剩余银两。乾隆二十三年,内务府总管大臣吉庆奏称:"杭州织造瑞保解交盐务余平银一万六千四十九两零,应交何处查收?"奉旨:"交养心殿内。"④据此,杭州织造瑞保解交养心殿造办处库的银两,是由两浙盐务拨付杭州织造的盐务余

---

① 滕德永:《乾隆朝清宫造办处的经费管理》,《明清论丛》第16辑。
② 嘉庆《大清会典》卷80《内务府·养心殿造办处》。
③ 档案,乾隆十一年二月初六日安宁、图拉奏:《为请旨事》,朱批奏折,档案号:04-01-36-0005-001。中国第一历史档案馆藏,下注"档案"者,均为该馆所藏。
④ 档案,乾隆二十三年十一月初七日吉庆奏单,朱批奏折,档案号:04-01-35-0457-019。

平银。

就现存档案可知，皇室财政来自盐务的银两，有时交内务府，有时交圆明园，有时交造办处，有时名义上解交户部又转解内务府，有时名义上解交造办处又移送其他机构，等等，各不相同。这里只是探讨盐务款项解交造办处的情况。

盐务款项解交造办处，据笔者爬梳档案所得，大致归纳出如下几种。

（一）扣存养廉银及节省银解交造办处

长芦、两淮等处巡盐御史的养廉银较多，在雍正初年既有"奉裁归公"或主动裁减的情况，如雍正二年长芦巡盐御史莽鹄立所奏："窃查长芦巡盐御史衙门每年有养廉银二万两，臣蒙皇上知遇深恩，莅任以来，绝宾客，忘室家，惟日夜勤慎，清理盐务，以图报效于万一，所留养廉银二万两内，除臣在津一年薪蔬、盘费、节赏、公用等项，动支过银三千两，又捐造新设巡盐守备、把总驻扎衙署，兵丁营房，动用银八百两外，犹存余银一万六千二百两。臣素性俭朴，又无交接馈送，在臣实无可用之处，随饬令运司倾销元宝，现收司库，候有解交部饷之便，一并交付差官汇解到京，另文解交内库。"朱批："知道了，嗣后每年养廉之项，当酌量存留，不必勉强拘执。"①这里的巡盐御史养廉裁减银是"解交内库"，还不一定是解交造办处。此后即奉旨解交造办处。乾隆二十一年，管理造办处事务大臣吉庆奏称："高晋解交扣存养廉银五千一百七十三两三钱三分。前经奉朱批：交阿里衮，钦此。阿里衮现在奉差，今将此项银两造办处照数平兑收讫。"奉旨："知道了。"②当时，长芦盐政、两淮盐政都有解交造办处或内务府数额不等的养廉银，如乾隆十七年长芦盐政吉庆报解长芦、山东的养廉银，总管内务府大臣海望因而上奏："长芦盐政吉庆解交裁扣养廉等银二万三百三十二两八钱零，应交何处查收？"奉旨："交沧州银一万两，其余银一万三百三十二两，交造办处。"③乾隆二十七年，

① 《朱批谕旨》卷 49，朱批莽鹄立奏折。
② 档案，乾隆二十一年五月十七日吉庆奏：《为奏闻事》，朱批奏折，档案号：04-01-36-0006-007。
③ 档案，乾隆十七年十一月二十五日吉庆奏：《为请旨事》，朱批奏折，档案号：04-01-35-0455-005。

总管内务府大臣阿里衮奏称："两淮盐政高恒解交节省、养廉银十万八千八十五两八钱四分四厘零,酌减盐政养廉银四千八十三两三钱三分三厘零,又酌减运司养廉银二千两,积存闲款银一万一千八百八十四两三钱五厘零,又积存规费等银一万八百五十五两一钱九分七厘零。以上五项共银十三万六千九百八两六钱八分一厘零,应交何处查收?"奉旨:"交养心殿十万两,其余三万六千九百八两六钱八分一厘零交圆明园。"①

"节省银"最初是一个专门的款项,包括"盐政衙门节省银"和"运司衙门节省银",并不解交造办处,而是经过了解交户部等衙门,解交内务府,以及与其他款项合并,解交造办处的过程。

乾隆六年,两淮盐政準泰奏称:"节省一项,原系每纲征收经解脚费等银,除一切公费事照例支用外,余存银两向系盐政、运司各半分用",其后,"雍正二年,噶尔泰奏明节省充公"。②雍正二年节省银充公后,据乾隆六年两淮盐政準泰呈报的清单,该款项的银额及去向如下:

> 雍正三年奏报雍正元年分癸巳纲盐政噶尔泰、运司何世璂共节省银三万九千五百九十八两九钱八分零,照数解户部。
>
> 雍正四年奏报雍正二年分甲辰纲盐政噶尔泰、运司张坦麟共节省银十万六千二百三十一两九钱八分三厘零,解户部银九万四百五两七钱二分三厘零,拨四川饷银一万五千八百二十六两二钱六分零。
>
> 雍正五年奏报雍正三年分乙巳纲盐政噶尔泰、运司张灿共节省银十万三千三百二十九两七分三厘零,解八旗养廉银二万四千两,解贵州饷银七万九千三百二十七两七分二厘零。
>
> 雍正六年奏报雍正四年分丙午纲盐政噶尔泰、运司朱一凤共节省银八万九千四百三十六两五钱一分九厘零,解八旗养廉银二万四千两,解户部银六万五千四百三十六两五钱一分九厘零。
>
> 雍正七年奏报雍正五年分丁未纲盐政噶尔泰、运司高淳共节省银

---

① 档案,乾隆二十七年七月初六日阿里衮奏单,朱批奏折,档案号:04-01-35-0461-010。
② 中国第一历史档案馆、扬州市档案馆编:《清宫扬州御档》第3册,广陵书社2010年版,第1122—1123页。

十万六千六百二十七两三钱八分九厘零,解八旗养廉银二万四千两,解户部银八万二千六百七十二两三钱八分九厘零。

雍正八年奏报雍正七年分己酉纲盐政噶尔泰、伊拉齐,运司范廷谋共节省银十万五千一百九十九两四钱一厘零,解八旗养廉银二万四千两,解户部银八万一千一百九十九两四钱一厘零。

雍正九年奏报雍正八年分庚戌纲盐政伊拉齐、运司范廷谋共节省银十一万七千三百五十两六钱四分五厘零,照数解户部。

雍正十年奏报雍正九年分辛亥纲盐政高斌、运司范廷谋共节省银十万七千七十八两一钱四分四厘零,解八旗养廉银二万四千两,又补解庚戌纲八旗养廉银二万四千两,解户部银五万七千七十八两一钱四分四厘零。

雍正十一年奏报雍正十年分壬子纲盐政高斌、运司尹会一共节省银十一万八千四百二十六两三钱一厘零,解八旗养廉银二万四千两,解户部银九万四千四百二十六两三钱一厘零。

雍正十二年奏报雍正十一年分癸丑纲盐政高斌、运司尹会一共节省银十二万四百二两八钱八分一厘零,解八旗养廉银二万四千两,解户部银九万六千四百二两八钱八分一厘零。

雍正十三年奏报雍正十二年分甲寅纲盐政高斌、运司尹会一共节省银十二万二千一百九十四两八钱五分三厘零,照数解户部。

(无乾隆元年奏报数)

乾隆二年奏报乾隆元年分丙辰纲盐政尹会一、运司卢见曾共节省银十一万六千九百二十六两五分六厘零,照数解户部。

乾隆三年奏报乾隆二年分丁巳纲盐政三保、运司徐大枚共节省银十一万二千五百五十八两二钱九分八厘零,照数解户部。

乾隆四年奏报乾隆三年分戊午纲盐政三保、运司徐大枚共节省银十一万二千五百五十九两二钱八分三厘零,解交海望处银四万两,解云南饷银七万二千九百五十九两二钱八分三厘零。

乾隆五年奏报乾隆四年分己未纲盐政三保、运司徐大枚共节省银十一万二千五百八十八两四钱三分四厘零,解八旗养廉银二万四千两,解交海望处银四万两,解户部银四万八千五百八十八两四钱三分四厘零。

乾隆六年奏报乾隆五年分庚申纲盐政准泰、运司朱续晫共节省银十一万二千七百八十四两三钱一分三厘零,解交海望处银四万两,解八旗养廉银二万四千两,余银四万八千七百八十四两三钱一分三厘零,照例造入季报册内听部拨解。

以上共十六纲,通共节省银一百七十万三千三百三十五两五钱五分三厘零。

朱批:览。高斌、尹会一节省独多,此何故也? 查明具奏。①

由上可知,大多数年份的节省银主要解交户部或有关省份的兵饷,仍属于中央财政的范畴;乾隆四年的奏报发生初次变化,该年有了解交内务府总管大臣海望的银两,即"解交海望处银四万两"。又据乾隆十四年两淮署理盐政吉庆的奏折称:"节省银两原非解部正款,亦非额征杂项,经奴才于乾隆十三年三月内奏请除八旗养廉外,其余全数解交内大臣海望处收充公用,毋庸解部。荷蒙圣主鉴允在案。"该年的节省银十万六千余两,不再解交户部,全部解交内务府。②也就是说,乾隆十三年节省银的解交发生了又一次变化。

乾隆二十五年以后,扣存养廉银与上述"节省银"一起,称为"节省银"或"节省、经解脚费等银",项目有所变化,款额也稍有增加。在乾隆二十五年内务府总管大臣吉庆的奏折中,见到"高恒解到两淮盐政及运司衙门节省、经解脚费等银十四万二千二百四十三两"的记载。③当时仍然是解交内务府。此后,在可以查见的乾隆四十一年之前的数十件奏折中,节省银依然是解交内务府。但随后又发生变化。

乾隆四十四年,据两淮盐政伊龄阿奏称,在开支相关款项后,该年"节省

---

① 档案,乾隆六年準泰呈:《历年节省银两数目清折》,朱批奏折,档案号:04-01-36-0481-036。

② 档案,乾隆十四年二月二十七日吉庆奏:《为奏明节省银两事》,朱批奏折,档案号:04-01-35-0452-039。

③ 档案,乾隆二十五年七月十三日吉庆奏:《为请旨事》,朱批奏折,档案号:04-01-35-0546-016。

经解脚费并余存倾费等项通共银一十三万九千四百六十两六钱四分七厘，理合奏请解交造办处查收"。朱批："览。"①因为这里已经有"理合奏请解交造办处查收"之语，可以想见，之前节省银已经解交造办处，具体改变的时间当是乾隆四十二年或四十三年。乾隆四十九年，两淮盐政全德的奏折比较细致，引述如下：

> 两淮每纲盐课钱粮奏销之后，所有盐政及运司衙门节省、经解脚费等银例应缮具收支数目清单奏闻。兹查癸卯纲所有经解脚费，除公事应支各项照例开支外，盐政衙门节省并酌裁养廉，又养廉内办贡未支及删除总理盐务总督养廉等项共银九万八千一十二两五钱九分二厘，运司衙门节省并酌减、裁减养廉共银六万二千六百五十二两五钱九分四厘。二共节省银一十六万六百六十五两一钱八分六厘，内除例应起解八旗养廉银二万四千两，实存银一十三万六千六百六十五两一钱八分六厘。又收过倾镕火耗工费等银，除起解京饷、改倾小锭支销，计余存银三万八千二百八十两。通共节省银一十七万四千九百四十五两一钱八分六厘。理合奏请解交造办处查收。②

由此可知，这一部分款项，包括了经解脚费、盐政衙门节省、裁减养廉、倾镕火耗工费等项，是在盐课正税钱粮奏销后，专折奏报。从皇帝的朱批一个字"览"可知，在乾隆四十多年之后，此银解交造办处是例行公事。该年两淮盐区解交的银两总数达到十七万余两。而每年的数额，并不恒定，乾隆三十四年是十二万余两，乾隆五十一年是十八万余两，乾隆五十五年是十三万余两，乾隆六十年是十二万余两，等等。③到嘉庆、道光年间，节省银的数额及奏报程序又有变化。嘉庆十年，两淮盐政佶山奏称："甲子纲盐政、运司衙门节

---

① 档案，乾隆四十四年八月二十一日伊龄阿奏：《为奏明节省银两事》，朱批奏折，档案号：04-01-35-0471-002。

② 档案，乾隆四十九年十月二十六日全德奏：《为奏明节省银两事》，朱批奏折，档案号：04-01-35-0472-048。

③ 档案，朱批奏折，奏报者分别为两淮盐政尤拔世、征瑞、全德、苏楞额，档案号分别为 04-01-35-083-025、04-01-35-0474-031、04-01-35-0475-016、04-01-35-0481-022。

省、经解脚费,并裁减各养廉及余存、积存征收各款银两,除公事应支照例解给外,通共实存银三十四万七千一百十九两六钱四分七厘,理合循例一并奏报,所有各项节省等银应循例于明年春融时分别委员解京。……分送内务府、户部、造办处查核。"①这时的"节省银"多了"余存、积存征收各款银两",所以数额达到三十四万七千余两,而且分别呈送内务府、户部、造办处查核。嘉庆十一年达到四十一万九千余两,嘉庆十五年又达到四十三万一千余两,道光十六年依然有三十一万六千余两。②

(二) 外支银与裁革陋规银交造办处

这一专门款项形成于乾隆三十五年。该年,"经军机大臣奏准,专为传办、装修支用,按实造册送造办处查核。所余银两照例解缴"。也就是说,是专为造办处的传办、装修费用,费用实报实销,余款解交造办处;如果没有传办、装修费用,则全额解交。乾隆四十六年,两淮盐政图明阿奏称:"两淮向有外支银四万八千两,又裁革陋规银一万七千余两,共银六万五千四百七十三两八钱九分九厘。乾隆三十五年,经军机大臣奏准,专为传办、装修支用,按实造册送造办处查核。所余银两照例解缴等因,遵奉在案。今庚子纲已竣,伏查乾隆四十五年未经奉有传办事件,所有前项银两并未动用,无从造册,全行贮库,请俟各项充公起解时随同解交造办处。"③其后,因为有"带征"银两,款额有所增加。据乾隆五十五年两淮盐政全德奏称,该年依然没有传办事件,除原额银两外,"又带征丁未纲银六千一百七十两二钱五分三厘,俱已如数征收。请俟充公各项起解时一并随同解交造办处查收"④。乾隆六十年,两淮盐政苏楞额的奏折更能说明问题:

① 档案,嘉庆十年十二月十三日佶山奏:《为循例奏闻事》,朱批奏折,档案号:04-01-35-0486-013。

② 档案,嘉庆十一年二月初三日上谕,朱批奏折(此实际上为"上谕档",但归在"朱批奏折"类下),档案号:04-01-35-0112-002。档案,嘉庆十五年正月十六日阿克当阿奏:《为循例奏闻事》,朱批奏折,档案号:04-01-35-0489-037。档案,道光十六年三月二十九日陶澍奏:《为汇报壬辰纲节省充公银两事》,朱批奏折,档案号:04-01-35-0513-003。

③ 档案,乾隆四十六年六月初一日图明阿奏:《为奏明事》,朱批奏折,档案号:04-01-35-0472-021。

④ 档案,乾隆五十五年十月初九日全德奏:《为奏明事》,朱批奏折,档案号:04-01-35-0475-011。

两淮向有外支银四万八千两,又裁革陋规银一万七千余两,共银六万五千四百七十三两八钱九分九厘。乾隆三十五年经军机大臣奏准,专为传办、装修支用,按实造册送造办处查核,所余银两照例解缴等因,遵奉在案。今甲寅纲已竣,伏查前项银两,系各商随同杂项钱粮按引完纳,今据运使曾燠详称,乾隆五十九年未经奉有传办事件,所有前项银两并未动用,全行贮库。又壬子纲奏统淮南纲盐五十万引,随引应征传办项下未完银二万二千六百七十九两一钱六分四厘。又壬子纲应带征丁未纲传办项下第五限未完银二千三百九十一两六钱七分七厘,均自甲寅纲起,展分十年带征,今甲寅纲应完带征壬子纲第一限银二千二百六十七两九钱一分七厘。又应完壬子带征丁未纲第一限银二百三十九两一钱六分八厘。以上共银六万七千九百八十两九钱八分四厘,均已如数征收存贮在库,请俟充公各项起解时,一并随同解交造办处查收。①

由于该项银两是"各商随同杂项钱粮按引完纳",是盐商在正项盐税之外的额外负担,所以银两总额会随着销引的情况有所变动,但六万五千余两的总额一直没有变动,意味着销引不完盐商依旧完纳,如果带征或多销引额,则数额会有所增加。

(三) 外支不敷银解交造办处

所谓"外支不敷银",是两淮盐区在造办处交办玉活计的剩余款项,所以在造办处的奏折中又称为"造办玉活计余利银"。乾隆三十五年,两淮盐政李质颖奏称:"两淮凡有交办玉活计,奏定在于外支不敷银四万两内动用,纲竣奏销,遵奉在案。今查己丑纲已竣,所有前任盐臣尤拔世任内节次办缴过玉活计共计六十三件,内除三十件声明工价无多,毋庸开报请销外,其余二十三件用过工价银二千六百六十二两一钱九分八厘,经造办处查核,内白玉铎一件用过工价银一百七十六两一钱七分六厘,奉旨罚赔,已经移明前盐臣尤拔世按数赔补,就近径解造办处交收。实准销银二千四百八十六两二分二厘。又用过宝砂、匠工、家伙、金刚钻等九项共银九百十五两四钱八分九

---

① 档案,乾隆六十年九月初三日苏楞额奏:《为奏明事》,朱批奏折,档案号:03-0684-045。

厘,通共银三千四百一两五钱一分一厘,应余银三万六千五百九十八两四钱八分九厘。除开造总册,移报造办处查核外,谨缮黄册恭呈御览。再,余银内,已经前盐臣尤拔世赔交造办处银一百七十九两一钱七分六厘,实存银三万六千四百二十二两三钱一分三厘,照例附便使解交造办处充公。"①两淮的"外支不敷银",每年的额定数目是4万两,由于两淮盐区的苏州、扬州地区是琢玉的主要地区,有所谓"扬州工""苏州工"之美誉,所以造办处的玉活计除由造办处的"玉作"制作外,也有一部分由苏州、扬州成造。该年的玉活计共63件,费银数千两,除去此项费用外,余款36 000余两解交造办处。由于发生白玉铎做工不好的事件,一方面"奉旨罚赔",赔银由督造者两淮盐政尤拔世承担,另一方面,由新任盐政李质颖重做。据另外一份档案可知,所谓白玉铎做工不好,只是木架做得不好:"本年五月二十三日,接造办处移会内开,尤拔世送交玉铎并木架,奉旨:'木架做得甚糙,样式亦不好,将此木架发与两淮李质颖看,嗣后类此样式活计不许做。钦此。'奴才看此木架,样既蠢笨,工亦粗糙,蒙恩指示,嗣后凡有交办事件,凛遵圣训,不敢再照此样成做。谨将玉铎木架即另拟式样,饬匠攒做。今亦完工,一并恭呈御览,并将发回木架回交造办处查收。"②乾隆说"木架做得甚糙,样式亦不好",李质颖附和"奴才看此木架,样既蠢笨,工亦粗糙",可见李质颖更会迎合上意。一件木架先运往北京,又发回两淮,重造后再运往北京,费用亦不在少数。更由于做工不好,需要两淮盐政赔补,所以此后再做玉活计,两淮盐政便不敢再在"外支不敷银"中开支银两。如乾隆四十六年,两淮做玉活计110件,所有费用另外由两淮承担,"俱经照例随时给发,并未动用外支不敷银两,无庸造册报销。所有庚子纲外支不敷银四万两现贮运库,俟有起解之项,随同附解,照例交造办处查收"③。乾隆四十九年,两淮做玉活计58件,"其玉匠辛工饭食及宝砂料物各费,俱经该商等随时给发,并未动用外支不敷银两,无庸造

---

① 档案,乾隆三十五年十一月二十日李质颖奏:《为奏销交办活计用过银数事》,朱批奏折,档案号:04-01-35-0465-023。

② 档案,乾隆三十五年六月初四日李质颖奏:《为奏闻事》,朱批奏折,档案号:04-01-38-0006-030。

③ 档案,乾隆四十六年六月初一日图明阿奏:《为奏明事》,朱批奏折,档案号:04-01-35-0472-022。

册报销。所有庚子纲外支不敷银四万两现贮运库，俟有起解之项，随同附解，照例交造办处查收"①。该年的玉活计费用，明确指明是由盐商支给。

（四）积存闲款等银解交造办处

"积存闲款等银"，最初只是一个笼统的款项。

乾隆二十一年，两淮盐政普福即奏称："两淮运库钱粮款项纷杂，上年十二月内举行计典，例应盘查出结，……据运司卢见曾禀称，递年额外溢余倾宝之费，以及外结盐斤变价并工程支缴等项，为数零星，年无年有，今共积存银二万四千三百七十两零，应照闲款之例办理等情，奴才伏查运库不入奏销闲款，例应奏请解交。前项银二万四千三百七十两零，系随时报明零星汇积，又在按年常例奏解之外，既经汇有成数，可否解交养心殿查收，以充公用之处，奴才未敢擅便，合并奏明请旨。……阿里衮奏称：两淮盐政普福解交积存银二万四千三百七十两零，今造办处照数平兑收讫。"②这种"为数零星，年无年有"的积存闲款，"在按年常例奏解之外"，最初只是随时报明，随时奏解，有时数额少，有时数额多，差别较大。如乾隆二十七年，"两淮盐政高恒解到余存银一万五千余两"③。乾隆二十八年，"两淮盐政高恒解到余存、倾费等银共十四万四百三十一两零"④。乾隆二十九年，"两淮盐政高恒解到庚、辛、壬三纲积存楚费银十五万二千四百二十四两九分"⑤。后来，"积存闲款银"规范化，一般包括两项，一是积存闲款银，二是积存规费等银，⑥而且每年解交。如乾隆四十六年，两淮盐政图明阿奏称："两淮运库每年积存闲款

---

① 档案，乾隆四十九年八月初一日全德奏：《为奏明事》，朱批奏折，档案号：04-01-35-0472-038。

② 档案，乾隆二十一年正月初五日两淮盐政普福奏：《为奏明请旨事》，朱批奏折，档案号：04-01-35-0455-038。

③ 档案，乾隆二十七年九月二十一日阿里衮奏：《为奏明事》，朱批奏折，档案号：04-01-35-0461-022。

④ 档案，乾隆二十八年十月初八日安泰奏：《为奏明事》，朱批奏折，档案号：04-01-35-0461-050。

⑤ 档案，乾隆二十九年十月十四日阿里衮奏：《为奏明事》，朱批奏折，档案号：04-01-35-0462-008。

⑥ 在个别年份，分作三项，如乾隆三十四年，一项积存闲款银一万二千六十二两三钱九分二厘，一项积存规费等银一万二千二百三十二两九钱五分四厘，一项节省余利银八百五十二两二分六厘，"三共银二万五千一百四十七两三钱七分一厘"。档案，乾隆三十四年四月二十四日尤拔世奏：《为奏明事》，朱批奏折，档案号：04-01-35-0463-018。

233

等银,应于奏销后查明奏解,今庚子纲盐课钱粮已经奏销,行据运司清查开报,共积存闲款银一万二千四十四两四分八厘,又积存规费等银一万二百一两四钱八分二厘,二共银二万二千二百四十五两五钱三分,现贮运库。理合循例一并奏请解交造办处查收。"①乾隆四十九年,两淮盐政全德奏称:"两淮运库每年积存闲款等银,应于奏销后查明奏解,今癸卯纲盐课钱粮已经奏销,行据运司清查开报,共积存闲款银一万二千六十一两二钱三分,又积存规费等银一万二百两一钱九分四厘,二共银二万二千二百六十一两四钱二分四厘,现贮运库。理合循例一并奏请解交造办处查收。"②乾隆五十七年,两淮盐政全德奏称:"两淮运库每年积存闲款等银,应于奏销后查明奏解,今辛亥纲盐课钱粮已经奏销,行据运司清查开报,共积存闲款银一万一千三百十八两四钱五分七厘,又积存规费等银五千四百二十四两七钱四分九厘,二共银一万六千七百四十三两二钱六厘,现贮运库。理合循例一并奏请解交造办处查收。"③虽然每年的银额有差异,但项目相同。朱批也都是一个"览"字,说明已经成为惯例。

(五) 江西盐规与窝利等银解交造办处

江西虽然属于两淮盐区,但是有些解交造办处的银两属于专门的款项,专款奏销,包括两项内容:一是"盐规引费"和"征存节省",二是"吉安府窝利、田房变价生息银"。乾隆四十六年,两淮盐政图明阿在奏折中谈到了"盐规引费"和"征存节省"解交造办处的具体情况:

> 江西盐规引费,向系奏明,通饬办运扬商,每年俱完纳运库运司拨出银五千两,移交江西盐道为修理石堤、买补仓谷等项之用。余银于纲竣俱折奏解内库充公。今庚子纲盐课钱粮已经奏销,据盐运使仓圣裔详报,收过庚子纲江西盐规引费并吉安、饶州二府引费除解交江西盐道

① 档案,乾隆四十六年闰五月十二日图明阿奏:《为奏明事》,朱批奏折,档案号:04-01-35-0472-017。

② 档案,乾隆四十九年九月十八日全德奏:《为奏明事》,朱批奏折,档案号:04-01-35-0472-043。

③ 档案,乾隆五十七年十月三十日全德奏:《为奏明事》,朱批奏折,档案号:04-01-35-0478-022。

库银五千两外,存银三万六百两八钱六分一厘;又自乾隆四十五年四月奏销之后,至四十六年三月,续收己亥纲江西并吉安、饶州二府引费银六千一百三十六两九钱一分五厘。以上共银三万六千七百三十七两七钱七分六厘,详情核奏。又详称,己亥纲核派湖广省正引之外,各商有多报运楚之引,并江都、甘泉二县食引五分融销楚岸,在运库一例完纳口岸匣费、布税充公等项,共存银三万九千一百三两四钱五分六厘,系不在口岸额费数内征存节省之项,委署无可支销闲款,请附同庚子纲江西盐规引费一并奏解充公等情,奴才复核无异,所有前项余存运库,通共银七万五千八百四十一两二钱三分二厘,应请循例解交造办处查收。①

由上可知,江西一般意义上的"盐规引费",由运盐两淮的扬商完纳,统一交两淮运库存贮,其中的一部分被拨归江西盐道,作为修理石堤、买补仓谷的费用,如果有结余,余款再解交造办处。另外还有较为特殊的吉安和饶州二府的引费。"征存节省"是食盐额外多运销两湖交纳的费用,即所谓"核派湖广省正引之外,各商有多报运楚之引,并江都、甘泉二县食引五分融销楚岸,在运库一例完纳口岸匣费、布税充公等项",这一部分费用,没有包括在"口岸额费数内",所以也一并在这个名目下解交内务府。该年"盐规引费"和"征存节省"解交造办处的款项为七万五千余两。此后每年的数额略有不同,少则六万余两,多则八万余两。如乾隆五十五年是八万八千六百六十三两一钱九分七厘,乾隆六十年是六万三千七百三十八两四钱七分二厘,②等等。

吉安府窝利、出房变价生息银,据乾隆五十六年两淮盐政全德的奏折称:"江西吉安府窝利银两,每年催商缴齐,奏明起解,其随窝田房变价作本

① 档案,乾隆四十六年六月初十日图明阿奏:《为奏明事》,朱批奏折,档案号:04-01-35-0472-024。

② 档案,乾隆五十五年七月二十八日伊龄阿奏:《为奏明事》,朱批奏折,档案号:04-01-35-0475-009。档案,乾隆六十年九月二十八日苏楞额奏:《为奏明事》,朱批奏折,档案号:04-01-35-0481-018。

应缴利银，亦并附解，按年遵办在案。兹乾隆五十五年分庚戌纲应完窝利银五万二千四百三十四两，又随窝田房变价利银自乾隆五十五年三月起，至五十六年二月止，应交利银四千五百三十两八钱六厘，共银五万六千九百六十四两八钱六厘。又应带征丁未纲窝利银五千九百九十五两二钱六分一厘。据运使鹿荃详报，俱经照数征存，奴才复核无异，理合循例解交造办处查收。"①该年吉安府窝利、田房变价生息银是五万六千余两，另外又有带征丁未纲窝利银五千余两。此后每年的款额约略相同。

吉安府的窝利较为特殊，多有变化。赖惠敏在她的著作中已经注意到吉安窝利，引用了乾隆九年等年的档案，这似乎是第一次有学者注意，但赖惠敏没有论说其沿革。②据笔者查吉安府引窝的档案可知，吉安府引地最初属于"官引地"，不属于盐商的个人引地，"于康熙五年招商认办，每纲交窝利息五万二千四百余两，系解内务府之项"；雍正四年，此"官引地"被赏给怡亲王府，成为王府引地，窝利银归怡亲王府。窝利的归属有数次变化，吉安府引窝起初由淮商黄光德租借承办，每年向怡亲王府交纳窝利银。③据乾隆十三年署理两淮盐政吉庆奏称："江西吉安一府引窝，每年商完怡亲王窝利、房租等银五万八千四百七十七两四钱。乾隆十二年四月内奉旨：嗣后每年仍交王子家银二万八千两，其余银三万两，每年入于盐务节省项内，一并奏明请旨。"④也就是说，在乾隆十二年，吉安窝利银的归属已经发生了变化，明确规定了窝利银二万八千两归王府，三万两另外解交请旨。到乾隆十四年，吉安府的全部窝利银已经收归朝廷，但仍是专案奏请奉旨，大多数情况下，是将窝利银解交内务府。据可以查到的档案，至少在乾隆四十一年之前，吉安府的窝利银分别奉旨解交乾隆皇帝亲近的个人或内务府总管，如傅恒、三和、阿尔衮、福隆安等。最晚在乾隆四十四年，已经不再解交给个人，然后再

---

① 档案，乾隆五十六年九月十八日全德奏：《为请旨事》，朱批奏折，档案号：04-01-35-0476-037。

② 参见赖惠敏《乾隆皇帝的荷包》，第224—225页。

③ 档案，嘉庆十六年六月二十九日户部奏：《为江西吉安引窝价银查奏事》，军机处录副，档案号：03-1779-069。

④ 档案，乾隆十三年七月二十四日吉庆奏：《为请旨事》，朱批奏折，档案号：04-01-35-0452-017。

奉旨处理,而是明确解交造办处。如乾隆四十四年两淮盐政伊龄阿所奏:"乾隆四十四年分己亥纲应完窝利银五万二千四百三十四两,……据运使朱孝纯详报,照数全完,奴才复核无异,理合循例奏请解交造办处查收。"①

以上各项解交造办处的银两,主要来自两淮盐区,其他盐区的事例较少,也不是没有。如乾隆四十一年河东盐政瑞龄奏称:"河东每年应解养心殿暨内务府各项银两经内务府议奏,令将每年应解银两由本处按款自行奏明,依限交纳等因,历经遵照具奏在案,查今年应解养心殿造办处潞泽节省银二万两,并应解内务府唐县余利归公银八千三百三十八两零,裕州余利归公银一千两,并余等项银六百四十三两零。现已届期,据运使程国表详报,于本年十一月二十七日委员起解赴京交纳。"②这里所谓的"潞泽节省银二万两",即是解交造办处,而且"历经遵照具奏在案",每年的数额恒定。又乾隆三十四年七月初五日内务大臣英廉奏称:"(长芦盐政)高诚解到永庆号应交利银八万八千八十二两四分二厘。又减半加课并倒追银七千二百八两八钱四厘。二共银九万五千二百九十两八钱四分六厘。查对数目相符。应交何处查收?"奉旨:"交养心殿内银五万两,其余银四万五千二百九十两八钱四分六厘,交圆明园。钦此。"③该年永庆号利银等项有五万两交养心殿造办处,另外则交圆明园。长芦盐区永庆号利银解交内府,均是每年请旨办理,所以,每年交付的地点和数额各不相同。

三、物料与活计:部分仰仗盐务

造办处因为有珐琅作、铜作、匣裱作、油木作、广木作等各种各样的作坊,④各作坊所用物料,一部分由盐商,特别是两淮盐商负责采办。据乾隆二

---

① 档案,乾隆四十四年八月二十四日伊龄阿奏:《为请旨事》,朱批奏折,档案号:04-01-35-0471-005。

② 档案,乾隆四十一年十一月二十六日瑞龄奏:《为奏闻事》,朱批奏折,档案号:04-01-35-0919-029。

③ 档案,乾隆三十四年七月初五日英廉奏:《为奏闻事》,朱批奏折,档案号:04-01-35-0908-009。

④ 参见陈锋《清代内务府造办处的作坊及匠人待遇》,《财政史研究》第9辑,2017年。

十三年至二十七年两淮总商黄源德、江广达等采办物料清单记载:

紫檀、凉阁料物、陈设绣件,银一万七百二十两零。

紫檀、竹器、填漆、鸂鶒、银丝各种宝座等件十分,银二万七百六十两零。

临河房等处装修门帘铺垫,银六千九百五十七两零。

书阁团屏等件,银二千九百八十二两零。

连六香袋各件,银三百四十七两。

自鸣钟、紫檀、黄杨、棕竹各物料,银一万四千一百三十三两零。

九如意、牙花、盆景、菜盒等件,银二千六百八十三两。

鸂鶒木、湘妃竹料等件,银五百五十两零。

鸂鶒红木料,银一百九十五两零。

又鸂鶒红木料,银一千一百八两零。

影木板料,银七十二两。

楠木料,银一百八两。

竹凉阁竹装修等件,银二千二百两零。

斑竹房装修陈设工料,银一万二千两零。

大铜狮子、铜鼎各件,银九千六百五十三两零。

金书阁等件,银一千两。

年灯各件,银二千四百二十两。

传办灯件,银四千四百五十六两。

竖灯各件,银二千六百七十两。

宝座、屏风、垫靠各件,银一千七百八十五两。

添办垫靠、迎手,银四百五十两。

绣扇、垫靠等件,银七百三十九两零。

各种木器等件,银六千六百三十四两零。

炕盂、灯工、铜器等件,银一万三百十二两零。

如意、唾盂、乌木紫檀褂[挂]灯,银二千一百三十一两零。

像生花、杨木、竹作,一百四十九两零。

黄杨木、竹作,银二百十四两零。

以上共银十一万九千一百两零。①

由上可知,采办的物料包括紫檀、鸂鶒木、楠木、黄杨木等各种木料以及竹器、绣品、盆景等,有的是原料,有的是加工件,用银十一万余两。另外,乾隆二十四年至二十六年两淮总商洪充实采办物件清单记载:

各色大呢七十九匹,长三百九十九丈八尺,银六千二百四十四两八钱。

玻璃十二对,银一千一百三十五两。

花大呢三匹,长十九丈五尺,银四百三十五两六钱。

各色羽绉一百七十连,银三千七百五十八两四钱。

各色羽毛缎十四套,银五百二十六两四钱。

珊瑚树二盒,银六百九十两。

海南大香六十斤,银二十一两。

上海南速香一百二十斤,银一百七十九两四钱。

次海南速香一百二十斤,银七十七两八钱。

上沉香九十八斤,银三百三十两四钱。

次沉香二十斤,银十二两。

洋金花笺二千张,银九十两。

玻璃镜四十八面,银一千六百二十七两。

玻璃片五十七款,银一千七百两。

玻璃大屏镜四对,银五百五十二两。

玻璃大缸八个,银二百两。

玻璃大花樽四个,银六千六百七十二两。

各色羽绉三百连,银二千七百三十两。

---

① 档案,乾隆二十七年呈报(呈报者不详):《总商黄源德、江广达、徐尚志、王履泰、李永大自二十三年起至二十七年采办一切物料总数清单》,军机处录副,档案号:03-1102-014。

各色羽绉袍褂一百七十套,各色润德缎袍褂一百套,银一千四百七十两。

各色大呢二十四,九十一丈六尺,银一千四百九十四两三钱。

洋青一百斤,银五十四两。

以上共银三万两零。①

上一份清单显示由黄源德、江广达等五位总商承办,该件清单显示由总商洪充实独自承办,采办的品种有很大的不同,前者较为繁杂,后者相对单一,主要是玻璃制品和丝织品,意味着总商采办物料可能有不同的分工。总商为造办处采办物料一般是受盐政官员委托,代表盐政官员采买,所用银两一般来自运库的积存银两。如上所揭外支银传办、装修费用所示,这些银两"各商随同杂项钱粮按引完纳",属于额外之款;而且上揭的外支银传办、装修费用,实际上都没有产生,这部分银两已经全额解交造办处,采办物料费用很有可能是另外设法筹措的。从乾隆三十三年爆发的"两淮提引案"揭示的情况看,"自乾隆十一年提引之后,……节年预行提引,商人交纳余息银两共有一千九十余万两,均未归公",有些采办物料等费即在此开支,总商也借此蒙混渔利,"或代购器物,结纳馈送,或借称差务,浪费浮开,……总商代盐政等购办器物浮开银十六万六百八十七两零,又各商借差动用银一百四十八万二千六百九十八两八钱,并办差浮开银六十六万七千九百七十六两八钱。……各商代吉庆、高恒、普福购办器物,作价银五十七万六千七百九十二两八钱二分一厘,……各商代高恒办做檀梨器物银八万六千五百四十两一钱四分四厘,均系该总商等有意结纳,于中取利,以致浪费无节"。②

除了采办上述一般性的物料外,两淮总商还不时向造办处呈贡玉器,这种"呈贡"是前述常例采办之外的进贡,即所谓"常贡之外,恭进玉器、古玩、

---

① 档案,乾隆二十七年呈报(呈报者不详):《总商洪充实自二十四年至二十六年采办物件清单》,军机处录副,档案号:03-1102-015。

② 档案,乾隆三十三年六月二十五日彰宝、尤拔世奏:《为查出提引大概情形先行据实奏闻事》,军机处录副,档案号:03-0618-016。参见方濬师《蕉轩随录·续录》卷8《两淮提引案》,中华书局1995年版,第311—312页。

装修等件"①,"常贡之外,有恭进古玩,荷蒙赏收之件"②。嘉庆六年之后,"停止呈进玉器,众商情愿按年交银五十万两"③。

由于扬州、苏州是玉雕的集中地区,有"扬州工""苏州工"之美誉,两淮盐商承办的造办处活计,主要是玉活计,每年件数不等,其费用按规定在"外支不敷银"中开支,上述已经说明,这些玉活计大多没有动用"外支不敷银",另由盐商筹措。除玉活计外,当然也有其他活计,如《淳化阁帖》套匣的"成做",乾隆三十八年,两淮盐政李质颖奏称:"乾隆三十七年十二月十九日准造办处发到钦定重刻《淳化阁帖》十分,奉旨:'随意配做木植壳面套匣,其签子上字或用本身木上雕做,或做银母字嵌安,或做木金字,俱要阳纹,先将省手者做得一二分,即行送来,余者做得陆续送来。钦此。'奴才敬谨筹酌,用紫檀木配做壳面套匣,照依发来签上字式,用白玉雕琢阳纹嵌安,十分一样成做。今已全行办竣,送交造办处进呈。又,本年正月初九日准造办处发到玉石子一块,重三十八斤,画虎溪三笑陈设纸样二张。奉旨:'着交两淮盐政李质颖处成做,先做木样送来呈览。钦此。'今木样亦经做就,一并送交造办处,恭呈御览。"④由此可知,两淮盐政在接到传办物件后,十分上心,上意要求做《淳化阁帖》套匣十份,"随意配做木植壳面套匣……或做银母字嵌安,或做木金字",实际上是用紫檀木配做壳面套匣,用白玉雕琢阳纹文字嵌安,用料、工艺十分讲究。该件奏折揭示的玉器雕刻工序也十分繁杂慎重,先由造办处发来玉器平面的"纸样",再由两淮做成立体的"木样",再将"木样"送造办处呈皇上御览审批。然后再按审批过的"木样"雕刻玉器。用料的讲究、程序的繁杂、工艺的讲求,当然是以两淮盐务充足的资金作保障。

另外,两淮、长芦盐商的购办古玩也值得注意,一如乾隆三十五年九月上谕:"两淮商人购办古玩一事,业经查明核办。昨召见西宁,据奏,长芦所

① 中国第一历史档案馆、扬州市档案馆编:《清宫扬州御档》第7册,第4816—4817页。
② 档案,乾隆三十四年十二月二十一日尤拔世奏:《为遵旨报销价值并奏明积存闲款等事》,朱批奏折,档案号:04-01-35-0908-051。
③ 中国第一历史档案馆、扬州市档案馆编:《清宫扬州御档选编》第4册,广陵书社2009年版,第310—312页。
④ 档案,乾隆三十八年三月十三日李质颖奏:《为奏闻事》,朱批奏折,档案号:04-01-35-0008-007。

办古玩,亦系商人购备,……其事系历任相沿,即高斌、李质颖亦如此办理。"①

结　语

前揭《钦定历代职官表·内务府表》的按语"内务府之制,以七司各掌府事,其余分建衙门,并铸给关防印信,统辖于总管大臣而不与七司相隶属",特别是"不与七司相隶属"一语值得高度重视,这意味着造办处的钱粮库与内务府广储司所属银库是两个系统,内务府银库的进出银两不代表皇室财政的全部内容。内务府银库来自盐务的银两也不是来自盐务的全部银两,只有将内务府银库、造办处钱粮库以及圆明园银库来自盐务的银两分别厘清,才能全面地窥察盐务与皇室财政的关系。

在雍正元年造办处设立钱粮库之前,盐务交与皇室的银两一般是交于内务府广储司银库,在造办处设立钱粮库之后,一般是分别解交。这从总体上看是没有疑义的。但是,从皇帝对有关银两的后续处理来看,也还有"二次分配"的情况。如乾隆二十五年,内务府总管大臣吉庆上奏两淮解到造办处的银两如何处理:"高恒解到两淮盐政及运司衙门节省、经解脚费等银十四万二千二百四十三两零。又运库积存闲款并积存规费等银二万四千五十四两零。又零星节省银一万六千六十九两零。以上共银十八万二千三百六十六两零。应交何处查收?"奉旨:"交养心殿内十万两,其余银八万二千三百六十六两零交圆明园。"②乾隆二十九年,造办处大臣阿里衮请旨:"两淮盐政高恒解到庚、辛、壬三纲积存楚费银十五万二千四百二十四两九分,应交何处查收?"奉旨:"交养心殿内十万两,其余银五万二千四百二十四两九分,交圆明园。"③乾隆三十四年,造办处大臣福隆安请旨:"两淮盐政尤拔世解到

---

① 中国第一历史档案馆等编:《清代长芦盐务档案史料选编》,天津人民出版社2014年版,第129页。

② 档案,乾隆二十五年七月十三日吉庆奏:《为请旨事》,朱批奏折,档案号:04-01-35-0546-016。

③ 档案,乾隆二十九年十月十四日阿里衮奏:《为奏明事》,朱批奏折,档案号:04-01-35-0462-008。

戊子纲江西吉安府窝利、田房变价生息银六万二千二百八两二钱,查对数目相符,应交何处查收?"奉旨:"交养心殿内三万两,其余银三万二千二百八两二钱交圆明园。"①这些银两都有分别移送的情况,值得特别注意。除了这种在皇室内部的调剂外,也有将相关银两作为国家财政开支的事例,如嘉庆十一年二月初三日上谕:"将甲子纲(两淮)盐政、运司衙门节省等款银四十一万九千七百余两,停止解京,并将癸亥纲商人办公节省存银内再拨银十八万二百七十余两,凑足六十万两之数,速委妥员解交河工备贮应用。"②这是在河工银不足的情况下,把皇室财政转变为国家财政的一个突出事例。

盐务解交造办处的银两,一般说来都有专门的名目,上述主要讨论了"扣存养廉银及节省银""外支银与裁革陋规银""外支不敷银""积存闲款等银""江西盐规与窝利等银"等五种名目,这些银两是比较突出的名目,也主要是两淮盐区的解交银两,其他盐区的事例与银额较少。这些款目一方面有一个逐步形成的过程,另一方面也有解交衙门变化的过程,有的款目也不是一开始就解交造办处,如"节省银"一项,最初并不解交造办处,而是经过了从解交户部等衙门,到解交内务府,解交造办处的变化,其演变过程也是值得注意的。

---

① 档案,乾隆三十四年五月初一日福隆安奏:《为奏明事》,朱批奏折,档案号:04-01-35-0907-042。

② 档案,嘉庆十一年二月初三日上谕,朱批奏折,档案号:04-01-35-0112-002。

清代造办处作坊的匠人待遇与银两来源

一、内务府造办处的作坊

内务府由总管内务府大臣管理,内务府下设广储司、会计司、掌仪司、都虞司、慎刑司、营造司、庆丰司7司以及武备院、上驷院、奉宸苑、圆明园、畅春园、颐和园、静明园、静宜园、御船处、织染局、总理工程处、文渊阁、中正殿、养心殿造办处、武英殿修书处、御书处、御茶膳房御药房、雍和宫、盛京内务府等部门。①造办处只是内务府管辖的众多部门之一,其职掌为"成造诸器用之物"②。造办处又下设各"作房"。

造办处的作房,最初什么时间设置,还需要探讨。祁美琴称:清初在养心殿置造办处,"康熙三十二年开始设立作坊"③。这种说法虽然于史有据,但似乎是对史料的误读。史料说的"三十二年,造办处设立作房",应该是康熙三十年造办处从养心殿迁往新址后重新设立作坊。之前,造办活计的作坊就已经存在。

据《清宫述闻》卷三《述外朝三·造办处》称:"初,在养心殿造办活计,康熙三十年十月,奉旨迁出,在慈宁宫茶膳房做造办处。"又称:"康熙三十年,以慈宁宫之茶膳房一百五十有一楹为造办处。四十八年,复增白虎殿后房百楹。"另外,"圆明园亦有造办处"④。可见,造办处最初在养心殿,康熙三十年迁往慈宁宫茶膳房。造办处的迁址,一方面是由于造办处规模扩大,工匠

---

① 参见光绪《大清会典事例》卷1170—1173《内务府·官制》。
② 章乃炜:《清宫述闻》卷3《述外朝三·造办处》,北京古籍出版社1988年版,第165页。
③ 祁美琴:《清代内务府》,中国人民大学出版社1998年版,第103页。
④ 章乃炜:《清宫述闻》卷3《述外朝三·造办处》,第165页。

人数增多,原有地方不足使用,而新址的房间多;另一方面是由于"数百工匠钉凿锤锯于近御",十分嘈杂,且不合宫规,如康熙十九年上谕:"凡放匠之处,着总管用心关防,妃、嫔、贵人等不许行走,俟晚间放匠后方许行走。如有错误,必重惩尔等,毋至后悔。"①

造办处在养心殿时已经有作坊,下面引述光绪《大清会典事例》的相关记载进行分析:

> (康熙)三十年奉旨:东暖阁裱作,移在南裱房。满洲弓箭匠,亦留在内。其余别项匠作俱移出在慈宁宫茶饭房,做造办处。三十二年,造办处设立作房。三十五年奉旨:设立玻璃厂,隶于养心殿造办处,设兼管司员一人。三十六年,增设监造二人。四十二年,增设笔帖式一人。四十四年奏准:武英殿砚作,改归养心殿,增设监造二人。四十七年奉旨:养心殿匠役人等,俱移于造办处。四十八年奉旨:裁监造二人。四十九年,设玻璃厂监造二人。又奉旨:增设笔帖式一人。五十六年,增设监造二人。五十七年奏准:武英殿珐琅作,改归养心殿,增设监造一人。……雍正元年,设六品库掌一人。又奏准:造办处立库,将枪炮处、珐琅处、舆图处、自鸣钟处,俱归并造办处管理。②

从以上史料可以看出如下四点信息:

第一,至少在康熙三十年之前,"裱作"及"其余别项匠作"已经存在;

第二,在康熙三十年从养心殿迁出"其余别项匠作"到慈宁宫茶膳房时,各"作"及匠人已经不在少数,否则不可能需要房间"一百五十有一楹";

第三,武英殿在此前亦有作坊,将武英殿的砚作、珐琅作归并养心殿造办处,便于管理;

第四,养心殿"其余别项匠作"迁往慈宁宫茶饭房后,养心殿依旧有作坊存在,从而形成养心殿、慈宁宫、圆明园都有作坊存在的格局。曾经在康熙

---

① 《国朝宫史》上册,北京古籍出版社 1987 年版,第 7 页。
② 光绪《大清会典事例》卷 1173《内务府·官制·养心殿造办处》。

十九年，"武英殿设造办处"，随着武英殿砚作、珐琅作归并养心殿造办处，至雍正七年，"铸给武英殿修书处图记"，武英殿造办处改为"武英殿修书处"。①

造办处到底有多少作坊，史载不明，祁美琴《清代内务府》作为研究内务府的专著，也仅称"造办处下设如意馆、金玉作、铸炉处、造钏处、枪炮处、绣活处、鞍甲处、弓作、珐琅作、玻璃厂、铜作、匣裱作、油木作、广木作、灯裁作、盔头作等作坊"②，点出了所谓的 16 个作坊的名称。

章乃炜《清宫述闻》卷三《述外朝三·造办处》根据《钦定总管内务府现行则例》有如下记述：

> 乾隆二十三年奏准，将本处三十余作，择其作厂相类者归并五处，每作派库掌、催长、委署总催，令其专视活计，领办钱粮，使伊等互相稽查。酌定将匣作、裱作、画作、广木作，此四作归并一作。木作、漆作、雕銮作、镟作、刻字作，此五作归并一作。灯作、裁作、花儿作、绦儿作、穿珠作、皮作、绣作，此七作归并一作。镀金作、玉作、累丝作、錾花作、镶嵌作、牙作、砚作，此七作归并一作。铜作、錽作、杂活作、风枪作、眼镜作，此五作归并一作。以上共二十八作，归并五作。其余如意馆、做钟处、玻璃厂、铸炉处、炮枪处、舆图房、弓作、鞍甲作、珐琅作、画院处等十作，仍各为一作，分管承办。③

从所谓将"三十余作"归并，以及如意馆等"十作，仍各为一作"来看，作坊数量曾经达到 40 个以上。乾隆二十五年十一月十四日，内务府总管吉庆的一份奏折曾经谈到了作坊数以及匠人数额："查得懋勤殿如意馆并造办处所属四十一作各项匠役共有五百九十五名。"④如是，造办处的作坊有 41 个，匠人 595 名。

---

① 光绪《大清会典事例》卷 1173《内务府·官制·武英殿修书处》。按：另据昭梿《啸亭续录》卷 1《如意馆》记载，"如意馆在启祥宫南，馆室数楹，凡绘工、文史及雕琢玉器，裱褙帖轴之诸匠皆在焉画"。

② 祁美琴：《清代内务府》，第 103 页。

③ 章乃炜：《清宫述闻》卷 3《述外朝三·造办处》，第 166 页。按，标点疑似错误之处，已经订正。如原标点"使伊等互相稽查酌定，将匣作"改为"使伊等互相稽查。酌定将匣作"之类。

④ 档案，乾隆二十五年十一月十四日吉庆奏折附片，朱批奏折，档案号缺。

二、造办处的匠人及其待遇

各个不同的作坊,有数目不等的匠人,如上所引,乾隆二十五年造办处各作坊的匠人有 595 人。据已有的研究,造办处工匠总人数在 400 名到 800 名,嘉庆初年共有 837 名,道光初则降为 755 名,宣统年间仍有 432 名。[①]由于存在着病故以及不断招募、辞退匠人的情况,所以,匠人的数额是有所变动的,如雍正五年十一月,郎中海望称:"造办处南方玉匠陈廷秀、许国正、杨玉病故,施仁正已回南去。今造办处做玉器南匠甚少,现有玉匠陈宜嘉、王斌、鲍有信等三名。今欲招募伊等顶替陈廷秀等四人在造办处当差。"[②]各作坊估计在康熙后期至雍正、乾隆年间的鼎盛时期,匠人的总数最多时应该在千人左右。

在造办处各作坊的匠人之外,因为做其他临时性的活计,也存在"外雇匠人"的做工和临时聘用情况,如乾隆六年十一月,因"成造昇仙传千金记鳌山灯二架",除用过"造办物料银四百三两六钱三分九厘"外,"外雇匠役一千一百六十工,计工银一千八十五两九钱九厘,食粮匠役九百四工,计饭银三十二两五钱四分四厘。以上通共用银一千五百二十二两九分二厘"。[③]这里的"外雇匠人"以工时计,实际上是一种外聘包工制。清代后期,依然有这种情况。同治十一年,"恭逢大婚庆典,崇上皇太后徽号",经内务府奏明,所需要的玉册、玉宝,由苏州镌刻,但据苏州织造德寿奏称,苏州织造衙门原来有玉器作,由于太平天国之乱,"器具无存,匠役亦无下落",又有要求要一个月之内镌刻完毕,于是支出"工价银三千两",由民间匠人定立合同完成,所谓"匠役包工镌刻,可期速成,当于该匠等言定,一月告成"。[④]

---

① 参见吴兆清《清代造办处的机构和匠役》,《历史档案》1991 年第 4 期。

② 中国第一历史档案馆、香港中文大学文物馆合编:《清宫内务府造办处档案总汇》第 2 册,人民出版社 2005 年版(以下省去出版社及出版时间),第 650 页。

③ 中国第一历史档案馆、香港中文大学文物馆合编:《清宫内务府造办处档案总汇》第 10 册,第 305 页。

④ 档案,同治十一年苏州织造德寿奏折附片(缺上奏的具体月日),朱批奏折,档案号:04-01-14-0074-105。

　　造办处各作坊的匠人来源,主要有两种:

　　一是在旗人包衣内选择,如乾隆三年内大臣海望在《为挑补匠役并添给饭食》奏折内奏称:"查各作学手小匠,从前数年一次,俱在包衣三旗佐领、内管领下苏拉(满语,闲散人)挑选数十名,分交各作,以为学徒。今已数年未经挑补,所少各作学徒七十三名,请仍照前例,在包衣三旗佐领、内管领下苏拉挑补五十名,以为学徒接续。"①这些被挑补者只是"学手小匠""学徒",这部分匠人也被称为"家内匠",目的在于学成后"接续"正式的匠人。

　　二是在民间选择匠人好手,依旧举前引海望《为挑补匠役并添给饭食》的奏折:"造办处珐琅等各作房之南匠,从前俱系广东、江西、苏州等处钞关及织造官拣选好手匠人,送赴来京应艺。今经数年,各行南匠内有年老病故者,亦有告退回家者,其缺尚未挑补,至现有之南匠不敷应用。……臣将应添补之画珐琅匠六名,轮子匠一名,广木匠三名,寄字与海关郑伍塞;漆匠二名,寄字与淮关唐英;镶嵌匠一名,木匠三名,砚匠一名,画样人一名,大器匠五名,寄字与织造海保,令其拣选好手匠人,送赴来京,以供应艺。"可见,所谓的"南匠",主要是广东、江西、苏州手艺好并有专门特长的人,并有责任人和拣选程序。除南匠外,"熬炼玻璃,用山东博山县玻璃匠"②。博山在清代的玻璃制造方面最为有名,依旧是选择专门化的工匠。

　　对地方工匠的选择,非常严格,如康熙后期在广东选择画珐琅匠人,据两广总督杨琳奏称,就曾经对龙洪健、林朝楷、何嘉璋三人"试验手艺":"传进衙门,令其制造,所制白料洁白光亮,红料鲜明。令制成积红杯盘一对,盖碗一对,画片八件,呈样。龙洪健等三人随带制就白料一百二十斤,红料一斤,于九月初九日差人送京应役。"康熙帝朱批:"珐琅大内早已造就各种颜色,俱已全备,但九月内差人送京之语,到京之时,再试看。"③康熙所谓的"珐琅大内早已造就各种颜色,俱已全备",不免夸大,但对所选匠人的严格则是

---

　　① 中国第一历史档案馆、香港中文大学文物馆合编:《清宫内务府造办处档案总汇》第8册,第255—256页。

　　② 章乃炜:《清宫述闻》卷3《述外朝三·造办处》,第166页。

　　③ 档案,康熙五十七年九月初九日两广总督杨琳奏:《为恭进珐琅匠役事》,朱批奏折,档案号:04-01-36-0116-003。

无疑的,地方上验看之后,到京还要再试看。

在以上两种匠人之外,还有为数不多的西洋匠以及"回子匠"、藏匠等所谓的"番匠"。乾隆九年,四川巡抚纪山就曾经奏报过选择西藏铸佛匠人以及送京的过程:

> 选择铸佛匠役巴尔布之查达玛等六名,遵奉谕旨,丰裕料理起程,并派驻藏千总余光图沿途照看,送至打箭炉。俟到炉之日,转饬地方官,亦令丰裕料理,派委妥人照看,由驿送京。……该匠役查达玛等六名,已于七月初一日到省,除自炉至省支给口粮骑驮,俟炉同知报到另报外,今从丰裕料理,每名备给袍褂靴帽,又折给鞍辔等项,共用过银二百八十三两零。并填给火牌,沿途照给马匹口粮。①

选择藏匠依然是严格慎重的,而且与上述广东专门"差人送京应役"一样,匠人有沿途的照看护送,而且费用很大。

造办处匠人的待遇,大致说来分为四个方面。

(一) 月例银

因为匠人的来源、匠人的技艺水平等原因,月例银的标准有很大的不同,而且是分别议定。如雍正六年正月初九日议定:

> 牙匠李懋德,油匠戴有德,鏊匠李成龙,匣匠达子,甲匠六狗儿,铁匠王老儿,小刀匠徐达子,铜匠七十儿、王九,磨匠信住,锉匠王四儿,鏊花匠张三,花儿匠五达子,以上召募匠艺十三名。……拟定伊等每月所食钱粮银一两,再,月米折银一两,每月每人共给银二两。②

每月的月例银只有1两,连米折银在内,也只有2两,属于较低的标准。

---

① 档案,乾隆九年七月二十八日四川总督纪山奏:《为遵旨料理铸佛匠役起程赴京事》,朱批奏折,档案号:04-01-01-0105-020。

② 中国第一历史档案馆、香港中文大学文物馆合编:《清宫内务府造办处档案总汇》第3册,第417页。

雍正九年五月十九日议定：

> 洋漆匠李贤，洋金匠吴云章，牙匠施天章、屠魁胜、叶鼎新、顾继臣，以上六人，每名银十两。牙匠封岐一名，银六两。玉匠邹学文，牙匠陆曙明，彩漆匠孙盛宇，砚匠黄声远、王天爵、汤褚冈，彩漆匠王继新、秦景严，家里漆匠王四、柳邦显，以上十人，每名银五两。广木匠罗元、林彩、贺五、梁义、杜志通、姚宗仁，以上六人，每名银四两。家内漆匠达子、段六，玉匠鲍有信、王斌、陈宜嘉，以上五人，每名银三两。①

这里包括洋漆匠李贤、洋金匠在内，分为每月 10 两、5 两、3 两 3 个等次，已经是较高的标准。其中也涉及旗人包衣，即所谓的"家内"匠人的待遇。

另外，雍正十一年三月"南匠"领取的三月份的月例银两档案，记载了诸多南匠的姓名及月例银标准：

> 各作为南匠领取三月分银两：谭荣、邹学文、叶鼎新、杨起胜、金汉如、胡璋、梅士玉、李毅、施天章、顾继成、徐和，以上共十一人，每人每月银十二两。鲍誉、陆曙明、邹文玉、袁达、徐尚英、佘熙璋、陈德、沈元、叶玙、王天爵、黄声远、鲍友新、王斌、陈宜嘉，以上共十四人，每人每月银六两。汤褚刚、孙盛宇、毕宪章、林文魁、郑子玉、徐国政、王维新、傅起龙、封岐，以上共九人，每人每月银五两。黄端挨、胡铉、林士魁、陈老格、赵明山、戴贵、陈君宪、杨成李、周世德、邓连芳，以上共十人，每人每月银三两。②

这里分为 12 两、6 两、3 两 3 个等次，属于较高的标准。

从以上雍正九年、雍正十一年两个事例来看，似乎对匠人已经分为 3 个

---

① 中国第一历史档案馆、香港中文大学文物馆合编：《清宫内务府造办处档案总汇》第 5 册，第 49 页。

② 中国第一历史档案馆、香港中文大学文物馆合编：《清宫内务府造办处档案总汇》第 6 册，第 58 页。

等次来分别议定月例银的标准。而从乾隆六年七月初八日太监高玉的传旨来看,已经明确地划分了 3 个等次:

画院处画画人等次:金昆、孙祜、丁观鹏、张雨森、余省、周鲲等六人,一等,每月给食钱粮银八两,公费银三两;吴桂、余穉、程志道、张为邦等四人,二等,每月给食钱粮银六两,公费银三两;戴洪、卢湛、吴域、戴正、徐焘等五人,三等,每月给食钱粮银四两,公费银三两。钦此。①

这里的“分等”是明确的,连公费银一起,分别为 11 两、9 两、7 两。

(二)奖赏银

因为活计做得好,帝王会分别奖赏,档案中这样的事例很多。如雍正四年二月二十二日,“做得方洋漆彩金罩盖盒二对、素退光漆罩盖盒三个。员外郎海望呈进”,奉旨:“洋漆方盒做得甚好,着赏彩漆匠秦景贤银十两,钦此。”雍正四年九月初七日,郎中海望奉旨:“寿意活计做的甚好,着传给包衣昂邦,将做寿意活计催总、领催人等,每人赏官用缎一匹。再将造办处库内收贮银用二百两,按等次分赏匠人,钦此。”②又雍正八年三月初六日,“据圆明园来帖内称:本月初二日,郎中海望持进画飞鸣宿食雁珐琅鼻烟壶一对呈进。奉旨:'此鼻烟壶画得甚好,烧造得亦甚好。画此珐琅是何人? 烧造是何人? 钦此。'海望随奏称:'此鼻烟壶系谭荣画的,炼珐琅料是邓八格,还有太监几名,匠役几名,帮助办理烧造'等语奏闻。奉旨:'赏给邓八格银二十两,谭荣银二十两,其余匠役人等,尔酌量赏给银十两。钦此。'于本日,用本库银赏给邓八格银二十两,谭荣银二十两,首领太监吴书、太监张景贵、乔玉每人银十两,催总张自成、柏唐阿李六十,每人银十两,胡保住、徐尚英、张进

① 中国第一历史档案馆、香港中文大学文物馆合编:《清宫内务府造办处档案总汇》第 10 册,第 304 页。按:画家即所谓的“画画人”,虽然与一般的匠人不同,但“初类工匠,后渐用士流”。参见章乃炜《清宫述闻》卷 5《述内廷二·如意馆》,第 313 页。又按:在雍正四年,已经有“着给画画人丁裕、詹熹、丁观鹏、程志道、贺永清每月每人钱粮银八两,公费银三两,钦此”的记载,只是没有明确的分等。见《清宫内务府造办处档案总汇》第 2 册,第 320 页。
② 中国第一历史档案馆、香港中文大学文物馆合编:《清宫内务府造办处档案总汇》第 2 册,第 319、325 页。

忠、王二格、陈得,镀金人王老格,每人银五两"①。再如雍正九年五月十九日,"据圆明园来帖内称,本月十八日,内务府总管海望奉上谕:造办处所做仿洋漆活计甚好,着将做洋漆活计之人每人赏给银十两。做的荷叶臂格亦好,亦赏给银十两"②。雍正十年七月初一日,上谕称:"百花斗方、山水大碗画得甚好……将画百花斗方、山水画珐琅人邹文玉用本造办处库内银赏伊五两。"十二月二十八日,内大臣海望又说:"邹文玉所画珐琅,数次皇上夸好,应遵旨用本造办处库银赏给十两。"③这些赏赐都较为优厚,邹文玉因为百花斗方画得好,山水画珐琅大碗也画得好,短时间内两次得到赏赐。做一个皇帝满意的鼻烟壶,画珐琅的谭荣被赏银20两,炼珐琅料的邓八格也被赏银20两,其余人等共赏赐80两,这个鼻烟壶的赏赐用银即达到120两。

除了赏赐银两外,还有物品、服装等的赏赐。雍正元年十月,因西洋人马国贤祖父及伯父、叔父相继病故,奉旨:"赏给马国贤暗龙白瓷碗一百件、五彩龙凤瓷碗四十件、五彩龙凤瓷杯六十件、上用缎四匹。"④雍正九年五月,做砚台、做牙活的南匠施天章、顾继臣、叶鼎新等人,"俱在圆明园长住应差",因为"做活甚勤","每人赏官用缎一匹。其余人,尔酌量按等次赏给"。⑤特别是对新来的洋匠,有专门的赏赐定例。乾隆四年五月二十七日,内大臣海望曾经奏称:"查雍正七年,西洋人冰如玉、孙璋来京时,每人各赏银鼠皮褂一件,灰鼠皮袄一件,宁绸一匹。乾隆三年,西洋人张忠义、任重道、席澄源、傅作霖来京时,亦照前例赏给。今西洋人刘松年等五人来京,时值炎夏,谨拟每人各赏上用纱褂一件,纱袍一件,宁绸一匹。或照前例仍赏皮衣之处,恭候谕旨遵行。"奉旨:"着每人各赏给银鼠皮褂一件,灰鼠皮袄一

① 中国第一历史档案馆、香港中文大学文物馆合编:《清宫内务府造办处档案总汇》第4册,第531—532页。
② 中国第一历史档案馆、香港中文大学文物馆合编:《清宫内务府造办处档案总汇》第5册,第48—49页。
③ 中国第一历史档案馆、香港中文大学文物馆合编:《清宫内务府造办处档案总汇》第5册,第581、588页。
④ 中国第一历史档案馆、香港中文大学文物馆合编:《清宫内务府造办处档案总汇》第1册,第164页。
⑤ 中国第一历史档案馆、香港中文大学文物馆合编:《清宫内务府造办处档案总汇》第5册,第49页。

件,宁绸一匹。"①后来依然循例赏赐,乾隆六年十一月初一日,"新来西洋人鲁仲贤等三人,着照旧例,赏给灰鼠皮袄一件,银鼠褂子一件,宁绸一匹"②。

甚至还有住房的赏赐。雍正二年正月十七日,总管太监张起麟奏称:"表匠李毅住处甚远,往来当差,甚不方便。"奉旨:"李毅人老实勤谨,手艺亦好。着保德谅[量]其家口,将近处官房查一所,或五六间或六七间,赏他居住。"③

有赏赐就有惩罚,雍正五年十二月初二日,郎中海望奉怡亲王谕:"造办处各作匠役所做活计甚实[是]不好,而管作官员人等俱不精心看视,或行走懈弛,以致活计粗糙迟误,殊属不合。嗣后,着员外郎唐英同首领太监李久明、萨木哈等不时稽察各作监造官员、柏唐阿及匠役头目人等,内有懒惰空班者,即行指明回知,从重责罚。"④这种惩罚主要是针对监造官员和一般的匠役头目。乾隆五年正月,"画珐琅人等散懒,活计迟误,着太监魏珠严察料理"⑤。这里的惩罚是针对画珐琅人。或"从重责罚",或"严察料理",没有说明具体的惩罚措施。在内大臣海望的一份奏折中,则有具体的惩罚措施。乾隆八年正月二十八日,海望奏称:"太监高玉等传旨:静怡轩镶五色玻璃,边玻璃镜做的蠢了,不合款式。漆水漆的亦不好。着海望查奏,钦此。……臣伏思钦交之活计,该作人员理应尽心成造,不宜稍有草率。今玻璃镜做法粗蠢,不合样式,漆水亦不好,委系监看之员粗率所致。查系催总五十八、六达塞,各罚俸六个月,以为疏忽者之戒。应罚之俸银,照例交造办处库贮。其玻璃镜另行画样呈览,统候钦定后,加谨成造。至所需物料工价,即令伊

① 中国第一历史档案馆、香港中文大学文物馆合编:《清宫内务府造办处档案总汇》第8册,第775页。

② 中国第一历史档案馆、香港中文大学文物馆合编:《清宫内务府造办处档案总汇》第10册,第311页。

③ 中国第一历史档案馆、香港中文大学文物馆合编:《清宫内务府造办处档案总汇》第2册,第651页。

④ 中国第一历史档案馆、香港中文大学文物馆合编:《清宫内务府造办处档案总汇》第1册,第353页。

⑤ 中国第一历史档案馆、香港中文大学文物馆合编:《清宫内务府造办处档案总汇》第8册,第517页。

等自行赔补,为此谨奏闻。"奉旨:"每人罚俸三个月,其余依议。"①可见,如果活计做得不好,管理人员要罚俸,所需的物料工价也要进行赔补。

（三）抚恤银和养赡银

匠人或画画人病故,有一定的抚恤银。如雍正二年三月十五日,怡亲王奏,画画人徐玫病故。奉旨:赏徐玫银八十两。本日,怡亲王谕:"将造办处收存银赏徐玫八十两,再将徐玫每月所食工食银两,令伊子替他当差,领用钱粮,养赡家口。"②这种抚恤,包括丧葬银以及后代"代为当差"的待遇。即使没有病故,因为其他事故,也可以"代为当差",并享受相关待遇。如雍正三年镶嵌匠人周有德因为母亲病故,回籍,其弟周有忠代为当差效力,依然领用每年78两的钱粮银,"若手艺好,再加赏钱粮"。③之所以如此,一方面可以看作待遇的享受,另一方面也是由于这些匠人的技艺有兄弟相承、父子相承的传统。另外,在内廷供役40多年的西洋传教士巴多明,于乾隆六年八月二十日亡故,"赏银二百两、缎十匹"。④

养赡银则一般指匠人因事告假期间的银两发给。如雍正五年十一月二十七日,"画珐琅人张琦告假六个月,为省亲搬家眷来京事,系广东巡抚杨文乾养赡。画珐琅人邝丽南告假六个月,为省亲定姻事,系广东总督孔毓珣养赡。雕竹匠封岐告假四个月,为省亲完婚事,系苏州织造高斌养赡。镟匠杜士魁告假四个月,为葬父事,系苏州织造高斌养赡。裱匠叶玙告假四个月,为省亲事,系杭州织造孙文成养赡。牙匠朱杙告假四个月,为葬母事,系杭州织造孙文成养赡"⑤。

（四）匠人的安家银

被挑选来京的匠人,除本人应得的月例银外,一般在其原籍有"安家

① 档案,乾隆八年正月二十八日海望奏:《为遵旨查奏事》,朱批奏折,档案号缺。
② 中国第一历史档案馆、香港中文大学文物馆合编:《清宫内务府造办处档案总汇》第1册,第354页。
③ 中国第一历史档案馆、香港中文大学文物馆合编:《清宫内务府造办处档案总汇》第1册,第678页。
④ 中国第一历史档案馆、香港中文大学文物馆合编:《清宫内务府造办处档案总汇》第10册,第308页。
⑤ 朱家溍选编:《养心殿造办处史料辑览》第1辑,紫禁城出版社2003年版,第82页。

银"。如雍正三年正月二十七日怡亲王奏准:"珐琅匠张琪,在广每年原安家银一百二十两,今内减二十两,仍给安家银一百两。"①又如乾隆六年七月二十日,"行走画珐琅人黄深、梁绍文,每人广东原给安家银一百两,每月各食造办处钱粮银八两。罗福旼、伦斯立、胡思明、梁观,每人广东原给安家银一百两,每月各食造办处钱粮银六两。今画珐琅人党应时、李慧林、胡礼运,每人广东亦给安家银一百两"②。匠人的安家银在100两左右,是一个不小的数目,这笔费用用以供其原籍家人的生活,免除匠人的后顾之忧。

以上示例的安家银,均是广东来京的匠人,其他地方来京的匠人是否有类似的待遇,则不一定。雍正三年九月十三日员外郎海望启怡亲王:"八月内做瓷器匠人俱送回江西,惟画瓷器人宋三吉情愿在里边效力当差,我等着他在珐琅处画珐琅活计,试手艺甚好。"奉王谕:"尔等即着宋三吉在珐琅处行走,以后俟我得闲之时,将宋三吉代[带]来见我。为其果然手艺精工,行走勤慎,不独此处给他钱粮食用,并行文该地方官给他养家银两。"③从这段史料看,江西来京的瓷器匠人没有明确说明有安家银。画瓷器人宋三吉因为画珐琅"手艺精工",且"行走勤慎",才专门"行文该地方官给他养家银两"。

三、造办处匠人所得银两的来源

一般来说,造办处匠人所得银两的来源,分为两个方面:其月例银、奖赏银、抚恤银均来自内务府,属于皇室财政的支出;其养赡银、安家银则由匠人选送的地方支出,上文所谓的"系广东巡抚杨文乾养赡""系广东总督孔毓珣养赡""系苏州织造高斌养赡""系杭州织造孙文成养赡""在广每年原安家银一百二十两""每人广东原给安家银一百两"等,均是指此。但是,有一个沿

---

① 中国第一历史档案馆、香港中文大学文物馆合编:《清宫内务府造办处档案总汇》第1册,第677页。

② 中国第一历史档案馆、香港中文大学文物馆合编:《清宫内务府造办处档案总汇》第10册,第312页。

③ 中国第一历史档案馆、香港中文大学文物馆合编:《清宫内务府造办处档案总汇》第1册,第678页。

革的过程需要注意。雍正二年七月初九日新任两广总督孔毓珣奏称：

> 前任督臣杨琳任内，承养内廷效力法琅匠杨士章等十一人，俱家住广东，向来各匠家属每季赴总督衙门领取养家银两，各匠在京房屋饭食俱为供备，逐日进内廷做工，今臣蒙圣恩补授两广总督，循照旧例，在京、在广一体给养，理合奏明。

孔毓珣汇报在内廷效力的画珐琅匠人有杨士章等 11 人，包括安家银以及在北京的房屋饭食等所有费用均由广东地方出资，嗣后仍"循照旧例"。雍正帝朱批："尔地方中之民人效力内廷，照看亦属应当，家口在广，照例给养可也。至于在京之匠役领取用度，甚不合理，不但粤东一省，即别省者朕俱降旨，察明赏赐钱粮房屋及一切养赡之需，自明岁正月始，尔可无庸照管其住广之家口，每名一年所需若干，如何给养之处，亦当奏闻。一者恐小人无厌之求，尔等难满其欲。二者或尔等因系部下，该管纵失于照看，亦何敢言，竟至给养缺乏，小民离家数千里来京供役，家中妻子身受饥寒，亦臣朕心所不忍，将所需之数奏明，则两无碍矣。"①雍正帝在这个朱批中已经表明了要进行改易的意思，所以，雍正二年八月二十一日，总管太监张起麟奉旨："尔造办处督抚进来的南匠如何养赡？钦此。"张起麟回奏称："造办处各行南匠内，有总督、巡抚家养赡的，在本处与匠人安家。到京时，一应所有工食、衣服、房子等项，俱系本家养赡。"奉旨："若是送匠人来的官员仍命他养赡匠人，如何使得，只可令该官在本处与他安家。至于在京所需工食、衣服、房子等项，如何料理之处，俟怡亲王来时，一同商议妥当，明白回奏，钦此。"过了几个月，十一月十九日，怡亲王将造办处一年所用钱粮物料造册进呈，奉旨："朕已看过了。再，所养南匠如何定夺？钦此。"雍正帝再一次询问南匠的养赡银两来源。怡亲王回奏称："今造办处现有收存银两，欲将各项所养南匠钱粮具行停止。今用造办处所收银两养赡。"奉旨："甚是。"②这份档案材料

---

① 《朱批谕旨》卷 7，朱批孔毓珣奏折，雍正二年七月初九日。

② 中国第一历史档案馆、香港中文大学文物馆合编：《清宫内务府造办处档案总汇》第 1 册，第 355 页。

以及孔毓珣的奏折非常重要,说明在此之前,所有南匠的月例银、安家银以及其他费用,均由拣选派出的地方支付,并没有从内务府开支;雍正帝认为使不得,所以才命怡亲王等重新商议。到了十二月三十日,怡亲王又上奏:"各督抚并三处织造所养各行南匠在京应给工食、衣服费用、房银等项,自雍正三年正月初一日起具行停止,不必令该督抚织造处给发,嗣后用本造办处钱粮养赡。"①从此以后,形成了新的定例。

这个定例是指"南匠在京应给工食、衣服费用、房银等项"改由内务府造办处支给,并不包括南匠的安家银。所以,雍正三年二月初五日,造办处专门知会广东巡抚年希尧:"珐琅匠张琪在广每年原安家银一百二十两,今内减二十两,仍给安家银一百两。"②以后招募的匠人,也都专门说明了其月例银的来源。如雍正六年正月初九日议定,招募牙匠李懋德、油匠戴有德、錾匠李成龙等 13 名,"每月所食钱粮银一两,再月米折银一两,每月每人共给银二两,用造办处银两发给"③。

内务府有较为固定的经费来源和较为固定的经费支出,在一定程度上意味着国家财政与皇室财政在清代有了较为明确的划分。乾隆年间编撰的《国朝宫史》卷十七《经费》开宗明义指出:

> 国家法制,一切财用,岁有定额。至于内廷经费,则领于内务府,不以烦度支焉。……我圣祖仁皇帝鉴往规来,禁浮返朴,垂为诚谕,家法昭然。皇上俭德永图,亲加厘定,上自后妃嫔御,下及左右洒扫之役,限之以等威,析之以日月。上下称其位,丰约适其宜。④

乾隆嘉庆年间人昭梿《啸亭杂录》卷八《内务府定制》亦云:

---

① 中国第一历史档案馆、香港中文大学文物馆合编:《清宫内务府造办处档案总汇》第 1 册,第 356 页。

② 中国第一历史档案馆、香港中文大学文物馆合编:《清宫内务府造办处档案总汇》第 1 册,第 677 页。

③ 中国第一历史档案馆、香港中文大学文物馆合编:《清宫内务府造办处档案总汇》第 3 册,第 417 页。

④ 《国朝宫史》下册,第 389 页。

> 我朝龙兴之初,创立内务府,……凡内廷之会计、服御、物饰、宫御、
> 武备等皆统属于内务府大臣,纪纲严肃,……其法度之精详,规模之宏
> 远,尤为超越千古。①

时人的论述,也似乎是皇室财政与国家财政界线分明、用度清晰。但是,在
"家国天下"的模式下,仍然有混同和变动。

第一,为了表示皇恩,原本由国家财政开支的款项,由内府支给。如在
出于"特恩"的赈济和军费紧张的情况下,均有动支"内帑"的事例。在一些
小的方面,也照样如此。如雍正七年奏准:"紫禁城内直班侍卫、官员、兵丁,
凡一千二百八十八人,侍卫、官员各给绸面布里被、褥、毡条一分,护军校等
各给绸面布里被、细布褥一分,护军各执事人各给细布被、褥、毡条一分,领
催、骁骑、步军校尉服役人,各给布被、褥一分,每年自十月初一日鞔以羊皮,
至二月初一日折皮缴库。被褥二年一浆洗,五年一更换。"乾隆二十一年议
准:"紫禁城内日直官军所需饭食银,岁计九千五百四十余两,日于银库支
领,年终奏销。"这属于动用内帑优恤官兵。又如雍正八年奉旨:"会试时天
气尚寒,举子衣单,可制造布棉被袄,每举子各给一领御寒。"遵旨:"成造粗
布厚棉被袄五千五百二十九领,每逢会试,据礼部来文按人数给发,事竣仍
缴库收贮,残阙者呈堂修补。"这属于"优恤举子",凡此"皇恩"均由内府
支给。②

第二,起先动用国库银两,后来改用内库支出。如乾隆十一年奏准:"凡
夏月宫内搭盖凉棚,并养心殿、造办处需用升送什物托板、架木等项,停其移
咨工部,即交该司办理。"③夏天宫内搭盖凉棚等费用,虽然用费不多,此前在
工部费用内支给,至此才改由内务府营造司支给。这或许就是昭梿《啸亭杂
录》说的"其初,本府进项不敷用时,檄取户部库银以为接济。乾隆中,上亲
为裁定,汰去冗费若干,岁支用六十余万两。其后岁为盈积,反充外府之

---

① 昭梿:《啸亭杂录》,中华书局 1980 年版,第 225 页。
② 乾隆《大清会典则例》卷 159《内务府·广储司》。
③ 乾隆《大清会典则例》卷 165《内务府·营造司》。

用"①。据统计,乾隆三十三年至四十年的 8 年中,内务府共拨交户部白银达到 690 余万两。②乾隆四十六年上谕亦称:"以内帑论,乾隆初年内务府尚有奏拨部银备用之事,今则裁减浮费,厘剔积弊,不但无须奏拨,且每岁将内务府库银拨归户部者,动以百万计。"③

第三,起先动用内库银两,后来改用国库支出。如优恤八旗婚丧银两,雍正元年曾经奉旨,发内库银 90 万两生息,所得利银,赏给八旗并内府三旗官员、兵丁,以济婚丧之用。乾隆元年又奏准,八旗汉军官兵婚丧恩赏,动支内库银 20 万两,亦按一分利滋生,所得利息银,"镶黄、正黄、正白三旗,每旗豫领银三百两,余五旗各领二百二十两备用,其咨报补领及奏销均照满洲、蒙古例行"。这样,不论是满洲八旗、蒙古八旗,还是汉军八旗,其婚丧银两都由内库生息银两支给。到乾隆二十一年,议准恩恤银两停止生息,"凡赏内府上三旗婚丧银,每月于户部移取长芦、两淮、盐课银一万三四五千两不等",均由盐课正项银支给。④其他支出,也有这种情况,如宫内门帘、雨搭等物件,起初由内府办理,康熙十六年议定:"凡三殿所悬门帘、雨搭,并铺设毡毯等物,有应修补者,由司呈堂,移咨工部办理。"⑤再如宫中所用制钱,原先"以各处所交房地租钱贮库备用",也就是说,由内库支给,康熙二十二年奏准:"嗣后每年酌量定数,移咨户部领取。"⑥又如烧造瓷器,雍正五年奏准:"烧造瓷器,向用正帑,今改于淮关银内动支。"乾隆五年奏准:"江西烧造瓷器,动用九江关税银。"⑦

第四,大宗用银两及物件,由户部、工部等支领,小宗的则由内务府负责。顺治十八年议定:"凡乾清门以外,紫禁城以内,有修理工程,物价在二百两以上,工价在五十缗以上者,奏交工部;不及此数者,呈堂转咨工部办理,仍会同本司官监修,其葺补小修,仍由内工部(即内务府之营造司)办

---

① 昭梿:《啸亭杂录》,第 225 页。
② 《内务府全宗档案》,参见滕德永《清代户部与内务府财政关系探析》,《史学月刊》2014 年第 9 期。
③ 《清朝续文献通考》卷 70《国用考八·会计》,考 8271 页。
④⑥⑦ 乾隆《大清会典则例》卷 159《内务府·广储司》。
⑤ 乾隆《大清会典则例》卷 165《内务府·营造司》。

理。"①一些物件,如内务府不足,则移取,康熙二十八年奏准:"银库备用一二三等赤金,如成色不足,呈堂镕炼足色,其九成至四成淡金,如不敷用,准动库金镕对备用。又奏准,银库备用银,缎库官用缎、生绢、棉布,茶库香料、茶叶、各色纸张、颜料、紫檀、花梨等木,瓷器库铜、锡、铅等,如不敷用者,移咨户部领取。缎库制帛,茶库宝砂,移咨工部领取"②。

第五,本来应该由内务府支出的"公费月饷",大部分由户部支出,小部分由内务府支出。顺治十八年奏准:"凡内监应领公费,每月据总管内监等来文呈堂,咨户部领取。又奏准,凡内府所属各执事人、工匠、人役应领月饷,均由司办理。"雍正元年议准:"内府三旗佐领内,管领下各执事人及内监匠役,每月应领银米,该参领、佐领内管领造册送司,由司汇册呈堂,咨回该旗钤印,转行户部支领。"③如此,除了内府所属各执事人、工匠、人役应领的月饷由内务府会计司支给外,其他均由户部支出。

第六,内务府各种名目的帑本银,实际上有些"本银"并不是来自内务府,而是来自盐课或由盐商捐纳。乾隆十三年,署理两淮盐政吉庆奏称:"据淮南淮北纲食众商程可正等禀称,……两淮每年解闲款银十万两,以备赏赍。经王大臣筹维永远,奏请交商生息,实为推广皇仁优恤众商至意。商等饮和食德,正思图报无由,兹幸适有机宜,咸切急公报效,呼请无烦动项,商等情愿每年公捐银十万两,分领生息,捐至五年为率,连每年所得息银归入本内一并营运,共得本利银八十四万余两。遵照王大臣原议,留银六十万两永作本银生息,余剩银二十四万余两先行解缴内库,继后按六十万两,每年解交息银十万八千两。至乾隆十三年愿捐银十万两,商等现已捐出,其生息即请自本年七月为始。"④如是,原议由两淮闲款银内每年拨银十万两,交盐商生息。商人"情愿"另外每年报效银十万两,以五年为准,"共得本利银八十四万余两",以六十万两作本银生息,"每年解交息银十万八千两"("一分

① 乾隆《大清会典则例》卷165《内务府·营造司》。
② 乾隆《大清会典则例》卷159《内务府·广储司》。
③ 乾隆《大清会典则例》卷160《内务府·会计司》。
④ 档案,乾隆十三年六月初七日署理两淮盐政吉庆奏:《为请旨事》,朱批奏折,档案号:04-01-35-0452-013。

五厘起息",此为月息)于内务府。①也就是说盐商用自己捐的本银运营,再交出息银。乾隆二十一年,长芦盐政官著奏称:"长芦、山东商捐滋生银两自乾隆十四年六月起,至乾隆二十年五月止,滋生六年,共得本利银四十八万六千九百五十两。前经奴才奏明交过银六万九千九百五十两外,下剩银四十一万七千两,存留长芦、山东永远作本,按一分起息,交商营运,每年应得利银五万四千两,按年解交内务府,以备公用。"②据此可知,长芦、山东的"滋生"本银,由长芦、山东商人捐出和营运,一分起息(这里的一分起息,是月息,年息为 12%),本银一直留存作本,息银解交内务府。

另外,在盐税、关税这些属于国家财政来源的主要税种中,也有一部分上交内务府,以便内务府造办处支出各种费用。盐税中解交内务府的银两种类繁多,已有专文论述。③盐商报效的银两,除专款报效("因公报效")解交内务府外,④本应作为其他费用的报效,有时也转解内务府。如乾隆二十四年两淮商人报效"挑浚淮北盐河并车轴河"银 16 万两,"工程告竣,核实销算,只共用银十四万七千一百六十三两零,尚节省银一万二千八百三十六两,存贮运库。……此项节省银两系已捐公项,应请解交内库,以充公用"。⑤这是将报效应用后的剩余银两解交内务府的事例,而这种报效余剩银两解交内库应该是一种惯例,两淮盐政吉庆曾奏称:"查有雍正五年淮商公捐挑浚河道银两,除动用外,余剩银五千五百一十四两零,又工员缴回核减等银七十六两零,二共银五千五百九十两零。……又乾隆三年兴挑盐运等河,淮商亦有公捐银两,除动支外,余剩银一万一千七百一十二两零。……均请解赴内大臣海望交收,以充公用。"⑥在关税中,光绪《大清会典事例》称:"山海关、张

---

① 按:吉庆的奏折曾经谈到"生息银两俱一分五厘起息",如果以六十万两作本银,"每年解交息银十万八千两"计算,"一分五厘起息"为月息。随后,乾隆十五年奉上谕:"以一分起息,每年解赴内务府交收。"参见嘉庆《两淮盐法志》卷 17《转运·借帑》。

② 档案,乾隆二十一年十二月初三日长芦盐政官著奏:《为奏闻事》,朱批奏折,档案号:04-01-35-0455-046。

③ 参见陈锋《清代盐务与造办处经费、物料来源》,《盐业史研究》2019 年第 3 期,已收入本书。

④ 参见陈锋《清代盐政与盐税》第 6 章《盐商的报效》,武汉大学出版社 2013 年第 2 版。

⑤ 档案,乾隆二十四年六月二十二日两淮盐政高恒奏:《为请旨事》,朱批奏折,档案号:04-01-35-0458-004。

⑥ 档案,乾隆十九年七月十三日两淮盐政吉庆奏:《为奏明请旨事》,朱批奏折,档案号:04-01-35-0455-025。

家口、杀虎口、左翼、右翼等五处各关监督差满征收应交盈余银两,系广储司、造办处、圆明园兑收应用。"①我们在现存档案中发现,除山海关等关外,九江关、淮安关、粤海关、凤阳关、龙江关、西新关等关税中,都有一部分银两上交内务府造办处。如九江关,乾隆五十七年"积存银"12144 两,九江关监督福英"照例解交造办处充公"。②其后,"福英移交五十九年分收过积余银一万五千五百八两二钱,除照例在部添平并给承解员役各项添补外,实存积余银八千二百七十九两二分。该年钱粮解部完竣,所有用存银两,理合照例解缴造办处充公"③。天津关的"额外盈余银"则全部解交内务府。在广泛查阅有关档案后,发现在乾隆十七年的奏折中最早出现"额外盈余银"一词及额外盈余银的报解。该年,天津关监督吉庆奏称:"除应行报部之正额、盈余、支费"外,"尚有额外盈余银九千二百六十五两二钱二分,奴才叨沐圣恩,赏有养廉,已敷应用,何敢于此内再取丝毫,所有前项额外盈余银九千二百六十五两零,理合据实尽数奏报,应否解交内大臣海望查收,以充公用,奴才未敢擅便,伏乞皇上训示遵行。"④此后,奏折的"事由"(奏名)开始用"为奏报关税额外盈余事"或"为奏报关税额外盈余请旨解交事"专折奏闻额外盈余银的征收报解,⑤并同期(同月同日)奏闻关税正额(包括铜斤水脚)和盈余银两,即:"一年期满,除正额、盈余各项银两,应起解户部者,现在循例恭折奏报外,尚有额外盈余一项,向系另折请旨解交。"⑥"天津关税课,除应解户部

---

① 光绪《大清会典事例》卷 106《吏部·处分例·关税考核》,中华书局 1991 年影印本,第369 页。

② 档案,乾隆五十八年十一月二十七日九江关监督福英奏:《为关税年款解部完竣仍有积余,照例据实奏缴事》,朱批奏折,档案号:04-01-35-0356-047。

③ 档案,乾隆六十年十月二十日九江关监督全德奏:《为关税年款解部完竣仍有积余,照例据实奏缴事》,军机处录副,档案号:03-0684-016。

④ 档案,乾隆十七年四月二十四日长芦盐政兼天津关监督吉庆奏:《为奏闻关税足额并报余银事》,朱批奏折,档案号:04-01-35-0328-003。

⑤ 档案,乾隆十八年四月十八日长芦盐政兼管天津关务吉庆奏:《为奏报关税额外盈余事》,朱批奏折,档案号:04-01-35-0328-013。乾隆二十年三月二十九日长芦盐政兼天津关监督普福奏:《为奏报关税额外盈余请旨解交事》,朱批奏折,档案号:04-01-35-0328-031。

⑥ 档案,乾隆二十一年三月二十九日长芦盐政兼天津关监督普福奏:《为奏明关税额外盈余请旨解交事》,朱批奏折,档案号:04-01-35-0328-043。

正额、铜斤、盈余等项银两之外，尚有应解内务府额外盈余一项，向系另折奏交。"①于是，天津关的"额外盈余银"成为内务府固定的"公用"银两来源之一。

以上可以说明，清代所谓的国家财政与皇室财政的划分，只是一种大致的说法和大致的情况。②

---

① 档案，道光元年四月二十六日长芦盐政兼管天津关务福森奏：《为奏明事》，朱批奏折，档案号：04-01-35-0371-023。

② 参见陈锋《清代财政史》上册（《中国财政通史》第 7 卷），湖南人民出版社 2013 年版，第 52—55 页。

财 政 变 革

明清变革:国家财政的三大转型

　　明清时期是中国由传统社会向近代社会的转型期,在政治、经济、社会、文化各个层面都有剧烈的变化。从 20 世纪五六十年代开始的一度备受关注的关于资本主义萌芽问题的讨论,到持续不断的近代社会转型和中国现代化问题的探讨,倾注了几代学人的努力。明清变革当然涉及许多方面,但由于财政既影响到国家机器的正常运转,又涉及各阶层的利益,特别是历朝历代统治者对财政的特别重视,财政变革无疑是明清时期最为重要的变革,而变革过程中,呈现出明清财政的三大转型。

一、从银两统计制度的确立到银元规范货币的发行

　　在传统社会,货币不仅仅是一种流通手段和支付手段,在"理财""裕国"的主旨下,货币是财政的一部分,与财政的关系至为密切,往往被视作财政政策的一种手段而存在。所以,研究货币史、财政史、经济史、社会史的学者,对历史上货币的使用与变化一直比较注意。像李剑农、杨端六、汤象龙、梁方仲、傅衣凌、张家骧、彭信威、全汉昇、加藤繁、小竹文夫等老一辈中外学者,都对明代白银的流通做过或多或少的研究,已为学界熟知。可能是受弗兰克《白银资本》的影响,近年来,万明、邱永志、黄阿明等人对明代的所谓"白银货币化"多有探讨,也有论著探讨宋、金时期的白银货币化问题。[①]"白

---

　　① 万明:《明代白银货币化的初步考察》,《中国经济史研究》2003 年第 2 期;《明代白银货币化与制度变迁》,《暨南史学》第 2 辑,2003 年;《明代白银货币化与中外变革》,《河北学刊》2004 年第 3 期;《明代白银货币化视角下的赋役改革(上)、(下)》,《学术月刊》2007 年第 5、6 期。邱永志:《变革视野下的货币转型——明代货币白银化与银钱并行格局的形成》,《中国经济史研究》2016 年第 6 期。黄阿明:《明代货币白银化与国家制度变革研究》,广陵书社 2017 年版。王文成:《宋代白银货币化研究》,云南大学出版社 2001 年版;《金朝时期的白银货币化与货币白银化》,《思想战线》2016 年第 6 期。王雷、赵少军:《试论金代白银的货币化》,《中国钱币》2015 年第 1 期。

银货币化"几成近来的学术热词和明代财政变革的标志。

实际上,白银作为一种货币,由来已久,《清朝文献通考·钱币考》曾概要叙述过货币用银的沿革:"若白金之用,惟汉武之白选,王莽之银货,一见于史,而后亦渐废,固不皆以为币也。魏晋以后,金日少而昂,币始专用钱。六朝迄唐,交广之域,以金银为币,然止限于一隅。至金时,铸银名'承安宝货',公私同见钱用,此以银为币之始。前明中叶,令各处税粮得收纳白金,而银之用益广。我朝银钱兼权,实为上下通行之币。"①笔者认为,不能单纯地把货币用银作为财政变革的标志,金代铸银币并广泛使用,以及明代"银之用益广"的所谓"白银货币化",不是问题的核心。

如果把货币形态与国家财政综合起来加以考察,明清货币变革在财政意义上的关键之点,是将银两作为国家财政收支的统一统计单位。换句话说,变革的主要标志,不是"白银货币化",而是"统计银两化"。

如所周知,明代正统初年已经有"金花银"之征,嘉靖初年已经在流通中广泛使用白银。市场流通中广泛使用白银以及世界上的白银大量流入中国,国内市场出现白银量的累积,这当然是值得注意的现象,也为明代货币制度的重构提供了契机,②但"统计银两化"的关键,不在于白银在市场上的流通,而在于赋税的征银和支出的用银。在这一点上,嘉、万年间的一条鞭法改革具有特殊的意义,正是万历年间赋税的普遍或主要折银征收,奠定了"统计银两化"的基础。在《万历会计录》和万历《大明会典》中,已经可以发现各项统计以银两为单位的变化。

万历年间的"统计银两化"只是一种起步,据万明的说法,在收入方面,"从十五省直田赋水平来看,以白银所表示的全国田赋总计,货币化比例占据 36.57%"③。这种现象除了"统计银两化"在万历初年处于起始阶段外,与

---

① 《清朝文献通考》卷 13《钱币考一》,第 4965 页。顾炎武所撰《银》也有类似的论述,参见《日知录集释》,岳麓书社 1994 年版,第 393—397 页。

② 参见陈春声、刘志伟《贡赋、市场与物质生活——试论十八世纪美洲白银输入与中国社会关系变迁》,《清华大学学报》2010 年第 5 期;杜恂诚、李晋:《白银进出口与明清货币制度的演变》,《中国经济史研究》2017 年第 3 期。

③ 万明、徐英凯:《明代〈万历会计录〉整理与研究(一)》,中国社会科学出版社 2015 年版,第 34 页。具体到不同的地区、不同的时间,征银比例有所不同。如隆庆六年,浙江会稽的田赋征银达到 82%;万历十九年,山西临汾的田赋征银比例达到 95%。参见黄仁宇《十六世纪明代中国之财政与税收》,生活·读书·新知三联书店 2001 年版,第 124 页。

当时田赋本色米石的征收依然占有相当的比重有关。在盐课和关税的收入统计中,以银两为统计单位更为明显。据笔者统计的"明代万历年间江南关税(船钞)征收则例"和"明代崇祯五年江南关税(船钞)征收则例"来看,①万历年间的关税征收标准,均注明了钞(贯)、钱(文)的折银(两)标准;崇祯年间的关税征收,则全部是以银(两)统计。明代后期的钞、钱折银以及以银两为征收标准,意味着银两为国家财政统计口径的逐步实现。另一方面,在支出统计中,由米石到银两的统计变化也十分明显,如笔者统计的洪武二十年"明代文武官员俸禄标准",全部是米(石),而"万历《明会典》载俸钞折色定例"及"明清文官俸禄比较"二表,已经反映了银(两)统计的变化以及全部以银(两)为统计单位的完成。而且,清代文官的俸银标准完全承袭自万历年间的俸禄折色银标准。②尽管万历末年和崇祯年间的全国统计数字不全,但有理由相信,"统计银两化"在明末已经基本完成。③入清以后,只是在明末的基础上加以继承和完善。

明代的货币种类主要有钞、银、钱三种,清代则主要是银、钱两种。多种货币形态的存在,在民间交换和国家财政收入、支出的过程中,必然有一种兑换或折算标准,才能使货币的功能正常化。这也是明清"统计银两化"过程中必须注意的问题。洪武八年曾经规定:"每钞一贯,准钱千文、银一两。"但整个明代,钞法、钱法混乱,折银标准混乱。成化年间"钞法不行,每钞千贯,止值银四五钱"。万历末年,"钞数百贯,不值数十文钱"。这种混乱,意味着在"统计银两化"的折算过程中,各有关阶层利益的受损。④在这一方面,清朝"银钱兼权"的制度已经比较成熟。笔者在20年前的文章《清代银钱比价的波动与对策》中已经指出过,"清廷的政策导向基本上是'用银为本,用

① 陈锋:《清代财政政策与货币政策研究》,武汉大学出版社2008年版,第119—122页。
② 参见黄惠贤、陈锋主编《中国俸禄制度史》,武汉大学出版社1996年版,第451 461、540页。
③ 笔者认为,不能因为明代只有"钞法""钱法",没有"银法",就以为白银不是明代的法定货币。顾炎武说的"今民间输官之物皆用银,而犹谓之'钱粮',盖承宋元之名,当时上下皆用钱也",也是这个意思。参见《日知录集释》,第395页。张建民、周荣认为:"明代并没有将白银宣布为官方货币,翻开明代史籍,有关典章制度的记载中,惟见'钞法'和'钱法',并不见'银法',对'银法'的记载往往附于钞法或钱法之中。"见张建民、周荣《明代财政史》,湖南人民出版社2013年版,第322页。万明认为:"翻开《明会典》,典章制度的记录中只有'钞法'、'钱法',没有'银法',说明白银作为货币本身不是明朝制度。"见万明、徐英凯《明代〈万历会计录〉整理与研究(一)》,第2页。
④ 参见黄惠贤、陈锋主编《中国俸禄制度史》,第493—494页。

钱为末',国家财政收支始终采用银两为计算单位,铜钱大多用于经济生活中的小额交易。在清初,为使铜钱'上下流通',也曾规定征收赋税时'兼收银、钱',支出俸工兵饷时'银、钱搭放'",所以规定了银、钱的比价,石毓符、杨端六等人认为的银、钱之间"没有固定的价值联系"是错误的。顺治元年至三年,银1两兑换铜钱700文;顺治四年至清代中期,法定的比价一直是银1两兑钱1000文;道光十年以后,在"银贵钱贱"的背景下,兑换比价有所变化,银1两,道光十年兑1100文,道光二十一年兑1300文,咸丰三年兑2000文。①最近笔者查阅档案,发现光绪三年以后,每银1两,又改为2200文。如光绪十八年江苏巡抚董俊所奏:"光绪三年十月间,经前督抚于附奏减价案内声明,每年二、八两月查明市价数目,奏报一次,叠经循办在案。……所有光绪十八年下忙钱粮,应仍系一两折收钱二千二百文。"②

由于银两在形制上不是一种规范货币,而是一种"称量"货币,所以存在着"银色之高下,银直之轻重"等诸多问题。而且随着时间的推移,清代中期以后,银两的"平""色"混乱以及外国银元的大量涌入,越来越困扰清廷上下。自道光年间开始,林则徐、陶澍、魏源、郑观应等人就不断有铸造银元以代替银两的建议,直至光绪十三年,经过张之洞的反复条陈,铸造银元才提上日程,由此开辟了晚清铸造银元、规范货币、统一币制之路。③

二、从传统的钱粮奏销到新式预算的实行

奏销制度是财政制度的重要内容之一,在因袭借鉴唐宋制度的基础上,经过整饬规范,明清时期的传统钱粮奏销已经较为成熟,在总体上涵盖四个方面的内容。

一是奏销职能。明清时期的行政组织虽然前后有所变化,但旨规基本未变,明代设有十三个清吏司,清代设有十四个清吏司,分司职掌各省区各部门的"收支奏册",户部则总其成。光绪末年,户部改为度支部后,将原来

---

① 陈锋:《清代银钱比价的波动与对策》,《中国前近代史理论国际会议论文集》,湖北人民出版社1997年版;《陈锋自选集》收录,华中理工大学出版社1999年版。

② 档案,光绪十八年九月十八日董俊奏:《为光绪十八年下忙征收钱粮事》,军机处录副,档案号:03-6244-071。中国第一历史档案馆藏,下注"档案"者,均为该馆所藏。

③ 参见陈锋《清代财政政策与货币政策研究》之"银元与铜元的铸造"部分,第640—666页。

的"以省名司",改为"以事名司",将原来的山东清吏司、山西清吏司等十四司,改为田赋、漕仓、税课、管榷、通阜、库藏、廉俸、军饷、制用、会计十司,田赋归于田赋司,漕粮归于漕粮司,关税及正杂各税归于税课司,盐课归于管榷司,分别奏销,然后由会计司综核,度支部审定复核。

二是奏销类项。正常的奏销,①是地方和有关部门向户部呈递的年度会计报告,所谓"国家经费重事,须要开报每岁收到入官租粮若干,民间税粮若干,或漕运邻境,或折收布匹钱钞货物,各该若干,及每岁官吏俸给,军士月粮等项支用若干,各另开报,庶知每岁所收及支用数目,以候经度"②。明清时期的奏销类项体现在收入结构上,在咸丰年间以前,主要是田赋、盐税、关税、杂税四项,这其中既有摊丁入地之后田赋银与丁银的合一,又有咸丰以后厘金、杂税杂捐的增加。体现在支出结构上,主要是军费、俸禄、河工水利三项。随着时间的推移,奏销上的变化是明显的。比较嘉庆《大清会典》与之前的正德《大明会典》、万历《大明会典》以及康、雍、乾《大清会典》,就可以发现,嘉庆年间的奏销内容已经有比较大的变化。光绪十年,户部认为,"自咸丰、同治年来,各省出入迥非乾隆年间可比",于是,"参酌近年情势纂定,以地丁、杂赋、地租、粮折、漕折、漕项、耗羡、盐课、常税、生息等十项为常例征收,以厘金、洋税、新关税、按粮津贴等四项为新增征收,以续完、捐输、完缴、节扣等四项为本年收款。排比核列,以见一年入数。……以各省陵寝供应、交进银两、祭祀、仪宪、俸食、科场、饷乾、驿站、廪膳、赏恤、修缮、河工、采办、办漕、织造、公廉、杂支等十七项为常例开支,以勇营饷需、关局经费、洋款、还借息款等四项为新增开支,以补发旧欠、预行支给两项为补支预支,以批解在京各衙门银两一项为批解支款。排比核列,以见一年出数"。③这种奏销类项的区分与细致化,也为后来的新式预算打下了基础。

三是奏销簿记与格式。奏销簿记一般是指钱粮奏销册,但在编制、呈报奏销册时,明清两代都特别强调奏销册与其他赋税册籍、征收支出册籍的统筹与勘合。如宣德年间,户部令将实征文册以及"岁报税粮等项文册,查理

① 所谓"正常的奏销",是指常例奏销,不涉及战时奏销和外销。
② 正德《大明会典》卷10《吏部九·诸司职掌》。参见正德《大明会典》卷23《户部八·诸司职掌》。
③ 《清朝续文献通考》卷70《国用八》,第8267—8268页。参见《皇朝政典类纂》卷161《国用八·会计》。

271

明白,各造总册,差该吏亲赍,俱限年终到部"。景泰年间,又令将"实征并岁用总册,照旧年终造报。其岁支钱粮,年终仓库钱帛及户口总册,俱限次年八月终到部"。要求越来越细密,这就是所谓的"宣德后,事例渐密"。①在康熙年间,规定"奏销兵马钱粮与奏销地丁钱粮,同时各为一疏奏销",将两项主要的税收和主要的支出结合起来。雍正年间,又有对《赋役全书》的修订,经过这次修订,《赋役全书》也形成著名的"四柱册"样式,与原有的《奏销册》中的"四柱式"步趋一致。②

奏销册的"四柱"格式创立及沿袭,有比较长的历史过程。据郭道扬的研究,唐代中期出现"四柱结算法"的名目,已经有了由"三柱结算法"向"四柱结算法"的过渡迹象。到宋代,"旧管、新收、开除、实在"的四柱册名目与样式被固定下来,为明清两朝所沿用。③光绪《大清会典事例》有简明的记载:"奏销册,直省布政使司总数,府州县细数,皆载旧管、新收、开除、实在四柱,以凭稽核。"④

四是奏销程序。一般的奏销,是一年一次,类似于现在的年度会计报告,例行性、程序性明显,但也经过了变化过程。"洪武初,天下有司钱粮,按季开报,后以季报太繁,令一年一次将当年已支、见在,并下年该收、该用数目,尽行开报。"⑤由季报制改为年报制。清初一段时间,奏销并不规范,导致"入数不清""出数不明",顺治八年才规定:"各省布政使司于每岁终,会计通省钱粮,分别款项,造册呈送该督抚按查核。恭缮黄册一套,抚臣会题总数,随本进呈御览。仍造清册,咨送在京各该衙门互相查考。"⑥在清代,又有奏销时限的规定,以及所谓的"月报制""冬估制"和"春秋拨制"的实行,⑦使传统的奏销制度趋于完善。

至清代前期,尽管传统的奏销制度已经较为完备,但晚清预算的实施,意味着传统奏销制度的终结,具有明显的近现代色彩,是传统财政转型的重

---

① ⑤　正德《大明会典》卷 23《户部八》。

②　参见陈锋《清代财政政策与货币政策研究》,第 473、153 页。

③　郭道扬:《中国会计史稿》上册,中国财政经济出版社 1982 年版,第 316、396 页。

④　光绪《大清会典事例》卷 177《户部·田赋·奏销》。

⑥　《清世祖实录》卷 57,顺治八年六月辛酉。

⑦　参见陈锋《清代前期奏销制度与政策演变》,《历史研究》2000 年第 2 期。

要标志。笔者已经撰有《晚清财政预算的酝酿与实施》,可以参考。①在这里,主要指明晚清预算与传统奏销的区别。一方面,晚清预算是接受西方预算思想和预算制度的产物,不但与立法、官制、财政清理等关系密切,也与人民大众对财政收入、支出的知晓有很大的关系。所谓"每岁国用,妇孺咸晓",在预算之前,有所谓"期前监察",在预算之后,有所谓"期后监察",以达到"国民知租税为己用,皆乐尽义务;官吏知国用有纠察,皆不敢侵蚀"的目的。②而传统的奏销,只是在体制内运行,民众既没有参与权,也没有知晓权。另一方面,传统的奏销,本质上是以"量入为出"为原则,③新式预算是以"量出制入"为原则,并且"有预算以为会计之初,有决算以为会计之终"。④时人认为,"国家愈文明,则其岁出、岁入之费愈多",传统的"量入为出"不适合新的形势,"财政之最要者,莫如预算。西哲有言,一家之预算,量入以为出,一国之预算,量出以为入"。⑤也正是在"量出制入"的原则以及时代变化的背景下,晚清的预算有了民政费、教育费、司法费、交通费、实业费、工程费等新式公共财政的支出项目。

三、从起运、存留的划分到中央财政与地方财政的形成

笔者在《清代中央财政与地方财政的调整》一文中已经指出,清代并没有严格意义上的中央财政与地方财政的分野,但有以"起运""存留"为标志的中央财政与地方财政的划分和调整。⑥按照乾隆《大清会典则例·户部》的解释,"州县经征钱粮运解布政司,候部拨,曰起运";"州县经征钱粮扣留本地,支给经费,曰存留"。正德《大明会典·户部》亦称:"各处钱粮,除存留外,其起运京、边,各有定数。"所谓"起运",即各地所征收的钱粮按一定比例起解户部及各部寺监,或听候户部协拨他省兵饷要需,作为国家经费开支之

---

① 陈锋:《晚清财政预算的酝酿与实施》,《江汉论坛》2009 年第 1 期。
② 《光绪政要》卷 32,光绪三十二年十二月,《度支部议复御史赵秉麟奏制定预算决算表事宜》。
③ 对传统的"量入为出"模式的转换,参见陈锋《清代军费研究》,武汉大学出版社 1992 年版,第 11 页。
④ 佚名:《论中国于实行立宪之前宜速行预算法》,《东方杂志》第 3 卷第 13 期,1906 年。
⑤ 佚名:《论今日宜整顿财政》,《东方杂志》第 2 卷第 1 期,1905 年。
⑥ 陈锋:《清代中央财政与地方财政的调整》,《历史研究》1997 年第 5 期。

用。所谓"存留",即各地所征收的钱粮按一定比例存留本地,作为地方经费开支之用。清代起运、存留的类项及比例划分,沿自明代,即如江苏巡抚汤斌所称:"本朝定鼎,田赋悉照万历年间则例,……顺治初年,钱粮起、存相半",但随后即因"兵饷急迫,起解数多"。①所谓明代及清初"钱粮起、存相半",只是一种大致的说法,事实上,在不同时期、不同省区,起运、存留的比例各不相同。在明代后期,已经存在存留经费的削减,甚至是"各款尽为裁减,减之又减"的情况。②清初平定"三藩之乱"之前,由于军费紧急、中央财政困难,不断采取削减地方经费、变存留为起运的措施,成为当时财政政策的一个重要导向。

从中央财政与地方财政的关系和本源着眼,起运与存留的类项及比例,不是区分中央财政与地方财政问题的实质。起运与存留比例的划分,是在国家财政的总体框架之下,中央的一种统一的财政划分,虽有地方经费名目,但地方既没有税目的设置和任意征收之权,也没有经费项目的自主设置和开支之权。"存留"不具备"地方财政"的性质,或许称为"地方经费"更为合适。

由明清时期传统的起运与存留比例的划分,到晚清时代中央财政与地方财政的初步形成,是一个由传统财政向近现代财政转型的历史过程。在这个过程中,有四个标志性的"界标":第一,在历史时段上,咸丰年间厘金的开征,是地方财政的萌芽;第二,在中央与地方关系上,京饷、协饷的欠解以及对起运钱粮的截留,外销经费的大量出现,是财权下移的表现;第三,光绪年间,特别是甲午战争以后,杂税杂捐的普遍化,是地方财政的定型;第四,光绪末年奏定的《清理财政章程》,宣统年间《财政说明书》的编撰和预算的完成,是中央财政与地方财政划分的制度化和法理化。

上述第一、第二个"界标",都发生在咸丰年间,而且一直延续到清末,造成的影响是巨大的。度支部尚书载泽曾称:"我国道光以前,财权操自户

---

① 汤斌:《通赋难清,乞减定赋额并另立赋税重地州县考成例疏》,见乾隆《江南通志》卷68。

② 参见[日]岩井茂树《中国近世财政史研究》"存留经费的削减"一节,东京:东京大学学术出版会2004年版,第438—454页。按:社会科学文献出版社2011年出版的中文版将书名翻译为"中国近代财政史研究",不妥。

部"，"咸丰以后，各省用兵大吏多自筹"，为一变；"近则时势变迁"，为又一变。①特别是晚清的"外销之款"，明显而突出。"外销之款"是不必上报或不必及时上报户部的款项，"外省积习，皆有外销款项，自筹自用，向不报部"②。外销的大量出现，意味着中央财政失控、运转不灵，领兵大员和地方督抚拥有了钱粮的处理权、支配权，从而导致了传统财政意义上的无序化和地方财政意义上的分权，为地方财政的出现和形成埋下了伏笔。正如户部在一份奏折中所说："臣部为钱粮总汇，凡有出入，悉宜周知。咸同以来，各省军务倥偬，部拨款项往往难于立应，疆臣遂多就地筹款，以济军食，如抽厘助饷之类，因而一有缓急，彼此自相通融，协借不尽咨部。核复以其系就地自筹之款，与例支之项无碍，故部臣亦无从深问。近年库款支绌，各省皆然。"③曾国藩亦说："我朝之制，一省岁入之款，报明听候部拨，疆吏亦不得专擅。自军兴以来，各省丁、漕等款，纷纷奏留供本省军需，于是户部之权日轻，疆臣之权日重。"④晚清的财权下移，固然与领兵大员鸱张、督抚专权有关，却也是在需饷急迫、财政特别困难的情况下，清廷"力筹通变"的财政政策导向使然。在这个意义上，疆臣就地筹款，地方财政初萌，是"上意"引导的结果。

从另一个意义上讲，晚清地方财政的形成，又是自下而上的催生。光绪二十年以后，各省在就地筹款的旗帜下，拥有了杂税杂捐的税收开办权；在筹办新政的旗帜下，拥有了自筹自支的财政支配权；在"用人、设局、收钱、应差"自行决定之下，拥有了财政局所的设立之权。于是，在财政收支以及财税管理上全面形成了地方财政的运作格局。

光绪后期，中央频繁地清理财政，"清理财政"成为晚清的一个热词。表面上看，清理财政是清理外销之款，将各项收入"严加查核"，摸清收入总数；但其根本的动因是整顿财政秩序，将财政大权重新归于中央，但事实上无法办到，在与地方督抚进行财权博弈之后，朝廷不得不接受既有现实。宣统二

① 档案，宣统三年正月十四日载泽奏：《为陈明维持预算实行办法事》，军机处录副，档案号：03-9300-006。
② 《会议政务处奏遵议度支部奏清理财政明定办法折》，见《大清光绪新法令》第10册第6类《财政·清理财政办法》。
③ 《清朝续文献通考》卷71《国用九》，第8279页。
④ 《曾国藩全集·奏稿七》，岳麓书社1989年版，第3997页。

年,度支部尚书载泽约略提到:"国家、地方,厘其税项,岁入有区分之数。"①宣统三年,载泽在提出的几条建议中,专列"暂分国家岁入,地方岁入"一条,比较细致地论说:"中国向来入款,同为民财,同归国用,历代从未区分。……近今东西各国财政,始有中央、地方之分。……现既分国家、地方经费,则收入即不容混合,业经臣部酌议办法,通行各省,列表系说,送部核定。并于预算册内令将国家岁入、地方岁入详究性质,暂行划分。仍俟国家税、地方税章程颁布后,再行确定。"②于是,在《清理财政章程》《财政说明书》以及预算案中便有了国家财政、地方财政的划分,并且有具体的国家岁出、岁入预算报告册,地方岁出、岁入预算报告册,各省文武大小衙门局所国家岁出、地方岁出预算报告册等。并初步议定了何为国家税、何为地方税的划分标准。

---

① 档案,宣统二年八月二十七日载泽奏:《为遵章试办宣统三年预算事》,军机处录副,档案号:03-7514-053。

② 档案,宣统三年正月十四日载泽奏:《为试办全国预算,拟暂行章程事》,军机处录副,档案号:03-9300-002。参见载泽同日所呈《试办全国预算暂行清单》,军机处录副,档案号:03-9300-003。该清单共有 28 条,有 2 条涉及地方财政预算和地方财政的预算报告。

明清时代的"统计银两化"与"银钱兼权"

近年来,明清时代的货币问题形成了新的研究热点,有所谓"白银货币化""货币白银化"之说。①"白银货币化"与"货币白银化"的内涵,在有些论者的笔下大致类同,在有些论者的笔下有所不同,王文成即认为,白银货币化是白银作为货币的历史进程,货币白银化则意味着白银成为主币。②笔者在论述明清财政变革时已经指出:"不能单纯地把货币用银作为财政变革的标志,金代铸银币并广泛使用,以及明代'银之用益广'的所谓'白银货币化',不是问题的核心。如果把货币形态与国家财政综合起来加以考察,明清货币变革在财政意义上的关键之点,是将银两作为国家财政收支的统一统计单位,换句话说,变革的主要标志,不是'白银货币化',而是'统计银两化'。"③本文将对"统计银两化"和"银钱兼权"作进一步讨论。

一、岁入、岁出、征税:"统计银两化"的三个主要表现

如所周知,白银作为一种货币,并非始自明代,有一个起始、演变的过程。《清朝文献通考·钱币考》曾概要叙述过货币用银的沿革:"若白金之

---

① 参见万明《明代白银货币化的初步考察》,《中国经济史研究》2003 年第 2 期;万明《明代白银货币化与制度变迁》,《暨南史学》2003 年第 2 辑;万明《明代白银货币化与中外变革》,《河北学刊》2004 年第 3 期;万明《明代白银货币化视角下的赋役改革(上)》,《学术月刊》2007 年第 5 期;万明《明代白银货币化视角下的赋役改革(下)》,《学术月刊》2007 年第 6 期;黄阿明《明代货币白银化与国家制度变革研究》,广陵书社 2017 年版;邱永志《变革视野下的货币转型——明代货币白银化与银钱并行格局的形成》,《中国经济史研究》2016 年第 6 期;邱永志《"白银时代的落地":明代货币白银化与银钱并行格局的形成》,社会科学文献出版社 2018 年版;等等。

② 王文成:《金朝时期的白银货币化与货币白银化》,《思想战线》2016 年第 6 期。

③ 陈锋:《明清变革:国家财政的三大转型》,《江汉论坛》2018 年第 2 期,已收入本书。

用,惟汉武之白选,王莽之银货,一见于史,而后亦渐废,固不皆以为币也。魏晋以后,金日少而昂,币始专用钱。六朝迄唐,交广之域,以金银为币,然止限于一隅。至金时,铸银名'承安宝货',公私同见钱用,此以银为币之始。前明中叶,令各处税粮得收纳白金,而银之用益广。我朝银钱兼权,实为上下通行之币。"①由这种概要的叙述以及王文成的研究可以知晓,②宋、金、明、清各朝都已经出现或形成货币用银、货币普遍用银的"白银货币化"。但货币用银或货币普遍用银是一个概念,在国家财政的收入、支出体系中以银两为统计标准(口径),在赋税征收过程中以银两为征收标准,是另一个概念。

在明代以前,货币的形态呈现多元化特征,在岁入统计上,经常是"金银钱帛""金银钱斛匹帛"等并举,货币单位或"类货币"单位一般用"贯匹两""贯石匹两"标示,如《文献通考》记载的宋代岁入:"诸路进奉金银钱帛共二十七万三千六百八贯匹两"③,"诸路上司农寺岁收免役钱一千四十一万四千五百五十三贯石匹两,金银钱斛匹帛一千四十一万四千三百五十二贯石匹两"④。这就是苏辙《元祐会计录·收支叙》所称的"金以两计""银以两计""钱以千(贯)计""绸绢以疋[匹]计""草以束计",等等。⑤

明代前期,钞、钱、银等并行,虽然洪武九年有"天下税粮,令民以银、钞、钱、绢代输"的规定,洪武十七年有"本色"和"折色"的区别,⑥但表现在岁入统计上,依旧是石、锭、匹等单位并存,依旧繁杂。略如《明史》卷82《食货六·会计》所记:"洪武二十六年,……夏税米麦四百七十一万七千余石,钱钞三万九千余锭,绢二十八万八千余匹;秋粮米二千四百七十二万九千余

---

① 《清朝文献通考》卷13《钱币考一》,浙江古籍出版社1988年版,第4965页。顾炎武所撰《银》也有类似的论述,参见顾炎武著、黄汝成集释《日知录集释》,岳麓书社1994年版,第393—397页。

② 王文成:《宋代白银货币化研究》,云南大学出版社2001年版。

③ 《文献通考》卷22《土贡考一》,浙江古籍出版社1988年版,第220页。

④ 《文献通考》卷12《职役考一》,第113页。

⑤ 《文献通考》卷24《国用考二》,第233页。

⑥ 按:是时,"云南以金、银、贝、布、漆、丹砂、水银代秋粮,于是谓米麦为本色,而诸折纳税粮者谓之折色","折色"非如清代主要指银两。参见《明史》卷78《食货二·赋役》,中华书局1974年版,第1894—1895页。

石,钱钞五千余锭。弘治时官民田总六百二十二万八千余顷,夏税米麦四百六十二万五千余石,钞五万六千三百余锭,绢二十万二千余匹;秋粮米二千二百十六万六千余石,钞二万一千九百余锭。"①这种现象,由于正统元年的"金花银"之征,有了初步的变化。是年,"米麦一石折银二钱五分,南畿、浙江、江西、湖广、福建、广东、广西米麦共四百余万石,折银百余万两,入内承运库,谓之金花银。其后概行于天下,自起运兑军外,粮四石收银一两,解京以为永例,诸方赋入折银,而仓廪之积渐少"②。由于折银征收,"仓廪之积渐少","凡折银者,皆入太仓库",太仓库"专以贮银",所以有"银库"之称。③到嘉靖末年,"税课征银而不征钱"④。万历年间,随着一条鞭法的推进,田赋征银更加普遍化。⑤

在关税与盐税中,税收征银的普遍化比田赋略早,《明史》卷 81《食货五·商税》称:"直省关税,成化以来折收银,其后复收钱、钞,八年,复收银,遂为定制。"⑥盐税折银征收,亦始于成化年间;到弘治年间,盐税征银已经占相当的比例;万历年间,盐税征银成为定制。⑦

万历年间各项赋税的普遍或主要折银征收,奠定了财政收入"统计银两化"的基础。在《万历会计录》、万历《大明会典》以及《明史·食货志·会计》中,已经可以发现各项统计以银两为单位的变化。⑧这种变化,意味着在财政岁入中,银两为国家财政统计口径的逐步实现。入清以后,以银两为统计标准,更成为各项岁入统计的不二选择。

---

① 《明史》卷 82《食货六·会计》,第 2005 页。

② 《明史》卷 78《食货二·赋役》,第 1895—1896 页。个别标点笔者做了改动。

③ 《明史》卷 79《食货三·仓库》,第 1927 页。

④ 《续文献通考》卷 11《钱币考五》,浙江古籍出版社 1988 年版,第 2872 页。

⑤ 彭信威:《中国货币史》(上海人民出版社 2007 年版,第 484 页)指出:"万历九年推行一条鞭法,于是各种租税都用白银折纳。"

⑥ 《明史》卷 81《食货五·商税》,第 1977 页。

⑦ 郭正忠主编:《中国盐业史》,人民出版社 1997 年版,第 650—653 页。明代盐业部分为刘淼撰写。

⑧ 另外,全汉昇、李龙华《明中叶后太仓岁出银两的研究》(《香港中文大学中国文化研究所学报》第 6 卷第 1 期,1973 年)有以银两为统计单位的"嘉、隆年间太仓银库岁入岁出银数比较",笔者有"正德至万历间九边年例银统计"。参见黄惠贤、陈锋主编《中国俸禄制度史》,武汉大学出版社 1996 年版,第 490—492 页。按:《中国俸禄制度史》明清部分由陈锋执笔。

岁出统计,也经历了由米石、钱钞、绢帛到银两的变化。从笔者在《中国俸禄制度史·明朝俸禄制度》中统计的"洪武二十八年亲王等禄米定例""(洪武二十七年)公主等俸禄标准""(洪武初年)公侯伯爵岁禄示例""(洪武二十年)明代文武官员俸禄标准"等表可见,全部是以米(石)为统计标准;而"弘治年间诸王岁米"统计表中,已经有"悉支本色米""米、钞中半兼支"和"本八折二"的变化,在"(明代前期)公侯伯岁禄及其本折情况"统计表中,"或本、折中半,或折多于本",至弘治年间,本色禄米折银支给,"每石折银七钱",已经有俸钞折色的种种变化。[1]到万历年间,变化更为明显,如表1所示。[2]

表1 万历《明会典》载俸钞折色定例

官 品	岁俸（石）	本色俸（石）	本色俸内		折色俸（石）	折色俸内	
			实支米（石）	折银数（两）		折银（两）	折钞（贯）
正一品	1 044	331.2	12	204.82	712.8	10.69	7 128
从一品	888	284.4	12	174.79	603.6	9.05	6 036
正二品	732	237.6	12	144.76	494.4	7.41	4 944
从二品	576	190.8	12	114.73	385.2	5.77	3 852
正三品	420	144.0	12	84.70	276.0	4.14	2 760
从三品	312	111.6	12	63.91	200.4	3.00	2 004
正四品	288	104.4	12	59.29	183.6	2.75	1 836
从四品	252	93.6	12	52.36	158.4	2.37	1 584
正五品	192	75.6	12	40.81	116.4	1.74	1 164
从五品	168	68.4	12	36.19	99.6	1.49	996
正六品	120	66.0	12	34.65	54.0	0.81	540
从六品	96	56.4	12	28.49	39.6	0.59	396
正七品	90	54.0	12	26.95	36.0	0.54	360

[1] 按:"俸钞折色"十分复杂,有米折钞、折钱、折银、折布、折绢、折胡椒、折盐等种种情况。参见黄惠贤、陈锋主编《中国俸禄制度史》"京官俸钞折色变化""外官俸钞折色变化",第455—460页。

[2] 黄惠贤、陈锋主编:《中国俸禄制度史》,第461页。

(续表)

官 品	岁俸（石）	本色俸（石）	本色俸内		折色俸（石）	折色俸内	
			实支米（石）	折银数（两）		折银（两）	折钞（贯）
从七品	84	51.6	12	25.41	32.4	0.48	324
正八品	78	49.2	12	23.87	28.8	0.43	288
从八品	72	46.8	12	22.33	25.2	0.37	252
正九品	66	44.4	12	20.79	21.6	0.32	216
从九品	60	42.0	12	19.25	18.0	0.27	180

这里的"岁俸"中，依然是以米（石）为统计标准，但已有"本色俸"与"折色俸"之别。"本色俸"虽称"本色"，米已经占很少的比重（月米一石），主要是折支银两；"折色俸"则全部折银、折钞。清代的俸禄支出，不论是宗室俸禄、公主及额附俸禄，还是文官俸禄、武官俸禄，则全部以银两为统计标准。如果比较明末与清初的俸禄标准，可以领会岁出"统计银两化"的变化与形成，参见表2。①

表2　明清文官俸禄比较

类别／品级	明代俸禄折色银（两）			清代岁俸银（两）
	本色俸折银	折色俸折银	合　计	俸　银
正一品	204.82	10.69	215.51	215.51
从一品	174.79	9.05	183.84	183.84
正二品	144.76	7.41	152.17	152.17
从二品	114.73	5.77	120.50	120.50
正三品	84.70	4.14	88.84	88.84
从三品	63.91	3.00	66.91	66.91
正四品	59.29	2.75	62.04	62.04
从四品	52.36	2.37	54.73	54.73
正五品	40.81	1.74	42.55	42.55
从五品	36.19	1.49	37.68	37.68

---

① 黄惠贤、陈锋主编：《中国俸禄制度史》，第540页。

(续表)

类别 品级	明代俸禄折色银(两)			清代岁俸银(两)
	本色俸折银	折色俸折银	合　计	俸　银
正六品	34.65	0.81	35.46	35.46
从六品	28.49	0.59	29.08	29.08
正七品	26.95	0.54	27.49	27.49
从七品	25.41	0.48	25.89	25.89
正八品	23.87	0.43	24.30	24.30
从八品	22.33	0.37	22.70	22.70
正九品	20.79	0.32	21.11	21.11
从九品	19.25	0.27	19.52	19.52

清初在议定文职官员俸禄时声称"仍照故明例"，从表 2 中也可以看出，清初以银两为单位的俸禄标准，完全是明代俸禄"本色银"与"折色银"两项合计的照搬，这也就意味着岁出"统计银两化"在明末已经基本完成。

应该说，岁入、岁出由多种统计标准到"统计银两化"的完成，是随着赋税征收标准的变化而变化的，也就是顾炎武所说的"国初(笔者注：明代)民间所纳官粮皆米麦也，或折以钞、布。百官所受俸亦米也，或折以钞。其后钞不行，而代以银"①。

岁入、岁出以及赋税征收中的"统计银两化"，严格地说，是一种统计的标准，在明清时代"普遍用银"之后，白银的作用日益凸显是没有疑义的，但由于存在着"银钱并行"和"银钱兼权"，在财政制度——货币制度体系中，铜钱的地位依旧重要，用钱的事例并不鲜见。

二、"银钱兼权"的诸多内容

明代前期，多种货币并行，明代中期虽有"银与钱钞相权而行"的建议②，但实际上明代中晚期基本为"银钱并行"，清代则是众所周知的"银钱兼权"。

---

① 顾炎武：《日知录》卷 12《俸禄》，见顾炎武著、黄汝成集释《日知录集释》，第 441 页。

② 丘濬：《铜楮之币二》，黄训《名臣经济录》卷 24《户部》，《文渊阁四库全书》第 443 册，台北：台湾商务印书馆 1983 年版，第 466 页。

"银钱并行"与"银钱兼权",实际上是一种银、钱并用的平行本位制(或称"双本位"制、"复本位"制)。①"银钱并行"与"银钱兼权"的基本点是银两与铜钱都作为法定货币而同时流通,即所谓"银与钱相为表里,以钱辅银,亦以银权钱,二者不容畸重"②,"我朝银、钱兼权,实为上下通行之货币"③。

在银、钱平行本位制之下,至少有三个重要的内涵或原则值得注意。

第一,银两与铜钱并行,意味着两者之间有一定的比价关系。明代前期,有各种银、钱、钞、米、绢、布等的折算规定;明代中后期,银钱并行格局形成,"欲求钱法之流通,必先定钱直之高下"。弘治七年规定:"不分年代远近、钱样大小,但系囫囵铜钱,每七文作银一分。"④弘治十四年重申折收银钱之制:"每银一两折七百文。"⑤万历四年、六年、十三年、十五年、二十七年、三十九年等年,又多次"更定制钱、旧钱价值"⑥。不同朝代的制钱、旧钱有不同的折算银两标准,体制混乱,折算不一,略如《清朝文献通考》卷13《钱币考一》按语所称:"明代钱互有贵贱,每银一钱直五十五文至百文不等,又有京钱、外省钱多寡之异。末季,至银一两易钱五六千文。"⑦与明代银、钱比价的混乱格局相比,清代"银钱兼权"的制度已经比较成熟,清代——至少在清代前期是规范的,笔者已经有《清代银钱比价的波动及其对策》⑧专文探讨,不赘述。大要说,石毓符、杨端六等人认为的银、钱之间"没有固定的价值联系"是错误的。清代前期固定在银1两兑换制钱1 000文。⑨道光十年以后,

① 参见陈锋《清代银钱比价的波动及其对策》,武汉大学中国三至九世纪研究所编《中国前近代史理论国际会议论文集》,湖北人民出版社1997年版;《陈锋自选集》收录,华中理工大学出版社1999年版,第379—401页。

② 《清朝文献通考》卷16《钱币考四》,第5002页。

③ 《清朝文献通考》卷13《钱币考一》,第4965页。

④ 《续文献通考》卷11《钱币考五》,第2872页。

⑤ 《明史》卷93《刑法一》,第2295页。

⑥ 《续文献通考》卷11《钱币考五》,第2872—2874页。

⑦ 《清朝文献通考》卷13《钱币考一》,第4967页。

⑧ 《陈锋自选集》,第379—401页。

⑨ 按:清代前期虽然法定的兑换标准是银1两兑钱1 000文,但在"钱贵银贱"的情势下,"搭放"制钱时也有特别的规定。《大清会典则例》卷51《户部·俸饷上》(《文渊阁四库全书》第621册,第583—585页)记载:"康熙五十九年奏准,工部堂司各官公费,令该部自行给发,每制钱九百五十文作银一两。……乾隆元年奏准,工部堂司官公费,以制钱九百文作银一两。……十二年奏准,工部堂司官公费,仍自行办理,以制钱八百文作银一两。二十一年奏准,经该部奏明给钱外,应将在京大小各衙门每月公费银改给制钱,每银一两给钱九百文。"

在"银贵钱贱"的背景下,兑换比价有所变化,银1两道光十年兑1 100文,道光二十一年兑1 300文,道光二十六年兑1 500文,咸丰三年兑2 000文,光绪三年兑2 200文。清末由于钱价涨落不一,改为各地随时造报,"随时按照市价,以半年均匀牵算",决定银两与制钱的比价。①

第二,在国家财政收支体系中,银两与铜钱有一定的比例。明代中后期已经有"银、钱兼支"或"银、钱兼发"的约略规定。《续文献通考》卷11《钱币考五》记载,万历年间,"各项商价,银八钱二兼支,……官吏俸粮搭钱,俱照时价给散"②。彭信威则称:"正德以后,官吏的俸给,十分之九用白银,十分之一用铜钱。"③实际上并不恒定,既有"九分支银,一分支钱"的事例,也有"七分支银,三分支钱"的事例。④清代在支发官员俸禄和兵丁月饷时搭放钱文成为惯例。顺治十二年,首次制定"制钱配给俸饷之例",在京城,"以局钱半成配给官俸及兵饷";在各省,"兵饷等项,亦令以制钱按成搭放"。其后,在不同的年份有不同的规定。如康熙七年议准,"直省官役俸工诸项,俱配给制钱",存留之官役俸工、驿站杂支诸项,"均照银七钱三例配给"。康熙五十八年议准,"八旗兵饷给钱一半"。康熙六十一年再次重申,"八旗月饷,仍以银、钱各半搭放"。⑤雍正元年,又议准,"嗣后放饷,每两月,银八成,钱二成搭放一次"⑥,等等。在晚清时期,盐厘及杂税杂捐,有的全部征收钱文,当全部征收钱文时,所有"局用"也全部支发钱文。⑦

第三,在具体的赋税征收中,银两与铜钱并征,征收、报解方式各不相同。这一点是非常重要的,所以需要费些笔墨。

---

① 档案,光绪二十年七月十八日江西巡抚德馨奏:《为查明光绪十九年下半年江西抽收支解厘税银钱数目事》,朱批奏折,档号04-01-35-0571-031。中国第一历史档案馆藏,除特殊说明外,以下清代档案均为该馆所藏。

② 《续文献通考》卷11《钱币考五》,第2874页。

③ 彭信威:《中国货币史》,上海人民出版社2007年版,第483页。

④ 参见黄惠贤、陈锋主编《中国俸禄制度史》,第455—460页。

⑤ 《清朝文献通考》卷13《钱币考一》,第4968页。

⑥ 《清朝文献通考》卷14《钱币考二》,第4971页;乾隆《大清会典则例》卷44《户部·钱法》,《文渊阁四库全书》第621册,第378页。

⑦ 档案,光绪十九年十二月二十二日湖广总督张之洞奏:《为湖北省光绪十九年春夏二季收支牙帖厘金银钱数目事》,朱批奏折,档案号:04-01-35-0570-060。

一条鞭法实施以后,"诸方赋入折银","皆计亩征银"。①赋税以银两为征收标准只是一种总体规定,在具体的实施过程中,赋税征钱以及赋税征钱后折算银两上交仍是一个普遍的现象。万历四年,给事中周良寅上疏条议钱法,其中一条就是征收存留钱粮"银、钱兼纳",户部议覆"从之"。②万历四十六年,四川巡抚饶景晖也要求:"除京边起运照旧征银外,其余布政司条编存留各项,皆银、钱对半收解。……且以钱之行否,定官之殿最。"③顺治十四年,"定直省钱粮兼收银、钱之例",规定"以银七钱三为准,银则尽数起解,其钱充存留之用,永为定例"。④但就现存档案材料来看,实际征收远为复杂,不同税种、不同地区,情况也不一致。如江苏的田赋征收,道光二十六年,两江总督壁昌称:"溯查顺治十四年征收钱粮银七钱三之例,虽经列入由单,行之未久,旋即中止。"并没有遵照"银七钱三"的定例征收钱粮,而是"零星小户以钱完纳",大户以银两完解。⑤湖南巡抚陆费瑔奏称:"各属征收旧章,向行一条鞭法,统征分解,某户应完粮若干,即收银若干,民间从不知有起、存之分,且名为征银,而花户买银维艰,率皆折钱输纳。"⑥自从实行一条鞭法以来,民间并不知道有起运、存留钱粮的区分,名义上是征收银两,实际上"花户买银维艰,率皆折钱输纳"。湖北的情况大致类似江苏、湖南。湖广总督裕泰奏称:"查国初所定征收钱粮银七钱三之例,虽存其文,迄未施行。""虽有纳银之户,而按照市价折钱输官者居多,州县官复照市价易银报解,此历来办理征收之实在情形也。"大多数民户交纳田赋,"按照市价折钱输官",然后再由州县官"照市价易银报解"。⑦直隶,"地方岁征钱粮,百姓有交银者,有

---

① 《明史》卷78《食货二·赋役》,第1896、1902页。

② 《续文献通考》卷11《钱币考五》,第2873页。

③ 雍正《四川通志》卷15下《钱法》。

④ 《清朝文献通考》卷13《钱币考一》,第4968页。

⑤ 档案,道光二十六年五月二十五日壁昌奏:《为银钱轻重不一,酌议搭放章程,以资补救事》,朱批奏折,档案号:04-01-35-1368-004。按:该年,御史刘良驹"条奏银钱画一章程",上谕有云:"银、钱并重,本系制用常经,果能随时酌覆,不使轻重悬,裕国便民,两有裨益。"各省区遵旨上奏。(出处为同一份档案。)

⑥ 档案,道光二十六年六月十三日陆费瑔奏:《为遵旨覆议银钱并重章程事》,朱批奏折,档案号:04-01-35-1368-005。

⑦ 档案,道光二十六年八月初六日裕泰奏:《为遵旨查议存留各款,未便改以钱文收放情形事》,军机处录副,档案号:03-9503-024。

交钱而官为易银起解者,其交钱或照市价,或旧有定价,历久相安"①;河南,"州县征收钱粮,有全数征银者,有全数征钱者;有大户征银,小户征钱者;有征银六七成,征钱三四成者。其征钱之处,俱按时价核算,易银批解"②;福建,"各州县内,除征收丁耗钱粮大户以洋银折纳,由官易银解兑,小户以制钱折纳,留拨县库坐支之款,历久相安,不宜轻议更张外,所有闽县、惠安等二十余县,向来民间完纳地丁,历照旧章,均以制钱折纳,近因银价日增,各该县以所收之钱易银解司,每两不敷至数百文,在官则日形赔累,在民则力难加增,自应银钱并收,或可渐平市价"③。有的州县,"钱粮大户以洋银折纳",然后再由州县将洋银(银元)折算成银两解交,或者"小户以制钱折纳",这些制钱留存地方,作为地方经费开支。④而闽县、惠安等二十余县,则"均以制钱折纳",然后再由州县"易银解司",由于银价日增、钱价日减,"易银解司"导致的亏折成为地方政府的赔累。⑤

关税征收也大多银、钱兼收。仅举一件档案材料作为例证。乾隆十三年,署理福州将军邓廷相奏称:"闽海关向例,征收货税,银、钱兼收,每正银一钱,收钱九十四文,加耗一分,收钱一十文,共收钱一百四文。后钱价日昂,易银余羡留关充用,并不奏报。滋弊累商。乾隆五年,经前任管关将军臣策楞通行禁止,并奏明在案。自从禁后,商民又因以钱易银完税,守候迟滞,每称不便。经前任管关将军臣新柱奏请,嗣后酌定时价,税银一两上下者,仍银、钱兼收,每正银一钱,加耗一分,共收钱九十六文,以益商民。并饬各口委员,将所收钱文积至百千,即易银起解。"⑥这种关税的银、钱兼收以及易银起解,大致类似田赋的征解方式。

盐税在清代前期交纳铜钱的事例少见。清代后期,"自道光十年后,银

---

① 档案,道光二十六年八月二十四日直隶总督讷尔经额奏:《为遵旨酌议收放银钱章程事》,军机处录副,档案号:03-9503-028。

② 档案,道光二十六年十月十五日河南巡抚鄂顺安奏:《为遵旨核议覆奏事》,军机处录副,档案号:03-9503-041。

③④⑤ 档案,道光二十八年二月二十八日闽浙总督刘韵珂奏:《为覆查银钱兼收兼放,事多窒碍,仍请照旧收放,以免流弊事》,军机处录副,档案号:03-9504-008。

⑥ 档案,乾隆十三年十月二十四日邓廷相奏:《为请酌覆海关银钱兼收之旧例以便商民事》,朱批奏折,档案号:04-01-35-0323-020。

价悬昂，商本愈亏"，随着盐商卖盐收纳铜钱，交税交纳银两出现亏折，也允许部分款项交纳铜钱或钞票，如长芦盐区在咸丰四年奏准："五成交银，五成以制钱二千文作银一两。又奉户部议覆，五成现钱内，搭二成五分钞票。"其具体征解为："长芦应征咸丰四年连闰一年应交户部、内务府、内殿广恩库、步军统领、銮仪卫、太仆寺各衙门共帑利银十九万六千一十两九钱二分八厘，内应征银九万八千五两四钱六分四厘，制钱九万五千九百五十五千（按：此"千"即千文、一串）四百六十四文，钞票制钱十万五十五千四百六十四文。"①而在盐厘、厘金、杂税、杂捐中征收铜钱，更是司空见惯。这些课税征收的铜钱，大致分为两种类型解交：一是直接解交铜钱，二是折银（购银）解交银两。同治三年，"沙市盐局三月分抽收课钱八万四千三百四十二串六百七十四文，四月分抽收课钱二万一千八百八十九串十六文五毫。又，宜昌盐局四月分征收加课钱一万六千七百五十六串三百五十文。又，沙市盐局四月分征收加课钱一万一百二串六百二十三文"，分别解交荆州满营官兵月饷、汉口督销淮盐局、湖北总粮台以及备解京饷，②属于直接解交铜钱。光绪二十九年，黑龙江呼兰等处征收"斗称捐税正课钱九万三千五百四十五吊八百六文，照章办公钱二万三千三百八十六吊四百五十文，并将正课捐钱照章尽数提动，按照市价计买银二万五千一百六十九两五钱二分三厘一毫二丝"，办公钱留充局用，正课钱买银解交，③属于折银（购银）解交。

上述种种，足可以说明在以银两为统计标准和征收标准的前提下，铜钱应用的普遍化，以及前揭"银与钱相为表里，以钱辅银，亦以银权钱"的表述十分准确。从本质上讲，"银钱并行"与"银钱兼权"是以"统计银两化"为主干的，国家财政的收支体系与赋税征收，以银两为标准，围绕着银两运作。银、钱比价的波动以及由此产生的问题，也是由银两为基点而导致的。

① 档案，咸丰四年十二月十五日长芦盐政文谦奏：《为起解帑利等项银钱钞票事》，朱批奏折，档案号：04-01-35-0519-032。
② 档案，同治三年七月十六日湖广总督官文奏：《为查明同治三年三四两月分宜沙二局抽收川盐正课加课银钱数目事》，朱批奏折，档案号：04-01-35-0522-004。
③ 档案，光绪三十年四月十七日署理黑龙江将军萨保奏：《为征收二十九年分烟厘斗称税捐银钱征解数目事》，朱批奏折，档案号：04-01-35-0582-022。

结　语

明代中期以降，多元化的货币形态转变为银两与铜钱并行。这种转变，就货币本身而言，体现着"银钱兼权"格局下白银与铜钱作为固定的法制货币的"上下通行"；就货币与国家财政的关系而言，以银两为赋税的征收标准，以银两为财政收支的标准，奠定了"统计银两化"的基础。

在以银两为统计单位和支发标准的前期下，按一定比例"搭放"制钱，支发官员俸禄、兵丁月饷，一方面是"银钱并行""银钱兼权"的必然要求，目的在于让白银和铜钱同时流通，不至于仰此抑彼。另一方面，由于不同时期存在着"钱贵银贱"或"银贵钱贱"，提高或减少搭放钱文的比重，也是照顾到官员、兵丁的实际收益。如康熙六十一年议准："京城钱价昂贵，八旗月饷仍以银、钱各半搭放。俟钱价稍平停止。"①其意甚明。又如道光二十六年湖南巡抚陆费瑔上疏："从前饷银一两，搭放局钱二成，自道光十八年前抚臣钱宝琛以钱价过贱，奏请暂停鼓铸兵饷，全给银两，奉旨准行。阅今八九年间，兵力不致亏耗。今钱价较前愈减，而转欲按成搭放，于兵丁生计未免有亏，似非所以示体恤。且兵饷搭钱，必须开铸，细核鼓铸工本，每钱一千，需银八钱二分有奇，而现在市价，千钱仅合银五钱二三分不等，是成效未见而耗费已多，诚如部咨，未可轻以相试，……耗羡项下支给各官养廉，现已搭放二成钱文。……即照部咨，以十五钱准银一分，并以银七钱三搭放。"②这份奏折所揭示的意旨也十分明确。

在征收赋税钱粮时，以银两为征收标准是一个基本的原则，并有银两与铜钱按比例征收的规定。但在具体的征收过程中，事例繁杂。通过档案材

---

① 乾隆《大清会典则例》卷44《户部·钱法》，《文渊阁四库全书》第621册，第377—378页。
② 档案，道光二十六年六月十三日陆费瑔奏：《为遵旨覆议银钱并重章程事》，朱批奏折，档案号：04-01-35-1368-005。按：这份奏折也揭示了养廉银搭放钱文比例和铸造铜钱亏折的情况。关于铸造铜钱的成本及其亏折，文献多有记载。明代的事例，潘季驯《条议钱法疏》有细致计算，参见《潘司空奏疏》卷5《巡抚江西奏疏》，《文渊阁四库全书》第430册，第95—96页。清代则另如乾隆《江南通志》卷82《食货志·钱法》对江宁、苏州、安徽铸局的成本说明。

料的挖掘,我们知道,大多数情况下,民户交纳田赋,是以铜钱交纳的,①然后再由州县折算成银两上交;关税的征收亦然。由于存在银钱比价的波动,在清代前期,特别是康乾时期,银贱钱贵,州县、关监督折算银两上交,形成州县以及其他解交部门的结余,即"易银余羡";②清代后期,特别是道咸时期,情势翻转,尽管有法定银钱比价的调整,但调整赶不上变化,折银上交还是成了地方政府的赔累。在结余时,官员乐得其成;在赔累时,"地方官力难赔垫,势必倍取于民"③。光绪后期,虽有"按照市价"的折算方式,在行政效率低下或者官员腐败的情势下,其实际效果仍值得怀疑。

明清时代在所谓的白银货币化时期,白银与铜钱同等重要,如果说"白银成为主要的货币",那么,铜钱也是主要的货币,甚至有"钱法流行无如我朝,南至云南、贵州,北至蒙古,皆用制钱,从古所未有"④的说法。白银——银两,更多地体现着国家财政以及赋税征收的统计标准尺度,铜钱则是一种生活的日常。

---

① 笔者有文章探讨清代的钱粮征解,但未涉及以钱交纳。参见陈锋《清代的钱粮征解与吏治》,《社会科学辑刊》1997 年第 3 期。

② 档案,乾隆十三年十月二十四日邓廷相奏:《为请酌覆海关银钱兼收之旧例以便商民事》,朱批奏折,档案号:04-01-35-0323-020。

③ 档案,道光二十八年十月二十二日军机大臣穆彰阿奏:《为遵旨汇核具奏事》,军机处录副,档案号:03-3569-034。

④ 雍正九年敕编《清圣祖圣训》卷 27《理财》,康熙五十三年七月己未上谕,《文渊阁四库全书》第 411 册,第 472 页。

清代财政管理体制的沿袭与创新

中国的财政制度,特别是财政管理体制,是一个不可分割的有机整体。清王朝自定鼎中原之后,其财政在总体上沿袭明代之制,同时又经过了不断的制度创新和完善,最终形成了具有鲜明自身特点的财政体制。从总体上说,清代前期的财政管理体制,主要是在沿袭明代的基础上有所创新;清代后期,特别是晚清,财政管理体制有重要的变化,开启了近代财政体制的新模式。

一、清代前期财政管理体制的沿袭与变化

清代财政制度,有"清承明制"之说,所谓的"清承明制",只是一种大致的说法。有些制度,在清朝定鼎中原之初,由于原有制度已经具备或来不及更易,就直接沿袭。更多的,则是由混乱到逐步走上轨道。

在新旧王朝鼎革之际以及新王朝建立之初,财政的混乱司空见惯并表现在各个方面。

顺治元年,山东道御史宁承勋在谈到赋役制度时奏称:"赋役之定制未颁,官民无所遵守,祈敕部于赋役全书外,无艺之征尽行裁革。如恩诏内有全免者,有半免者,有免三分之一者,着定书册,刊布海内,令州县有司遵照规条,户给易知由单,庶愚民尽晓,而永遵良规。"①这说明,当时的赋税征收册籍没有刊定,赋税征收没有凭借。

顺治三年,摄政王多尔衮针对财政的混乱格局,谕称:"今特遣大学士冯

---

① 《清世祖实录》卷11,顺治元年十一月庚戌。

铨前往户部,与公英俄尔岱彻底查核,在京各衙门钱粮数目,原额若干? 见今作何收支、销算? 在外各省钱粮,明季加派三项,蠲免若干? 见在田土,民间实种若干? 应实征、起解、存留若干? 在内责成各衙门,在外责成抚按,严加详稽。"①这说明,当时的钱粮收支,钱粮加派和蠲免,土地数额,起运、存留比例等财政重要事项,都不十分清楚。

顺治八年,刑科左给事中魏象枢针对会计奏销制度的混乱,专折上疏:"国家钱粮,部臣掌出,藩臣掌入。入数不清,故出数不明。请自八年为始,各省布政使司于每岁终会计通省钱粮,分别款项,造册呈送该督抚按查核。恭缮黄册一套,抚臣会题总数,随本进呈御览。仍造清册,咨送在京各该衙门互相查考,既可杜藩臣之欺隐,又可核部臣之参差。"②这说明,当时的会计奏销制度仍未步入轨道。

而就财政管理体制而言,**首先需要注意的是国家财政与皇室财政的分野。**

历史上,国家财政与皇室财政并没有严格的分野,对此,前此学者已经有所研究,祁美琴《清代内务府》是对皇室财政进行集中研究的重要著作。该书首先缕述了秦汉以来内务府的沿革以及历朝内府经费来源的特点,认为就宫中财政与国家财政的关系而言,秦汉时期呈现的是宫中财政与国家财政分离,魏晋南北朝时期呈现的是宫中财政与国家财政混一,宋明时期呈现的是宫中财政与国家财政有分有合。"清代内务府吸取明朝内外府库职责权利有分有合、导致国家财富多为宫中耗尽的教训,对内府库藏的收入来源和用途进行明确的划分,有效地限制了皇室对国赋的索取范围和数额,尤其是在鸦片战争以前,户部基本上能够正常运行。"③马伯煌主编的《中国经济政策思想史》认为:"入明而清,内廷行政已形成严密的制度化,从而在财政上构成内外连环衔接的权利结构。既然皇权通过内廷行政能有效地控制外廷,使之成为单一的执行机构;而财政的内外储备,在一定程度上也就没

---

① 《清世祖实录》卷 25,顺治三年四月壬寅。

② 《清世祖实录》卷 57,顺治八年六月辛酉。又《清史列传》卷 8《魏象枢传》:"八年,世祖章皇帝初亲政,……(象枢)请定藩司会计之法,以杜欺隐;立内外各官治事之限,以清稽滞。皆报可。"

③ 祁美琴:《清代内务府》,中国人民大学出版社 1998 年版,第 12 页。

有必要再加以严格的区分。在这种情况下,外廷财政的截内功能逐渐减弱。与此相对的是,这一时期名为内库(内帑)的内廷储备,越来越具有皇帝个人私藏的性质。"①

从总体上看,与前代相比,清代的国家财政与皇室财政已经有比较明确的划分,但是,在"家国天下"的模式下,仍然有混同和变动。

第一,为了表示皇恩,原本由国家财政开支的款项,由内府支给。如出于"特恩"的赈济,以及在军费紧张的情况下,均有动支"内帑"的事例。如雍正八年奉旨:"会试时天气尚寒,举子衣单,可制造布棉被袄,每举子各给一领御寒。"遵旨:"成造粗布厚棉被袄五千五百二十九领,每逢会试,据礼部来文按人数给发,事竣仍缴库收贮,残阙者呈堂修补。"这属于"优恤举子",凡此"皇恩"均由内府支给。②

第二,起先动用国库银两,后来改用内库支出。如乾隆十一年奏准:"凡夏月宫内搭盖凉棚,并养心殿、造办处需用升送什物托板、架木等项,停其移咨工部,即交该司办理。"③夏天宫内搭盖凉棚等费用,虽然用费不多,此前在工部费用内支给,至此才改由内务府营造司支给。

第三,起先动用内库银两,后来改用国库支出。如优恤八旗婚丧银两(红白事例银),雍正元年曾经奉旨,发内库银90万两生息,所得利银,赏给八旗并内府三旗官员、兵丁,以济婚丧之用。乾隆元年又奏准,八旗汉军官兵婚丧恩赏,动支内库银20万两,亦按一分利滋生,所得利银,"镶黄、正黄、正白三旗,每旗豫领银三百两,余五旗各领二百二十两备用,其咨报补领及奏销均照满洲、蒙古例行"。这样,不论是满洲八旗、蒙古八旗,还是汉军八旗,其婚丧银两都由内库生息银两支给。到乾隆二十一年,议准恩恤银停止生息,"凡赏内府上三旗婚丧银,每月于户部移取长芦、两淮、盐课银一万三四五千两不等",均由盐课正项银支给。④

第四,大宗用银两及物件由户部、工部等支领,小宗的则由内务府负责。

---

① 马伯煌主编:《中国经济政策思想史》,云南人民出版社1993年版,第444页。
② 乾隆《大清会典则例》卷159《内务府·广储司》。
③ 乾隆《大清会典则例》卷165《内务府·营造司》。
④ 乾隆《大清会典则例》卷159《内务府·广储司》。

顺治十八年定:"凡乾清门以外,紫禁城以内,有修理工程,物价在二百两以上,工价在五十缗以上者,奏交工部;不及此数者,呈堂转咨工部办理,仍会同本司官监修,其葺补小修,仍由内工部(即内务府之营造司)办理。"①

第五,本来应该由内务府支出的"公费月饷",大部分由户部支出,小部分由内务府支出。顺治十八年奏准:"凡内监应领公费,每月据总管内监等来文呈堂,咨户部领取。又奏准,凡内府所属各执事人、工匠、人役应领月饷,均由司办理。"雍正元年议准:"内府三旗佐领内,管领下各执事人及内监匠役,每月应领银米,该参领、佐领内管领造册送司,由司汇册呈堂,咨回该旗钤印,转行户部支领。"②

第六,内务府各种名目的帑本银,实际上并不是来自内务府,而是来自盐课或由盐商捐纳。乾隆十三年,两淮盐政吉庆就曾奏称:"众商情愿每年公捐银十万两,公领生息,以五年为率,连每年息银归入本内,一并营运。年满之后,遵照王大臣原议留银六十万两,永作本银生息,余银解交内库。"③帑本银不来自内库,又可多取帑息,各种名目的"帑本"也就应运而生。

其次,需要注意的是中央财政与地方财政的变动。

在清代,没有严格意义上的中央财政与地方财政之分,但有以"起运""存留"为标志的中央财政与地方财政的划分,并且存在着中央财政与地方财政的调整或变动,这是没有疑问的。

起运与存留,一般被视作中央和地方在财政收入上的重新分配,按照乾隆《大清会典则例》的解释,"州县经征钱粮运解布政司,候部拨,曰起运";"州县经征钱粮扣留本地,支给经费,曰存留"。④与其他制度一样,清廷入关后依然沿袭明代的起运、存留制度,起运、存留比例大致仍依其旧,即如江苏巡抚汤斌所称:"本朝定鼎,田赋悉照万历年间则例,……顺治初年,钱粮起、存相半",但随后即因"兵饷急迫,起解数多"。⑤这种因军费紧急、中央财政困

① 乾隆《大清会典则例》卷165《内务府·营造司》。
② 乾隆《大清会典则例》卷160《内务府·会计司》。
③ 嘉庆《两淮盐法志》卷17《转运·借帑》。
④ 乾隆《大清会典则例》卷36《户部》。
⑤ 汤斌:《遵赋难清,乞减定赋额并另立赋税重地州县考成例疏》,乾隆《江南通志》卷68。

难而采取的削减地方财政、变存留为起运的措施,在清初曾陆续实行,成为当时财政政策的一个重要导向。其中,具有较大规模的裁减存留,肇始于顺治九年,该年四月,"户部以钱粮不敷",遵旨会议筹措款项,裁减"州县修理察院铺陈、家伙等银""州县修宅家伙银两""州县备上司朔望行香纸烛银两""在外各衙门书吏人役工食银两"等项,变为起运钱粮以应军需。①顺治十一年六月,户部又奏称:"国家所赖者赋税,官兵所倚者俸饷,关系匪轻","又会议裁扣工食等银二十九万九千八百余两","将所裁钱粮于紧要处养赡满洲兵丁"。②顺治十三年九月,在钱粮不敷、中央财政极度困难的情况下,再一次大规模地"裁直省每年存留银两"。③这次裁减的地方各项经费达 75 万余两之多,也被全部移作军费,如户部尚书车克所说:"十三年因钱粮入不敷出,缺额四百四十余万,随经诸王、贝勒、大臣、九卿、科道会议,于存留各款裁减,以抵不敷兵饷。"④此后,裁减地方存留仍续有举行,如顺治十四年、十五年,康熙元年、二年、三年、五年等年的裁减。⑤到康熙七年,各地的存留银额只剩 338.7 万余两,与该年田赋银 2 583.9 万两相较,起运比例为 86.9%,存留比例仅为 13.1%,与明代原来的"起、存相半"相较,已是少得可怜。

其三,需要注意的是财政管理机构的变化。

在这里,笔者主要探讨三个问题:

一是内务府的设立。

内务府是清代管理皇室财政和内廷事务的机构。《日下旧闻考》称:"内务府之职,前代所未有,我朝厘革明代内官监司之弊,特设内府官属以理之。其职不下数百员。"⑥这段话是《日下旧闻考》在叙述内务府的职掌时所作的按语,主要含义有二:一是说明内务府前代所无,为清朝独创的制度;二是说

① 《清世祖实录》卷 64,顺治九年四月丁未。有关各地的具体裁减情况参见陈锋《清代军费研究》,武汉大学出版社 1992 年版,第 321 页。

② 《清世祖实录》卷 84,顺治十一年六月癸未。

③ 《清世祖实录》卷 103,顺治十三年九月辛未。

④ 档案,顺治十七年六月十二日车克题:《为酌拨十七年兵饷事》,顺治朝题本·户科。中国第一历史档案馆藏,下注"档案"者,均为该馆所藏。

⑤ 各种方志记载的裁减时间略有不同,如果综合方志的记载来看,实际上在这一段时间内,每年都有裁减。

⑥ 《日下旧闻考》卷 71《官署》。

明内务府是在厘革明代内官监司之弊的基础上设立的。这也就意味着内务府与明代内官监司有一定的联系。祁美琴《清代内务府》认为："清初十三衙门虽然在机构设置上采用了故明宦官衙门的主要组织，但在职官设置上却有所变革，形成了满洲近臣与寺人兼用，而权在满臣的局面，因而与明代二十四衙门不可同日而语。"①顺治帝在欲设立十三衙门时的上谕中也说："衙门虽设，悉属满洲近臣掌管，事权不在寺人，且所定一切政事，毫无干预，与历代迥不相同。"②《日下旧闻考》在谈及内务府时，还有一段较长的按语："内务府衙门，国初置设，凡内府诸事总隶之。顺治十一年，分置十三衙门，仍以内府人员管理，曰司礼监、尚方司、御用监、御马监、内官监、尚衣监、尚膳监、尚宝监、司设监、兵仗局、惜薪司、钟鼓司、织染司，尚沿明代旧名。十二年，改尚方司为尚方院。十三年，改钟鼓司为礼仪监，尚宝监为尚宝司，织染司为经局。十七年，改内官监为宣徽院，礼仪监为礼仪院。十八年，裁十三衙门，仍置内务府，以兵仗局为武备院。康熙十六年，尽汰旧时名目，改为七司三院，而以内府大臣统之，遂为定制云。"③这段按语也颇有意味；说明内务府衙门在清初多有变更，直到康熙十六年才形成定制。光绪《大清会典事例》的记载有所不同：

国初置内务府，设总管，间以大臣总理。顺治十一年，改置十三衙门，曰司礼监、尚方司、御用监、御马监、内官监、尚衣监、尚膳监、尚宝监、司设监、兵仗局、惜薪局、钟鼓司、织染局。十二年，改尚方司为尚方院。十三年，改钟鼓司为礼仪监，改尚宝监为尚宝司，改织染司为经局。十四年，置御药房，以首领太监管理。十六年，始设南苑官。十七年，改内官监为宣徽院，改礼仪监为礼仪院。十八年，裁十三衙门，复置内务府，分设六司，曰广储，曰会计，曰掌仪，曰都虞，曰慎刑，曰营造。又改

① 祁美琴：《清代内务府》，第 68 页。
② 《清世祖实录》卷 77，顺治十年七月丁酉。按：李鸿彬言顺治十年上谕设十三衙门，顺治十一年正式设置。此说是。见李鸿彬《间论清初十三衙门》，《清代宫史探微》，紫禁城出版社 1991 年版。江桥称："十三衙门为清初管理宫廷事务的机构，设立于清顺治十年到十一年。"见江桥《十三衙门初探》，《清代宫史探微》。
③ 《日下旧闻考》卷 71《官署》。

> 兵仗局为武备院，改御马监为阿敦衙门。康熙三年，奉旨，染织局交内
> 务府总管管理。又改设染织局官。十六年，改阿敦衙门为上驷院。又
> 定，纳银庄隶会计司。二十三年，增设庆丰司，是为七司，又增置奉
> 宸苑。①

如是，内务府七司三院之制到康熙二十三年才宣告完成。此前的研究著作
未注意到此点。

二是中央财政管理机构的变化。

户部，最初为"地官""大司徒"，或为"大司农"。唐代以后，历代设户部。
清代的户部，作为政府的财政中枢，设尚书和左右侍郎，"掌天下户口、田土，
及仓库、漕、鹾等项钱粮，官兵俸饷"②。各种记载略有不同，但大意相同。
《日下旧闻考》载："户部在吏部南，设尚书，满、汉各一，侍郎满、汉各二。"③乾
隆《大清会典》载："尚书，满、汉各一人，左右侍郎，满、汉各一人，掌天下土
田、户口、财谷之政，平准出纳，以均邦赋。"④

光绪《大清会典事例》记载了户部官员的沿革："尚书，满洲一人，汉一
人；左侍郎，满洲一人，汉一人；右侍郎，满洲一人，汉一人。……顺治元年，
设满洲尚书，无定员，满、汉左右侍郎各一人。右侍郎管理钱法堂事。汉总
督仓场侍郎一人。初设满洲郎中十人，续增十二人，定为二十二人。蒙古郎
中四人，汉军郎中二人。初设满洲员外郎十六人，续增二十三人，定为三十
九人。蒙古员外郎五人，汉军员外郎六人。满洲堂主事四人，司主事十四
人。汉军堂主事二人，满洲司库九人，汉司务二人。……五年，定满、汉尚书
各一人。七年，增设满洲尚书一人。八年，以诸王贝勒兼理部务。十年，裁
满洲尚书一人。"⑤可见，在顺治年间，户部官员的设置，包括户部尚书的设
置，有许多变化。

---

① 光绪《大清会典事例》卷 21《吏部五·官制·内务府》。
② 康熙《大清会典》卷 17《户部》。
③ 《日下旧闻考》卷 63《官署》。
④ 乾隆《大清会典》卷 8《户部》。
⑤ 光绪《大清会典事例》卷 19《吏部三·官制·户部》。

清代户部实行分司理事制度,户部之下,除司务厅外,设有 14 个清吏司分掌事权。14 个清吏司的署址,《日下旧闻考》称:"司务厅,国朝因明旧址,建大堂,西向,司务厅在其左,诸司属以次分列。江南、贵州、陕西、湖广、浙江、山东六司,在左廊后南夹道内,福建、江西、江南、云南、四川、广西六司,在右廊后北夹道内。山西、广东二司,在二门外,南北向。"①

14 个清吏司的职掌,清初以来多有变化,据顺治八年和硕端重亲王波洛称:"照得臣部(户部)山东司专管本省本折钱粮并六运司盐法以及各省镇兵马钱粮、满洲驻防、招买粮草,素称事繁。兼之引从部发,事更繁多,一司难以料理。及查兵饷事务,在明季时,原设左、右二司专理。自我朝定鼎,将左、右二司官裁撤,各留书办一名附入山东、山西二司带管。今山东司盐法事繁,难以兼摄。查广东司事务简少,合将右科兵饷等项事务并承行书役一切文卷改附广东司兼理,庶繁简得均而事有专责。"②这仅是山东司的变化情况,已经与明代有很大的不同。

各清吏司之下,又分科,各清吏司的科别略有不同,江南司分金科、民科、仓科、支科,浙江司分金科、民科、仓科、支科,江西司分金科、民科、仓科、支科,福建司分金科、民科、河民科、直仓科、福仓科、支科、井田科,湖广司分金科、民科、仓科、支科,山东司分金科、民科、仓科,山西司分金科、民科、仓科、支科,河南司分金科、民科、仓科、支科,陕西司分金科、民科、粮科、支科,四川司分民科、仓科、支科,广东司分民科、仓科,广西司分金科、民科、仓科、支科,云南司分南漕科、北漕科、仓科、支科,贵州司分金科、民科、仓科、支科。各科各设经承。③这种分科理事的做法,也比前代细密。

户部及清吏司外,还有其他有关的财政部门,如捐纳房、俸饷处、六科、会考府等,其设置及职能的变化也值得注意,不备述。

三是地方财政管理机构与特设机构。

清代的地方政权分为省、府、县诸级,在财政事宜方面,布政使司是地方

---

① 《日下旧闻考》卷 63《官署》。又称:"前明户部置十三司,国朝增以江南,为十四司。"

② 档案,顺治八年九月十六日和硕端重亲王波洛所上题:《为改附兵饷以专责成事》,顺治朝题本·户科。

③ 光绪《大清会典事例》卷 147《吏部·书吏》。

财政的最高主管部门。清代各省布政使司的设置大体相同,大都设置有布政使、经历、库大使,少数设置有理问、照磨、仓大使。在不同时期,有不同的设置和变更,特别是清初变化较大,乾隆《大清会典则例》有较为明确的记载:

> 国初直隶不设藩司,设口北守道,兼山西布政使司衔。其余各省,皆设左右布政使司各一人,参政各一人,参议各一人。康熙六年定,各省止设布政使一人,参政、参议无定员,皆裁去左右名目。参政、参议是何项官推升者,即为何项道,皆名曰守道。布政使司所属官,经历一人(惟江苏、湖南、甘肃三省无);都事一人(福建、河南、江西、山西各一人,他省无);照磨一人;检校一人;理问一人(惟贵州无);库大使,山西三人,江南、湖广各二人,浙江、江西、福建、山东、河南、陕西、广东、广西、云南、贵州各一人,副使一人(浙江、江西、山西、陕西、云南各一人,他省无)。……康熙八年,直隶增设守道一人,总司钱谷。二十九年,裁陕西仓大使、草场大使,河南、四川等省大使。三十八年,裁江西、山西布政使司都事各一人,山东、河南、广西、云南、直隶、江苏、安徽、江西、陕西、湖南、贵州布政使司照磨各一人;裁各省检校,止存江西布政使司检校一人;裁福建、广东、广西、四川布政使司理问各一人,山西库大使一人,宝源局大使、副使皆裁汰。雍正二年,直隶总司钱谷守道,改为布政使。是年,裁江西检校一人,山东、山西、河南、安徽、湖北、甘肃理问各一人。三年,奏准口北守道改从直隶布政使衔。乾隆元年,设直隶、甘肃、四川库大使各一人,裁山西库大使一人,浙江、江西、山西、陕西、云南副使各一人。①

布政使司之布政使,在清初具有相当大的权限,地位似乎也比一般认为的要高,乾隆十三年曾经议准:"外官官制,向以布政使司领之,但督抚总制

---

① 乾隆《大清会典则例》卷3《吏部·文选清吏司·官制》。

百官，布、按二司，皆其属吏，应首列督、抚，次列布、按。"①这次议准的条例在于理顺地方督、抚、布、按的官制层级，但也由此揭示了此前的"外官官制，向以布政使司领之"的情况。这是一个值得注意的事项。

布政使司"掌一省之政，司钱谷之出纳"②，上受户部有关清吏司之辖，下则管统府县。当奏销之时，各府县将各地钱粮征收出纳之册报送布政使司，"布政使司受其出入之籍而钩考之，以待奏销"③。然后，各布政使司将各省的奏销册呈送各主管清吏司，户部"责成各司详加磨勘"④，再由户部"会全数而复核之，汇疏以闻"。乾隆《户部则例》也较清楚地记载了由州县到藩司，再到督抚，由督抚上呈户部的各个程序，如州县造册："藩司攒造地丁奏销册，于例限前令各属先造草册申送，核发照造，如款项数目不符，即于草册内注明发回，分别远近，定限补造。其有怠玩成习，屡催不应者，提取攒造原册之谙熟经承赴司查询，不得擅提印信官，亦不得徇纵司吏多提县吏在省攒造，违者查参究治。"藩司造册："直省奏销钱粮，由藩司核造总册，申呈该管督抚，该督抚核无遗漏滥支，加钤印信，声明具题。"缮造黄册："各省每年奏销地丁钱粮，各该督抚缮造黄册，随本进呈。"⑤与前代相比，这种制度已经非常成熟。

布政使司之下设有各道，各省设有数目不等的"道"，如直隶设有口北道、霸昌道、大名道、热河道、清河道、通永道、天津道、津海关道、永定河道，山西设有冀宁道、雁平道、归绥道、河东道，湖北设有督粮道、汉黄德道、安襄郧荆道、荆宜施道、盐法兼分守武昌道等。各道的设置，也屡有变更。前揭乾隆《大清会典则例》称："国初直隶不设藩司，设口北守道，兼山西布政使司衔。其余各省，皆设左右布政使司各一人，参政各一人，参议各一人。康熙六年定，各省止设布政使一人，参政、参议无定员，皆裁去左右名目。参政、参议是何项官推升者，即为何项道，皆名曰守道。"这里的"道"，或与布政使

① 光绪《大清会典事例》卷 23《吏部·官制·各省督抚》。
② 《清朝文献通考》卷 85《职官九》，浙江古籍出版社 1988 年版，第 5617 页。
③ 乾隆《大清会典》卷 10《户部》。
④ 《清史稿》卷 121《食货二》。
⑤ 乾隆《户部则例》卷 16《田赋·奏销考成》。

司同,或与布政使司的参政、参议同。即如乾隆《大清会典则例》在专叙道员时所概称的:"国初定,各省设布政使左右参政、参议,曰守道。"此后,不断变化:

> 顺治三年,江南设分守江宁道一人,屯田水利道一人,驿传盐法道一人,分巡江宁兼江防道一人,整理马政道一人。七年,直隶裁通州、河间、保定、定州、顺广道,江南裁滁和凤泗道,安徽裁马政屯田水利道,山西裁蔚州道,浙江裁屯田水利道,湖广湖南裁提学、荆南兵备、管理屯盐水利仓粮道,福建裁屯粮水利盐法道,江西裁屯田水利道。①

各道有的以地区而设,如安襄郧荆道、汉黄德道,负责管理这一地区的相关事务;有的因事而设,如督粮道、盐法道,管理如名称所标的粮盐事宜。其职掌,按《清朝通典》的记载为:"分守、分巡及粮储、盐法各道,或兼兵饷,或兼河务,或兼水利,或兼学政,或兼茶马、屯田,或以粮盐兼分巡之事,皆掌佐藩臬,核官吏,课农桑,兴贤能,厉风俗,简军实,固封守,以倡所属,而兼察其政治。"②

值得注意的是,不要说明代,即使清初到清代前期的一段时间内,"道"也不像府、县一样是一级固定的行政机构,道员的任命亦具有临时差遣的性质,大多兼有其他职衔。直到乾隆年间,这种状况才有所改变。乾隆十八年上谕称:

> 国家设官分职,期于有裨实政,若同一官而差分等级,膺此任而兼带他衔,于官制体统殊为未协。……如省道员,例以布政使司参政、参议,按察使司副使、佥事等衔分别兼带,但道员职司巡守,以整饬吏治,弹压地方为任,至于钱谷刑名,则藩臬司专责,各有攸司。且知府以下,悉其统辖,兼参议、佥事衔者,阶秩反卑,其何以表率。……直省守巡各

---

① 光绪《大清会典事例》卷25《吏部·官制·各省道员》。
② 《清朝通典》卷34《职官十二》,浙江古籍出版社1988年版,第2209—2210页。

道,着俱为正四品,停其兼衔。①

自此以后,道员停止兼衔,官品定为正四品,明确了"知府以下,悉其统辖"。在"道"从差遣官制过渡到实任官制,道员从品级不定到统一为正四品之后,为了与知府有所区别,知府由正四品降为从四品,如乾隆二十八年谕:"今道员既已裁去兼衔,统为正四品,知府乃其所属,自应量为区别,着将各省知府改为从四品。"②再次明确"知府乃其所属",这样,"道"就成了省与府之间的一级行政机构。

府为地方政治结构中的中间层级,直隶州与府相同,在部分民族地区,则设直隶厅。府之长官为知府,佐贰官及属官有同知、通判、经历、知事、照磨等。

各府的设置,历朝也有变化,"国初定制,每府设知府一人。顺治十八年,江南分省;康熙二年,陕西分省;三年,湖广分省,各以其府分隶之。嗣后,各府互有建置裁并,员额亦因之增减焉。……国初每府设同知、通判,或一二人,或三四人不等,嗣后酌量繁减,因时裁设。又各府旧设推官,专管谳狱之事,康熙六年裁"③。知府处于地方政府的中间层级,与最亲民的官知县一样,位置重要。雍正元年上谕称:"国家亲民之官,莫先于守令,盖州县官与民最亲,而知府又与州县官最亲。凡州县官兴利除弊之事,皆于知府有专责焉。是知府一官,分寄督抚监司之耳目,而为州牧县令之表率。乘流于上,宣化于下,所系甚重。"④雍正八年,上谕又称:"知府与知县不同,知县为一邑之宰,果能殚竭心力,使四境之内民人乐业,便是良有司。至于知府,则有统辖属员之职,若各属之内,有一人居官不善,在知府分内,即为一分旷职,不可云洁已谨守,遂可无忝牧守之任也。天下人才难得,倘过于苛刻摧残,则因细故微瑕,而至于放废终身者不少矣,总之遇好官则当爱重保护之,遇中材则当劝导扶掖之,遇劣员则当惩治罢黜之。以此督课属员,有不观感

① 《清朝文献通考》卷78《职官二》,第5577页。
② 《清朝文献通考》卷78《职官二》,第5578页。
③ 《清朝通典》卷34《职官十二》,第2210页。
④ 《清世宗实录》卷3,雍正元年正月辛巳。

301

兴起者,无此情理也。至于参罚案件,外官必不能免,朕从不肯以情有可原之案废弃贤员,常有因公参处之州县官,朕见其人才可用,而逾格加恩迁擢者。尔等勿存见小之念顾惜功名,局于庸众之规模,而无远大之器量也。将此谕旨吏部通行天下之知府、直隶知州知之。"①

知府衙门内部组织机构由府堂、经历司、照磨所、司狱司等组成,府堂分吏、户、礼、兵、刑、工六房办理具体事务。②又设有宣课司大使、税课司大使、仓大使、库大使、茶引批验所大使等,"各守其职,以分理府属之事"③。

县是地方基层行政单位,知县为最亲民之官,管理本县所属户口人丁及田亩,征纳赋税,掌一县之政令,管理地方上一切事宜,所谓"掌一县之政令,平赋役,听治讼,兴教化,厉风俗,凡养老、祀神、贡士、读法,皆躬亲厥职,而勤理之"④。各省知县及县丞、主簿、典史、税课司大使、仓大使、河泊所、巡检、驿丞、闸官、教授、学正、教谕、训导等,各县之员额,历朝也有变化,"国初定,每县设知县一人,典使一人;县丞、主簿,因事增减,无定员;仓库、税课司大使、副使、巡检、驿丞所官,皆因事设立,无定员"⑤。

知县作为亲民的"父母官",职任重要,康熙二十三年谕称:"知县系亲民之官,与一县民生,休戚相关。"⑥雍正元年,上谕知州、知县:"朕惟国家首重吏治,尔州牧、县令,乃亲民之官,吏治之始基也。贡赋、狱讼,尔实司之,品秩虽卑,职任綦重,州县官贤,则民先受其利,州县官不肖,则民先受其害。膺兹任者,当体朝廷惠养元元之意,以爱民为先,务周察蔀屋,绥辑乡里,治行果有其实,循卓自有其名,非内聚贿而外干誉谓之名实兼收也。全省吏治,如作室然,督抚其栋梁也,司道其垣墉也,州县其基址也。书云:民惟邦本,本固邦宁。夫所以固邦本者在吏治,而吏治之本在州县,苟州县之品行不端,犹基不立,则室不固,庸有济乎!"⑦

---

① 《清世宗圣训》卷18《察吏》。

② 参见白钢主编《中国政治制度通史》第10卷《清代》(郭松义、李新达、杨珍著),人民出版社1996年版,第203页。

③ 《清朝通典》卷34《职官十二》,第2210页。

④ 《清朝通典》卷34《职官十二》,第2211页。

⑤ 光绪《大清会典事例》卷30《吏部·官制·各省知县等官二》。

⑥ 《清圣祖圣训》卷44《饬臣工二》。

⑦ 《清世宗圣训》卷5《圣治一》。

地方财政机构之外的特设机构,如盐政衙门、漕运衙门、关税衙门等,也都非常重要,难以备述。

要言之,清代财政管理体制继承明代之制是没有疑问的,但已经多有变化,而且,清初以至清代前期,这种变化依旧存在。

二、晚清财政管理体制的演变及近代财政体制的创立

财政与社会密切相关,财政管理以及财政收入与财政支出必然影响到社会的变化,社会的变化也必然影响到财政的方方面面。晚清社会的变化是一个渐变的历史过程。从历史发展的角度看,晚清社会处于向近代社会转型的阶段,除旧布新成为社会转型期的典型特征。

与清代前期相比,晚清的财政管理体制发生了若干变化。在中央,于咸丰末年设立了总理各国事务衙门。该衙门在设立之初,只是一个准备"俟军务肃清,外国事务较简,即行裁撤"[①]的临时性外交机构,但随着时间的推移,其职掌范围日益扩大,直至一切有关洋务的事项,无所不管,变成包罗万象的洋务衙门,真正成了新政之总汇、权力之中心,即如光绪二十四年总理各国事务的奕劻之奏折所言:

> 我朝庶政,分隶六部,佐以九卿,嗣交涉日繁,复特设总理各国事务衙门,专办外交及通商事件。如法律隶刑部,税计、农商、矿政、造币事隶户部,学校事隶礼部,工务事隶工部,武备事隶兵部,铁路、邮政、游历、社会等项,亦均由臣衙门随时筹划办理。[②]

总理衙门的事权,显然"不仅为各国交涉","实兼综乎六部"。就其管理财政而言,总理衙门自其设立之始即负有一定的财政职能,这一职能随着总理衙门事权的扩大而不断扩大。最初,其财政职能主要表现在对海关关税的征

---

① 《筹办夷务始末(咸丰朝)》卷71,中华书局1979年版,第8册,第2676页。

② 光绪二十四年五月十四日奕劻等折,见《戊戌变法档案史料》,中华书局1958年版,第7—8页。

收与管理上；其后，凡与对外交涉相关的财政事项，均为总理衙门的职掌范围，其中较为重要的有洋药税（鸦片税）、土药税的税则确定和经征，对外举债，等等，许多关涉洋务的财政事项亦须经总理衙门决定。总之，随着总理衙门事权的延伸，其财政职能的触角也在不断扩展。

总理衙门为晚清的新设机构，除此之外，还有总税务司和税务处的设立。从根本上说，咸丰后期，总税务司的设立，是英、法、美等西方列强窃取中国海关行政管理权，以及海关外籍税务司制度确立的一个标志。总税务司署最初设在上海，同治四年迁至北京。总税务司的职权是"掌各海关征收税课之事"，"综理全国关税行政与关员任免事务"。总税务司所属各海关，各设税务司一人，管理全关行政。江海、江汉、闽海、厦门、粤海、九龙等关各设副税务司一二人。各关正副税务司均为洋员。尽管这些机构为洋员把持，但是，在赫德任海关总税务司期间，赫德完成了对中国海关的改造。据戴一峰的研究，赫德对中国海关的改造工作主要包括四项内容：一是统一海关行政，二是引进西方的人事管理制度，三是引进西方的财务管理制度，四是引进西方的统计制度。通过赫德的改造，海关成为一个与清政府旧式衙门完全不同的新型行政机构。①这是需要予以充分注意的。光绪三十二年，针对海关行政及征税权旁落于各海关税务司及总税务司，为挽回海关主权，另设税务处，总税务司及各海关税务司都改由税务处节制。税务处是由外务部和户部共同分设的一个财政机构。初设时以户部尚书铁良为"督办税务大臣"，外务部右侍郎唐绍仪为"会办税务大臣"。在督办大臣和会办大臣之下，设有提调、帮提调、分股总办、帮办各一人。税务处设立后，直接管理关税的总税务司及各关税务司。清政府设立税务处的目的，在于加强对关税事务（包括常关税）的管理。当时规定，各关事务除牵连交涉者仍归外务部办理外，凡"关系税务以及总税务司申呈册报各事宜，应经达本处核办"，所有"各海关所用华、洋人员，统归节制"。②

在中央户部，光绪二十九年三月，清廷设立财政处，拉开了中央财政机

---

① 参见戴一峰《近代中国海关与中国财政》，厦门大学出版社 1993 年版，第 262—267 页。
② 《光绪朝东华录》，中华书局 1958 年版，第 5 册，第 5513 页。

构改革的序幕。当时所下的上谕称："从来立国之道,端在理财用人。方今时局艰难,财用匮乏,国与民俱受其病,自非通盘筹划,因时制宜,安望财政日有起色。着派庆亲王奕劻、瞿鸿禨会同户部,认真整顿,将一切应办事宜,悉心经理。……其应如何妥定章程,即详晰核议,分别次第,请旨遵行。"①此谕虽未说明设立财政机构,但已经要求议定有关章程,随后在请铸关防时,明确为"钦命办理财政事宜"②;同年九月,复派外务部尚书那桐会同奕劻、瞿鸿禨办理财政事务,其衔为"办理财政处事务"③。因此该上谕之颁布可视作财政处成立之始。光绪三十二年七月,清廷宣布预备立宪,提出要"廓清积弊,明定责成","从官制入手,……次第更张,并将各项法律,详慎厘订,而又广兴教育,清厘财政,整顿武备,普设巡警,使绅民明晰国政,以预备立宪基础"。④随后,清廷针对"今日积弊之难清,实由于责成之不定","名为户部,但司出纳之事,并无统计之权"的状况,厘定官制,将户部"正名为度支部,以财政处、税务处并入"。⑤这种官制上的变更,虽是"仿行宪政"的需要,却也反映了清廷统一财政管理的企图。

新改易的度支部与军机处联衔上疏认为："旧时之一清吏司领一布政司者,揆之事势,殊难允惬,自不能不因时变通。"因此要求将原有的14个清吏司"从新厘定,以事名司","分配繁简,各以类附",得到清廷的允准。⑥于是度支部拟订《职掌员缺章程》20条,将14司改为田赋、漕仓、税课、管榷、通阜、库藏、廉俸、军饷、制用、会计10司,并规范了度支部及新设10司的职掌。其中,度支部职掌为："综理全国财政,管理直省田赋、关税、榷课、漕仓、公债、货币、银行及会计度支一切事宜。"度支部设尚书一员,总理部务;设左、右侍郎各一员,赞助尚书整理部务并监督本部厅、司各员。尚书及左、右侍郎员缺不分满汉。部内设承政、参议两厅,及十司、金银库、收发稽察处等机构,各分科办事。度支部内所设的承政、参议两厅,"承政厅"掌佐理财政及机密

① 《光绪朝东华录》第5册,第5013页。
② 《清德宗实录》卷517,光绪二十九年闰五月丁未。
③ 《清德宗实录》卷521,光绪二十九年九月丁酉。
④ 《光绪朝东华录》第5册,第5563—5564页。
⑤ 《光绪朝东华录》第5册,第5577—5578页。
⑥ 《光绪政要》卷33,江苏广陵古籍刻印社1991年版,第2384—2385页。

之件,审订全国出入款目,核办度支部奏咨稿件,经理部内职员进退升转注册存案,稽核各司人员办事功过,督理本部出入经费,核定预算、决算统计报告,等等;"参议厅"则掌佐拟本部则例及一切章程草稿,会同各司筹拟各项奏咨变通章程,拟覆交议特别事件奏章,并审议各司重要事务。

此次改易,体现了"以事名司"的指归,将原来各司纵横交错的财政职能改为"以类相从",从而使新设各司的财政职能趋于条理化和明晰化,更接近于现代的财政管理模式。而且,随着情势的变化以及财政事项的增加,新设各司的财政职能也适时扩大,作为推行财政新事项的一种行政保障。

上述机构之外,为了办理调查统计以及清理财政的需要,还增设了统计处及清理财政处两个机构。统计处是因光绪三十三年九月十六日的上谕设立,上谕令各部院设立统计处,度支部统计处设于光绪三十四年二月,负责财政统计及编纂全国财政统计年鉴,设领办一员总理一切事务,另有总办四人、帮办十人、坐办二人以及书手人等。

比之于统计处,清理财政处更为重要。光绪三十四年,京畿道监察御史赵炳麟上"统一财权,整理国政"专折,认为:尽管将户部改为度支部,但财政依然散乱,"财政之散,实由于财权之分。各部经费,各部自筹,各省经费,各省自筹,度支部臣罔知其数。至于州县进款、出款,本省督抚亦难详稽,无异数千小国各自为计,蒙蔽侵耗,大抵皆是"。因此,"若非设立财务行政各机关,而令度支部握统一大权,无论京外出入之数,上下莫能周知,即知之而其数亦必不可信"。呼吁设立专门的机关,清理财政。奉旨:"会议政务处议奏。"①于是,会议政务处议奏称:"部中(度支部)虽有统辖财政之专责,并无转移调剂之实权,若不早为更张,将各省外销及在京衙门经费,通行核实,详细规定,恐凡有设施,无不仰给于部款,而收入各项,又复笼统留支,则日复一日,该部亦必有难于因应之时。今该御史以财政散漫,一切政治皆有空言而无实效,奏请将国税、地方税划分两项,而统其权于度支部,深合立宪国之通例,亦为中国办事扼要之图,自应酌量筹办。"②接着,会议政务处又针对历

① 档案,光绪三十四年五月十七日赵炳麟奏:《为详陈统一财权整理国政事》,军机处录副,档案号:03-7438-022。
② 《光绪朝东华录》第5册,第5956页。

年的财政清厘整顿实情,上了一份奏折,该奏折称:"度支部为全国财政总汇之区,宜乎内而各衙门,外而各直省,所有出入款目无不周知矣。而今竟不然,各衙门经费往往自筹自用,部中多不与闻;各直省款项,内销则报部,尽属虚文,外销则部中无从查考。局势涣散,情意睽隔,此不通之弊也。"①此奏正好从另一方面说明此次财政清厘整顿所受到的挫折。同年,度支部为统一财政管理,奏陈急当整理者六项,不久获得批准。这六条办法全部是关于清中央与各部省间关系的,其主旨在于加强全国财政的集中管理,度支部认为,这六项"虽不足尽财政奥蕴,实为九年中分年筹办初基所托"②。据此,省一级的对外举债之权、发行纸币之权、地方财政官员的管理与考核权、在京各衙门的收支权等,全被收归中央。地方财政的自主权也大打折扣,各出入款项,必须"据实报部"。而清廷颁布的《清理财政章程》,进一步确定了清理财政之职任。该章程条例完备,内容涉及"清理财政以统一财权"的各个方面,标示着从上到下、从中央到地方,全面清厘财政的展开,并表明新的预决算制度开始实行。《清理财政章程》规定度支部"设立清理财政处,各省设立清理财政局,专办清理财政事宜"③。随后度支部又奏定《清理财政处章程》和《各省清理财政局章程》,对清理财政处和清理财政局的设员分职、职务权限,以及奖励与惩罚等,都作了具体的规定。清理财政处由度支部选派司员分科办事,其主要职责是清查、统计各省出入款项,调查财政利弊并负责财政预、决算的编制及册籍造送、稽核。各省清理财政局由该省藩司、度支使任总办,以运司关盐粮各道为会办,实际权力则操于度支部所派监理官之手。宣统元年,度支部派定各省正副监官,该员有权"稽察督催该局一切应办事宜",若"各衙门局所出入款项有造报不实,而该局总办等扶同欺饰者,并该局有应行遵限造报事件而该总办等任意迟延者,准监理官径禀度支部核办"。④凡此,都意味着度支部集中财权的努力。

---

① 《会议政务处覆奏度支部清理财政办法折》,《清末筹备立宪档案史料》下册,中华书局1979年版,第1022页。

② 《宣统政纪》卷3,中华书局1986年版,第37页。

③ 《度支部奏妥酌清理财政章程缮单呈览折》,《清末筹备立宪档案史料》下册,第1029页。

④ 《度支部清理财政处档案》,参见果鸿孝《论清末政府在经济上除弊兴利的主要之举》,《中国社会经济史研究》1991年第3期。

以中央、行省、地方三级行政体系而言,行省的布政使司(藩司)是一个关键的环节。晚清时期,地方财政管理机构在形式上并没有什么变化,基本上仍沿袭清代前期之制,各省藩司名义上仍为一省财政总汇,各府、州、县的财政事项亦一仍其旧。但按之实际,在经过太平天国运动之后,地方财政管理机构实已发生显著变化,这一变化主要表现在各省藩司地位的变化上。

战时在督抚控制之下,粮台体制的变化催生了地方性财政机构。中央控制的粮台转变为地方性粮台后,其财权不断延伸,甚至取代了各省藩司,成为督抚直接控制之下的掌管一省乃至数省财政事项的财政机关。战事过后,粮台虽然逐渐裁撤,但地方督抚又以善后之名自行设立各种财政局所,如善后局、军需局、筹款局等,这些财政局所,直接听命于督抚,各省藩司无从过问,中央政府亦鞭长莫及。此时,各省藩司事实上成为督抚的下属,听命于督抚。户部掌控全国财政的链条在各省布政使司这一环节出现了问题,无法像以往那样"如臂使指"了。

太平天国运动以后,清中央政府对地方财政管理机构并未作改易,只是频频颁发谕令,要求各省裁撤、归并厘金等关涉财政的局所。反倒是地方督抚们在各自辖区所作的整顿,更具实际意义。以湖北为例,张之洞督鄂期间,即对本省财政管理机构进行了整顿和改革。当时湖北也与其他省份一样,财政管理机构混乱,布政使司之外又有善后局,一些政府机关借拨款项往往不经藩司批准而径向善后局办理,省以下的各府、州、县,设置大量征税局、所、站、卡,各有其主,财政收支缺乏统一的组织管理体系。针对这种状况,张之洞注意提高和发挥布政使司的作用,常把省级政权的许多政令、法规,以布政使司衙门的名义公布,将一些重要的财政局所,如善后局、筹饷局、厘金总局,以及后来陆续设立的银元局、铜币局、官钱局、膏税总局等,均置于布政使的管辖之下。此外,在后来成立粤汉铁路总局时,任命布政使司充当总办,从而使布政使衙门重新成为掌握全省财政金融的首脑机关。①

晚清时期对地方财政管理机构的改革,迟至清末才进行。光绪三十二年,清廷宣示预备立宪后进行官制改革,其中也包括对地方官制的改革。配

---

① 参见章开沅等主编《湖北通史·晚清卷》,华中师范大学出版社 1998 年版,第 200 页。

合财政的清理整顿以及预决算制度的施行,各省根据清廷颁布的《清理财政章程》及度支部奏定的《各省清理财政局章程》,先后设立或改设清理财政局,以藩司为总办,以运司、关盐粮各道为会办,将善后局、筹防局等繁杂的地方财政机构统并入新设的财政局。宣统元年,因"各省财政头绪纷繁,自非统一事权,不足以资整理",定"嗣后各省出纳款目,除盐粮关各司道经管各项,按月造册送藩司或度支使查核外,其余关涉财政一切局所,着各该督抚体察情形,予限一年,次第裁撤,统归藩司或度支使经管,所有款项,由司库存储,分别支领"。①于是,各省藩司的财政之权再次加强。

各省藩司一方面着手裁撤咸同以来陆续设立的一些财政局所,统一事权;另一方面,在省级财政上细化管理,采取了"分科办事之法"。如直隶原有海防支应局、淮军钱粮所、练饷局、筹款局、印花税局、直隶赈抚局、水利局、北洋建造局等,财政机构繁杂。宣统二年,改设财政总汇处,下设海防粮饷、淮军粮饷、练军粮饷、筹款四股,其余归并裁撤。不久又打破分股体制,改为分科治事,所有各股原充坐办、帮办之候补道员一律裁撤,任命科长。"藩、运、道各库款项,统存于直隶省银行,各衙门局所应领之款,先由财政处核准,发给支票,向银行领取,使收入与支出,权限各分,不相混合。又因各署局发款,或用行平,或用公砝平,或用京平,参差不一,已一律改作库平,以九四折发,俾归划一",将财政行政、公库和货币统一起来。如陕西省,据称:"陕省财政统归藩司,拟照分科办事之法,编为六科,总务、吏治、田赋、军需、厘税、粮务。遴委科长、科员专司其事。定名为藩署政务公所。"又如江苏省,据称:"江苏夙称财赋之区,丁漕以外,关涉财政局所,除筹款所业于上年裁并,裕苏官银局本隶藩司直辖,无庸更张。此外向有苏省厘局、淞沪厘局、善后局、房捐局四局,其岁出岁入款项纷繁,自应一律裁撤,统归藩司职掌。"于宣统二年裁撤苏省厘局、淞沪厘局、善后局、房捐局,设立度支公所,分设总务、田赋、管榷、典用、主计五科,下分设机要、文书、库藏、庶务、稽征、勘报、苏厘、沪厘、税捐、经理、支放、稽核、编制十三课。福建设财政局,下设七科,原有善后、税厘、济用、赈捐、交代各局归并裁撤。江南设财政总局,下设

支应、筹防、筹款三局。此外,江西、安徽、山东、山西、湖南、湖北、广东、广西、新疆等省均设财政公所总汇财政,分科治事。地方财政机构重叠、多头分管的现象得到一定程度的遏制。清末省级财政体制的这种变革,不但对整饬晚清地方财政的混乱有益,而且符合财政体制近代化的趋势。①

同时,我们也注意到,除了合并财政局所外,各省也有新的局所产生,这些局所也有一定的财政职能。

如江苏江宁,宣统二年设立"江南财政公所",该所"从前系就江南筹防、金陵支应、江南筹款等局归并,改设财政局,现于宣统二年七月改设财政公所,归藩司统一财权,所有收款即系向解各局之项,照案拨解,该公所经收"②。是江宁的财政机构先归并为"江南财政局",再改设"江南财政公所"。该财政公所具有一定的规模,其薪水、夫役工食、火食、杂用,每年约支银二万七千余两。此外,又有"江宁调查局""江南巡警路工局""江南商务局""金陵关商埠局""江南官电局""两江禁烟公所"等局所。

江南巡警路工局:"该局因奉警部奏咨,各省应开办警察,为行政司法机关之助。于光绪三十年十月,以省城原有之保甲总局改设。经前两江总督周、端将开办整顿情形,先后具奏有案。该局于总局外,设东南西北分局各五区,又添设内城铁路各巡警,差遣、消防、军乐、卫生、警卫各队,上句火药局,威凤门外各巡逻,济良、自新两所。其附属之路工处,于宣统元年秋间,始行归并该局。除将原有之保甲、新兵两经费指拨外,又收车捐、花捐各款,协济该局之用。""该局所收款目应分三项,一曰经费,每月收财政局筹拨经费,除扣部饭外,净银一万八百九十九两三钱五厘,年共收银一万三千七百九十一两六钱六分;又收财政局拨给被裁新兵四营底饷项下经费,除扣部饭外,净银四千六百六十三两八钱三分一厘,年共五万五千九百六十五两九钱七分二厘。以上小建照扣,闰月照加。每年约收地租银二千余两,收铁路管理处每年拨助经费银五千一百二两四钱,均遇闰照加。二曰截存专款,每年收皖南茶厘局移解缉捕公费银一千二百两,遇闰照加;收各区截旷悬级长

---

① 参见魏光奇《官治与自治——20世纪上半期的中国县制》,商务印书馆2004年版,第73页。
② 《江苏宁属财政说明书》第7章《江南财政公所》。

警、犯规罚款、存庄生息,均年无定额。三曰捐款,每年约收花捐洋八千余元,每年约收戏园捐洋四千八百元,闰月照加。其附属马路工程处车捐一项,每月收数略有增减,每年约收洋十万元左右。"①该局所收的款项,除拨款外,有直接的经征,如花捐、戏园捐、车捐等。

两江禁烟公所:"该所专为禁烟而设,调验各人员开办牌照捐,调查烟籍之多少,逐月收款,解交财政局核收。""该所定章,每月由财政局拨给经费银一千五百两。嗣加委稽查二员,薪水六十两,新设验捐所,详定委员一百十两,又加开支七十四两。每年共收经费银二万九百七十六两,遇闰照加。又收拨给换发吸烟牌照杂费,每年约银五百余两。其所收牌照捐,系宣统元年八月初一日,奉饬改归该所代收,每年无定额,除扣一成五为新设医药处经费外,尽解财政局核收。又违禁议罚之款无常,除提五成充赏,随时发给外,其五成仍解财政局拨充公用。"该所之经费除拨款外,有牌照捐、违禁议罚款等收入,"均系报部杂款"。②

以上所示江苏江宁的事例大致反映了晚清各省的实际,由此可以体会当时在财政局所的设立之外,其他各局所的设立情况及其与财政的关系。

清末新政时期,清政府进行地方官制改革,财政机构的改革是其中的主要内容之一。它标志着传统的中央集权的财政管理体制已非往日之规,地方财政管理体制开始发端,近代化的财政管理体制逐渐形成。

---

① 《江苏宁属财政说明书》第51章《江南巡警路工局》。
② 《江苏宁属财政说明书》第56章《两江禁烟公所》。以上江苏财政说明书的内容,参见陈锋主编《晚清财政说明书》第5卷《江苏》,湖北人民出版社2015年版。

赋役杂税

清代《赋役全书》的编撰与田赋征收原则的确立

赋役制度本身相当复杂,赋税征收册籍也比较混乱。清代《赋役全书》的编撰既涉及编撰时间、方法、途径,也关系到田赋征收原则的确立。前此学者对相关问题已经有所论述,但远未清晰,甚至存在着误解。本文讨论的问题主要有二:一是《赋役全书》的编撰沿革以及与《赋役全书》相辅而行的其他田赋征收册籍或凭据,二是田赋征收原则的确立和田赋征收的货币化。希望得到读者的指教。

一、《赋役全书》的编撰及相关问题

清代财政收入制度的最初确立,是以确定赋税征收额为出发点的,其中,田赋又是最为重要的税源;对赋税人丁册籍的掌握,既是对财政命脉的控制,同时又标示着新的统治权的确立。所以,摄政王多尔衮在顺治元年五月率师进入北京后发布的第一道诏谕就是令各地"为首文武官员即将钱粮册籍、兵马数目,亲赍来京朝见"①。足见新统治者对掌握原有赋籍的重视。随后,河南道御史曹溶、户科给事中刘昌等纷纷条陈,要求"议国用""施实惠""定经赋"。②但由于明清之际战火燎烧,州县旧籍多已无存,即如《清史稿·食货志·赋役》所称:"时赋税图籍多为流寇所毁。"赋税的征收失去了依据。在这种情况下,同年十一月,山东道御史宁承勋奏称:"赋役之定制未

---

① 《清世祖实录》卷5,顺治元年五月庚寅。
② 《清世祖实录》卷5,顺治元年六月庚申、甲子。

颁,官民无所遵守,祈敕部于《赋役全书》外,无艺之征尽行裁革。如恩诏内有全免者,有半免者,有免三分之一者,着定书册,刊布海内,令州县有司遵照规条,户给易知由单,庶愚民尽晓而永遵良规。"①在这里,宁承勋已隐约提出重编《赋役全书》的建议,谕令"下户部议"。到顺治三年四月,上谕户部:

> 国计民生,首重财赋。明季私征滥派,民不聊生,朕救民水火,蠲者蠲,革者革,庶几轻徭薄赋,与民休息。而兵火之余,多借口方策无存,增减任意。此皆贪官猾胥,恶害去籍,将朝廷德意何时下究,而明季丛弊何时清厘? 今特遣大学士冯铨前往户部,与公英俄尔岱彻底察核,在京各衙门钱粮款项数目原额若干? 见今作何收支、销算? 在外各直省钱粮,明季加派三项蠲免若干? 现在田土,民间实种若干? 应实征、起解、存留若干? 在内责成各该管衙门,在外责成抚按,严核详稽,拟定《赋役全书》,进朕亲览,颁行天下,务期积弊一清,民生永久,称朕加惠元元至意。②

这是第一次明令编定《赋役全书》的谕旨,其中亦有许多具体的要求,但征收钱粮的具体标准,此谕没有提及。据此前以及随后的有关免除明季加派的谕旨以及《清史稿》的简明记载,可知是时"汇为《赋役全书》,悉复明万历之旧"③。亦即遵循着"万历则例"的征敛原则。④

在前揭上谕颁布之后,山西道监察御史张懋熺奏称:

---

① 《清世祖实录》卷11,顺治元年十一月庚戌。

② 《清世祖实录》卷25,顺治三年四月壬寅。

③ 《清史稿》卷121《食货二》:"顺治三年,谕户部稽核钱粮原额,汇为《赋役全书》,悉复明万历间之旧。"王庆云《石渠余纪》卷3《纪赋册粮票》亦称:"顺治三年诏定《赋役全书》,悉复明万历间原额。"又按:《清世祖实录》卷28,顺治三年十月丁酉条载:"户部奏言,臣部郎中王弘〔宏〕祚委修《赋役全书》。"《清世祖实录》卷29,顺治三年十一月丁未条载:"加户部郎中王宏祚太仆寺少卿衔,仍修《赋役全书》。"王士禛《池北偶谈》卷3《特旨内升》:"顺治初,太子太保永昌王公以户部郎中修《赋役全书》,加太仆寺卿,书成,升本部侍郎。"

④ 《清史稿》卷263《王宏祚传》:"裁定赋役,一准万历间法例。"《清史稿》卷232《范文程传》:"明季赋额屡加,册皆毁于寇,惟万历时故籍存,或欲下直省求新册,文程曰:'即此为额,犹虑病民,其可更求乎?'于是议遂定。"

　　臣阅邸报,窃见皇上加意元元,以各直省钱粮册籍无存,增减任意,特遣大臣彻底清查,在内在外严行稽核,刊定赋役全书,俾法制画一,民生永赖。仰见我皇上经国爱民,加意财赋。当开辟之初,立久远之谋,诚今日第一要务。顾天下财赋至繁至难,理清头绪亦简亦易,以旧册为底本,以新例为参考,先定其入数,而后清其出数,案籍有据,则官吏无所肆其贪猾,小民不复困于滥派矣。前朝有《赋役全书》《会计录》二书,通行天下,汇藏户部,财赋出入之数纤悉备具。今府县之籍存、去不可考,户部所藏者,现在虽经兵火,未闻焚毁,但取其册,一加披阅,条款原明。除三饷之滥加者一笔勾注外,其原额、起解、存留一定之规,无容增减,则数已清十之八九矣。其余微有不同者,不过因革损益之间、通融参差之数耳。如昔有九边之饷,而今无也;昔有京营之饷,而今无也;昔有宗禄之费,而今无也;昔有帽靴之赐、器皿之造,而今无也。此问之在内该衙门而可知者也。如屯卫之租,昔属之军而今属之有司也,圈拨之地,或以他县抵补,或虚悬竟未抵补也,荒熟地亩之不同也,蠲免分数之不一也,此问之在外各督抚按而可知者也。……若不据旧册清理,漫令开送申报,隐漏淆乱,徒滋驳查,动经岁月。臣犹亲见明季曾查钱粮,设官专司其事,檄催府县,严限疾呼,竟有二三年而不送一册者。及催提册至,又混扰欺隐,日费参驳,竟未清楚。盖抚按取之府县,府县委之吏胥,利在藏奸,不利厘弊。虽新朝法令森严,不同明季,而官吏贪猾成风,终不肯和盘托出,驳正愈严,岁月愈久,弊窦愈多矣。是以查核莫如直截,直截莫如查取清册。经制早定一日,民困早苏一日矣。①

张懋熺此奏非常重要,一方面在于说明编撰《赋役全书》的迫切性,另一方面也揭示了编撰《赋役全书》的方法与途径,所谓的新编《赋役全书》只是在原有存部册籍的基础上修订或"订正",即:"以旧册为底本,以新例为参考。"所以说康熙《大清会典》将顺治三年以降的历次《赋役全书》的编撰通称为"订

---

① 张懋熺:《请定经制以清积蠹疏》,《皇清奏议》卷2。

正全书",用词是很准确的。①

《赋役全书》何时编定？学者们一般认为是顺治十四年。②拖延如此之久，似乎不太合乎情理。笔者认为，顺治三年奉旨编撰《赋役全书》，当年即有一个"以旧册为底本，以新例为参考"的修订本编成，此后又陆续视情订正。一如《清朝通典·食货七》在顺治"十一年钦定赋役全书"条下按称："《赋役全书》，顺治三年纂，凡在京各衙门钱粮项款原额，及见在收支销算数目，在外直省钱粮，见在熟田、应征、起存数目，均载入。颁行。每年令布政司将开垦荒田及增减户丁实数订入。至是，复行订正。"③随后的工作依旧是"订正"。

如顺治九年覆准："令督抚务饬所属州县，每岁终，造荒田有无开垦，户口有无增减，订入《全书》报部，分别劝惩。"又题准："各省《全书》，责令布政使司刊造，某项系明末加增，应去；某项系原额，应存。每州县各发二本，一存户房，备有司查考；一存学宫，俾士民检阅。"④

顺治十一年，户部奏言："《赋役全书》关乎一代之制度，各省之利弊。查考

---

① 康熙《大清会典》卷24《户部·赋役一·奏报》。

② 参见戴逸主编《简明清史》第1册，人民出版社1981年版，第310页；陈支平《清代赋役制度演变新探》，厦门大学出版社1988年版，第3页；王戎笙主编《清代全史》第2卷，辽宁人民出版社1991年版，第233页；周远廉《顺治帝》，吉林文史出版社1993年版，第117页；彭雨新《清代前期的赋役混乱和整理改革》，《江汉历史学丛刊》1979年第1期；李华《清代前期赋役制度的改革》，《清史论丛》第1辑，1979年；朱金甫《论清代前期赋役制度的改革》，《历史档案》1982年第4期。当然，史籍中也有相关的记载，如《清史稿》卷263《王宏祚传》："（顺治）十一年，给事中郭一鹗劾宏祚修赋役全书逾久未成，宏祚疏辨，一鹗复劾其巧饰。下部议，以各省册报稽迟，宏祚不举劾，论罚俸。十二年，疏请禁有司私派累民、将领冒名领饷，皆下部议行。十三年，以河西务钞关员外郎朱世德征税不如额，援赦请免议，坐降三级，命留任。十五年，赋役全书成，叙劳，还所降级。"最近，日本学者高嶋航在《清代的赋役全书》（《东方学报》[京都]第72册，2000年）一文中，依据《清世祖实录》卷12之顺治二年六月戊辰条以及《清史列传》卷79《孙之獬传》的记载认为，至顺治二年六月，《赋役全书》已经奉命编成。《清世祖实录》卷12，顺治二年六月戊辰的记载为："礼部左侍郎孙之獬造本籍淄川县应征应减钱粮册进呈。……得旨：赋役全书已经奉旨裁定，这所造淄川县册着并发。"《清史列传》卷79《孙之獬传》的记载为："二年六月，奏进淄川县赋册，言：'明季赋税繁重，小民旧苦加征，臣邑如此，他邑可知。谨议应征、应减二册，祈敕各抚按臣，如式编造，使部中执有定额，民间知有定数。'"从《清史列传》的记载来看，看不出《赋役全书》是时已经编造，《清世祖实录》所谓的"赋役全书已经奉旨裁定"恐怕也不意味着已经编成《赋役全书》，极有可能是指初步议定了《赋役全书》的编造原则。

③ 《清朝通典》卷7《食货七》，浙江古籍出版社1988年影印本，第2057页。

④ 光绪《大清会典事例》卷177《户部·田赋·赋役全书》。参见乾隆《大清会典则例》卷37《户部·田赋四》。

旧籍,贵详尽无遗,创立新规,期简明易晓。请敕臣部右侍郎将旧贮全书作速订正,督率各司官照所管省分,创造新书。仍会同户科详加磨勘,有应增减变通者,小则部科酌定,大则上疏奏请,务求官民易晓,永远可行。书成进呈御览,刊发内外衙门,颁行天下。凡征收完纳、解运支销、考成蠲免诸法,悉据此书,用垂永久。报可。"①于是,"命右侍郎王宏祚订正《赋役全书》,先列地丁原额,次荒亡,次实征,次起运、存留。起运分别部寺仓口,存留详列款项细数。其新垦地亩,招徕人丁,续入册尾。每州县发二本,一存有司,一存学宫"②。

顺治十二年,上谕户部:"《赋役全书》上关国计盈亏,下系民生休戚,屡览尔部奏疏,或驳回该督抚另造,节催不应;或发出该地方誊刻,经久不完。明是官胥利于蒙混,故意错误,希图延缓。"③由此可见,订正《赋役全书》仍遇到许多滞碍,仍难以如意。

顺治十四年,又"订正全书",并发布一篇长谕,除了强调上述事项外,特别申令"详稽往牒,参酌时宜,凡有参差遗漏,悉行驳正。钱粮则例,俱照万历年间,其天启、崇祯时加增,尽行蠲免","至若九厘银,旧书未载者,今已增入";"更有昔未解,而今宜增者,昔太冗,而今宜裁者,俱细加清核,条贯并然。后有续增地亩钱粮,督、抚、按汇题造册报部,以凭稽核。纲举目张,汇成一编,名曰《赋役全书》,颁布天下,庶使小民遵兹令式,便于输将,官吏奉此章程,罔敢苛敛。为一代之良法,垂万世之成规"。④

从顺治三年谕令编撰《赋役全书》,中经几次修订,到顺治十四年详密而完备的《赋役全书》编成,⑤体现了清廷整顿赋役征收款项、以万历年间钱粮

---

① 《清世祖实录》卷83,顺治十一年四月丙寅。
② 同上。另参见康熙《大清会典》卷24《户部·赋役一·奏报》;乾隆《大清会典则例》卷37《户部·田赋四》;《清史稿》卷121《食货二》;《清朝文献通考》卷1《田赋一》,浙江古籍出版社1988年影印本,第4858页。
③ 《清世祖实录》卷91,顺治十二年四月丙子。
④ 《清世祖实录》卷112,顺治十四年十月丙子。参见光绪《大清会典事例》卷177《户部·田赋·赋役全书》。按:《清朝文献通考》卷1《田赋一》及《清朝通典》卷7《食货七》均将此系在顺治十三年下。
⑤ 据上揭高嶋航《清代的赋役全书》附录所载现存各省区的《赋役全书》,也不乏顺治十四年以前编成者,如《江南安属简明赋役全书》,顺治八年编;《江南简明赋役全书》,顺治八年编;《广东赋役全书》,顺治九年编;《河南赋役全书》《直隶顺德府赋役全书》等,顺治十二年编。另外,道光《祁门县志》卷13《食货志》称,顺治八年,"较定《赋役全书》,以地、山赋役有轻重,科则繁杂,照宁国府之例,与田折为一,……赋税均平"。

征收则例为基准的定赋原则,这是最基本的。同时,又分晰条明了原额、除荒、实征、起运、存留、本色、改折、豁免、新增等种种事项,"使小民遵兹令式,便于输将;官吏奉此章程,罔敢苛敛"。这在清初赋役制度特别混乱的情势下,是十分必要的。

也许是顺治十四年所定《赋役全书》过于详密,所以又出现了"头绪繁多,易于混淆"的弊端。至康熙二十四年,清廷又令"新修《简明赋役全书》,止载起运、存留、漕项、河工等切要款目,删去丝、秒(抄)以下尾数,可除吏胥飞洒苛驳之弊。各州县遵照新编全书,造征粮比簿,不必另行造册"①。康熙二十七年,新编全书告成进呈。②为慎重起见,康熙谕令:"着发与各巡抚,会同经管钱粮司道官详察细阅,有无应行更正增删,务期永远可行,明白确议,毋得彼此瞻顾,俟具题到日,再议具奏。"③据湖广总督郭琇康熙二十八年所上《详订全书疏》可知,新修《简明赋役全书》存在一些问题和错误,郭琇称:

> 金曰简明,臣思部臣纂修于数载,九卿会看于一时,手执一编,目经数纸,以为简,则诚简矣,而简中之遗漏错误者,无从而知也,以为明,则诚明矣,而明中之缺略参差者,无从而辨也。……今各省抚臣陆续具题,全书之苟简不可枚举,有应归起运而载入存留者,有应归存留而加载起运者,有应删除而未删除者,有应增入而未增入者,有多造数目者,有少编银两者,有支解朦混不清者,有征给重复开载者,种种差讹,不一而止。各抚臣具题本章与缴还登注之原书一一可验也。夫司道经管钱粮,抚臣身任地方,其所考订,谅无差误。然不过就一省言一省之事,合天下而计之,其参订不符未及详载者,又不知其凡几也。况今直隶各省

① 光绪《大清会典事例》卷177《户部·田赋·赋役全书》。此次谕令新修《简明赋役全书》,曾经遭到臣僚的反对,吏科给事中杨周宪即奏称:"纂修《简明赋役全书》,不便于民,请停止。"上谕大学士等曰:"此事关系国计民生,须求确当,方可永久遵行,勿以一人以为可而辄行,勿以一人以为不可而辄止,宜虚心公议,从容确定,务期可垂久远,倘急遽议行,不过数年又议更改,岂可为法,尔等再公同确议具奏。"见《清圣祖圣训》卷27《理财》,康熙二十四年十一月丁巳。
② 此据光绪《大清会典事例》卷177《户部·田赋·赋役全书》。参见乾隆《大清会典则例》卷37《户部·田赋四》。《清圣祖实录》亦系在康熙二十七年九月条下。《清史稿》卷121《食货二》记作康熙二十六年,误。
③ 乾隆《大清会典则例》卷37《户部·田赋四》。

停止由单,原谓既有全书,由单可以不用,倘以此书为赋役之全则,一省之书不过五六十页,由省分之各府,则一府不过数十页,由府分之各县,则一县不过片纸而已。窃思大县钱粮,有三四十万以及数万者,中县小县亦有七八万以及一二万者,以片纸之全书,即中小县之赋役,亦不能分晰款项,悉载明白,况大县乎。是有全书之名,而无全书之实矣。夫全书既失其实,而民间之输纳无凭,则或有不肖有司、奸胥猾吏,势必至上下其手,颠倒那移,飞洒作弊,其流毒可胜言哉。①

由于存在上述问题,户部遵旨议定:"旧赋役全书,遵行年久,每年增减地丁银米数目,皆有各年奏销册籍可稽,新编全书,停其颁发。"②这里所揭明的意味在于,当时征收赋税钱粮的凭借,除原编《赋役全书》外,还有年度《奏销册》,《赋役全书》规定其根本,《奏销册》则标明临时增减,两者相辅而行。

雍正初年,因实行"摊丁入亩"而导致赋役制度的变化,以及"《赋役全书》俱系刊于顺治十七年以及康熙二十三四年间,即间有重修于雍正元年者,亦于现定之款项数目参差互异"③,雍正十二年,又重新更定《赋役全书》,令"直省赋役全书,悉以雍正十二年为准。凡额征地丁钱粮、商牙课税内,应支官役俸工、驿站料价,以及应解本折绢布、颜料、银、朱、铜、锡、茶、蜡等项,各分析原额、新增、开除、实在,并司府州县卫所总撒数目,详细考核,纂辑成书"。并同时规定,今后每十年修辑一次。④《赋役全书》经过这次修定,也就形成了著名的"四柱册"样式(即原额—新增—开除—实在),⑤与原有的《奏

---

① 郭琇:《华野疏稿》卷1《详订全书疏》。

② 乾隆《大清会典则例》卷37《户部·田赋四》。按:虽然明确规定"新编全书,停其颁发",但中国国家图书馆仍存有各地的《简明赋役全书》,有的则直接标明"现行简明赋役全书",如咸丰《山东莱州府潍县现行简明赋役全书》。可以认为,在征收赋税时,《简明赋役全书》仍起作用。另可参见京师图书馆编《清查各直省赋役全书底册》,民国七年四月。

③ 雍正《山西赋役全书·司总》。

④ 乾隆《大清会典则例》卷37《户部·田赋四》。按:有些省份的编纂因故推后,河南巡抚雅尔图《河南赋役全书序》称:"维时河南因寄庄寄粮、首报升科、改拨地亩及卫民归并、新设官役俸工,尚未厘定,咨请展限,至乾隆四年三月爰始开局,六年九月,其书报竣。"见乾隆《河南通志》卷78《艺文七》。又按:就现存《赋役全书》以及相关史料来看,所谓"今后每十年修辑一次"并没有遵行。

⑤ "四柱"的名称及先后次序,各《赋役全书》并不一致,如乾隆《河南赋役全书》列为旧管、开除、新增、见在,咸丰《山东莱州府潍县现行简明赋役全书》列为旧管、开除、新收、实在。

销册》中的"四柱式"步趋一致。至乾隆三十年，又经奏准：

> 《赋役全书》开载额征正杂钱粮，及应支俸工料价等项，其不经名
> 目，不一而足。最明白简便者，莫如奏销一册，前列山地田荡、版荒新
> 垦，次列三门九则额征本折地丁、起解留支。一经开册，了如指掌。此
> 书大指，即其张本，嗣后刊刻全书，均以奏销所开条款为式，每逢应修之
> 年，止将十年内新垦新坍各总数，添注于下，其余不经名目，一概删除。①

这段话很重要，以后道光十四年、咸丰七年等年的有关谕令议奏亦大致准
此。这说明，乾隆中期以后虽然仍是《赋役全书》与《奏销册》相辅而行，但事
实上已是以《奏销册》为主要征赋凭据。这是值得注意的。

乾隆三十年的更张，是因着四川布政使钱琦的上奏，该年六月，钱琦
奏称：

> 各州县设有《赋役全书》，向有藩司刊定，臣到任接阅此稿，见其名
> 目不经，如所载臣衙门甲丁二库银一百二十七两，门子一名，皂隶九名，
> 库夫一名，每名工食银二两七钱等语，臣恐地近边陲，陋规未革，随彻底
> 清查，委系旧刻相沿，并无别项情弊。又如起运蜀府草束银若干两，富
> 顺、太平二王禄米银若干两等类，不一而足，皆系前明赋役科条，未经删
> 减。倘刊刻颁示，无论耳目不经，体制攸繁，或不肖官吏执此以惑乡愚，
> 其弊不可胜言。查钱粮名目，最简明者，莫如奏销一册，现在直省逐年
> 造办，并无遗漏。嗣后刊刻，均以《奏销册》所开条款为式，凡仍前明之
> 旧者，一概删除。不特省无益之费，抑亦杜微渐之弊端。②

钱琦上奏的次月，上谕称：

---

① 光绪《大清会典事例》卷 177《户部·田赋·赋役全书》。
② 《清高宗实录》卷 739，乾隆三十年六月。

钱琦奏请删《赋役全书》内不经之名目一折,称川省现值修刻,书内载有起运蜀府草束银两之类,不一而足,此皆由前明赋役繁重,以至多设科条。自我朝厘定典章,从无此等不经名目,何得尚沿旧文。至现在钱粮款项,列入奏销者,最为简明,应请遵照刊刻等语。川省如此,恐他省似此者,亦复不少,着传谕各该督抚,通饬藩司,逐一详查,凡设琐碎不经名色,概行芟除,划一办理。①

这里事实上透露了两个信息:一是《赋役全书》虽经多次修订,但抄袭(翻刻)明代旧书的痕迹仍然明显,以致明代的一些"不经"款目到清代中期仍然留存,造成了册籍与实际征收之间的背离或混乱;二是当时每年刊造的《奏销册》更为清晰简明,《奏销册》起到了越来越重要的作用。

赋役制度本身事实上相当复杂,除上述《赋役全书》《奏销册》外,作为赋税征收的凭借,还有丈量册、黄册、赤历册、会计册等赋税征收的辅助册籍,即如《清史稿·食货志》概述:

赋税册籍,有丈量册,又称鱼鳞册,详载上中下田则。有黄册,岁记户口登耗,与赋役全书相表里。有赤历,令百姓自登纳数,上之布政司,岁终磨对。有会计册,备载州县正项本折钱粮,注明解部年月。复采用明万历一条鞭法。②

在具体的赋税征收过程中,为了防止地方官吏的征敛弊端,还向纳税人户颁行过易知由单、截票、滚单等,细述仍难免烦琐,前揭李华、朱金甫等文也略有涉及,可以参看。这里主要略述易知由单的沿革,以窥其制之一斑。

上揭顺治元年十一月山东道监察御史宁承勋的奏折中,在要求编撰《赋役全书》时,已同时要求"户给易知由单,庶愚民尽晓而永遵良规"。此时要

---

① 《清高宗实录》卷 741,乾隆三十年七月甲午。
② 《清史稿》卷 121《食货二》。参见王庆云《石渠余纪》卷 3《纪赋册粮票》。

求复行明代易知由单之制，①未被清廷理睬。至顺治六年九月，复经户科给事中董笃行之请，方才由户部议准颁刻易知由单："将各州县额征、起运、存留、本折分数、漕白二粮及京库本色，俱条晰开载，通行直省，按户分给，以杜滥派。"②但在具体实行中，却非如统治者想象的可以"杜滥派"，所以，顺治八年刑科给事中魏象枢又提出在易知由单之外，再造"格眼清册"以杜其弊，其疏云：

> 有司派征钱粮，皆假吏胥里书之手，或蒙蔽不知，或通同作弊，朝廷虽有浩荡之恩，而小民终未免剥削之苦。请敕该督、抚、按，速檄各州县，照本年易知由单备造格眼清册，详注某户、某人、某项钱粮，及蠲免、开除、征收数目，送督、抚、按复核无差，即将原册钤印发征。倘有改册征收、自立红簿等弊，立行纠参。③

这是刊发易知由单后仍不能防止胥吏上下其手、通同作弊的一个例证，清廷因此不得不采取其他方法加以弥补。不唯如此，同时还存在着不刊发易知由单，或少刊发、迟刊发等诸多问题，对此，户部尚书陈之遴在顺治十年所上揭帖中言之甚详：

> 窃惟天下有司剥民之术大要，应征钱粮数目不使民知，任其明加暗派，敲扑侵肥，无凭申诉。惟有颁给易知由单一法，足制其弊。职部非不屡行严饬，乃上自布政司、粮道，下至州县，往往官胥通同迟延不造；即造矣，迟至夏秋方颁；即颁矣，不过数张而止。小民谁敢向官长索单？上官谁肯为有司匿单？即如去年送到职部单式，止有江南一省，顺、永二府，其余怠玩可知！

---

① 关于明代易知由单之制，请参见梁方仲《易知由单的起源》，《梁方仲经济史论文集补编》，中州古籍出版社1984年版。

② 《清世祖实录》卷46，顺治六年九月甲戌。

③ 《清世祖实录》卷57，顺治八年六月辛酉。

真可谓是有令不行，上有政策、下有对策，鉴于此，陈之遴建议：

> 今后似应着各该抚按严饬各州县，每年预将来年钱粮照一条编法开造易知由单，前列应征本、折款项，次列共计起运若干、存留若干，后列每亩应征银米数目。定限十月初一日申到抚、按、布政司、粮道、本府，裁酌确当；定限十月十五日发下各州县刻印完备；定限十一月初一日申到该抚、按及布政司、粮道、本府，照验讫，汇集各州县单式，并开前项申发月日；定限十二月终旬报送到部，职部于正月察明汇题。凡州县违限不申，抚、按、布政司、粮道、本府违限不发不报，计其月日议以降罚。有开造朦混者，酌量轻重议处。其颁给之法，各州县定限十一月初一日，于公所齐集儒学、卫所等官，及文武乡官、举人、贡监生员、粮里、花户、屯丁人等，公同给散。……凡有司卫所有单外多征者，许诸色人等告发，抚按审实题参，官胥并计多征银米论赃科罪。如此，则上下少知警戒，而小民可免横征矣。①

我们之所以不厌其烦地引述这份揭帖，不惟是其尚未见学者引用，还在于它的重要，从中不难发现清廷的良苦用心以及刊发易知由单程序的细密。顺治十三年，在此基础上又作了更为细致的规定："各州县开征，预颁由单，定于十一月初一日颁发。至报部日期，直隶限十二月内到部，山东、山西、河南限正月内到部，江南、浙江限二月半到部，江西、湖广、陕西限二月内到部，福建、广东限三月半到部，四川、广西限三月内到部……"如违限、违例，分别予以罚俸、降俸、降级、调用的处分。②

顺治十五年，工科给事中史彪古又针对当时"每有一项正供，即有一项加派"的实情，要求"将申饬私派之旨，刊入易知单内，使闾阎小民，共晓德意"。③可以看出，前前后后的有关用意无疑是好的，但由此，刊发易知由单的

---

① 顺治十年四月二十三日陈之遴揭帖，《明清史料》丙编，第4本。

② 光绪《大清会典事例》卷107《吏部·处分例·征收地丁钱粮》；乾隆《大清会典则例》卷19《吏部·考功清吏司·催征》。

③ 《清世祖实录》卷121，顺治十五年十月癸巳。

程序也慢慢地由简到繁,不胜琐碎;易知由单的内容也在不断增加,由少到多、由易到难,"易知"也就变成"难知"了。

康熙帝即位后,已有"由单款项繁多,民不易晓"之叹。①康熙六年,上谕称:"各省由单,款项繁多,小民难以通晓,令嗣后务将上中下等则地每亩应征银米实数开明。至湖广、陕西二省,每粮一石派征本折数目,向未开载,行令照例开注。其由单报部之期,有违限八月者,州县卫所及转报官均行议处。"②

康熙十三年,江苏布政司使慕天颜在《请永行均田均役疏》中称:"查江南各属,田地山荡滩涂等项,名色繁多,科粮有至六七十则不等,是以刊布由单,款目冗细,乡愚全不知晓。臣经详明督抚,设立征收截票之法,计算每户实征粮银,分作十限,清造截票,按月限完一分,于开征日预给便民,限单悉照由单编派数目刊列,填写明白,俾民晓然。自知本名应输钱粮若干,依限完纳,截票宁家。印官止将未截者摘比,事省而不致滥差,数清而不扰良户。恐法久弊生,恭请敕行永遵者也。是不第江南行之有益,即直省通行,可以兴利除弊。臣为赋役民生起见,敢渎宸严,伏乞敕部议覆,通饬施行。"为了防止弊端的产生,还专门制定了《征收条约》,分为"行截票""稽完欠""禁秤封""绝差扰"四法:

> 一行截票。截票之法,每户额征,计作十分,按月一分。一月又立三限,按户算明,照式填造,俾粮户依限纳银入柜,照数截票。其截去者归农,未截者摘比,良顽自分。此宪檄颁行,告诫谆切,法至善也。奈州县各逞己见,或不查截票,而仍比甲催者;或已截而仍摘全数,或未截而漏摘顽户者;或将截票收掌于粮书,掯勒完户者;或票虽截,而簿未登,混淆完欠者;或不按应截之月限分数,而任意差拿者;或并花户不截,欠数总归里长、甲催名下,独累现年者。其弊种种不一。甚至阳奉阴违,擅立滚单、火票等项名色,滥差厉民,酷刑迭摘,蠹书卖卯,狼皂索费,使

---

① 《清史稿》卷121《食货二》。
② 《清朝文献通考》卷2《田赋二》,第4864页。

已完之良民不获宁家,殊可痛恨。今本司遵宪发截票格式,着令该州县守令造成用印,令司柜吏书随粮户完银之时,即登明流水,对户截给。遵限完者,竟自宁家。加至一月不截者,印官亲查票根存留,未截之户,按名差拘,着令完截。断不许预行差押,亦不许另立比簿,并不许留前截后。如欠户已完银,截票即免带比,若仍延抗,方加责儆。或有急公良民能并完一年额赋,或并纳几月几限者,即将本户之票,照数截发,量行奖励,以鼓舞输将之众。总之票存则欠,票去则完,竟查票根,而比簿可不设也。务期有司殚力实行,不堕奸胥术中,则国课民生从此两益矣。

一稽完欠。截票之法既行,专查花户之截与不截,以分完欠,有何不清。乃仍有纷纷混摘者,盖因截法画一,粮书无作弊之窦,皂快无索钱之门,不便于己,欲乱成规,妄称若照按月分限,良户虽输而顽户不前,难应急饷,于是印官受其煽惑,遂不照分数而摘拿矣。及比较之时,止责甲催,又不计完欠之多寡,一概重加刑罚,而比簿登数混淆,并无实完实欠之数,故粮户谓少完亦责,多完亦责,且受责不分轻重,何必急公。顽者自任其顽,而良者亦化为顽矣。今专行截票,其存留未截之数,一目了然,不许用比簿,不许比甲催,于月终吊验,将未截顽户摘比。如前月欠户于次月比较,既除完户之名,止将欠户稽比,计通县之户已少十之八九矣。即极疲极顽之邑,亦少十之六七矣。若照通县里排比较,已省力大半。且一月内上旬、中旬、下旬,三限比较,不截顽户,身受三限之责,尚有不完者乎。但差催不截之户,必须带户赴比,又在印官恪一遵行,然后良顽允服。至于流水号簿,每见州县数十里汇为一册,其号至千万之外,难于稽核,蠹书移图换甲,改户易数,滋弊实甚。本司昔宰钱塘,立归里流水之法,每图一本,至今称便。行令所属州县,一体置立,逐里挨号登记,不得仍将通区都图完数总入流水一簿,以杜牵混。

一禁秤封。凡设柜收银,粮户自封投柜,永禁秤封,令行亦不啻再三矣。孰意州县虽革柜吏、秤收名色,又改立银铺估色为名,每遇粮户完银,勒赴铺家经手秤银入封,钤用私记,甚至不论多寡,必责倾成一锭,银匠火烙,方许投柜,于是县市之积奸,开张列肆,擅握大戥,银色恣意估折，加耗甚于吏收。如此锢弊，皆由官吏巧剥民膏，先给图记，授意轻重，间有增不如式，启封时佯唤银铺，薄惩该铺，遂指出粮户姓名，立拿重处，小民闻风效命，封封重勒，户户私加，是阳革秤封，实则重耗也。今本司照部颁法马，一样较准官戥行州县，每里给发一把，听粮户将官戥秤准入封，不许银匠火烙、银铺估色、执戥封银。嗣后如有重勒害民及柜吏需索票钱者，许被害粮户首告，铺匠、柜役一并重究。但州县又以银色青微，及封内正数反亏为请者，岂人之无良，一至此乎，此皆印官开勒耗之渐也。应饬令州县，果有一二银色低潮，正数稍轻者，不得动其原银，列名开数，出示晓谕，听粮户补纳，不得差票拘拿。倘敢虚开捏欠，许即投告，提取原封与粮户对认锭件，讯实严究，其银色纹足，毋论锭件，准与收纳，不必每封倾成一锭，致滋耗费。

一绝差扰。差役之为害，本司前经列示，而州县独于粮里之中为尤甚，如图差、区皂、经催、分管等名色，各有不同，总一役而异其名也。因上行革去此等差名，遂易一称呼，人仍其旧，此辈盘踞衙门，承袭顶首，粮户甲催供其鱼肉，秋收夏熟饱其鲸吞，一认役必开派使用数端，一开仓必妄取公费几两，而包收侵啖，必累重征，赴限应差，又索东道，此坐图之差扰也。而承票拘拿之虎役，更有甚焉，摘一户名，先索见面钱，临比时，完者亦云代候比较，勒索酒钱，若未完者，则害不可名状矣。带比受杖，则有手轻钱、照料钱；正身营脱，则有买嘱钱、代杖钱；身经痛苦，复要知会该房，一票未销，再发签差，催皂层见迭出，而前欠一两，用费至二两，正赋究竟未纳。蚩蚩愚氓，何以自误若此，然必因抚字无方，滥差所致。今饬将州县图差、区皂、经催、分管诸役名色，实实革去，断不许留一积蠹，于中先取印官甘结，后有告发，以纵庇论。而未截票之顽户，不得不差拘，每里量差一役，比完即销，如本月限银三票，俱不截者，次月初旬即行拘比，如止二票不截者，姑俟中旬拘比，一票不截者，下旬拘比，临时激劝，庶几差拘之中又省差矣。倘差役横肆索诈，计赃治罪，惟劝良民早输国课，免剥啄之到门，省漏卮之吹索矣。[1]

---

[1] 乾隆《江南通志》卷68《食货志·田赋二》。

由上可见,易知由单本身存在着许多问题,即使有截票等种种防范措施,其弊亦不能绝。

康熙二十年,山西道监察御史蒋龙鸣更历数由单之繁:"臣见今之由单,头绪纷纭,项款繁杂,大而起运、存留,细至裁存、仓口,无不刊载,连张广幅,阅不能尽,不惟民不能知,即官吏亦未能通晓。"①虽经删繁就简,但其作用已日益式微,并且无端增加刊刻由单的费用,于是,康熙二十六年有停刊由单之谕:

> 各省刊刻由单,不肖官役指称刻工纸版之费,用一派十,穷黎不胜其困,嗣后直隶由单免其刊刻,晋省由单先经该抚题请免刻,亦一并停止。明年悉免各省刊刻由单,惟江苏所属,于地丁银内刊造,仍听册报如旧。②

由此看来,易知由单至此已经不再普遍使用。③

到乾隆元年,户部又议覆广东道监察御史蒋炳条奏,要求各省重新刊发易知由单,但遭到许多省份的反对,河南巡抚富德在所上题本中称:

> (河南)向来征收之法,俱各设有红簿,一样二本,将花户地亩按照部颁科则,逐一核算,应完钱粮数目,登填各户名下,地方官用印钤盖,一留内署备查,一发收粮柜书。凡有输纳,每日逐户登填,查核完欠数目,丝毫不爽。每逢比期,安置收粮处所,听民查看。或有买卖地亩者,即于簿内推收过割。及钱粮开征,遵照滚单定例,每单开列十户五户不等,每户之下,注明地亩若干,应完钱粮若干,且注明每限完银若干,俱以粮银多者为滚头,挨次查看,一目了然。各照地粮额数,按限输将,人

---

① 档案,康熙二十年十月六日蒋龙鸣题:《为请更由单之式,以副易知之实事》,户科题本。中国第一历史档案馆藏。

② 《清朝文献通考》卷2《田赋二》,第4866页。

③ 按:江苏在晚清依然使用易知由单。同治《户部则例》卷9《田赋三·耗羡考成》载:"江苏省属应征耗羡,按照向定应征分数,核计某户应征正银若干,耗羡若干,于易知由单列明,随同正项分款征收。"

人称便,从未见有飞洒之弊。今若按户发给由单,由州县填送贵司,候司复核无误,始行发回,合计通省州县约共数百万户,不特纷纭启乱,先后不齐,一时壅积,难以查核;且计期非八九阅月不能发回,而各州县距省之远近不一,单册繁重,道途仆仆,往来赍送维艰,况定例二月开征,若令小民必待照单纳粮,急公之户欲纳不能,而玩抗之户反得借以延挨。如谓下年由单先于上年查造,则一年之过割未清,临时又须更正,易致舛讹,不但刊刻之人工、印刷之纸墨需费浩繁,更恐不肖胥吏或因领缴遗失,蒙蔽需索。是由单原以益民,而反以累民,欲以杜弊,而通以滋弊矣。似应仍循旧例,饬令各署实力奉行滚单,以杜加派浮收之弊,无庸另给由单,致滋扰累。①

上揭富德的题本说明了易知由单的难以复行。同时,富德的题本还揭明,征收赋税的册籍还有"红簿"和"滚单"。这在一般文献中也有记载,如滚单,顺治八年,苏松巡按秦世祯称:"催科不许滥差衙役,设立滚单以次追比。"②康熙三十九年,"设立征粮滚单,凡征粮,立滚单,每里之中,或五户,或十户,止用一单,于纳户名下注明田亩若干,该银米若干,春应完若干,秋应完若干。分作十限,每限应完银若干,给与甲内首名,挨次滚催。令民遵照部例,自封投柜,不许里长、银匠、柜役称收。一限若完,二限又依此滚催,如有一户沉单,不完不缴,查出究治"③。由此看,滚单的赋税功能,主要还是催征。另外,又有"截票",截票又称"印票"或"串票",始行于顺治十年,初分作二联,称作"二联串票"(或称"二联印票"):"截票之法,开列地丁钱粮数目,分为限期,用印钤盖,就印字中截票为两,一给纳户为凭,一留库匣存验,按图各置一册,每逢比较察验,有票者免催,未截者追比。"④为防"奸胥作弊","康熙二十八年乃行三联串票,一存官,一付役应比,一付民执照。雍正四年更刻四

---

① 钞档,《地丁题本·河南(四)》,乾隆元年十二月十九日富德题本。中国社会科学院经济研究所藏。
② 《清朝文献通考》卷1《田赋一》,第4858页。
③ 《清朝文献通考》卷2《田赋二》,第4867页。
④ 乾隆《大清会典则例》卷36《户部·田赋三》。

联串票,一送府,一存根,一给花户,于完粮时令花户别投一柜,以销欠。至八年,仍行三联串票"①。这是简明的说法。乾隆《大清会典则例》卷36《户部·田赋三》的相关记载如下:

> 康熙二十八年覆准:州县催征钱粮,随数填入印票,一样二联,不肖有司与奸胥通同作弊,借名磨对稽察,将花户所纳之票强留不给,遂有已完作未完,多征作少征者。今行三联印票之法,一存州县,一付差役应比,一付花户执照。嗣后征收钱粮豆米等项,均给三联印票,照数填写,如州县勒令不许填写,及无票付执者,许小民告发,以监守自盗例治罪。
>
> 雍正三年议准:征收钱粮,令各省布政使司严督各州县,务须察明的户实征数目,及亲察欠户,次第摘催。更刻四联串票,一送府,一存串根,一给花户,一于完粮柜旁别设一柜,令花户完银时自投柜中,每夜州县官取出,对流水簿,勾销欠册。
>
> 雍正八年覆准:嗣后州县征收粮米之时,豫将各里各甲花户额数的名,填定联三版串,一给纳户执照,一发经承销册,一存州县核对,按户征收,对册完纳,即行截给归农,未经截给者,即系欠户,该印官检摘追比。若遇有粮无票、有票无粮等情,即系胥吏侵蚀,立即监禁严追,各直省督抚转饬所属有漕州县一例遵行。
>
> 雍正十一年议准:十截串票,银数多寡,难以豫定,且拆封盘察,亦难核算,徒开胥吏飞洒弊端,例应停止,仍照旧用三联串票征收。

由上可见赋税征收的繁杂性,而以赋税册籍的编撰、颁发和不断变更来看,其政策导向一方面是使作为征收赋税凭借的赋税册籍逐步走向规范化、简明化,另一方面则是在征收赋税钱粮的过程中尽量采取防止胥吏从中作弊的制度化措施。

---

① 王庆云:《石渠余纪》卷3《纪赋册粮票》。参见光绪《大清会典事例》卷171《户部·田赋·催科》。按:议准征收钱粮、更刻四联串票的时间应为雍正三年。

二、田赋征收原则的确立与田赋征收的货币化

众所周知,清初田赋的征收原则是所谓的"万历则例"。这一原则于何时确定?《石渠余纪·纪赋册粮票》虽云"顺治三年诏定《赋役全书》,悉复万历间原额",但事实上在此之前,这一原则已经确立。根据现有史料,最早提出这一定赋原则的是范文程。《啸亭杂录》卷2"范文程公厚德"条云:

> 大兵入关时,公参决帷幄,……时定赋税,有司欲以明末练饷诸苛政为殿最,公曰:"明之亡由于酷苛小民,激成流寇之变,岂可复蹈其所为?"因以万历中征册为准,岁减数百万两,民赖以苏。

《清史列传》卷5《范文程传》所载略同:

> 师入北京,建议备礼葬明崇祯帝。时宫阙灰烬,百度废弛,文程收集诸曹册籍,布文告,给军需,事无巨细,咸与议焉。明季赋额屡增,而籍皆毁于寇,惟万历时故籍存,或欲于直省求新册,文程不可,曰:"即为此额,犹恐病民,岂可更求哉?"自是天下田赋悉照万历年间则例征收,除天启、崇祯时诸加派,民获苏息。

《清史稿》卷232《范文程传》亦称:

> 既克明都,百度草创,用文程议,……招集诸曹胥吏,征求册籍。明季赋额屡加,册皆毁于寇,惟万历时故籍存,或欲于直省求新册,文程曰:"即为此额,犹虑病民,其可更求乎?"于是议遂定。

如上,范文程在清廷入关伊始已提出依照"万历则例"的定赋原则并得到认可。《清世祖实录》中最早的一次有关上谕是顺治元年七月,这次上谕中虽未直接申明依据万历则例定赋,但所谓的"自顺治元年为始,凡正额之外一

切加派,如辽饷、剿饷、练饷及召买米豆,尽行蠲免"①,已经隐含了这方面的意思。随后,在同年十月的上谕中,已经昭示"地亩钱粮俱照前朝会计录原额"②。这里所说的"前朝会计录",也就是一般所说的"万历则例"。

前此学者已经注意到,万历年号,长达 48 年,前后赋额多有变动,前期赋额较低,后期由于各种加派,赋额已有大幅度的增长,所谓钱粮征收依照明代万历年间则例,是一个非常模糊的概念。③

比较《清世祖实录》所载有关上谕后,可以发现,顺治四年的两次上谕,与此前不同,已经明确申明"俱照前朝万历四十八年则例征收",或"通照前朝万历四十八年则例征收"。④因此有理由相信,顺治四年之前遵循的万历则例是"模糊"的,它的"模糊",是没有指明具体的年份,但有一点也是清楚的,是时所谓的"万历则例"剔除了万历晚期的有关加征。顺治四年之后的"万历则例"则已十分明确,按万历四十八年的标准征收,已包括"辽饷"(九厘银)在内,这与顺治初年"轻徭薄赋"政策的颁布与变化是联系在一起的。⑤

上述顺治初年的定赋原则,最终体现在顺治十四年编定的《赋役全书》内。在《赋役全书》告成之日,顺治帝谕称:"详稽往牒,参酌时宜,凡有参差遗漏,悉行驳正。钱粮则例,俱照万历年间,其天启、崇祯时加增,尽行蠲免。地丁则开原额若干,除荒若干,原额以明万历年刊为准,除荒以复奉谕旨为凭。地丁清核,次开实征,又次开起、存。起运者,部寺仓口,种种分析;存留者,款项细数,事事条明。至若九厘银,旧书未载者,今已增入。……更有昔未解,而今宜增者,昔太冗,而今宜裁者,俱细加清核,条贯井然。后有续增地亩钱粮,督、抚、按汇题造册报部,以凭稽核。纲举目张,汇成一编,名曰'赋役全书',颁布天下,庶使小民遵兹令式,便于输将,官吏奉此章程,罔敢苛敛。为一代之良法,垂万世之成规。"⑥

---

① 《清世祖实录》卷 6,顺治元年七月壬寅。

② 《清世祖实录》卷 9,顺治元年十月甲子。

③ 参见陈支平《清代赋役制度初探》,厦门大学出版社 1988 年版,第 4 页;袁良义《清一条鞭法》,北京大学出版社 1995 年版,第 113 页;何平《清代赋税政策研究》,中国社会科学出版社 1998 年版,第 73 页。

④ 《清世祖实录》卷 30,顺治四年二月癸未;卷 33,顺治四年七月甲子。

⑤ 参见陈锋《清初"轻徭薄赋"政策考论》,《武汉大学学报》1999 年第 2 期。

⑥ 《清世祖实录》卷 112,顺治十四年十月丙子。

至于各省的具体科则,十分繁杂,一如康熙《大清会典》所说:"凡科则,田有肥硗,赋有轻重,三壤九等,……考《赋役全书》,有一县多至六七十则者",难以备列。兹依据康熙《大清会典》略作示例:

> 顺天等八府二州额内田地,每亩科银四厘七毫至二钱四分九厘不等,科米二合二勺至一斗二升不等,科豆三勺至六合六勺不等,科草折银一厘六毫至三分六厘二毫不等。

> 江南、江苏等处官民田,每亩科平米三升至三斗七升五合不等,内征条折九厘徭里银九厘七毫零至一钱四分一厘一毫零不等,本色米豆一升四合七勺零至一斗九升二合六勺零,麦二抄零至三勺零不等。地,每亩科平米一升五合零至八斗五升六合不等,内征条折九厘徭里银三分八厘六毫零至三钱三分三毫零不等,本色米豆七合三勺零至四斗一升六合九勺零,麦一抄零至八勺零不等。

> 安徽等处田,每亩科银一分五厘零至一钱六厘零不等,米二合一勺零至七升一合零不等,麦五勺零至八勺零不等,豆八勺零至九合一勺零不等。地,每亩科银八厘九毫零至六钱三分零不等,米七合九勺零至五升九合零不等,麦八勺零至二合二勺零不等。塘,每亩科银一分九厘零至四分四厘零不等,米四合七勺零至七合八勺零不等,麦一勺零至二勺零不等。草山,每里科银八分三厘。桑丝,每两折银三分二厘零。

> 湖北等处田地山塘,每亩科夏税大小麦六抄至二斗九升一合四勺零不等,每麦一石折银三钱一分二厘四毫零至二两八钱八分九厘四毫零不等;秋粮一勺零至二斗七升八合二勺不等,每粮一石折银五钱一分七厘零至二两九钱七分四厘一毫零不等。

> 陕西西安等处民地,每亩科银七毫零至一钱九分五厘九毫零不等,粮一合二勺零至一斗零不等。农桑地,每亩科银二两三钱八分一厘七毫零,粮一斗五升七合二勺零。收并卫所地,每亩科银二厘零至九分八厘零不等,粮一升五合零至三斗零不等。更名地,每亩科银六厘九毫零至七分五厘一毫零不等,粮四升三合五勺零至一斗四升八合零不等。

> 云南省上则地,每亩科粮一斗七升九合三勺零;中则地,每亩科粮

八升九合三勺零；下则地，每亩科粮五升七合八勺零。内征本色夏税麦、秋粮米，又麦、米折色银不等。上则田，每亩科粮二升九合四勺零；中则田，每亩科粮二升五合四勺零；下则田，每亩科粮一升七合四勺零。内征本色夏税麦、秋粮米，又麦、米折色银不等。①

从以上引文中可以大致体味赋税科则的繁杂，以及各地不同的征收情况。赋税科则的繁杂，一方面是由于上揭康熙《大清会典》所说的"田有肥硗，赋有轻重"；另一方面，是由于起赋的土地有田、地、山、塘等不同的类别，每一个类别的土地都有不同的科则，即使同属田则，起赋时又往往分为上田、中田、下田、次下田等，甚至在一县之中，同是上田、中田，各乡的科则亦不一致。在清代之前，这种现象尤为突出，从下表中可以管窥明代的一般情况。②

表1　明代徽州府歙县田赋科则

乡　名	上田每亩科则（粮）	中田每亩科则（粮）
民德乡	七升五合	六升四合
登瀛乡	七升三合	五升六合
仁礼乡	七升五合	六升
德政乡	七升二合	五升九合
通德乡	六升八合	五升二合
孝女乡	六升九合	五升三合

这种繁杂的科则，不但加重了官府征课的难度，而且导致"因科则重繁，小民难以易知"③。为了改变科则过于繁杂的现象，清初实行了"折亩"政策，④通过"折亩"，令人缭乱的赋税科则得以划一。如歙县折亩后，"一则起科"，每折实田一亩，共科折色银、颜料时价银、摊带人丁银等一钱一分二厘零。⑤我们注意到，凡是实行折亩的州县，至少在一县之内，每一纳税亩的科

---

① 康熙《大清会典》卷 20《户部·田土一·科则》。
② 弘治《徽州府志》卷 3《食货二》。
③ 康熙《石埭县志》卷 4《赋役志》。
④ 参见陈锋《清代亩额初探——对省区"折亩"的考察》，《武汉大学学报》1987 年第 5 期。
⑤ 民国《歙县志》卷 3《食货志》。

则是相同的。就是在邻县之间,也相去不远。为省篇幅,仅据有关方志列出安徽三府六县的田赋科则:

表 2　清初安徽有关府县田赋科则

府　别	县　别	每亩征银	每亩征米	每亩征豆
徽州府	休宁县	0.090 两	1.3 升	0.07 升
	黟　县	0.093 两	1.6 升	0.08 升
宁国府	南陵县	0.071 两	1.6 升	0.31 升
	宁国县	0.073 两	1.8 升	0.32 升
池州府	贵池县	0.126 两	7.3 升	0.91 升
	铜陵县	0.116 两	7.9 升	0.97 升

折亩后的一则起科,标志着赋税征收的简化,因科则繁杂导致的一些弊端得以避免。《祁门县志》称,顺治八年,"较定《赋役全书》,以地、山赋役有轻重,科则繁杂,照宁国府之例,与田折为一,……赋税均平"①。《黟县志》称:"黟在万山之中,其地故非沃壤,然山地皆折田,无偏苦之弊。"②《青阳县志》称:"因科则繁重,小民难知,本朝顺治年酌照太平府事例,除田不折外,地、山、塘、基,照原纳赋轻重折为一则,实田起科,士民易知输纳。"③

陈支平在他的著作中已经指出,清初赋役的实际负担量普遍高于明代万历年间额。④何平在他最近的著作中又有了进一步的论述,认为:"清代赋税应征额主要由两大部分组成,一是万历年间未加派辽饷前的原额,一是清初新增赋额。清初新增赋额部分,主要是对辽饷加派的沿袭、部分新增加派和因折价提高导致的赋额加增。这样,就使得清代的赋税应征额不仅比万历年间未加派辽饷前的赋税额为高,而且也高于万历末年的赋税应征额。"⑤这种认识无疑是值得重视的。但是,陈支平、何平对灵寿、宁化、保德

---

① 道光《祁门县志》卷 13《食货志》。
② 道光《增修黟县志》卷 9《政事》。
③ 光绪《青阳县志》卷 2《赋役志》。
④ 陈支平:《清代赋役制度演变新探》,第 13 页。
⑤ 何平:《清代赋税政策研究》,第 83 页。

几个州县所作的示例研究,还不足以说明顺治年间的赋税额高出了万历末年的标准。我们认为,顺治年间的赋税标准依旧是前揭的万历四十八年定则。这一标准高于一般所说的"万历则例",低于崇祯年间的额度。同时,这一标准也基本上为后续各朝沿袭。当然,这主要是就正常的赋税征收标准而言,不包括私征滥派和战争时期的临时加征。

清代田赋征收的货币化和以货币为单位的统计方式也值得注意。传统社会中的田赋征收主要是实物形式,明初洪武九年,已有"天下税粮,令民以银、钞、钱、绢代输"之令,并有具体的折征标准。洪武十七年,因云南以金、银、贝、布、漆、丹砂、水银代秋租,始正式"谓米麦为本色,而诸折纳税粮者,谓之折色"。至此,"本色"与"折色"成为专门的术语。至正统元年,经朝臣议论,仿洪武之制,"米麦一石,折银二钱五分。南畿、浙江、江西、湖广、福建、广东、广西米麦共四百余万石,折银百余万两,入内承运库,谓之'金花银'。其后概行于天下。自起运兑军外,粮四石收银一两解京,以为永例。诸方赋入折银,而仓廪之积渐少矣"。①正统年间的"金花银"之征,是赋税本色之征向折色之征转变的重要界标。②其后,随着一条鞭法的实施,赋税征收的货币化倾向更为明显。尽管如此,明代的财政收支统计,仍然是传统的实物统计方式,而未以货币银两的方式出现,③只是在个别类项上有新的变动。④表现在俸禄发放方面,已有本色俸和折色俸的明显区别,而且,明代中期以后,折色俸占有相当大的比例,万历《明会典》所载俸钞折色定例如下表所示⑤:

① 以上参见《明史》卷78《食货二》。按:"诸方赋入折银"一句,《明史稿》卷60《食货志》作"诸方赋入折银者几半",似乎更准确。另外参见《明英宗实录》卷21,正统元年八月庚辰。
② 日本学者小山正明也已经指出:"以宣德、正统年间的田赋纳银化的启始为契机,明代后期,赋、役的纳银化渐次成为一种潮流。"见[日]小山正明《明清社会经济史研究》,东京:东京大学出版会1992年版,第70页。参见[日]星斌夫《金花银考》,《山形大学纪要》第9卷第1号,1978年;收入氏著《明清时代社会经济史研究》,东京:国书刊行会1989年版。另外,刘志伟对广东的相关研究也值得注意,见刘志伟《在国家与社会之间——明清广东里甲赋役制度研究》,中山大学出版社1997年版,第136—150页。
③ 参见梁方仲《中国历代户口、田地、田赋统计》,上海人民出版社1980年版,第196—198页。
④ 参见黄惠贤、陈锋主编《中国俸禄制度史》,武汉大学出版社1996年版,第450—462页。
⑤ 万历《明会典》卷39《户部二十六》。

表3　明代中期俸钞折色定例

官　品	岁俸（石）	本色俸（石）	本色俸内		折色俸（石）	折色俸内	
			支米（石）	折银（两）		折银（两）	折钞（贯）
正一品	1 044	331.2	12	204.82	712.8	10.69	7 128
从一品	888	284.4	12	174.79	603.6	9.05	6 036
正二品	732	237.6	12	144.76	494.4	7.41	4 944
从二品	576	190.8	12	114.73	385.2	5.77	3 852
正三品	420	144.0	12	84.70	276.0	4.14	2 760
从三品	312	111.6	12	63.91	200.4	3.00	2 004
正四品	288	104.4	12	59.29	183.5	2.75	1 836
从四品	252	93.6	12	52.36	158.4	2.37	1 584
正五品	192	75.6	12	40.81	116.4	1.74	1 164
从五品	168	68.4	12	36.19	99.6	1.49	996
正六品	120	66.0	12	34.65	54.0	0.81	540
从六品	96	56.4	12	28.49	39.6	0.59	396
正七品	90	54.0	12	26.95	36.0	0.54	360
从七品	84	51.6	12	25.41	32.4	0.48	324
正八品	78	49.2	12	23.87	28.8	0.43	288
从八品	72	46.8	12	22.33	25.2	0.37	252
正九品	66	44.4	12	20.79	21.6	0.32	216
从九品	60	42.0	12	19.25	18.0	0.27	180

　　财政支出中本色与折色的变化当然是与财政收入中本色与折色的变化联系在一起的，上表所反映的货币化支出，也同时标示着明代赋税征收的货币化进程。

　　入清以后，赋税征收的货币化成为主要的潮流。这不但表现在清代的财政收入与财政支出俱以银两为统计单位，而且，田赋及其他杂项的本色之征也渐次改征折色。如顺治二年"允工部议，山东省额解甲胄、弓、矢、弓弦、刀、天鹅、鹿皮、狐皮,俱征折色"①。同年,"户部奏请直省俵马通行永折,每匹折银三十两"②。顺治十年,上谕户部:"比年以来,军兴未息,催征烦急,兼以水旱频仍,深虑小民失所,即如民间充解物料,款项繁多,以至金点解户赔累难堪,向曾量折几项,但折少解多,民不沾惠。户部等衙门作速查明,有应解本色易于买办者,永远改折。"③同年,"户、兵、工三部遵谕改折各直省本色钱粮,归于一条鞭法,总收分解,请永为例。从之"④。经过顺治一朝不断改折,赋税征收的货币化在顺治年间已基本完成。除了漕粮、兵米仍征本色米石外,其余一概征银。

为了展示各个地区的田赋本色与折色征收情况,以及与康熙朝比较,特根据康熙《大清会典》所载,列出顺治十八年与康熙二十四年各地区的征收数额⑤:

表 4　顺治、康熙两朝田赋本色、折色征收统计与比较

地区 \ 类别	顺治十八年		康熙二十四年	
	折色银(两)	本色粮(石)	折色银(两)	本色粮(石)
顺天府	106 349.9	5 127.2	132 231.6	3 265.5
永平府	48 273.3	14 465.9	50 150.8	14 069.8
保定府	206 874.3	——	218 668.7	——
河间府	180 771.5	——	218 103.9	457.6
真定府	544 209.8	——	553 439.2	——
顺德府	161 332.1	——	165 341.5	——
广平府	212 599.6	——	223 793.9	——
大名府	357 096.2	——	422 022.3	84.2
延庆州	1 350.6	3 735.0	862.1	——
保安州	1 333.5	3 043.4	1 797.7	——

---

① 《清世祖实录》卷 15,顺治二年三月癸卯。
② 《清世祖实录》卷 17,顺治二年六月甲戌。
③ 《清世祖实录》卷 74,顺治十年四月甲寅。
④ 《清世祖实录》卷 76,顺治十年六月辛亥。
⑤ 康熙《大清会典》卷 20《户部·正赋》。按:该表所列的田赋数额与《实录》所记有出入。

(续表)

地区 \ 类别	顺治十八年		康熙二十四年	
	折色银（两）	本色粮（石）	折色银（两）	本色粮（石）
奉天府	1 659.9	—	5 457.5	—
锦州府	168.0	—	3 894.9	—
江南布政司	4 602 739.8	2 788 518.7	5 121 517.6	531 999.2
浙江布政司	2 572 592.1	1 361 367.7	2 618 416.2	1 345 772.2
江西布政司	1 726 970.5	938 753.8	1 743 245.8	925 423.4
湖广布政司	1 088 597.4	460 691.3	1 440 381.0	203 563.0
福建布政司	750 862.4	109 661.2	762 706.6	104 829.5
山东布政司	2 380 091.3	395 400.4	2 818 019.5	506 965.9
山西布政司	2 205 542.2	45 931.6	2 368 831.1	59 737.8
河南布政司	1 800 943.6	237 441.4	2 660 004.0	—
陕西布政司	1 436 033.9	61 854.4	1 468 533.2	218 539.8
四川布政司	27 094.8	928.9	32 211.8	1 215.5
广东布政司	847 961.4	27 668.2	1 027 793.0	30 643.6
广西布政司	199 654.2	94 299.0	293 604.8	121 718.6
云南布政司	61 748.9	123 917.9	99 182.1	203 360.0
贵州布政司	53 150.9	76 660.8	53 512.9	59 482.9
合　计	21 576 017.1	6 749 463.8	24 503 723.6	4 331 128.5

由于赋税的征收受制于很多因素，每年的具体征收情况会有所不同，但通过上表所示还是可以看出几个问题：一是有的地区只征折色银，不征本色粮，像保定府；二是有的地区本色粮所占比重仍然较高，像广西的本色粮征收几乎占到折色银的一半，云南、贵州的本色粮征收则超过折色银额；三是从总体上看，折色银的征收占有主导地位，而且康熙朝沿袭了顺治朝的货币化征收格局，在折色与本色的比例大体保持不变的情况下，折色银的征收略有提高。

在顺治朝田赋征收货币化的进程中，还有两个问题值得注意。

第一，与明代相比，清初所定的本色折银额过高。据上揭《明史·食货志》可以知晓，明正统年间的"金花银"之征，是"米麦一石，折银二钱五分"。明后期的折银额虽然提高，但顺治年间的折银额仍然高出了明末的水平。①如山西阳曲县，明末每石粮折银九钱，顺治年间每石折银最高达到一两九钱多。②山东夏津县，明末每石粮折银四钱至九钱不等，清初则为八钱至一两二钱不等。③又如前揭康熙《大清会典·户部·科则》所载，湖北夏税，每麦一石，清初折银三钱一分至二两八钱八分不等，秋粮一石折银五钱一分至二两九钱七分不等。清初折价的提高，事实上增加了人民的负担，也是清初赋税额高出明代万历年间额的重要原因之一。

第二，田赋征收中的本色粮和折色银的比例确定之后，因着某种事由，又将本色改折。清初主要是改折漕、白二粮，以应军费。④如顺治六年，"因兵饷不敷"，将白粮改折，正米、耗米、船夫米，"每石俱折银一两五钱"。⑤顺治十二年，又因军费不足，白粮"每石改折二两征解"。⑥又如顺治十七年，议将"江南、浙江、江西三省漕粮，改折二百六十余万（石）"，每石折银一两二钱、一两四钱不等。⑦这种白粮、漕粮的改折，因为筹措军费的需要，往往折价太高。关于白粮的改折，董以宁在《白粮改折议》中称："顺治初，江浙之米，石皆二两以外，即折征二两，再加余羡，其数亦略相当。承平以来，价日益减，每石之值，初犹一金（两）有余，后至五六钱不足，虽正项折色之轻者，尚而难供。而白粮之折，石必二两，至耗办亦与正米同科，而夫船等银（引者按：指夫船脚价贴役银），又不在此数焉。部议曰：旧例也，勿可改。州县曰：部檄也，勿敢违。于是乎，一石折色之入，费民间五石之余之本色而不能支。"⑧关于漕粮的改折，胡文学在所上题本《为漕米既经改折，滥派应加剔厘事》中称："从

① 参见陈支平《清代赋役制度演变新探》，第16—17页。
② 道光《阳曲县志》卷7《户书》。
③ 乾隆《夏津县志新编》卷4《食货》。
④ 参见陈锋《清代军费研究》，武汉大学出版社1992年版，第336—337页。
⑤ 档案，顺治六年六月三日巴哈纳题：《为酌议改折白粮事》，顺治朝题本·户科。中国第一历史档案馆藏。
⑥ 同治《苏州府志》卷12《田赋》。
⑦ 胡文学：《疏稿》，《清史资料》第3辑，中华书局1982年版，第142页；任源祥：《食货策》，《皇朝经世文编》卷29《户政》。
⑧ 见《皇朝经世文编》卷29《户政》。

来兑漕之苦,不在正额之难完,而在杂派之名多,……故应纳粮一石,必需用数石,应折银一两,必需费数两,而官尚未纳,私先入己矣。况江浙诸省岁额,有秋石米八钱有奇,传闻议折一两四钱,其价已倍。"①这清楚地表明,由于漕、白二粮的改折,纳赋者的负担实际上加重了。

---

① 胡文学:《疏稿》,《清史资料》第 3 辑,第 143 页。

"役"与"政":清代前期的徭役与差徭

一、清初战乱时期的各种徭役

1644 年清军入关,顺治帝在北京登基,标志着又一个统一王朝的建立。但是,当时的政治格局与各种力量的凝聚与消长,并不意味着清廷可以一统天下。清廷定都北京后,仍面临着大顺军、大西军、南明三股势力的挑战。终顺治一朝,战火连绵不断,正是在各路大军的相继剿杀中,奠定了清王朝的统一帝业。

血与火相交织下的战争,不仅仅是财力物力的消耗和生灵的涂炭,因战争而导致的民夫征派,也是一个突出的问题。这是由清初战争相继、兵马过往不息、河工城防带来的后果,即所谓:"王师屡出,河工告急,派粮料、派梢草,转运数百里之外。其一二仅存之孑遗,困于征输,颠仆道路,憔悴家室者,不知其几何。"①又有所谓"搬移王眷,会剿逆贼,叠差烦累,日无休息。且蜀道险峻,行李等项俱系背送,皮骨俱穿"②。顺治八年,上谕兵部时亦曾概称:"年来四方多故,兵马络绎,差遣繁多,驿递疲困,至今日已极。乃奉差官员全不知地方苦楚,勘合火牌之外,恣意苦索,驿夫不足,派及民夫,骚动里甲,甚而牵连妇女,系累生儒,鞭驿官如罪犯,辱州县等奴隶,以致夫逃马倒、罢市止耕,上误公务,下害小民。"③顺治帝在这里已经指出了不按"勘合火牌",滥征役夫的弊端,而这种情况使本已繁重的徭役征发更趋繁重。同年,户部左侍郎王永吉也谈到,徭役的私派滥征,除了与地方有司不体恤下情有

---

① 罗国士:《急复驿递原额疏》,《皇清奏议》卷 3。
② 康熙《四川总志》卷 35《筹边》。
③ 《顺治朝东华录》卷 3,顺治八年闰二月丙寅。

关外,如狼似虎的奉差满汉官员"亦不能辞其责"。王氏具体指出江南的情况:"每船一只,要夫五十名,如到十只,便派夫五百名。若到大差,则派夫一二千名、三四千名不等。关锁空院,伺候三五日,大寒大暑与中途逼打赶纤而死者不少。州县所以有民夫之派也。此外有陆路用马匹及水陆带长马者,勒抢草豆,稍不遂意,凌辱职官,吊拷衙役,无可奈何。何怪有司借口加派以殃民哉!职见江都县每年私派柴烛供应银六千两,预备马草银三千九百两,预备料豆(银)六千两,预备米银一千两。起派民夫,通县每月约起夫一千七八百名,一年约起夫二万余名,二城市门面夫犹不与焉。……由此推之江南各府,又推之闽浙、江广各省,其为扰费何可胜算哉!"①

顺治中期以后,随着湖广、云贵等省区的用兵,"大兵屡出,百姓未获宁息"②,役夫频差,人民更困于转运之苦。顺治十二年,五省经略洪承畴奏称:"湖南贼氛未靖,官兵驻扎宝庆等处,需用米粮豆谷甚多,……即令长沙民人解运,乃水路由三塘街小河赴宝庆,计程七百余里,每船一只止可载米十四五石,中有五十三滩,如船遇滩险,即搬米上岸,过滩复载。若晴明二十日可到,倘或贼阻或阴雨及风不顺,必一月始得抵宝庆。又陆运先自长沙水路运至湘乡,自湘乡县陆路到宝庆计程三百余里,皆大山峻险,肩挑背负,一人有力者背米不过四五斗,又雇一人代负食米,往回必十二三日,较之水路更甚,……民人安得不逃窜死亡?且驱而为盗!……若不早议苏豁,则皮骨俱尽,必至无民;若不早定转运长法,则粮料中断,必致误兵。"③次年,洪承畴又叹称:"大兵久露于外,休息无期;民人供亿于内,疲困莫支。"④顺治十五年,江南道监察御史李粹然更形象地描述:"东连燕赵,西接秦川,官兵之往返,差役之来去,络绎如线。因而有行李,有眷属,其车牛之运行也必矣。初则载行李载眷属,多不过一二十辆而止,官兵差役奉旨牌票,皆系王事,子民竭厥应承,……稍不如意,辱有司,笞书役,鞭挞士民,毙牛坏车,无所不至其极。可温可饱有家毋论矣,穷而至于鳏寡孤独,亦不

---

① 《明清史料》丙编,第4本,顺治八年九月王永吉揭帖。
② 《明清史料》甲编,第4本,顺治十年八月十五日洪承畴揭帖。
③ 《明清史料》甲编,第6本,顺治十二年二月二十三日洪承畴揭帖。
④ 《明清史料》丙编,第2本,顺治十三年六月二十九日洪承畴揭帖。

能免此征派。"①顺治十六年，兵科给事中杨雍建又指出"弊政数大端"，其一云："正赋之外，夫役、匠役有派，河船、马船有派，炮车、铅药、器具有派……，此滥派之害。"其二云："里役不立良法，但轮流值月，上官交际，军旅供应，皆于是乎取之，一遇值月，遂至倾家，此里役无定例之害。"其三云："用夫不据勘合火牌，凡往来馈送、土木工作，皆妄滥差役。甚有抑勒折价，此处即折，彼处仍复取夫，在在流毒，此用夫无限数之害。"②正所谓："陆有供应夫马之扰，水有轮派水手之累，寥寥孑遗，兽奔鸟散。"③关于此，清初的有关诗词也多有描述，可参看。④

首先是以"亡丁"累"见（现）丁"。杨素蕴《延属丁徭疏》曾言及西北的情况："明季天下之乱，起于西北，臣乡延属，实首被其害。李自成、张献忠等纵横流毒廿余年，老稚杀戮，少壮掳掠，伤心惨目已不忍言。继崇祯十三年天灾流行，父子相食，几无遗类。计此方之民半死于锋镝，半死于饥馑，今日存者实百分之一，皆出万死而就一生者，是以原野萧条，室庐荒废，自宜君至延绥，南北千里内，有经行数日不见烟火者，惟满目蓬蒿与虎狼而已。计非休息生聚，费国家数十年培养之力，必不能复元气而措安全。乃今积困大害，更有万倍于他处者，丁徭是也。"⑤顺治十五年，户部尚书王弘祚亦称："自明季荒乱以来，地土荒芜殆尽，人民逃亡过半，以至徭役缺额。"⑥从而导致"以死者累生，而生者复死"的现象。⑦

---

① 档案，顺治十五年九月二日江南道监察御史李粹然题：《为陈晋地艰难等事》，顺治朝题本·粮饷类。中国第一历史档案馆藏，下注"档案"者，均为该馆所藏。

② 《清世祖实录》卷123，顺治十六年正月癸卯。

③ 《明清史料》丙编，第10本，顺治十七年四月一日张所志揭帖。

④ 陈锋《清代军费研究》已经引述过清初著名词人陈维崧的《贺新郎·纤夫词》，陈维崧所言"尽累累，锁系空仓后"，颇类似上揭王永吉所言"关锁空院"。另外，吴伟业《遇南厢园叟感赋八十韵》诗云："大军从北来，百姓闻惊皇。下令将入城，传箭需民房。……按籍缚富人，坐索千金装。……今日解马草，明日修官塘。诛求却到骨，皮肉俱生疮。"查慎行《麻阳运船行》诗云："麻阳县是西催转粟，人少山空闻鬼哭。一家丁壮尽从军，携稚扶幼出茅屋。朝行派米暮催船，里胥点名还索钱。……脂膏已尽正输租，皮骨仅存犹应役。君不见一军坐食万民劳，民气难苏士气骄。"

⑤ 杨素蕴：《延属丁徭疏》，雍正《陕西通志》卷86《艺文二·奏疏》。

⑥ 钞档，《地丁题本·直隶（四）》，顺治十五年十一月十一日王弘祚题本。中国社会科学院经济研究所藏，下注"钞档"者，均为该所藏。按："王弘祚"，后出典籍作"王宏祚"，为避清高宗讳改。类似的事例很多，不再一一揭示。

⑦ 档案，顺治十三年四月十九日彭有义题：《为晋省荒残有据事》，顺治朝题本·粮饷类。

　　康熙初年,清廷已经认识到滥征夫役的弊害,并对无偿的征派夫役有所限制,甚至在三藩之乱爆发之后,还屡奉上谕严禁私征滥派:"军需不得私派,夫役不得先期拘禁。"①但由于兵力调拨频繁和财政的紧张,对所征夫役仍多不给雇资,一如康熙十四年湖广道监察御史郝浴所言:"自逆贼煽乱,天讨用彰,诸凡用兵地方,……供应转输,民尤倍苦。……水陆输挽,必资民力,路有平险,里有远近,车牛而外,肩挑背负,苦难万状。本省既无脚价,继运又无底期,用兵日久,民力实劳。"②直至三藩之乱结束,康熙帝自我检讨时仍说:"吴三桂背恩反叛,天下骚动,伪檄一传,四方响应。八年之间,兵民交困。……师旅疲于征调,被创者未起,闾阎敝于转运,困苦者未苏。且因军兴不给,裁减官员俸禄及各项钱粮,并增加各项银两,仍未复旧。每一轸念,甚歉于怀。"③连官员的俸禄都被裁减,遑论差役脚价的支发。

　　清初的差役派夫之频之烈及相关问题,通过上揭史料已可略见,这里当然谈不上徭役的轻减。不唯如此,清初对征发的夫役,又往往不给雇价,即使给少许雇价以资糊口,在国家财政困难的情势下,兵饷军费尚应接不暇,不得不让地方"设处",即所谓:"搬运、车牛、人工之费,均有州县设处。"④这种"设处"当然也是取自民间,也是私征滥派,所以连顺治帝也承认:"运送脚价及各项器用,所费不赀,悉系民间购办,最为苦累。"⑤而且,令地方官"设处"的雇价、水脚,又因着各种情由成为画饼,一如湖广总督祖泽远所说:"前者湖南各属因用过水脚无抵,喋喋请扰,至今尚未结案。今复不加详议,恐运费仍无凑处。……湖南未靖,师旅繁兴,粮糈一项最为吃紧,缘永、宝、辰、常、沅、靖一带,水路俱多险阻,不特措办维艰,而解运更为不易也。职每鳃鳃虑之,节据州县申详,皆以解役苦累为词,亟思补救,

<hr>

① 王先谦:《东华录·康熙十五》,康熙十四年三月乙丑,上海古籍出版社 2008 年版,第 1 册,第 618 页。

② 郝浴:《请轸恤以培元气疏》,《皇清奏议》卷 20,凤凰出版社 2018 年点校本(张小也等点校),上册,第 431—432 页。

③ 王先谦:《东华录·康熙二十八》,康熙二十年十二月癸巳,第 2 册,第 97 页。

④ 档案,顺治十三年二月二十二日户部尚书戴明说题:《为救穷民当禁私派事》,顺治朝题本·粮饷类。

⑤ 《清世祖实录》卷 88,顺治十二年正月辛亥。

殊无良策。"①

顺治年间以及康熙朝三藩之乱期间处于一种特殊的兵荒马乱时期，而一切规章制度也尚未完善，无偿的徭役征发是普遍性的，所谓的"轻徭"根本无从谈起。非但如此，由于满族官兵以及奉差官员的蛮横，被派贫民的性命有同蝼蚁，即使是州县官以及一般官吏士绅也难免蒙辱，所以上揭史料有"鞭驿官如罪犯，辱州县等奴隶""辱有司，笞书役，鞭挞士民"等语。这里，既有征夫派役的刻不容缓，又反映出满族官兵以胜利者的姿态对被统治民族人民的任意欺凌。②

二、人丁编审与丁银征收

户籍制度、人丁编审和赋役制度关系密切。在中国传统社会中，统治者长期将户口作为征收赋税、征发徭役的重要依据，户籍制度是否完善，以及人口的多寡和丁口的征税标准，直接关系到国家的人力资源和财政来源。③清初的户籍制度和人丁编审沿用明代的黄册，大学士张玉书在《纪顺治间户口数目》中更明确指出："我国家户口册，仍前明黄册之制，分旧管、新收、开除、实在四则，以田土从户口分豁上、中、下三等，立军、民、匠、灶等籍，而役之轻重准焉。"④由于明末清初的战乱，地荒丁亡的现象十分突出，原有的黄册实际上失去意义，顺治三年，结合《赋役全书》的编撰，诏令天下"编审人丁，凡年老残疾及逃亡故绝者免人"，并称"始定三年编审一次"人丁。⑤顺治四年，在浙东、福建平定后，又较为具体地颁诏："丁银虽有定额，但生齿凋耗

---

① 《明清史料》甲编，第4本，顺治十一年正月五日祖泽远揭帖。按：在该揭帖中，祖泽远曾引述了制定顺治八年九月二十五的运粮脚价银额及食米额定例，可以参看。但事实上难以执行，直到康熙中期，支发脚价雇资才走向正规。参见陈锋《清代军费研究》，武汉大学出版社1992年版，第214—215、232—235、351页。

② 参见陈锋《清初"轻徭薄赋"政策考论》，《武汉大学学报》1999年3期。

③ 参见陈锋《中国古代的户籍制度与人口税演进》，《江汉论坛》2007年第2期。

④ 《皇朝经世文编》卷30《户政》。

⑤ 《清朝通志》卷85《食货略五》，浙江古籍出版社1988年版，第7251页。按：这里称顺治三年"始定三年编审一次"，当误。《大清会典事例》明确记载："顺治五年题准，三年一次编审天下户口。"光绪《大清会典事例》卷157《户部·户口·编审》，中华书局1991年影印本，第2册，第981页。

之后,年老残疾,尽苦追征,其至包纳逃亡,赔累户族,殊堪悯恻。自今以后,各抚按官严行有司,细加编审,凡年老残疾并逃亡故绝者,悉与豁免。"①在《大清会典事例》中,该年的规定只有一句话:"顺治四年题准编审人丁,凡年老残疾并逃亡故绝者,悉与豁免。"②这个编审令已经有了些具体的内容,但依然含混,主要是特别强调了对"年老残疾"和"逃亡故绝者"予以豁免,至于如何"细加编审",却没有从制度上作出规定,而且在战乱频仍的情势下,也难以想象,因而,"各地也大都没有真正执行"③。顺治五年,清廷再次下令:"三年编审一次,凡三年编审,责成州县印官察照旧例造册,以百有十户为里,推丁多者十人为长,余百户为十甲。城中曰坊,近城曰厢,在乡曰里,各有长。凡造册人户,各登其丁口之数而授之甲长,甲长授之坊、厢、里各长,坊、厢、里长上之州县,州县合而上之府,府别造一总册上之布政司。民年六十以上开除,十六以上增注。凡籍有四,曰军,曰民,曰匠,曰灶,各分上、中、下三等。丁有民丁、站丁、土军丁、卫丁、屯丁,总其丁之数而登黄册。督抚据布政(司)所上各属之册达之户部,户部受直省之册汇疏以闻。"④此令虽然仍是在里甲制的基础上进行,也仍称为"黄册",但对编审年限、人丁类别、人丁增注与开除年龄、编审方法、上报程序等,都作了详细而具体的规定,值得注意。在此基础上,顺治十一年又覆准,每届三年编审之期,"逐里逐甲,查审均平,详载原额、新增、开除、实在四柱,每名征银若干,造册报部",如果在编审过程中有"隐匿捏报,依律治罪"。顺治十三年,又将三年编审一次改为五年编审一次,⑤而这基本上成为乾隆三十七年下达停止编审令之前的惯例。

　　清代的人丁编审在实际操作过程中远比上述政策规定复杂得多。笔者在拙文《也谈清初的人丁统计问题》中已经指出:"清初的所谓'丁',已经不是单纯意义上的十六至六十岁的男丁,'丁'的含义,呈现出多样性与复杂性;编审在册的丁额并不代表十六至六十岁的实际男丁人数,而是承纳丁银

---

① 《清世祖实录》卷30,顺治四年二月癸未。
② 光绪《大清会典事例》卷157《户部·户口·清厘丁役》,中华书局1991年影印本,第2册,第982页。
③ 参见陈桦《清代人丁编审制度初探》,《清史研究集》第6辑,1988年。
④ 《清朝文献通考》卷19《户口考一》,浙江古籍出版社1988年版,第5024页。
⑤ 光绪《大清会典事例》卷157《户部·户口·编审》,第2册,第981页。

（赋役）的人丁定额。”拙文在列举了民、卫、灶丁中普遍存在着的“半丁”“分丁”现象后，得出三点结论：第一，清代的人丁编审，除优免人丁外，包括了十六至六十岁的民丁、屯丁、灶丁等，一人即为一丁，按理不应出现“半丁”或“分丁”，登录“半丁”“分丁”本身已经说明其不是实际人丁数。第二，江西、福建、广东、浙江四省的人丁编审，因为编审女口，当然不能将其视为“丁数”；而女口亦有“半口”与“分口”，登录的女口，也不是实际的妇女人数。第三，在康熙五十二年宣布“滋生人丁永不加赋”之前，历次编审所审减或审增的丁额，也不是实际减少或增殖的丁额。如果按十六岁以上添注、六十岁以上开除的原则进行编审，显然不会有几分乃至几厘的人丁。那么，清代前期的人丁编审是按什么方法进行的呢？大致可以归结为三种类型：一是“丁随地派”，一些地区在整丁之外出现的“分丁”即缘于此；二是按户口的多寡或资产的多寡“摊丁”；三是在现有人丁的基础上进行折算编审，即“折丁”。三种类型的人丁编审，清楚地表明了清初编审在册的人丁并不是实有人丁数，编审的对象也不限于十六至六十岁的男丁，这仅是就编审方法而言，还没有涉及编审过程中出现的种种弊端。仅此，已经可以说明：一方面，具体的人丁编审与政策条例之间存在着相当大的差距；另一方面，人丁编审只具有“纳粮当差”的财政意义，无补于知悉实有人口数额。①

有鉴于人丁编审不能反映实有人口数额，康熙五十二年的“滋生人丁永不加赋”的诏谕已经要求地方官员“将滋生实数奏闻”，透露出帝王要求了解人口实数的意旨。雍正年间的“摊丁入地”，又为人丁编审与赋税征收的分离打下基础。乾隆帝即位以后，又再三要求：“滋生户口，每逢五年，务须据

① 参见陈锋《也谈清初的人丁统计问题》，武汉大学历史系编《史学文稿》第4集《清代财经史专辑》，1984年；又见《平准学刊》第5辑，1989年。成书于1959年的何柄棣的著作对清代的人丁编审进行了出色的研究，何氏的著作由葛剑雄翻译，1989年以“1368—1953年中国人口研究”为名，在上海古籍出版社出版；2000年又以“明初以降人口及其相关问题”为名，在生活·读书·新知三联书店出版。何氏的著作，在“丁的实质”“1741—1775年的人口数据”“1776—1850年的人口数据”等章中，对丁银及人丁编审等问题提出了他的看法，他认为：“丁”是一个自明代后期开始形成的赋税单位，与人口没有关系。由于中外学术交流的阻隔，很长时间内，何氏的观点不为国内学者所知。关于“丁”的讨论，近年曹树基作了细致的综述，见氏著《中国人口史》第5卷《清时期》，复旦大学出版社2001年版，第52—55页。又见曹树基、刘仁团《清代前期“丁”的实质》，《中国史研究》2000年第4期。

实造报,实力奉行,不得视为具文,脱户漏口";"直省督抚,于每岁十一月,将各府州县户口增减,缮写黄册具奏"。至乾隆三十七年,乾隆帝终于下令停止了"无裨实政"的人丁编审,其谕称:"编审人丁旧例,原因生齿繁滋,恐有漏户避差之弊,是以每届五年查编造册,以备考核。今丁银既皆摊入地粮,而滋生人户,又钦遵康熙五十二年皇祖恩旨,永不加赋,则五年编审,不过沿袭虚文,无裨实政。况各省民谷细数,俱经该督抚于年底专折奏报,户部核实具奏,付之史馆纪载,是户口之岁增繁盛,俱可按籍而稽,更无借五年一次另行查办。嗣后编审之例,着永行停止。"停止编审之令下达以后,按照乾隆帝的意思,人口统计赖于各督抚的年底专折奏报,但是事隔三年之后的乾隆四十年,乾隆帝即认为:"有司视为具文,大吏亦忽不加察,谷数尚有仓储可核,而民数则量为加增,所报之折及册,竟有不及实数什之二三者,其何以体朕周知天下民生本计之心乎!"于是又下令:"现今直省通查保甲,所在户口人数,俱稽考成编,无难按籍而计。嗣后各督抚饬所属,具实在民数,上之督抚,督抚汇折,上之于朝,朕以时披览,既可悉亿兆阜成之概。"[1]至此,废除人丁编审之后的人口统计遂与"保甲编户"正式结合起来,以"弭盗安民"为要任的保甲法也从此为清查户口所倚重。

统治者曾屡屡宣称,人丁编审,是"欲知人丁之实数,不在加征钱粮",或"以周知天下生民之数"。[2]但事实上,人丁编审的主旨则是在于确定和掌握赋役的征派对象,而不在于是否想知道天下到底有多少人口。就户籍制度、人丁编审与人口税(丁银)的关系而言,人丁编审无疑是人口税(丁银)征收的基础。上述也已经指出,清初的人丁,不是实际的人丁数,只是承纳丁银的人丁定额,那么,清初人丁编审的主要意义在于人口税(丁银)的征收。在"摊丁入地"之前,丁银的征收已经呈现出纷杂之象,即:"皇朝户口,初亦有赋役。其制率仍前代,有分三等九则者,有一条鞭征者,有丁随地派者,有丁随丁派者。"[3]丁银的征收标准,各省各地不同,根据《大清会典事例》的记载,可以大致缕述如下:

---

① 以上未注明出处者均见光绪《大清会典事例》卷157《户部·户口·编审》,第2册,第981—983页。

②③ 《清朝通志》卷85《食货略五》,第7251页。

直隶布政使司所属人丁,每口三分至二两六钱不等。

奉天府尹所属人丁,每口一钱五分至二钱有差。

山东布政使司所属人丁,每丁科银二钱至三钱五分零不等。

山西布政使司所属人丁,每口一钱至四两五分三厘零有差。

河南布政使司所属人丁,每口一两至二钱零有差。

江苏布政使司所属人丁,每口一分四厘至一钱零有差。

安徽布政使司所属人丁,每口五分至五钱一分九厘零有差。

江西布政使司所属人丁,每口三分二厘至一两三钱四分六厘零有差。

福建布政使司所属人丁,每口八分三厘九毫零至二钱九分一厘有差。

浙江布政使司所属人丁,每口一厘至五钱七分二厘零有差。

湖北布政使司所属人丁,每口一钱五分四厘零至六钱四分三厘八毫零有差。

湖南布政使司所属人丁,每口三分零至八钱三分五厘零有差。

陕西布政使司所属人丁,每口一钱。

甘肃布政使司所属人丁,每口二钱。

四川布政使司所属人丁,每口一钱二分至五钱一分零有差。

广东布政使司所属人丁,每口一厘九毫零至一两三钱二分六厘零有差。

广西布政使司所属人丁,每口一钱五分至四钱五分二厘零有差。

云南布政使司所属人丁,每口三分至五钱五分有差。

贵州布政使司所属人丁,每口一钱五分零至四两零有差。①

上列是丁银征收的大致标准,但值得注意的是,"赋役不均"一直是传统社会的痼疾。"丁银虽有定额,但生齿凋耗之后,年老残疾尽苦追征,甚至包纳逃

---

① 光绪《大清会典事例》卷157《户部·户口·口赋》,第2册,第986—988页。此为"民丁"丁银征收标准,另外有"屯丁""灶丁"等不同的标准。

亡,贻累户族,……赋役原有定额,自流贼煽乱之后,人丁逃散,地亩荒芜,奸民乘机透露,良善株累包赔。或有田而无粮,或有粮而无地;或有丁而无差,或有差而无丁。甘苦不均,病民殊甚。"①这也就是顺治初年普遍存在的"包纳逃亡""熟地包荒"问题。顺治八年,江南苏松巡按秦世祯以"江南赋重差烦,征解失宜,民不堪命"为由,特上《兴除八事疏》,要求"田地业主自相丈量,明注印册,以清花诡",②显现出江南实行均田均役的信息。据当时先行实行均田均役的娄县、吴江、常熟等县的情况看,均田均役的办法大致相同,如娄县:"先将该县田地通盘打算,均分若干图,每图应均准熟田若干亩;一图分立十甲,每甲应准熟田若干亩。无论绅衿役民,一并照田编甲,则田必入图,图无亏田,永杜偏枯之弊矣。……夫绅衿役户,向有优免之例,故田多者类皆诡寄避役,其在图承役者,悉属贫民小户,独膺繁苦。今已仰遵朝廷一体当差之旨,并入均图,照田编甲。在钱粮则各自输纳,差徭则各自承应,既不偏枯亦无牵累。"③另据赵锡孝《徭役议》称:"何谓均田?统计一县之田分为若干图,图分十甲,每甲均入田若干是也。何谓均役?统一县之田,使各自编甲,或类聚偏甲,以图中第一甲当本图一年之役,至十年而周;或以本图一、六甲当本图上、下半年之役,至五年而周是也。"④据说,在这几个县中,"惟知娄县李复兴行之最为得宜,各属皆仿而行之。……娄邑自均役以后,流亡复归,荒芜日垦,邻邑外省相继取法"⑤。这种赞誉仅仅是问题的一个方面,事实上,由于绅衿地主拥有许多特权,且在地方上有着盘根错节的势力,均田均役很难如愿进行,随后仍不断有人指出:"因杂差繁苦,未免有亲族人等冒借名户,希图幸免,以致绅衿名下之田半皆影冒。""三吴田赋十倍于他省,而徭役困苦莫甚于今日,豪强兼并之家,膏腴满野,力能花诡避役,以致富者日富;贫弱无告之民,役累随身,每至流离逋负,将见贫者益贫。""差役偏重乡民,以役破家者接踵,小户附于大户求为代役,大户役使如奴隶,……

---

① 《清世祖实录》卷30,顺治四年二月癸未;卷88,顺治十二年正月壬子。
② 《清世祖实录》卷59,顺治八年八月丙寅。
③ 李复兴:《均田均役议》,《皇朝经世文编》卷30。
④ 同治《苏州府志》卷13《田赋二》。
⑤ 《清朝文献通考》卷22《职役二》,第5049页。

户役不均,始则病民;终则病国。"①所以,康熙元年、十三年又令江南苏、松两府再行均田均役之法。康熙二十九年,山东巡抚佛伦又上奏称:"累民之事,第一职役不均,凡绅衿贡监户下,均免杂差,以致偏累小民。富豪之家田连阡陌,不应差徭,遂有奸猾百姓将田亩诡寄绅衿贡监户下,希图避役。应力为禁革,请限二月之内通令自首,尽行退出,嗣后凡绅衿等田地与民一例当差,庶积弊一清,而小民免偏枯之累。"得旨:"绅衿等优免丁银原有定例,其乡绅豪强诡寄滥免,以致赋役不均,积弊已久,该抚所奏,直省应一体行下其事,九卿确议。"遂议定:"直省绅衿田地与民人一例差徭。"②至此,均田均役始告一段落。从中亦可见,均田均役是否有效实施,与绅衿地主的优免特权有着直接的关系,只有废除了绅衿地主的优免差徭特权,才能在一定程度上清除隐占影冒、赋役不均的弊端。

三、差徭的主要种类、工价及相关问题

摊丁入亩后,丁银摊入地亩征收,但凡逢"公事",如运送兵粮饷鞘、挑挖运河、兴修河工水利、修葺城池、皇上出行等,依然有"兵差""河差""工差""皇差"等差徭的征派,这些差徭也可统其名曰"夫差"。不过,康、乾、嘉、道时期的差徭征派与清初的徭役滥派已经有很大的不同,从总体上呈现出由纷乱无序走向制度化的轨道。

康熙朝以降,差徭征派与清初最大的不同,是由"无偿"的滥派到"有偿"的征派,大凡征派差役,都有"工价银"的给发,有所谓"凡遇公事,丝毫不以累民"之说。所以,在乾隆三十三年,乾隆帝在接到刑部有关民人"图免本地差役,谋求执照"的案件审理后,感到诧异,特地颁谕,要求直隶总督杨廷璋以及各省彻查。上谕云:"折内有直隶文安县民李仰尼图免本地差役谋求执照一节,殊属可异。现在各省地方丁赋皆有定籍,凡遇公事,丝毫不以累民,并无拨派徭役之事。即以云南进剿缅匪而论,京兵所过,虽不无稍资民力,

---

① 均见同治《苏州府志》卷 13《田赋二》。
② 《清朝文献通考》卷 22《职役二》,第 5051 页。

尚且官为给值,此外复有何事必须驱役平民?况李仰尼籍隶文安,并非驿路经由之地,与兵差更无干涉,今李仰尼肯出私钱图免差役,必系该地方官有借端扰累情事。其所关于民生吏治者甚大,不可不彻底跟[根]究。着杨廷璋详悉查明覆奏,并查通省情形据实奏闻,毋得稍存隐饰。……至各省或尚有因公差派名色及不肖有司借名抑勒闾阎之处,并着传谕各该督抚一体实力查察,将实在情形若何,详悉具折奏闻。"为此,直隶总督杨廷璋上奏称:"臣伏查借差扰民,所关甚大,李仰尼平日所当何差,必得亲讯方知确实。……据(李仰尼)供:在本县承应差徭,系每年修理民埝民堤,并交冬守栅支更,此系民间各自保护本地庄舍田禾,原不想求免,只缘在京卖帘,与赵云鹏买帘相识,因其询问在籍有何差役,故尔言及。又因其声言给照可以免差,故向其求取,后经赵云鹏持照索银,李仰尼即行退悔,答以无银,而赵云鹏即声言如不给银,必贻祸害,是以三次付与钱布荷包,其实照未取回。在县亦无另有别差,地方官并无借差扰累情事等语。臣查岁修民埝民堤以及各村庄于冬月守栅支更等事,皆民间自卫田庐,且俱为农隙时宫中办理之事。……并据布政使观音保、按察使周元理详覆,地方丁赋原有定籍,而一州一县不无差役,如地方河道、堤工,除帑工之外,一切民埝、民沟俱应岁修,村庄守栅支更皆用民力,或有过往饷鞘,除派拨兵役看守外,亦得拨夫支更,故绅衿有优免之例,年七十以上,亦许一丁侍养,免其差徭。至直隶办理一切差务,皆蒙皇恩发帑,并无丝毫累民。即如需用车马,俱系按日给价,大小工程,照例开销,或以工代赈,无不动支帑项。地方官实无借差扰累情事。"①杨廷璋既遵谕查明了所谓"图免本地差役,谋求执照"的真相,又说明了一切因公差役都按日给价,大小工程都照例开销,以工代赈的差夫也是动支帑项。

　　各省遵旨调查回复的情况也大同小异,间有特殊的说明和细致的列举。如河南巡抚阿思哈在概称"赋役之设,自古为然,……我朝圣圣相承,洞悉利弊,将丁银派归地粮,……凡国家差务,皆系发帑办理,并无丝毫扰

---

①　档案,乾隆三十三年十一月二十一日直隶总督杨廷璋奏:《为查明据实覆奏事》,朱批奏折,档案号:04-01-08-0188-001。

累闾阎"的前提下,特别指出引人注目的"黄河修防,办料雇夫,历来俱照常给价"。①江西巡抚吴绍诗在概称"江西力役丁银,久与田赋并征,并无差徭名色。……江西杂派差役,久经革除,一切往来水陆差使及起运接递等项,例应驿站应付者,俱各有额设夫船,如不敷用,又例得动支裁存银两雇募应用"外,特别指出,当时"派差给价"已经是民所共知,"铺户居民亦稔知例有明禁,不肯受其勒派"。并且重点指出了民事差派的用夫情况:"滨临江湖田地专借圩堤捍卫,向来农隙之时,田主、佃户协同培修,以御夏秋雨水,经管水利之员查催,工竣报明道府勘验,此系小民自卫田亩,与公事差派不同。至民间地保,役贱事多,各处乡间有畏充求免者。江西地保向系里民公举承充,官无抑勒。"②民事差派与公事差派不同,既有乡里"地保"的张罗,又有地方官员的监督,基本遵循"民事民办""民费民出"的原则。这一点,后面还有讨论。

江苏巡抚彰宝的遵旨调查比较细致,彰宝要求"江宁、苏州两藩司会同按察司严行查察"。据苏州布政使胡文伯、署江宁布政司江安、粮道姚成烈、按察使吴坛的调查称:

> 各属冲途有驿州县,遇勘合火牌及拨护饷鞘等项,俱有额设夫船,照例支给应付。其余过往差使,例不给驿者,俱系各员役自行给价雇用,地方官既不经手津贴,更与闾阎无扰。至州县自有本处公务,如兴建工程,多系动帑修理,所需夫工、料物,俱应照估给发。每届购料兴工之时,道府逐层查察。近来承办各员,凛遵功令,不敢克扣短少,铺户居民亦不肯甘受勒派。间有桥梁道路些小残缺,该地绅耆自愿捐资粘补者,地方官勘明,据情详报,听民自为经理,事竣酌量嘉奖。惟农田水利系民间切己要务,或支河应行开浚,圩岸应行加培,沟洫应行疏通,皆为旱涝蓄积所关,向例冬晴水涸,责令业主出食,佃户出力,各分地段,听

---

① 档案,乾隆三十四年三月二十六日河南巡抚阿思哈奏:《为遵旨查明覆奏事》,军机处录副,档案号:03-9983-040。

② 档案,乾隆三十三年十二月二十一江西巡抚吴绍诗奏:《为遵旨查明覆奏事》,朱批奏折,档案号:04-01-08-0188-006。

民自相为谋,地方官督察查催,于工竣报验,循行已久,舆情称便。近年苏、松、常、镇等属如三江水利,福山、塘河等处工大费繁,因民力未能一时兴举,奏请借帑挑浚,按田验派,分年完纳。又太仓州属嘉定、宝山二县河道潮灌易淤,有编定河夫钱文,岁加疏浚。皆俯顺民情,于田畴实多裨益。再查苏、松各属民间地保,向系百姓公举充膺,其有顶带之生监人等,恐伊恃符武断,不准举报充当。至于支更守宿,系民间守望相助之义,虽绅户齐民,一体自相轮值,均非官为派差。①

上引奏折十分重要,大要说明了几种情况:一是驿站差徭,特别是"勘合火牌及拨护饷鞘"等重要的兵差、役差,有"额设"的夫、船、车马,在固定的开支项目中开支;一般性的差使,则"自行给价雇用"。二是地方上的兴建工程所需要的夫、料,"动帑"("帑"大多数情况下专指"帑银""皇帑",这里指动用地方所存公项)修理,估价给发,一些小的桥梁道路工程,由民间自行料理,主要是由绅衿富户捐资。三是"民间切己"的农田水利,包括小河流的开浚、圩岸的培固、沟洫的疏通,"听民自相为谋",由民间自行筹办,自行出夫。四是大一点的水利工程,因为不属于国家工程的开支范围,又必须兴办,且"工大费繁",因此"借帑挑浚,按田验派,分年完纳",同时又有"编定河夫钱文",用这些摊派的钱粮雇夫或出夫兴办。这意味着,在原来额定丁银摊入地亩后,又有新的差徭钱摊派。五是村民的"支更守宿",由绅户齐民轮值,不属于官方的差徭。

上述大要说明,官差由官方出资征派,民差由民间自行办理;而介乎官差、民差之间,还有一种"半官方"的差役征派形式,这种差役征派,是在额外摊派差役钱后,雇夫或出夫兴办有关工程。

重要的差徭如兵差、皇差、工差以及"以工代赈"等,值得特别注意。

至于兵差,笔者在《清代军费研究》中,对正常时期军粮、饷银的运输所规定的差役脚价银定例已经进行了列示,有关省份的给价标准,如下表②:

---

① 档案,乾隆三十三年十一月三十日江苏巡抚彰宝奏:《为遵旨查察实在情形事》,朱批奏折,档案号:04-01-08-0188-003。

② 参见陈锋《清代军费研究》,第213—215页。

直隶等省平时转运军粮、饷银脚价标准

地区＼类别	运粮每石每百里给银		运银每万两每站给银	
	陆 路	水 陆	夏 秋	春 冬
直 隶	0.1 两	0.015 两	0.3—0.5 两	0.35—0.55 两
山 东	0.1 两	0.02 两	0.3—0.38 两	0.35—0.38 两
山 西	0.1 两	—	0.3—0.5 两	0.35—0.55 两
河 南	0.14 两	0.01 两	0.3 两	0.35 两

战时的军需物资转输，雇用车辆、马驼、人夫的"给价"，要比平时高，乾隆年间颁定的《户部军需则例》规定了各项标准，如《陆路运送军粮脚价》事例规定："运送军粮，口内口外，以百里为一站，口内每石给车价银一钱五分，口外给车价银四钱。若车辆难行，雇觅马骡驮运，无论口内口外，每石每百里给银三钱。或山路陡险，车马难行，必须人夫背负，均以每米一石，用夫三名，口内每名每站给夫价银五分，口粮米一升，口外每名每站给夫价银八分，口粮米一升。"又如《运送军装军火物料脚价》事例规定："凡运送军装、军火等项，沿途地方先尽额设所车、所夫应付，如不敷用，始准雇用民车、民夫。口内口外均以一百里为一站，口内按一百三十斤每站给车价银一钱五分，口外给车脚银四钱。如山路陡险，车辆难行，雇用马骡驮运之地，照运粮例每一百三十斤给马一匹或骡一头，每匹头无论口内口外给加价银三钱。"①当然，战时夫役运送军需的给价标准更为复杂，每次战争也有特殊的个例和随时的奏请更定，战时军需则例并不能完全反映每次战争的给价标准。笔者在《清代军费研究》中已经专列战时"安设驿站和军需物资转输之费"一节，对此进行了一些探讨，指出："战时军需物资的转输是后勤供应的集中体现，除了开通转输线路、理顺转输方式外，主要涉及四个问题：一是官为制备运输工具，二是公用民间运输工具，三是征调役夫，四是支发运送脚价。"并引用了几份档案材料予以说明，可以参考。②除引用过的档案材料不再列示外，

---

① 乾隆《钦定户部军需则例》卷 5《运送脚价》。另外还有《水陆运送粮石脚价》《运送军营饷银脚价》等，可以参考。按：乾隆《钦定户部军需则例》为乾隆五十年刻本，笔者在国家图书馆发现此书，并在《清代军费研究》中首次引用，近年已经多有学者注意该书。

② 陈锋：《清代军费研究》，第 232—235 页。

其他乾隆年间以及嘉道年间的有关档案材料也很能说明问题。

乾隆二十三年，为应付"准回之役"的兵差，河南巡抚胡宝瑔专折上奏："豫省之安阳县入境，至闵乡县出境，计程一千一百余里，乾隆二十年，索伦等兵经过，安设十台（按：乾隆二十一年，察哈尔等兵经过，安设八台站）"，此次依照索伦兵经过事例，安设"台站"十台，每台设置营盘，安设帐房，并按州县大小、远近，分别雇觅车辆、船只、骡马、人夫。其中，车辆和骡马，"每台安车二百八十辆，十台共需雇觅车二千八百辆，更番供应。每车四套，务选壮健骡马，每百里每头匹给银三钱，每辆共给银一两二钱。守候、回空概不支给"。雇用人夫，按照"两马一夫"的标准，"每名日给口粮银四分"。过渡黄河，雇用的民船、船户、水手，"雇用民船一百二十只，船户每名日给工食船价银八分，水手七名，日给工食银四分"。①这里说明了台站的安设、车船马骡人夫的雇用及其给价标准，并特别指明，在守候和回空之时，相关价银不予支发。

乾隆三十四年，为应付"缅甸之役"的兵差，湖南巡抚方世俊奏称："乾隆三十三年钦奉谕旨，派出健锐、火器二营兵丁四千名，分起前往云南进剿缅匪，准部咨令沿途照例应付马匹车辆、廪饩口粮。……湖南自澧州顺林驿起，至沅州府芷江县晃州驿止，共计一十八站，各站程途有六十里、七十里、八十里不等。……湖南路多山径，不通车辆，各驿额加马匹不敷，添雇民马应付。军装行李亦于站役不敷之处，添募民夫运送。官兵过渡处所，均令雇备船只。……添雇民夫、民马脚价，以及雇备船只应给船户水手工食，均系按照乾隆三十二年之例核实给发。……总共用银三万九千三百二十二两七钱九分，俱在于司库封贮军需银内动支给发。"②这里的"台站"没有另外安设，完全利用原来的驿站，马匹、人夫也是在利用原来额设驿马、站役的基础上，有不敷用的情况才另外雇用民夫、民马、民船，援照之前的成例给发，因此，额外开支的脚价也主要是这一部分，并且在专列的军需银内开支。

---

① 档案，乾隆二十三年七月十四日河南巡抚胡宝瑔奏：《为奏明事》，朱批奏折，档案号：04-01-03-0070-007。

② 档案，乾隆三十四年二月二十四日湖南巡抚方世俊奏：《为奏明应付兵差动用银两事》，朱批奏折，档案号：04-0103-0127-003。

以上两例,是兵马过往之地的应差情况,安设台站和雇用差役的情况,远不能和用兵地区相比。用兵地区的情况,兹以乾隆"二次金川之役"为例加以说明。当时,木果木、丹噶、绰斯甲布、丹东吉地"各路"的台站安设与雇夫情况如下:

> 木果木一路:自桃关至卧龙共十站,夫四千二百名。自岩洞至猛固桥共十一站,夫五千四百名。自破碉至木果木大营共八站,夫六千八百名。自桃关起至木果木止,通计二十九站,共安夫一万六千四百名。

> 丹噶一路:自雅安县本站至灵关共五站,共夫一千一百名。自木坪至钦义共十二站,安夫二千五百名。自美诺至丹噶大营共五站,安夫三千六百名。

> 绰斯甲布一路:自灌县本站至木堆共九站,共夫三千一百名。自杂谷脑至梭磨共十五站,安夫六千名。自乾羊沟至八儿康共四站,安夫一千六百名。自松岗至阿立共八站,安夫四千八百名。自周叟至宜喜大营共七站,安夫三千六百名。

> 丹东吉地一路:自章谷至丹东共八站,安夫一千四百名。

> 以上各路共计一百零二站,共需夫四万四千一百名。内除就地雇夫三千名外,实需粮夫四万一千一百名。①

大多数台站为用兵期间所开设,台站的夫役,或一二百名,或三四百名不等,但由于一些特殊情况,也多有超出此数者,如"桃关为西路、绰斯甲(布)两处交汇出口之地,分运粮米、军火,用夫较多,是以安夫六百名","猛固一站,为西、南、中二路总汇之区,应安夫一千名,以资分运","破碉至松林口,系新开饷道,接运大营米石,用夫较多,是以每站安夫八百名"。以上的用夫已经达到四万余名,这也只是部分用夫。"二次金川之役"的用夫,据称"自(乾隆)三十六年五月为始,至四十年闰十月为止,各州县雇解

---

① 档案,乾隆三十九年十一月(呈报者不详):《各路站员、夫数清单》,军机处录副,档案号:03-1109-084。该清单冗长,简要列示。

及换班人夫约共有五十九万一千三百有零"。其"夫价"银的支发错综复杂,每案的报销也不一致,①据第三十三案奏销,运送火药,"每五十斤用夫一名,口内每名每站支工价银五分"②。同时,由于程途遥远,雇用的夫役,除了按日支给工价、口粮外,开始有返程"回空银"和居家"安家银"的支发,按雇用的五十九万一千三百多夫役,"以每名给安家银二两计算,应给发银一百十八万二千六百九十余两",数额巨大,但实际上"已发银十一万一千五百四十余两,约计节省银一百七万有余"。③号称"节省",实际上是未兑现安家银的承诺。

乾隆五十六年,平定台湾"林爽文之役",由于是跨海用兵,据"台局(即"台湾军需总局")军需第十五案"奏报,"绿营官兵马驼例给人夫之外,将随带军装等项另案五十斤雇夫一名抬送,每夫每四十里给工价银二钱四分,口粮米一升。……台地雇夫,照金川口外例,每夫于正价八分,口粮米一升之外,加给回空银八分"。④夫役的待遇要比内地优厚。而且夫役回空银的给发已经成为基本固定的制度。⑤此后历次战争,夫役回空银的给发大多援案执行。嘉庆元年,暂署四川总督孙士毅奏称:"查金川成案,夫运军粮,正价之外,口内每夫一名,加给回空口粮折银五分,口外八分。历经遵照奏定章程办理在案。此次进剿逆酋(即"征苗之役"),雇募人夫,分拨各站,用供挽运。川省跬步皆山,各夫负重行远,一日难以转回,必须给予回空,方足以资口食,是以自军以来即照此支发。所有黔、川、楚三省现在均系一律办理。"⑥

---

① 据笔者梳理,乾隆"二次金川之役"的军费报销共编造正销871案,补销6案。参见陈锋《清代军费研究》,第270页。

② 档案,乾隆四十一年七月三十日刑部尚书署理户部尚书英廉题:《为会核请销等事》,户科题本,档案号:02-01-04-16821-009。

③ 档案,乾隆四十一年二月初二日定西将军阿桂奏:《为奏闻事》,朱批奏折,档案号:04-01-01-0354-019。

④ 档案,乾隆五十六年十月初三日大学士管理户部事务和珅题:《为题销等事》,户科题本,档案号:02-01-04-17645-007。

⑤ 按:在第二次"金川之役"以前,已经有回空银的给发。据称,"乾隆三十二、三、四等年,叠蒙恩赏银两,先后定议奏明,按各车赴站住宿守候、回空等日,每日给草料银六钱"。此时,尚属特例"恩赏",未形成"定例"。档案,乾隆三十五年七月十八日直隶总督杨廷璋奏:《为钦奉上谕事》,朱批奏折,档案号:04-01-01-0287-044。

⑥ 档案,嘉庆元年二月初二日暂署四川总督孙士毅奏:《为吁请照例赏给人夫回空银两以资口食事》,军机处录副,档案号:03-1707-004。

到嘉庆初年的"白莲教之役"期间，已经出现用夫混乱、报销混乱的情况，嘉庆三年的造报与驳查、准销情况如下：

一、造销汉、土兵丁每百名支用长夫四十名。部议，魁伦未奏以前，只准以二十名造报。驳去一半，共计银四十六万八千三十一两六钱四分四厘五毫。

一、造销随征乡勇每百名支用长夫二十名，乡勇头目每名给夫一名及半名不等。部议，魁伦未奏以前，全不准销。共计银五十四万一千一百八十三两九钱二分。

一、造销满兵驼马驮折。部议，魁伦未奏以前，全不准销。共计银二十一万九千七百四十二两八钱九分二厘六毫。

一、造销满兵驼马驮折，本系全支，魁伦未奏以前，全不准销。除查照魁伦奏准半支之例，赔减一半外，其余例应入销共计银一十五万三千六百五十七两六钱二分六厘五毫。[①]

以上用夫和驼马驮折所用银两数额巨大，不准报销的款项达到一百数十万两之多。经过反复驳查和一再要求"仰恳天恩，俯照魁伦奏案，饬部准销"，还是有些款项不准奏销，不准奏销之银有七个款目，"共银八万九千五百四十两二钱五分一厘，应请于承办之院司道以下各官及粮员等名下分别捐赔"。[②]

征发兵差，涉及军方和地方，头绪繁多，例价不一，不准报销，令领兵大员特别是地方官员"捐赔"和"分赔"的现象，在乾隆年间已经出现。乾隆三十五年上谕："兵丁赴滇，一切俱有动支官项，又恐正款不敷，经朕特旨，屡次加赏银两，交沿途各督抚悉心妥办，务期支用，不致稍有拮据，地方官何得尚有更需赔垫之事？甚至多方借口，竟于库项内动款帮贴开销。况兵丁过站时，不过按例雇用夫马，支给盐菜银两，自有一定成规，此外并无额外预备情事。其大道、公馆亦只就各县公所、饭店扫除供用，且属兴兵以来早已办有

---

①② 档案，嘉庆朝（具体时间与呈报人不详）：《嘉庆三年以前军需报销案内部驳驳折人夫及扣出不准入销各款清单》，朱批奏折，档案号：04-01-03-0137-021。

之地,又何至屡请修理,添建种种,徒滋繁费?"要求各省上报。湖南上报称,因不准报销之兵差银两,湖南各级官员,"三十二年,公捐过银二千八百两;三十三年,公捐过银二万三千七百两;三十四年,公捐过银一万四千四百九十两,计通共捐过银四万九百九十两"①。其他办差省份不准报销而需要"公捐养廉银一万余两"②。这种现象,到嘉庆初年的白莲教之役趋于严重化,官员"分别捐赔"屡见不鲜。此后亦然,道光二十三年,江西巡抚吴文镕上疏奏明第一次鸦片战争时期以及此前江西的分赔摊捐情况:"前年英夷不靖,滋扰海疆,……节次调派湖北、湖南、四川、广西及江西本省官兵前赴广东、浙江、福建、江苏、安徽等省协剿防堵。……及事竣撤回,由江西境内经过道路绵长,值江省连年被水,柴米食物价俱昂贵,兵丁盐菜口粮及船户人夫脚价饭食,照例开支,委实不敷食用,均不得不酌量加给。……各款统计共用过银十九万九千八百二十三两一分七厘,内有例准开销者,亦有例不准销,而用所必需者。……臣与藩、臬两司公同酌议,所有前项用过兵差等银,同嘉庆四年清查案内未完亏项及道光七年承造直隶剥船案内应捐核减运费,通共计银二十九万三千二百四十四两六钱四分二厘五毫,合无仰恳天恩,准俟挪垫民欠照数补完后,再分作八年,一并接续摊捐归补,每年摊捐银三万六千六百余两。"③

官员的摊捐分赔,名义上是摊扣官员的廉俸,事实上将开启地方官员的加征钱粮之门,即如晚清时人所言:"军需则例内载,河南每车百里,给价银一两,先尽额车应付,如额车不敷,始准雇用民车。倘所用车辆较多,必须邻境雇觅及轮番供送,程站较长,有应酬给到站回空、守候等银者,临期许该督确核情形,据实陈奏。……非加倍给赏,未易雇觅。河南向来支办兵差,每三套大车一辆,日给行价钱三千文,二套大车一辆,日给行价钱二千文。如遇雨雪,载途车辆缺少之时,甚有每辆给价四千、五千及六七千文者。除例

---

① 档案,乾隆三十五年闰五月十五日护理湖南巡抚印务、布政使三宝奏:《为遵旨覆奏事》,朱批奏折,档案号:04-01-01-0287-032。

② 档案,乾隆三十五年七月十八日直隶总督杨廷璋奏:《为钦奉上谕事》,朱批奏折,档案号:04-01-01-0287-044。

③ 档案,道光二十三年十二月初一日江西巡抚吴文镕奏:《为各属应付兵差等项用过银两请摊捐归款事》,朱批奏折,档案号:04-01-35-0676-077。

销银数外，其余皆系州县赔垫，地方因之苦累，交代动多缪辖。……设或州县因办差竭蹶，将被严参，势必各顾考成，剥削闾阎不遗余力，小民困于徭役。"①

上已述及，乾隆年间甚少或基本没有差徭银的摊派，所谓"国家差务，皆系发帑办理，并无丝毫扰累闾阎"。嘉庆以降，差徭银开始重新摊征，或由暗派走向显性化，既与吏治的腐败有关，也与地方官员摊捐分赔、设法取偿关联。嘉庆十一年，直隶河间曾因无休止的摊派差徭银，酿成恶性事件，据河间府河间县周流庄村民方云龙、秦端儒、孙异馨、冯鸣玉、高登魁、秦有德的联名呈状称：

> 身等地方，为差徭科敛，日不了[聊]生，自春至六月间，共办差钱六百九十千（按："千"即千文、一串），俱有差单可证。至七月间，又票派皇上坐马三四，折钱一百二十千，立勒身村全完。身等因村小钱多，又兼农忙、水涝，不能立时凑齐，现交该役柳得功等清钱六千，言明再迟数日即便全交，不料伊等自吞肥己，反以抗不办公具禀县案。本县主亦不分皂白，于八月初八日差了七班头役，带领散役百余名，俱各头勒白布，手持铣勾铁尺绳鞭等械，寅夜突入身村，捆拿乡民，逾墙夺户，抢入卧室，将村民赤体绑缚。此时男女之别，身等诚有不欲言者。抢掠财物，家家俱无漏网。又将文生孙玉振之父揪落辫发，右腿打折，剥尽衣服，弃之荒野。身村被伤而逃者不能胜数。……伊等即以民变诈禀，于初九日潘捕厅、李千总、高外委统领七班壮役、马步官兵数百余名，各执军械，赴身村剿灭穷民，声势所加，人难措手，无论老幼男女尽皆哭泣四散，委弃家私，任伊抢掳，真所谓大兵一过，家室一空。②

村民被知县、吏役、勇役、官兵催征差徭钱及被镇压的情况惨不忍睹，而"差徭科敛"也确实频繁，该《呈状》所附半年的"差单"如下所示：

---

① 档案，光绪二十六年闰八月二十六日河南巡抚裕长奏：《为豫省过境兵差络绎，州县供支竭蹶，拟请于例销价值外酌加津贴事》，朱批奏折，档案号：04-01-01-1041-047。
② 档案，嘉庆十一年直隶河间县民方云龙等：《呈状》，军机处录副，档案号：03-4357-011。

知县差单：

正月十八日，兵房任书办派西陵坐马二匹，折钱七十千。

二月十六日，兵房袁书办派马车一辆，折钱二十四千。

三月十二日，军需马车二辆，折钱二百千。又富户马四匹，折钱六十千。

四月二十八日，木柴四千斤，折钱八十千。又杆草九千斤，折钱一百一十七千。

五月间，工房派砖瓦灰料，折钱六十千。

六月二十一，牛车一辆，折钱三千。

捕厅差单：

二月二十日，扛椽八十根，折钱二十四千。

四月十五日，扛椽八十根，折钱二十四千。春栽折钱二千。

六月初二日，扛椽八十根，折钱二十四千。酱麦折钱二千。

七月间，坐马三匹，折钱一百二十千。

八月二十六日，木柴八千斤，每斤发价一文，折价二十四文。杆草二万六千四百斤，每斤发价一文，折价一十四文。

自春至七月间，共办牛车二百余辆，每辆壮牛四只，官用三日，共发价二百五十文。

该"差徭钱"涉及车马牛和物料，无所不派，大都"折钱"上交，大多没有"发价"，直接派办，少许有"发价"，但也仅仅是名义上的，寥寥无几。这种现象，其他省份亦有，道光三年有人奏称："晋省为五省通衢，差务络绎，物价倍于他省，向遇雇备过路车马，各州县多归里下承办，借资民力，各出分厘，协济差徭，相安已久。"①这份奏折"附片"说得比较隐晦，但从各州县"各出分厘，协济差徭"来看，属于摊征无疑，而从"相安已久"来看，也绝不是道光初年才有此类事情。道光十一年，江南道监察御史周作楫所言，已是直截了当："直隶地当冲途，差事往来络绎不绝，各州县供应车马，遇有缺乏，不能不借资民

---

① 档案，道光三年奏折附片（具体日期和上奏人不详），朱批奏折，档案号：04-01-07-0002-001。

力,百姓摊派官差,已非一日。但百姓之车马原以借供差事之用,差事已毕,即可听其领回,于官民两不相妨。乃臣近闻直隶州县派差之弊有不可胜言者:一累于乡保之浮派。每于差事过境之先,纷纷出票,勒派各户车马,十倍于差事之用。除供应差事外,其浮派车马,勒令各户折钱入私。如不折钱,则将车马扣留变卖。此乡保之害也。一累于书差之勒索。当百姓派出车马之后,一经输纳,差事既竣,即算官物,不准领回,百姓吞声而去。而自备车马缴送到官,书差之勒索规钱,刁难更甚,计车一辆,须缴钱四五千文,马一匹须缴钱三四千文,方准登簿验收,名为'缴车马钱'。如无缴钱,则勒扣不收,或以车敝马瘦为词,或以抗违官差加罪,私押差房,百端磨折。此书差之害也。夫百姓之车马原以借资为名,既一借而不还,复浮派而多索,百姓以差事为受累之端,差役以差事为分肥之幸。"①

兵差之外,皇差也是一种重要的差徭。皇差包括京差和皇帝巡视各地的差务,直隶等有关省份应办皇家之差,在摊丁入地之前的康熙年间已经开始给发差价;其存在的问题,主要是给价不敷,必须另外贴补。如山东道监察御史杨开鼎所说,办理京差需用车辆人夫,"每次或二三百辆,或四五百辆不等",而"康熙年间官给车价,止定五钱",所给"官价实属不敷",乾隆初年,给价标准有所提高,但仍然给价偏低:"每车日给银七钱二分,守候日给银五钱二分,回空日给银三钱六分。车户因官价不敷所用,往往闻风藏匿,以致每逢京差,承办车辆官员百般掣肘。……车户之视为畏途者,……价值之赔累实不能堪,盖每逢皇差,所经地方草料等物,价倍京城,而一车四马,所费不下五六钱,且每辆车户一名外,或偕行一二人,以备途次之疾作等事,相为照应,则七钱二分何能敷用?况此辈行役多日,家计所资,又何所出?"②不敷的价银,大多有地方贴补。笔者查到一件"历次恭办差务"的清单,从中可以知晓历次派差规模、例价标准、总体耗费以及贴补添赔的具体情况。该清单具有重要的史料价值,特示列如下:

---

① 档案,道光十一年二月初一日江南道监察御史周作楫奏:《为直隶差徭百姓受累弊端种种,请饬下地方官严查禁革事》,军机处录副,档案号:03-2851-001。
② 档案,乾隆十年二月初四日山东道监察御史杨开鼎奏:《为请除民病事》,朱批奏折,档案号:04-0135-1235-014。

一、历次恭办木兰大差，自口内至热河，应调、安设台站，并前班兵部随营以及校尉协济各项，共需马一千三百五十三匹，按一百日核算，除应领工料外，需赔银二万七千六十两。自热河至哨内，各项马一千二百一十匹，按七十日核计，除应领工料外，需赔银一万六千九百四十两。再，马匹调赴差所，倘本处差务不敷供应，即须随时添雇，约需赔银六千两。是马匹一项，约需添赔银五万两。又派调供应校尉人等装载行李并协济口内口外差使，共大车一百零八辆，需添赔银一万九千五百六十两。又各行档往来办差，启跸、回跸二次共大车一百四辆，需添赔银六千二百四十两。以上马匹、车辆二项，共需添赔银七万五千八百两。

一、恭办圣驾展谒东陵差务，应调、安设台站，并校尉、兵部随营各项马一千一百八十四，所调马匹之处，道路远近不一，自本号起程之日起，至差竣回槽之日止，按三十日均匀牵算，核计约需添赔银六千七百八两。又随营各行档往来办差，共大车六十辆，约需添赔银三千六百两。以上马匹、车辆二项，共需添赔银一万三百八两。

一、恭办巡幸热河差务，应需各行档车辆，向由顺天府尹于所属州县，按"旗三民七"分派，由内务府发给例价，其不敷之车，于司库拨给银四千两，交大、宛两县添雇。所有例价不敷，顺天属州县自行赔垫，每州县约需添赔银一千两。

一、恭办巡幸热河差务，各行档车辆中途间有疲乏或遇大雨泥泞，必须预备填补，系昌平、顺义、怀柔、密云四州县各雇备二三十辆，每站日给银二两，往返约计十余日，向由差局筹议，止给前赴热河脚价。承办州县尚需各赔银一千两。

一、南府学艺人等应用车辆，约需银七千六百余两，除由司库例给银一千六百两外，承办州县约需赔银六千余两。

一、恭办巡幸木兰御道差务，自古北口至热河，又自热河至哨门道段，系承德府州县承办，除例价外，由司另派州县筹款津贴。如由东路进哨，津贴夫价银二千四百六十两；由西路进哨，津贴夫价银二千八百二十两。查据藩司准热河道札会，实需夫价银一万一千七百六十两，除司库津贴外，承德府州县尚需赔垫银九千两。

一、恭办圣驾展谒东、西两陵及巡幸热河御道差务，向于通省各州县轮流派委，分段承办。计巡幸热河差务自京至古北口，派道二十段；东陵及汤盘山差务，派道四十段；西陵及潭柘等处差务，派道三十四段。每段酌分难易，自四五里至十二三里不等。通盘核计，除例价外，每次办道州县，约需赔垫银一二万余两不等。

一、恭办巡幸热河差务，经由州县应搭正、副桥座，自十余座至五七十座不等，每座自二三十丈至百十丈不等。每届差务，正值大雨时行之际，河水盛涨，桥座易致冲刷，有抢搭支二三次者，料物不能不多为预备，除例准开销外，通盘核计，每次截长补短，约需赔垫银一万余两。

一、每次圣驾驻跸行宫，御茶膳房等处以及内围各行档，应需水缸等项器具，均令地方官宽为预备，即名为"宫门支应"，……除由司库每处酌给银六百两外，其不敷之项，系承办州县赔垫，多寡不等。

一、历次差务，所有御膳房应需柴炭及上驷院各项马驼应需豆草，向由兵部给票，令地方官备办，除例价外，系由承办州县垫给应付。①

以上列举的差务，所需车马人夫不在少数，一般由"差局"筹议办理，所需要的银两除由司库给发一定的"例价"外，大多由州县添赔，添赔最多的为"木兰大差"，一次木兰大差的添赔银达到七万余两，其他差务数额不等。巡幸热河差务，由"顺天属州县自行赔垫，每州县约需添赔银一千两"；巡幸热河差务，"承办州县尚需各赔银一千两"；巡幸木兰御道差务，"承德府州县尚需赔垫银九千两"；等等。值得注意的是，由官方支发的"例价"银两来源于两个部分：一是"由内务府发给例价"，亦即由皇室支发，属于皇室财政的支出范围；一是由"司库拨给"或"司库津贴"，亦即由地方藩库支发，属于地方财政的支出范围。而添赔或赔垫银两，基本由顺天府和直隶省所属州县承担，这也正是直隶皇差独重、不断摊派差徭钱的根由。

更为重要的是，这种差徭钱的摊派，一般典籍记载疏略，地方大员也少

① 档案，嘉庆朝(具体呈报日期及呈报人不详)：《历次恭办圣驾巡幸、谒陵需用营兵、车马银两清单》，军机处录副，档案号：03-1715-003。

有奏报,形成所谓的"外销差费"。对此,嘉庆二十五年,河南道监察御史蒋云宽曾经直陈:"伏查直隶差次费用,名目不一,有难以报销而必须使用者,名曰'外销差费',如每遇皇差,一切桥道工程、车马支应等项,虽有经费,不敷支销,往往责令民间供应。此项差费,由司道派之州县,州县派之民里,相沿非一日,而历任总督皆未经据实陈奏。司道因派差未经奏明,遂畏州县之挟制,凡派银两,不敢印札明取,但令差局委员潜通信息,于是州县中之贪劣者,借此加倍派敛,而司道无如何也。州县以司道未经明派,亦畏绅士之挟制,不敢按地均派,但令书役向里民暗中调拨,于是吏胥中之刁恶者,借此任意科敛,又倍于州县所派之数,而州县亦无如何也。又乡间办差各处情形不同,省北州县,有旗办三而民办七者,有旗不办而民独办者。省南州县,有绅办三而民办七者,有绅不办而民独办者。至于胥役之家,并不办差,则通省皆然。因而地亩稍多之户,或纳监,或捐职,或挂名衙门,以图免差。强梁者且并其亲戚族党而包揽之,日复一日,以致不办差之户日益多,办差之户日益少。惟地亩最少之良民,竭蹶应差官无虚岁,而州县借差肥己,又每有增而无减。是所利者官吏,而所累者闾阎,所宽者富绅,而所蹙者穷黎也。伏思此等差务,该省大吏总以不累民间为词,其实阳奉阴违,无非出自派敛。盖缘经费有常,不敷支销,自不得不借资民力。"这些"差费"(差徭钱)的摊派,虽然"相沿非一日",官知民亦知,但由于未经奏明,显然属于"暗派",由此导致了"任意科敛"等一系列弊端。因此,蒋云宽认为:"与其暗行派办,不如明定章程,均其徭役,俾有所遵循,齐力奉公,不致偏累穷户。"并且要求:"嗣后每遇皇差,令司道核算差费所需,按各属粮租之多寡,酌定出费之等差。详明总督,即用印札饬各属,该各州县照所定差费,明出告示,实贴臣(蒋云宽为直隶人)城乡,无论旗汉绅民,按地匀派,汇解省城,再行给发承办之丞倅佐贰及候补牧令等员分别承领,备办车马桥道、支应工程及一切差务。"①这些要求应该是合理的,但未见朱批议驳或奉行。

皇帝巡视各地,特别是引人注目的南巡期间的差务,也非常突出。康熙

---

① 档案,嘉庆二十五年十一月初一日河南道监察御史蒋云宽奏:《为恭请均减徭役以纾民困事》,朱批奏折,档案号:04-01-35-0053-038。

帝有六次南巡，乾隆帝也有六次南巡，每次南巡都有大量的差务派遣和经费耗用。如乾隆三十年乾隆皇帝第四次南巡，山东应付南巡回銮，据户部尚书阿里衮题报称："山东巡抚崔应阶咨称，乾隆三十年春，恭逢皇上、皇太后南巡由水陆回銮，扈从官员坐用江南船只，山东省发过船价并水营雇备纤夫给过口粮银两，……扈从官员坐用大小船五百二十八只，每只日给价银二钱至七钱不等，共用船价银三千六百八十五两二钱五分。又水营十五座，内滕县水营一座，雇备纤夫一万名，预集二日，每名日给银二分二厘，用银四百四十两。又皇上赴徐州，往回守候二日，每名日给银二分二厘，又应差挽纤一日，每名日给银五分，用银五百两，共银一千三百八十两。又德州水营二座，皇后回銮（引者按：三月初九日），每处雇备纤夫四千名，共八千名，预集二日，应差一日，每名日给银九分四厘，共用银七百五十二两。又皇太后（引者按：四月初六日，和皇帝一起）回銮，每处亦雇纤夫四千名，共用银七百五十二两。二共银一千五百四两。其余峄县、济宁、嘉祥、汶上、寿张、阳谷、博平、临清、夏津、武城、恩县等州县共水营十二座，每座雇备纤夫一万名，预集二日，应差一日，每名日给银九分四厘，该银九百四十两，共银一万一千二百八十两。通共用过夫价银一万四千一百六十四两，应请在于司库充公项下开销。"①据此可知，回銮所用的船只为江南之船，山东需要支出的银两包括船价银、纤夫银和安设运河边的"水营"营盘费用，其中的差夫（纤夫）各有给价标准，所有的"夫价银"计一万四千余两，在"司库充公项下开销"。该年南巡的主要目的地江苏，应付"一切船只、人夫、马骡、斗草麦面，以及行宫名胜、器具什物、御马舟棚"等项用银，其标准"查照上届成例奏明动支"，即按乾隆皇帝第三次南巡（乾隆二十七年）的成案办理，除船只（雇用各项应差船二千三百五十四只）、差夫（包括纤夫、旱夫、杠夫、粮夫）的给银标准各有定例外，有关费用在哪些项目中开支也非常重要。据称："江宁、淮安、扬州、徐州各府共请销银一十二万六千七百九十三两，内动江南司库地丁银六万四千八百一十两零，杂税银九千七两零，耗羡银四万六千七百二十九两零，匣费银

① 档案，乾隆三十二年十月初五日户部尚书阿里衮题：《为转行事》，户科题本，档案号：02-01-04-15937-005。

六千二百四十五两零。苏州、常州、镇江各府属共请销银四万六千五百三十一两零,内动苏州司库地丁银一万一千五百六十三两零,杂税银四百三十一两零,耗羡银二万九千一百五十两零,匣费银五千三百八十六两零,通共请销银一十七万三千三百二十四两零。"①可知,以上所标举的费用在地丁银、杂税银、耗羡银、匣费银中支出(其中,地丁、杂税、耗羡为税收正项银,匣费为盐商摊征的盐务经费银),并没有动用盐商专门为皇帝南巡所报效的银两。

清代的"工差"包括运河、黄河、淮河工差,江浙海塘工差,修葺城池工差,以及民间堤垸工差,等等;挑浚修筑运河、黄河等工差为官差,修筑堤垸等为民差。官差与民差性质不同,其"给价"的方式也不同。

在清代早期,山东等州县曾经有"河夫帮贴银两",在田赋钱粮之外"按亩另柜征收";因为工程频繁,"派累甚多,民苦烦扰",所以,于雍正十二年"归入地丁项内摊征"。②这要比一般所说的"摊丁入地"要晚,既然是"另柜征收",就属于额外加征,有专款专用的意味,与一般的丁银征收并不相同。在河夫帮贴银归入地丁项内摊征后,河夫工差另外给价雇用。署理东河总督兰第锡在谈到运河工差时说:"运河挑工,每年冬月回空过竣,至次年春季重运北上,计期八十余日,向系调集各厅汛兵、浅闸夫,按名分土计工立限。其大挑之年,例拨司道库银一万七千二百余两,为添募民夫之用。"也就是说,在每年冬季的"例挑"疏浚运河时,一般是由额设的汛兵、浅闸夫承担;在"大挑"时,由于工程量加大,才添募民夫。兰第锡上奏的时间正是"轮届大挑"之年,"除额设兵夫计工扣限,例应河员督率力作,不计钱粮外,统计雇募民夫需用工价、器具银一万六千九百四十一两零,循照向例,发交沿河州县雇夫办理"。③而运河沿线漕运船只所需要的"关缆人夫"则是经常性的雇用,如淮扬一段运河,惠济、通济、福兴、清江等闸,常需"人夫三四百名至八九百名

---

① 档案,乾隆三十二年八月十八日户部左侍郎英廉题:《为奏明事》,户科题本,档案号:02-01-04-15927-018。

② 档案,雍正十三年十一月初二日东河总督王士俊奏:《为请旨事》,朱批奏折,档案号:04-01-35-0001-031。

③ 档案,乾隆五十年十一月初七日署理东河总督兰第锡奏:《为运河大挑工程确核夫工银数事》,朱批奏折,档案号:04-01-05-0064-002。

不等，需费浩繁"，在漕船未到之前，由专门的类似包工头的"夫头"负责招揽，由"漕督分派谙练备弁人员"负责稽核，"视水势之高低，风色之顺逆，酌定关缆人夫之多寡，照数给价"。①

城池的修葺历朝都比较关注，一般历史文献也有大概的记载，鲁西奇曾有专文讨论汉水下游地区府、州、县不同级别的城池修葺，论述细密，可以参考。②由于该文主要关注城市的空间形态与内部结构，基本上没有涉及经费的来源与工差的雇用。据档案材料记载，城池以及衙署的修葺，一方面有盐商、士民的捐助。如雍正年间，两淮汉口岸商"陆续报捐修城等项共银十万两"③。乾隆年间，江西"通省应修城垣，业经各士民踊跃捐修"④。嘉庆年间，"湖北宜昌府属之归州、兴山、巴东三属向无城垣，自教匪滋事以来，连年被扰"，于是，"汉镇商众以楚省为该商等托业之地，兴、归等处又为堵缉川私要隘，情愿将三处城工捐银修筑"，据两淮总商洪箴远等的呈请，"捐银十万两，以备兴、归、巴东三处城工之用"。⑤另一方面，江南各省动用盐务经费中的"匣费"修葺城垣衙署，是比较普遍的现象。江苏，于"裁存江广匣费内，每年拨解江苏藩库银五万两"，以备"城垣要工支用"。⑥安徽"修理城工，例应动支匣费。……蒙城县（城垣兴修）实需工料银三千三十两四钱五分二厘零，……动支匣费修理"；安徽"合肥、巢县、含山三县，将青阳、官亭二巡检衙署，各估需工料银四百九十九两零；柘皋镇巡检衙署，估需工料银四百九十三两零，……运漕镇巡检衙署……估需工房价修费银四百九十五两零；……

---

① 档案，嘉庆二十三年正月初二日两江总督孙玉庭、南河总督黎世序奏：《为江南运河各闸坝提溜打方、关缆人夫应请仍照旧章事》，朱批奏折，档案号：04-01-05-0152-003。

② 鲁西奇：《城墙内外：明清时期汉水下游地区府、州、县城的形态与结构》，陈锋主编《明清以来长江流域社会发展史论》，武汉大学出版社2006年版，第228—291页。

③ 档案，乾隆五年二月二十五日湖广总督班第奏：《为遵旨覆奏事》，朱批奏折，档案号：04-01-35-0444-031。

④ 档案，乾隆二十六年九月二十日署理江西巡抚汤聘奏：《为奏闻请旨事》，朱批奏折，档案号：04-0135-0460-016。

⑤ 档案，嘉庆八年九月二十六日湖广总督吴熊光奏：《为赶筑归州、兴山城垣以工代赈缘由事》，朱批奏折，档案号：04-01-37-0053-035。档案，嘉庆八年七月十六日两淮盐政估山奏：《为据情代奏事》，档案号：04-01-37-0053-027。

⑥ 档案，乾隆六年六月初八日江苏巡抚徐士林奏：《为藩库耗羡不敷，仰恳天恩将匣费统用，以济公务事》，朱批奏折，档案号：04-01-35-0446-027。

于司库存公匣费项下动支给办"。①另外,也有动用契税等杂税银两修葺城池的情况。如广东省的契税就用来"修建城垣、城楼、衙署、营房等项"②。所有的夫工给价,均从这些款项中支出。

民间修筑河堤、垸堤、塘堤等的工差,其用夫与给价,或是否给价,比较复杂,各地的情况也不一致,即使同属一县,也不相同。如湖北光化县的新镇堤,乾隆年间"以土为之,屡修屡圮",嘉庆年间改为石堤,因为"计长七百五十丈有奇,码头二十二处",所需经费于"阖镇房租"内抽提,然后派夫派工。胡公堤则是"居民输工修筑",只出力役,没有经费筹措和工价支给。③江西堤垸的修筑,既有田赋的加征,也有动用"盐规"银两的情况,据江西巡抚海明称:"南昌府属丰城县滨临大江,居吉安、赣州、南安、袁州、临江五府之下游,众水奔注,地势低洼,民间田庐全资东西两堤垸捍御。原应统建石堤,始能经久。缘东岸堤长八十里,西岸堤长四十里,石工需费浩繁,向来将土堤岁加培修,就险要之处陆续改建石堤,经前任抚臣胡宝瑔奏明,每年通县粮田派征银一千六百五十九两零,以为岁修土堤之用。又于盐规充公项下,岁拨银一千五百两,存贮驿盐道库,以为改建石堤之费。"④湖北的堤堰修筑,又有盐商的捐助银两。嘉庆十二年上谕:"堤垸保卫田庐,关系紧要,今汪志伊(湖北巡抚)目睹汉阳等州县均有未涸田亩,未筑堤塍,并据呈报,江陵县一百余垸,因万成堤溃口,田亩尽沉水底;监利县一百余垸,情形相同;天门县七十二垸,全数被淹。此外汉阳、潜江、荆门、公安、应城等州县民间连名具呈,或请堵塞开疏,或请减则豁粮,不下数十起。自应亟筹勘办,以兴水利而卫民田",要求在"岸商匣费"中动款修建。⑤据湖北巡抚同兴奏称:"湖北素称泽国,汉阳、安陆、荆州、荆门等府州属俱滨临江汉,湖港支河众水环绕,军

① 档案,乾隆三十七年十一月十六日安徽巡抚裴宗锡奏:《为循例具奏事》,朱批奏折,档案号:04-01-35-0913-032。

② 档案,乾隆九年六月初八日户部尚书海望题:《为请复契尾之旧例以杜私征捏契事》,户科题本,档案号:02-01-04-13678-001。

③ 光绪《光化县志》卷2《堤防》。

④ 档案,乾隆三十五年四月二十八日江西巡抚海明奏:《为循例恳恩请借工费改建石堤以卫民生事》,朱批奏折,档案号:04-01-35-0044-028。

⑤ 档案,嘉庆十二年四月十九日两淮盐政额勒布奏:《为遵旨查明事》,朱批奏折,档案号:04-01-35-0488-021。

民田庐全赖堤塍保障",所以,在嘉庆上谕之后,"淮商捐银五十万两,为疏浚河道、建筑堤闸之用"。一次捐银五十万两属于盐商的大额报效,这些银两除用于支发工料、办工员役薪水饭食、差夫工价外,剩余十五万两左右,"发交岸商按月一分生息",然后用每年该生息银两支付"堤河善后工程"的费用。①

嘉庆年间,曾发生过京山县民"呈控县书杨大中等苛派修河人夫,勒折钱文"的案件,从这个案件中可以知晓,京山"山湖交错,西南滨临襄河,前明嘉靖年间筑有堤塍一道,上接钟祥,下达天门、潜江两县,……所定修筑章程,系阖县三十一里山湖民人无论岁修、决口,以湖乡为主出夫三分,山乡为辅协帮一分,谓之'山一湖三',每夫一工,折钱三十文。每年岁修,由各堤长、圩业将应修堤塍段落呈县勘估,造册详府,委员复勘,转详司道衙门立案,核计工程大小,按照粮册均匀摊派夫工。内有山湖绅衿并荒芜山地、摊沙湖田,向来免派夫工,另造免册,由县钤印,发交工书出示晓谕。并每里点差一名,协同堤长照单催收夫钱,赴工完缴,县书并不经手。……又控称,粮总邓周万、工书杨大中等串通舞弊,粮册抽漏大户,夫册移水作山,每两正银派夫十六工之多,每工派钱三十文,后竟增至五六十文"②。每年修筑堤塍的物料、夫价均是从田地中加抽,并存在着湖乡与山乡蒙混乱抽的现象。

"以工代赈",是兴举各种大工的重要手段,普遍存在于城工、河工等事案中。如直隶的城工,户部尚书海望称:"直隶各州县城垣多有残缺,修筑之议,原应次第举行",但由于筹措经费维艰,一直难以顺利进行,在"雨泽稀少,民食维艰"之时,有赈济银两的派发和拨协,利用这部分银两"预为筹画以工代赈,似属有益"。也就是说,赈济银两转作修筑城垣的经费而"以工代赈"。一方面,城垣赖此得以修筑;另一方面,"按日散给钱文,……少壮之人得以赴工就食,所余工价,兼可赡其家口"。③又如河南的河工,乾隆四十七年

① 档案,嘉庆十五年十二月初四日湖北巡抚同兴奏:《为湖北堤河各工完竣余剩商捐银两,酌筹分别生息留用事》,朱批奏折,档案号:04-01-05-0121-023。
② 档案,嘉庆二十三年四月二十七日湖广总督广保奏:《为遵旨审明定拟事》,朱批奏折,档案号:04-01-08-0034-012。
③ 档案,乾隆二年六月初九日户部尚书海望奏:《为敬陈末议仰祈睿鉴事》,朱批奏折,档案号:04-01-35-1104-009。

多次发布上谕:"豫省工程所用人夫既多,自不得不借资邻省,但山东与豫省境壤毗连,较为切近,且该省附近之曹州等府属被水居民现在觅食维艰,急需以工代赈,况将来曲家楼漫口合龙,俾下游民居早就奠安,断无不踊跃从事之理,自应多为雇觅。"在山东以工代赈夫工不足的情况下,又再次发布上谕,要求直隶灾民赴工:"直省协济豫工挑筑人夫,其饱暖者惮于远涉,贫寒者苦无安家,非预给工价不足以动其趋利之心,现于大名、广平等府属酌量代雇夫五千名,每名借给安家盘费银三两,先于直省司库动支,将来仍俟豫省解交藩库归款。"直隶灾民似乎比较挑剔,"非预给工价不足以动其趋利之心",所以有了"安家盘费银"的借支。同时,乾隆认为,在江南"被灾歉收地方召募较易",雇值"较直隶更为便宜",因此令江南督抚"代为雇募"。①

甚至在堤塍的修筑中也实行过以工代赈。堤塍大多属于民间兴修,一般不会存在以工代赈,但在两种情况下,以工代赈得以实施:一是利用盐商的捐银,一是利用赈济银两的拨款。道光十五年,湖广总督讷尔经额奏称:"楚北滨临江汉州县,向赖堤塍保卫田庐,近年因江底日高,每至伏秋大汛,水过堤顶,不免浸溢为患。……自六月上旬至七月中旬止,共涨水十余次,潜江、钟祥、京山、京门、沔阳、汉川六州县临江堤岸,先后漫决九处工段,自数十丈至三百余丈不等。……查民堤应归民办,惟工段较多,需费甚巨,该业民叠遭水患,正赋尚难输将,势难摊派敷用,而国家经费有常,亦不敢再请借帑。查有道光十三年抚恤余剩银十万一百余两,钦奉谕旨准为湖北省挑河修堤之用。前于兴挑汉阳、汉川、石首、潜江等县支河及修筑蒲圻、嘉鱼等县堤塍案内,业已先后用过银八万八百余两,尚存银一万九千余两,应请动用兴修。其不敷银两,现据汉岸商人呈称,该商人等虽已连年捐输,而本年销售日见畅旺,情愿再捐银十万两,以助工需。臣等因工程情形紧要,即令先行集费,一面委员会同各该州县赶紧勘估兴修,以工代赈。工竣后仍由臣等督同藩司核实验收。"②这里说得很清楚,"民堤应归民办",但损毁堤塍太多,迭遭水患,"正赋尚难输将,势难摊派敷用";不得已的情况下,除动用前

---

① 档案,乾隆四十七年六月十三日上谕、乾隆四十七年六月十九日上谕,上谕档,档案号:684-2。

② 档案,道光十五年九月初八日湖广总督讷尔经额奏:《为湖北省本年被水漫溃堤塍分别筹款兴修,以工代赈事》,朱批奏折,档案号:04-01-01-0769-001。

此"抚恤余剩银"(即赈济余剩银)外,另外动用湖北盐商的捐款而以工代赈。道光二十年上谕称:"湖北公安、监利二县本年被水成灾,……该二县各有漫溃老堤,均系民工,应归入岁修案内随同户粮派土兴修,工费较巨,无从征收。请将例得抚赈银两移作修堤之用,即可以工代赈。……所有公安、监利二县例应抚恤加赈折谷银九万三千七百余两,除四穷无告等项,仍行散放外,其余准其查照成案,移作修堤之用,以工代赈。"①湖北公安、监利二县的老堤亦属于民堤,按说应该"随同户粮派土兴修",但由于"工费较巨,无从征收",不得不将"抚赈银两移作修堤之用"。而从"查照成案,移作修堤之用,以工代赈"来看,显然是一种惯例。

以工代赈的特殊意义在于,灾民赴工得到口粮和工价,从而得以渡过灾荒;一些重要的工程利用赈济银两得以兴修。一转移间,一银二用,各得其所。

---

① 档案,道光二十年十一月初二日上谕,上谕档,档案号:1037-1。

清代前期杂税概论

　　清代前期,财政收入的构成主要是田赋、盐课、关税、杂赋四项。[①]"杂赋"是相对于"正赋"而言,所以,清代即有人认为,除传统的正项钱粮——田赋之外,都可称为杂赋,即"地丁之外取于民者,皆为杂赋"[②]。但在实际征收过程中,杂赋有较为确实的内涵,据《大清会典事例·户部·杂赋》等政书所罗列的,杂赋包括以"课"命名的芦课、茶课、金银矿课、铜铁锡铅矿课、水银朱砂雄黄矿课、鱼课,以"税"命名的田房契税、牙税、当税、落地税、牛马猪羊等项杂税,以及以"租"命名的旗地租、学田租、公田租等。另外还有少数民族地区的实物贡税,如马贡、狐皮贡、贝母贡、蜡贡等。

　　从某种程度上说,"杂赋"即"杂税",是清代前期三大财政收入——田赋、盐课、关税之外的税种。由于以"租"命名的旗地租、学田租、公田租等,实际上是田赋的一种特殊形式,少数民族地区的实物贡税另外具有特殊的性质,因此,我们所说的"杂税",主要是指以"课"命名的芦课、茶课、矿课、鱼课,以及以"税"命名的田房契税、牙税、当税、落地税、牛马猪羊等项税种。本文主要探讨两个问题,一是清代前期的杂税类别,二是杂税的征收及相关问题。

一、清代前期的杂税类别

　　乾隆《大清会典》、乾隆《大清会典则例》、嘉庆及光绪《大清会典事例》等

---

　　① 按:又有学者分为直接税、消费税、收益税、流通税四种。陈秀夔:《中国财政制度史》,台北:台湾正中书局 1973 年版,第 326 页。另外参见[日]滨下武志《中国近代经济史研究》,日本东京大学东洋文化研究所报告,1989 年,第 80—81 页;陈锋《清代财政收入政策与收入结构的变动》,《人文论丛》2001 年卷。

　　② 王庆云:《石渠余纪》卷 6《纪杂税》,北京古籍出版社 1985 年点校本。

政书都记载有杂税种类,如乾隆《大清会典》云:"凡濒江沙淤成洲之地,小民植芦为业,或治阡陌种麦稻,与良田等,均曰洲田,其输赋于官,均曰芦课。……凡山乡宜茶之地,土人树艺为业者无征,惟商贾转运而售之民者,征其商,曰茶课。……凡五金之产,为器用所必需,其藏于山岩土石之中者,曰矿;小民入山开采以资生计,有司者治之,因赋其什一,曰矿课。……凡泽国多鱼,其渔者有税,曰鱼课。……凡民间卖买田宅,皆凭书契纳税于官,以成其质剂,曰契税。……凡城厢衢市山场镇集,舟车所辖,货财所聚,择民之良者授之帖,以为牙侩,使辨物平价,以通贸易,而税其帖,曰牙税。质库商行,操奇赢以逐利者,有行铺税。牲畜之鬻于市者,防其暴盗,有马牛税、猪羊税。水陆之珍自远至者,有落地税。"①所列示的杂税名目有芦课、茶课、矿课、鱼课、契税、牙税、行铺税、马牛税、猪羊税、落地税等数种。

王庆云《石渠余纪》记载杂税:

> 其目曰课,如渔课、芦课、矿课、茶课是也。曰租,如旗地租、学田租、公地公田官房租、新疆商铺租是也。曰税,其目繁多,……有牙税,有木税、煤税,有契税。……若应城之石膏税,大、宛二县之铺面行税,杀虎口之农器税,乌鲁木齐之铺面、园圃税,凡以稽查出入,少取之而无害于民。至于无名之征,朝闻而夕改,夕闻则朝革,如开国时免钱塘、仁和间架房税,丹徒、丹阳马折银,江阴、青浦养牛税,广东杂税。雍正时,除京师琉璃、亮瓦两厂民屋计樆输税,免黔省遵义各山场小税。乾隆间,除近海单桅渔船税,天津苇渔课,闽广竹簝取鱼埠头养鸭税,江苏沿城构屋地租,广东加增埠租渔税。又免泰山及湖北太和山香税,浙江玉环渔船涂税。②

这里指出渔课、芦课、矿课、茶课、旗地租、学田租、公地公田官房租、商铺租、牙税、木税、煤税、契税、石膏税、铺面行税、农器税、铺面税、园圃税等多种,

---

① 乾隆《大清会典》卷17《户部·杂赋》。
② 王庆云:《石渠余纪》卷6《纪杂税》,第277—278页。标点略有改动。

正可谓"其目繁多",并且指出了有些杂税"朝闻而夕改,夕闻则朝革"的现象。

前此学者的相关研究,也有所注意,如瞿同祖认为杂税包括房地产契税、行纪税、当铺税、牲口买卖税,棉花、烟草、酒类和其他商品的销售税,以及门摊税、落地税、渔税等。并且指出在这些税目中,只有行纪税、当铺税和房地产契税是在各省都征收的。①

清代前期的杂税,虽然远没有晚清复杂,但也非如以上所概言。

各省区的杂税名目不一,奉天有牛马税、当铺税、房号税、经纪杂税;②山东有船筏税、泰山香税、当税、田房契税、牙杂税、牛驴税;③河南有活税银、当税银、老税银、房地税契银、牙帖税银、酒税银;④山西有额外商税、匠价、枣株、酒课、羊粉、皮价、纸房、水磨、商畜、牙税、当税、契税等项;⑤陕西有商筏税、房壕租、地税、畜税、当税、牙税、酒税、磨课等项;⑥江南有田房税、牙帖税、花布牛驴猪羊等税、典铺税、洲场税、商税、门摊税、靛花油饼等税、鱼税、船税、曲税等项;⑦江西有商贾税、茶酒税、落地税、窑税、商税、赣郡谷船税、茶课、纸价、当税、牛税、牙税等项;⑧湖北有麻铁线胶课钞、商税、门摊、官地学租、班匠、鱼税、油税、茶税、阶基、城濠等项;⑨广东有牛马税、海税、杂货税、商税;⑩广西有小税、当税、鱼苗税、鱼潭税、鸬鹚税、鱼课、地租、城濠租、花麻地租、灰饷、渡饷、糖榨税、油榨税、槟榔税、锡箔税、典当铺税、猪税等项;⑪贵州有茶税、茶课、牙帖、鱼课、渡税、落地税、猪羊税,屠户帮纳税等项;⑫云南有商税、门摊、酒醋、铅铁、麻布、海贝易银、归公商税、槟榔、芦子、

---

① 瞿同祖:《清代地方政府》,法律出版社 2003 年版,第 241—242 页。
② 乾隆《盛京通志》卷 38《田赋·各项杂税》。
③ 乾隆《山东通志》卷 12《田赋·杂税》。
④ 乾隆《河南通志》卷 21《田赋上·杂赋》。
⑤ 雍正《山西通志》卷 39《田赋一》。
⑥ 雍正《陕西通志》卷 26《贡赋三》。
⑦ 乾隆《江南通志》卷 79《食货志·关税·杂税》。
⑧ 雍正《江西通志》卷 145《艺文》。
⑨ 雍正《湖广通志》卷 18《田赋》。
⑩ 雍正《广东通志》卷 22《贡赋志·杂税》。
⑪ 雍正《广西通志》卷 28《榷税》。
⑫ 乾隆《贵州通志》卷 14《食货·税课》。

果糖、桥靛、甘蔗、灰酒、染煮、牛马猪羊税、铅课、杉木税等项。①仅就示列的各省区的杂税名目,已显现出很大的不同。

即使在一个省中,各府县的杂税项目也不相同。如山东的船筏税,只在安东卫、诸城、掖县、昌邑、胶县、即墨、蓬莱、黄县、福山、招远、莱阳、宁海、文登、海阳、荣城、海丰、利津、日照等十八州县卫"沿海州县征收"。②这种不同,是普遍性的,兹将云南的情况列示如下:云南府征收酒课、船筋、槟榔、芦子、果糖、桥靛、甘蔗、灰酒、染煮、乌帕、归公商税、归公税规,曲靖府征收商税、交水税、课局商税、归公商税、归公税规,临安府征收牛马猪羊税、铅课、门摊、酒课、商税、归公税,澄江府征收商税、水面船课、染青课、门摊、归公税,武定府征收商税、米课、羊戎、小街米课、铁课、杉板税、归公税,广西府征收杉木税、棉花、香油、靛甸课,广南府征收商税、麻布、门摊、酒课、归公税,元江府征收商税、归公商税、归公税,开化府征收马街税,镇沅府征收芦子、山芦课,东川府征收土税、归公税,普洱府征收商税、归公商税、归公税,大理府征收商税、门摊、窑课、租课、酒醋课、归公商税、归公税,楚雄府征收商税、酒课、归公商税、税规,姚安府征收商税、归公税,永昌府征收商税、门摊、酒课、牛皮税、猪税、归公商税、归公税规,鹤庆府征收商税、归公税,顺宁府征收商税、山课、归公税,永北府征收商税、酒课、归公税,丽江府征收归公税,蒙化府征收商税、门摊、酒课、牛马猪羊课、果园课、街市税、猪羊皮张税、油盐棉花税、归公税,景东府征收商税、牛税、归公税,等等。③

以上地方志的记载,已经可以看出,各省杂税的种类远远超出《大清会典》等政书所记。同时,也有两点值得专门指出。

第一,地方志所记载的杂税种类依然不全。仅对照前揭乾隆《大清会典》和王庆云《石渠余纪》就可以发现问题。如乾隆《大清会典》记载江苏、安徽、江西、湖北、湖南等省有芦课之征,有关方志没有记载;广西、云南、贵州、

---

① 乾隆《云南通志》卷11《课程·税课》。

② 乾隆《山东通志》卷12《田赋·杂税》。

③ 乾隆《云南通志》卷11《课程·税课》。按:以上是据各有关地方志罗列,实际上,不同典籍记载不同,如康熙年间吴暻编纂的《左司笔记》卷10《杂税》记载,直隶有当税、杂税,江南有田房牙鱼税、课局商税、芦洲牛驴猪羊花布油面烟包等税、牧马草场租、河泊所钞、河蓬租、门面江夫税等。

山西、四川、广东、湖南等省有各种矿及矿课,有关方志也没有记载。这种缺记,可能是"各省赋入,视出产之众寡,岁无常数"所致。陕甘、四川、江苏、安徽、浙江、江西、湖北、湖南、贵州、云南等省有茶课、茶税,有关方志有的也没有记载。这种缺记,是由于茶课、茶税的归属不同,或者说是由于征收方式和奏销方式的不同。"江西、湖北、湖南及贵州仁怀一县,归入杂税",所以这些省份在"杂税"项下,就有茶税的记载;而"江苏、安徽、浙江所属茶课,由经过关津验引征收,归入关税","云南归入田赋。其他直省不产茶及虽产茶不颁引者,皆听民贩运,赋归关市,不列茶课",虽然是杂税性质,但归入了关税或田赋项下。王庆云《石渠余纪》记载湖北有应城石膏税和太和山香税,上揭《湖广通志》也没有记载。

第二,各省区的杂税名目有些是相同的,如契税、牙税、牲畜税等,但更多的则表现出不同性。这种不同,是地域性特征使然。除前揭山东的船筏税以及云南各府杂税名目外,又如山西,太原府征收匠价、契税、当税、牙税4项,潞安府征收商税、匠价、酒课、契税4项,汾州府征收商税、酒课、匠价、契税、头畜税、牙税、当税7项,平阳府征收商税、酒课、匠价、枣株税、窑磨税、水碾税、磨课、商畜税、牙税、当税、契税11项。①即使在一个省中,各府县的杂税种类也有很大的不同。

不同的杂税在不同的时期,既有废除,也有加征、新征。

在杂税的废除方面,如陕西的落地税,于顺治二年禁革。②山东的泰山香税,于雍正十三年"永停征收"。③湖北太和山(武当山)香税,亦"照山东泰安州之例,永行豁免"。④乾隆三年题准:"江苏等属落地税银,分别裁留,实在各属请裁银二千四百四十八两五钱有奇,准予豁免。又题准,直隶遵化州、宝

① 雍正《山西通志》卷39《田赋一》、卷40《田赋二》。
② 《清朝文献通考》卷26《征榷考》。
③ 乾隆《山东通志》卷12《田赋·杂税》。按:此定例依乾隆《大清会典则例》卷50《户部·杂赋下》记载为雍正十二年,该年上谕:"朕闻东省泰山有碧霞灵应宫,凡民人进香者,皆在泰安州衙门输纳香税,每名输银一钱四分,通年约计万金,若无力输纳者,即不许登山入庙,此例起自前明,迄今未革。朕思小民进香祷神,应听其意,不得收取税银,嗣后将香税一项,永行蠲除。如进香人民有愿输香钱者,各随所愿,不必计较多寡,亦只许本山道人收存,以资修葺祠庙山路等费,不许官吏经手,丝毫染指,永著为例。"
④ 乾隆《大清会典则例》卷50《户部·杂赋下》。

坻县及容城之白沟河等四集,河西务等三处,并抚宁之深河山,海卫之海洋、石门等处,宣化府属之蔚州,河间县之桑家林等处,均系零星交易土产货物,应征税银,均予裁革。又题准,四川广元县每宰一猪,征银三分,商贩活猪已经收税,宰猪又征,事属重复,应行裁革。至经过夔关,在于本地粜卖之米粮,既未载有一例征收字样,似属额外加征,嗣后免其征税。"①贵州贵阳的茶、烟、黑香、木耳、花椒、藤篾等杂税,大定、铜仁等处的猪羊税、屠户帮纳杂税,于乾隆四年"概请裁革"。②

在加征、新征方面,如三藩之乱期间加征田房契税、牙税、当税、酒税、落地杂税,《阅世编》卷6述房税的加征云:"康熙十五年丙辰,以军需浩繁,国用不足,始税天下市房,不论内房多寡,惟计门面间架,每间税银二钱,一年即止。除乡僻田庐而外,凡京省各府州县城市以及村庄落聚数家者皆遍,即草房亦同。……二十年辛酉春,以国用不给,江南抚臣慕天颜疏请再征房税一年。……平屋每间征银四钱,楼房每间征银六钱。天下皆然,惟山西以旱荒特免。"其他各种杂税的征收,据档案记载,一般分为"旧额加增""议增""新增"诸项,拙著《清代军费研究》已有论述,不赘。再如四川的茶税,引税之外,有堰工茶票,系乾隆五十二年开办,专备修理都江堰工经费。有堰工副票,系乾隆五十二年开办,专支松潘各关书巡口食。有增办茶票,系乾隆五十二年开办,按年申缴,备拨归入满城地租报销。有邛州副票,系乾隆五十三年开办,专支每年解费,备拨公用。有赏需茶票,系乾隆五十六年开办,专备赏给从喜、毛了两土司护送差使经费。有随引茶票,系道光三十年开办,"备支督辕、道署长班口食及领引委员盘费,并编引、印引、刊刷票据等项经费"。③

当然,在"康乾盛世"时期,更多的情况是杂税的废除与减免。兹据《大清会典则例》所载,示例如下。

康熙二十六年议准:"自康熙十五年至十九年,直隶各省加增田房、盐

---

① 乾隆《大清会典则例》卷50《户部·杂赋下》。

② 《清高宗实录》卷107,乾隆四年十二月辛卯。

③ 《四川全省财政说明书·茶票息厘说明书》,见陈锋主编《晚清财政说明书》第4册,湖北人民出版社2015年版,第788页。

当、牙行等项税银,通行各省,免其征收。又免征湖广新增铁茶、商茶税银。"康熙二十八年题准:"江宁民间铺面,岁输房号廊钞等银,悉行豁免。"康熙四十一年覆准:"京城内外煤牙,悉行禁革,其煤牙额税,停止征收。"康熙五十五年议准:"免京城下等行铺税银。"雍正七年题准:"州县征收税银,凡穷乡僻社,些小生理,无关课税者,永行革除。"雍正八年题准:"广西柳州府旧有牛纲客人入猺獞之地贩买,纳牛税银四十一两二钱,停止征解。"雍正九年题准:"广东曲江、惠来、阳春等三县有额无征税课等银共七百八十四两有奇,准其永远豁免。"雍正十三年题准:"直隶正定府属之插箭岭、倒马关及所属之上城、铁岭口既收货物牲畜之税,而出入往来空身之人,向例复收税钱,着永行停止。"乾隆元年覆准:"浙江嘉兴、台州、温州、处州等府属之角里等处各口界址,每年应征商税等银,永行禁革。"乾隆二年题准:"山东省鱼筏税银五百三十八两九钱一分有奇,免其征收。湖南永州府带征商税及常德府报增余出盐钞,昌平熟铁等税,武冈州报增余出门摊酒醋等税,岳州府属之巴陵县报增余出渔税,察明系属零星商贩及额外加增之项,准全行禁革。湖北安陆府所属之河家集等十六处,襄阳府所属之双沟等十集,郧阳府所属之安阳、龙门、江峪三处,均系小村落,向征税银,全行禁革。平凉府属之白水镇布匹、烟纸等税,临洮府城褐税并属府之定羌驿内官营落地布麻褐等税,悉行禁革。"乾隆九年题准:"安徽等十三府州属杂税项下牛驴、花布、烟油等项银,或系有款无征,印官捐解,或空有地名,并无市集,或重征经行牙行,或杂派于铺家烟户,实为扰累,悉准予豁免。"等等。[①]就清代前期的总体情况来看,杂税的废除与减免比较突出,具有普遍意义。

清代前期,一些杂税的废除,意味着杂税种类的变动。同时,也标示着杂税种类的变化与正税相比,具有更大的灵活性。

二、杂税的征收及相关问题

杂税征收,各有定例,据乾隆《大清会典则例》记载,顺治元年议定:"凡

---

① 乾隆《大清会典则例》卷50《户部·杂赋下》。

贸易牲畜,按价值,每两纳银三分。"顺治二年议定:"差茶马御史一人,辖陕西五茶马司。"顺治四年议准:"严禁州县借落地税银名色,及势宦土豪、不肖有司立津头牙店,擅科私税。"顺治七年,"令各省督抚遴委属官,将沿江芦洲旧额、新涨,详察报官,如有徇情隐漏,督抚一并议处"。顺治八年覆准:"芦课改归州县征收,汇解司库报部。"顺治十年覆准:"茶商旧例大引附茶六十篦,小引附茶六十七斤余。今定每茶千斤,概准附茶一百四十斤,如有夹带,严察治罪。"顺治十八年覆准:"各省芦课经征州县卫所官,未完不及一分者,罚俸一年;未完一分者,降俸一级;二分者,降职一级,皆戴罪督催,完日开复;三分者,降职二级调用;四分以上者,革职。督催司府官及直隶州知州、都司,未完不及一分者,停其升转;未完一分者,罚俸一年;二分者,降俸一级;三分者,降职一级,皆戴罪督催,完日开复;四分,降职二级调用;五分以上者,革职。如直隶州知州经征本州芦地拖欠者,照州县例处分。巡抚未完一二分者,罚俸一年;三分者,降俸一级;四分者,降俸二级;五分者,降职一级;六分以上者,降职二级调用。署印各官未完一分者,罚俸六月;二分者,罚俸九月;三分者,罚俸一年;四五分者,降职一级调用;六七分者,降职二级调用;八分以上者,革职。署印不及一月者,免议。参后限满不完者,照年限例处分。"康熙元年题准:"直省杂税,照正赋例,依限奏销,违者照例参处。"康熙十八年题准:"杂税钱粮,均照正赋考成。"康熙四十五年议准:"嗣后一应牙行,照五年编审之例清察,更换新帖。如有顶冒朋充,巧立名色,霸开总行,逼勒商人,不许别投,拖欠客本,久占累行者,严拿究治。"雍正四年题准:"各省地方落地税银,交与各该抚,除每年征收正额外,果有赢余,尽数报部。"雍正五年题准:"滇省云南大理、楚雄、曲靖、元江、永昌等六府商税,又安宁、昆明等四十七府州县厅土税,自雍正六年为始,解司充饷。又覆准,州县征收税课,凡系巨乡大堡,载在志内各集各行,每年实在收数若干,尽行报出造册送部。"雍正七年覆准:"甘肃各府税务,令经历大使等官经收,伊等轻视功名,难免侵隐,应将经历经收之宁夏、凉州、平凉、庆阳等四府,税课大使经收之。巩昌一府税务,均改归知府管理,即令该管道员就近稽察。其河州州判、吏目经收之税务,亦改归知州管理,令知府稽察,所收银造入奏销册报部。"乾隆元年奏准:"甘肃商畜二税,征收不一,轻重各别,应逐条刊刻木榜,晓谕往来商贩,以免滥收脱漏。仍将刊刻各税款项细数,造册送部。"乾隆十五年覆准:"古北口提督题报古北口斗税一项,原视口外年岁之丰歉,节年征收在二千两上下之数,准其每年以二千两为定额,如有赢余,尽数报解,管理收税弁兵,量给钱文,按年造报。"①

上述条例,难免繁杂,但涉及有关杂税的征收标准、征收衙门、奏销考成、征收禁例等方面。

当然,不同类别的杂税征收,有不同的定例和变化,如田房契税,其征收沿革略如下述:

顺治四年覆准:凡买田地房屋,必用契尾,每两输银三分。

康熙十六年题准:增江南、浙江、湖广各府契税。每年苏、松、常、镇四府大县六百两,小县二百两。安徽等十府州,分别州县大小,自五百两至百两不等。扬州府照《赋役全书》额征,淮安、徐州府属及宝应、霍山、宿迁、临淮、五河、怀远、定远、临璧、虹九州县均无定额,尽收尽解。杭、嘉、湖、宁、绍、金、严七府,大县三百两,中县二百两,小县百两。台、衢、温、处四府,仍照见征造报。湖北大县百五十两,中县百两,小县五十两,僻小州县十两。

康熙十七年题准:增山东等省田房契税。

康熙二十年题准:增浙江台、衢、温、处四府契税。

康熙二十一年题准:增江西萍、龙、永、泸、上、定六县契税。

雍正十二年奏准:广东田房二项溢额税美,自雍正七年至雍正十一年,岁终存银二十万两有奇,报明户部,以备酌拨。嗣后递年造册报部。

乾隆元年覆准:民间置买田地房产投税,仍照旧例行使契尾,由布政使司编给各属,粘连民契之后,钤印给发,每奏销时将用过契尾数目,申报藩司考核。

乾隆十二年奏准:民间置买田房产业,令布政使司多颁契尾,编刻字号,于骑缝处钤盖印信,仍发各州县。俟民间投税之时,填注业户姓

---

① 乾隆《大清会典则例》卷 50《户部·杂赋下》。

名,契价契银数目,一存州县备案,一同季册申送布政使司察核。如有不请粘契尾者,经人首报,即照漏税之例治罪。

乾隆十四年议准:嗣后布政使司颁发给民契尾格式,编列号数,前半幅照常细书业户等姓名,买卖田房数目,价银税银若干,后半幅于空白处豫钤司印,将契价契银数目大字填写,钤印之处令业户看明,当面骑字截开,前幅给业户收执,后幅同季册汇送藩司察核。其从前州县布政使司备察契尾应行停止。①

在有关杂税的征收中,田房契税是较为重要的,说它重要,一是税额较多,二是大多数省份都有征收。②所以有臣僚的不断上奏,帝王也不断颁发谕旨,对各种弊端进行整饬。雍正五年,安徽布政使石麟奏称:"查民间置买田地房产,定例每两税契三分,虽岁无常额,例应尽收尽解。乃官胥因循痼弊,以国税作虚名,视欺隐为常套,分侵肥囊,靡不相习成风。若不立法清查,流弊将无底止。"③雍正十三年上谕称:"民间买卖田房,例应买主输税交官,官用印信钤盖契,所以杜奸民捏造文券之弊,原非为增国课而牟其利也。后经田文镜创为契纸契根之法,预用布政司印信,发给州县行之。既以书吏夤缘为奸,需索之费数十倍于从前,徒饱吏役之壑,甚为闾阎之累,不可不严行禁止。嗣后民间买卖田房,着仍照旧例,自行立契,按则纳税。地方官不得额外多取丝毫,将契纸契根之法永行停止。至于活契典业者,乃民间一时借贷银钱,原不在买卖纳税之例,嗣后听其自便,不必投契用印,收取税银。其地方官征收税课多者,亦停其议叙,仍着各该督抚严饬藩司时加察访,倘有吏

---

① 乾隆《大清会典则例》卷50《户部·杂赋下》。

② 前揭瞿同祖《清代地方政府》称,田房契税在各省都有征收,不太准确,只能说清代前期大多数省份征收。如黑龙江的田房契税于光绪三十年才开始征收,"凡民间买卖田房,不问年之远近,一律按价银一两收正税三分,副税三分,火耗六厘。正税报部,副税以二分充善后经费,以一分充承办人员办工之需,六厘火耗备倾化银锭之费"。另外,田房契税在正税、副税外,又有田房契尾费、验契费、田房契过割费、税契更名费、田房契换照费等多种附属杂款,各地征收标准不一。参见《黑龙江租税志》上卷,第117—118页。此书为"满洲租税史料"之一种,内部资料,藏日本东京大学图书馆,编著时间不详,扉页有编者日本昭和十八年(1943)二月六日的寄赠书章。

③ 《朱批谕旨》卷217,朱批石麟奏折。

书索诈侵蚀等弊,立即严行究处,毋得稍为宽纵。"①

　　杂税征收中的弊端,当然不是田房契税所独有,其他杂税亦然。雍正七年,巡察山西等处户科掌印给事中宋筠针对山西落地税的乱征奏称:"潞安等处落地税物甚多,系知府委人收管,细察历来相沿旧规,当店每店一年税银十两五钱,生铁百斤税银一分,熟铁粗者百斤三分,细者六分,麻子每石二分,麻油百斤八分,干粉百斤一钱二分,故衣绸帛每件八厘,布衣四厘,白布每个税钱三文,麻一斤一文,橼子一根一文,每起一票六文。此其大概也。余有税之物尚多。一府如此,他府可知。恐有私收累民者,臣密奏闻。"朱批:"不但晋省有此陋弊,大抵直省皆然。"②雍正七年,奉上谕:"朕即位以来,屡有臣工条奏各处地方官征收落地税银,交公者甚少,所有赢余皆入私囊,国计民生并受其累者。雍正三年,又有人条奏广西梧州一年收税银四五万两不等,止解正项银一万一千八百两,浔州一年收税银二万两,止解正项银四千六百两,应令该抚查核据实奏闻,并令各省地方官员等抽收税银之处,俱据实奏报等语。随经九卿议令各省督抚,遴委廉干能员监收,一年之后看其赢余若干,奏闻候旨等语。……闻外省中多有奉行不善者,如广东、广西地方,则假称奉旨归公之名,而有加严之弊。又闻山西落地税务甚多,潞、泽二府更甚。陵川一邑僻处山中,向无额税,今年五月新行添出,百姓颇以为苦。……以朕所闻如此,则他省之类此者不少矣。"③雍正九年,湖北巡抚王士俊针对盐规、粮规、当商杂税的征而不报及私自收受,专折奏称:"查司道府州县,除火耗养廉之外,尚有盐规、粮规、当商杂税等项,历来各自收受,添补养廉,有数千金数百金之不等,均未据实报出,解至藩库。"④

　　至于杂税的具体征收问题及有关杂税的征收数额,除契税笔者已经有专文讨论外,⑤在这里对牙行与牙税、当铺与当税加以讨论。

---

①　乾隆《江南通志》卷79《食货志·关税·杂税》。

②　《朱批谕旨》卷139,朱批宋筠奏折。

③　《清世宗上谕内阁》卷89,雍正七年十二月初三日。

④　《朱批谕旨》卷73,朱批王士俊奏折。

⑤　陈锋:《契据与税收:清代前期的税契与契税》,《中国经济与社会史评论》第10辑,已收入本书。

（一）牙行与牙税

一般认为，牙行是由牙商组成的商行或"牙人组织"，[1]这种见解未必准确，是受到"行"字的误导所致。牙行，或称牙商、牙户、牙人、牙侩、牙纪、行纪，是"领帖"经营这个行当，具有明显的"个性"或"个体"色彩，不应该认为是一个组织。所谓"牙行，即为买卖双方说合交易之经纪"[2]，大致准确。也有学者认为"牙行是市镇经济结构的中枢，操纵市镇经济的运行"[3]，似乎有夸大其作用之嫌。

牙行的功能和作用，主要是在于"评价"（即评定物价）、说合、掌握"度量"等，这在皇帝的上谕和臣僚的奏折、题本中都有大致类似的表述，如乾隆帝所说："民间懋迁有无，官立牙行，以评物价便商贾，其顶冒把持者俱有严禁。"[4]户部尚书海望称："商民交易，必须经纪指引说合，方知货之来历，价之贵贱，伊等抽取牙用，输纳帖税。"[5]江苏布政使张渠称："市廛之制，例设牙行，所以同度量而评物价，懋迁有无，民用攸赖，故私充有禁，把持有律。又恐散漫无稽，例由藩司给帖。"[6]江西布政使彭家屏称："各省州县集场设有牙行，所以评物价而便商民，俾懋迁有无，百货流通。"[7]湖南按察使严有禧称："市廛设立牙行，原以评物价而通商货。"[8]按乾隆《大清会典》的解释则为："凡城厢、衢市、山场、镇集，舟车所辏，货财所聚，择民之良者授之帖，以为牙侩，使辨物平[评]价，以通贸易。"[9]

除一般性的牙人之外，还有专门从事某一行当的牙人。如嘉庆年间直

① 参见张研《清代经济简史》，中州古籍出版社1998年版，第470页。

② 王戎生主编：《清代全史》第2卷，辽宁人民出版社1991年版，第349页。

③ 樊树志：《江南市镇：传统的变革》，复旦大学出版社2005年版，第349页。

④ 档案，乾隆五年十月二十六日议政大臣协理户部事务讷亲题：《为遵旨议奏事》，户科题本，档案号：02-01-04-13255-003。中国第一历史档案馆藏，下注"档案"者，均为该馆所藏。

⑤ 档案，乾隆三年十月初六日户部尚书海望题：《为钦奉上谕事》，户科题本，档案号：02-01-04-13045-010。

⑥ 档案，乾隆二年十月十一日江苏布政使张渠奏：《为请弛牙行定额之令以广皇仁事》，朱批奏折，档案号：04-01-35-0543-026。

⑦ 档案，乾隆十一年八月十三日江西布政使彭家屏奏：《为请停止牙行五年换帖之例，以省繁扰事》，朱批奏折，档案号：04-01-35-0545-015。

⑧ 档案，乾隆二十六年正月初六日湖南按察使严有禧奏：《为请循牙行编审之例以杜顶替事》，朱批奏折，档案号：04-01-35-0546-021。

⑨ 乾隆《大清会典》卷17《户部》，凤凰出版社2018年版，第91页。

隶武清县的一个著名村庄梅厂村，"村中有东西街一道，约长半里许，开设杂粮等铺"，又有"南北街一道，并无铺面，亦约长半里许"，有驴头的交易场所，因交易繁盛，添设集场，除设置杂粮交易的斗牙外，还添设有驴牙。①又如江苏仪征，因是淮盐运销江西、湖广的重要江口配盐地，"淮南引盐俱由仪所验掣，改捆装船运销"，因此"设有船牙"，其职能也与一般的牙人不同，专门代盐商协调雇募船只。②

充当牙人，必须领有"官帖"，也必须"身家殷实"，有"邻保"和"同行互保"。即："各省商牙杂税，额设牙帖，俱由藩司衙门颁发，不许州县滥给。"③即："必须身家殷实，邻保、同行互保，方准给帖承充。如老病式微，即另招承顶。惟客商贸易他乡，惟牙行是赖，如牙行不得其人，则商旅受害，是以严立科条，以示惩儆。"④如果原有牙人"无力承充者，官令退帖，随时召募顶补，换给新帖，不得额外增添"⑤。同时，有"五年编审之例"和种种禁约。康熙二十五年，最早较为明确地议定"五年编审例"和相关规定："各处牙行领帖开张，照五年编审例，清察换照。若有光棍顶冒朋充，巧立名色，霸开总行，逼勒商人，不许别投，拖欠客本，久占累商者，该地方官不时严行察拿，照律治罪。如地方官有意徇纵者，降二级调用，如有受财故纵者，计赃以枉法论。"⑥康熙四十五年，又进一步重申："嗣后一应牙行，照五年编审之例，清察更换新帖，如有顶冒朋充，巧立名色，霸开总行，逼勒商人，不许别投，拖欠客本，久占累行者，严拿究治。"⑦这些规定，被收录在《大清律例》中，成为法律规条。⑧至雍正十一年，形成原有牙行的定额制度和新开集场增补牙行制度："雍正十一年间，

① 档案，嘉庆二十四年十一月二十六日直隶总督方受畴奏：《为武清县添设集场，遵照部咨奏明请旨事》，朱批奏折，档案号：04-01-06-0006-001。

② 档案，乾隆二十四年十月二十七日两淮盐政高恒奏：《为奏闻事》，朱批奏折，档案号：04-01-35-0458-023。

③ 《清世宗圣训》卷23《理财》，雍正十一年十月甲寅上谕内阁。

④ 档案，乾隆二十六年正月初六日湖南按察使严有禧奏：《为请循牙行编审之例以杜顶替事》，朱批奏折，档案号：04-01-35-0546-021。

⑤ 档案，嘉庆二十四年十一月二十六日直隶总督方受畴奏：《为武清县添设集场，遵照部咨奏明请旨事》，朱批奏折，档案号：04-01-06-0006-001。

⑥ 乾隆《大清会典则例》卷18《吏部·考功清吏司》。

⑦ 乾隆《大清会典则例》卷50《户部·杂赋下》。

⑧ 参见《大清律例》卷15《户律·市廛》。

荷蒙世宗宪皇帝谕旨，着各省督抚因地制宜，着为定额，不许有司任意增添。嗣后止将额内牙户退帖顶补之处，察明换给新帖，再有新开集场，应设牙行者，酌定名数报部。"①

当然，上述制度是否合乎社会发展情势，或是否得到切实执行，则是另外一个层面的问题。

乾隆二年，江苏布政使张渠针对牙行定额制和新开集场的增额制曾经有所评论："因牙帖岁增，行户冗杂，荷蒙世宗宪皇帝谕旨，集场多一牙户，即商民多一苦累，着各省督抚饬令各该藩司因地制宜，着为定额，报部存案。不许有司任意增添，嗣后止将额内各牙退帖顶补之处，察明换给新帖。再，有新开集场，应设牙行者，酌定名数给发，亦报部存案。……惟是集场兴废不常，买卖随时变易，当年居货通商，出产繁盛，贸易众多，牙户群聚；他日商稀货少，生息不蕃，牙多歇业；抑或该地远非镇集，未设牙行，一旦商贾驻足，需牙评价，均属民间必有之事。无额，则牙户可以随时开歇，额定，则税有常经。……惟新开集场应设牙行者，尚能增户，而旧集增除，止于原集、原地、原行顶补，既不可以增设一名，有违定例，亦不可以开除一户，致缺税银。由是奉行之初，民知往后难增，无不竞图入额，迨至杂货小贩生理无多，不容歇业。"②

湖南按察使严有禧和江西布政使彭家屏对五年编审制也有说辞。严有禧称："湖南为水陆通衢，出产饶裕，商贾云集，牙行颇多，尤宜详慎清厘。……其牙帖竟有雍正年间所发，至今未换者，或父子接充，或亲朋承顶，帖名既非本人，则从前结内所称身家殷实，更不可问。计其欠项（欠税），多至盈千累百。……查在京牙行，系照五年编审之例，清查换帖，立法极为尽善，外省多未照行，致有久占累商情弊。"③彭家屏称："江西省各属牙户，于康熙二十九年前任藩司给发印帖之后，每越十余年，清查倒换一次，原无五年

---

① 档案，乾隆五年十月二十六日议政大臣协理户部事务讷亲题：《为遵旨议奏事》，户科题本，档案号：02-01-04-13255-003。乾隆《大清会典则例》卷50《户部·杂赋下》。

② 档案，乾隆二年十月十一日江苏布政使张渠奏：《为请弛牙行定额之令以广皇仁事》，朱批奏折，档案号：04-01-35-0543-026。

③ 档案，乾隆二十六年正月初六日湖南按察使严有禧奏：《为请循牙行编审之例以杜顶替事》，朱批奏折，档案号：04-01-35-0546-021。

必令换帖之行。自雍正七年,前藩司李兰将各州县牙帖换发后,至乾隆五年,因准部咨,……内有五年编审时,换给新帖之语,……乾隆六年,时值编审,经臣照案行查送换,惟是通省牙行计共四千四百四十三户,自六年查催至今,尚未换齐,而五年之期已满。今乾隆十一年,又届编审,若再清查,缴旧换新,以四千四百余名之牙帖,甫换旋缴,既缴复换,造册取结,由州县而府,由府而司,稍有不符,层层驳诘,胥役视为利薮,多方勒索,纵加意稽察,有犯必惩,终不免扰累。"①可见五年编审换帖,只是纸上故事,实际未曾遵行。而且在具体换帖的过程中,行政效率低下,并有胥役舞弊勒索的弊端。

在雍正十一年施行牙行额定制度后,各地的牙行数额大致固定,上揭彭家屏的奏折说,江西的牙行共有 4 443 户,一行一户,一户一帖,所以有"四千四百余名之牙帖"。上揭张渠的奏折也曾谈到"额定,则税有常经",也意味着牙税的多寡与牙行的数量有必然的联系。下面根据《杂税全书》所载,展示江苏苏州等府的牙行数和牙税数②:

表1　道光年间苏州等府牙行及牙税、耗羡的征收

府　州	牙行(户、人)	牙税(两)	随正耗羡(两)
苏州府	4 873	1 385.525	69.276
松江府	2 554	695.647	34.782
常州府	3 200	1 172.919	82.104
镇江府	1 705	696.935	48.786
太仓州	1 951	406.1	20.305
合　计	14 283	4 357.126	255.253

以上江南苏州等 4 府 1 州共有牙行 14 283 户(人),虽云是依据道光十年的奏销册统计的,但其分为"原订定额"和"续订续增"数额:"原订定额"总数为 13 006 户,"系照乾隆二年奏销册",反映的是雍正末年和乾隆初年的情

① 档案,乾隆十一年八月十三日江西布政使彭家屏奏:《为请停止牙行五年换帖之例,以省繁扰事》,朱批奏折,档案号:04-01-35-0545-015。
② 道光《杂税全书·苏松等府·杂税》。按:数字据称是依据道光十年的奏销册。又按:此书国内图书馆未见,系日本东京大学东洋文化研究所藏,为笔者二十几年前在东京大学访学时与范金民教授共同查出。

况;"续订续增"总数为 1 363 户,反映的是乾隆、嘉庆年间的新增数;原额、新增两者合计为 14 369 户,这个数额与上表的府州统计相较多出的 86 户,当是道光初年的新增数。江南苏州等府州的牙行数额在各省中是较多的,这或许正反映了苏州等府商业的发达情况。表中所列"随正耗羡"银,即随同正额征收的耗羡,各府州的征收比例略有不同,苏州、松江府以及太仓州按"随正五分耗羡"征收,常州、镇江府按"随正七分耗羡"征收。

牙税是按"帖"征收,所以又称为牙帖税,也有称为经纪税、经纪牙行税、牙杂税者。其征收标准,各省不同。如盛京,分为上经纪、中经纪、下经纪三等,按等课税:"经纪牙行税上经纪四十六名,每名额征税银二两;中经纪一百九十八名,每名额征税银一两五钱;下经纪二百九十九名,每名额征税银一两。"[1]河南牙税:"每名岁征帖税自数钱至一二三四两有零不等。"[2]江南牙行:"牙帖税,每帖一张,税银四钱五分以至一两不等。"[3]湖北牙税,据乾隆四年的奏报,按上、中、下三则征收:"上则五钱,中则三钱,下则一钱五分。"[4]乾隆二十五年,因"湖北四通八达,汉口一镇更为九省通衢,商贾辐辏,不减江浙等省,乃检查报部税册,自黄州、郧阳与汉口等处,比较轻重失宜",重新议定正税则例:将汉口、沙市、樊城、岳家口(安陆府)等处的牙税调整为"上行完税银二两,中行完税银一两,下行完税银五钱";其他"僻邑村镇,上行完税银一两,中行完税银五钱,下行完税银三钱"。并称:"牙行所完牙税,皆有上、中、下三等之殊,江西牙税上则纳银三两,中则纳银二两,下则纳银一两。"[5]按上、中、下三则征收牙帖税,或许是通行的标准,江西道监察御史卫廷璞也说:"查各省之杂税牙帖,定例分上、中、下三则外,州县每帖不过征银二三钱至四五钱而止。省会及通衢大镇不过一两一二钱而止。"[6]也有的

① 乾隆《盛京通志》卷 38《田赋·各项杂税》。

② 档案,乾隆三年十月初六日户部尚书海望题:《为钦奉上谕事》,户科题本,档案号:02-01-04-13045-010。

③ 乾隆《江南通志》卷 79《食货志·关税·杂税》。

④ 档案,乾隆四年十一月二十六日湖北布政使严瑞龙奏:《为敬抒末议,仰祈睿裁事》,朱批奏折,档案号:04-01-01-0046-039。

⑤ 《清朝文献通考》卷 31《征榷六》,浙江古籍出版社 1988 年版,第 5140 页。

⑥ 档案,乾隆七年七月二十四日江西道监察御史卫廷璞奏:《为推广皇仁请停止粮食牙帖以裕民食事》,军机处录副,档案号:03-0628-023。

没有具体的征收标准(或没有记载具体的征收标准)。如山东:"牙杂税,系各州县征收,给帖纳税,通省原额一千七百一十六两三钱七分零。"①

据康熙《大清会典》和乾隆《大清会典则例》的不完全统计,康、乾两朝征收牙税银数额大致如下表所列②:

表2 康熙、乾隆年间牙税统计

省 区	康熙二十四年征收数(两)	乾隆十八年征收数(两)
盛 京	232.75	2 500.5
直 隶	10 728.658	12 278.3
山 东	6 406.819	6 492.723
山 西	6 860.3	9 087.7
河 南	7 488.055	2 178.8
江 苏	9 316.43	11 130.24
安 徽	5 394	8 030.76
江 西	2 610.5	5 043
福 建	5 225.582	2 720.55
浙 江	4 327.3	4 528
湖 北	7 344	2 775.634
湖 南	738.14	1 035.216
陕 西	2 304.5	1 665.25
甘 肃	1 187.61	759.66
四 川	199.9	1 170.2 (包括当税在内)
广 东	2 152	17 846.77
广 西	101	未载
贵 州	151	514.05
云 南	未载	未载
合 计	72 768.544	89 757.353

① 乾隆《山东通志》卷12《田赋志·杂税》。
② 康熙朝数据,见康熙《大清会典》卷35《户部·课程·杂赋》;乾隆朝数据,见乾隆《大清会典则例》卷50《户部·杂赋下》。

据上表的统计,康熙二十四年的牙税银为 72 768.544 两,乾隆十八年的牙税银为 89 757.353 两。除未有记载的省区外,乾隆十八年的统计数额,河南、福建、湖北、陕西、甘肃等省的牙税银都少于康熙二十四年的统计额,这不太符合常理。笔者认为,乾隆《大清会典则例》所记,当有错讹之处。由于乾隆《大清会典》没有分省的记载,难于查对,所载总额"以乾隆十八年奏销之数计之,直省岁课百有五万二千七百有六两有奇",不似单指牙税,在说了牙税之后,接着说"有行铺税,……有马牛税、猪羊税,……有落地税",①似乎是诸税并记,但就其数额而言,又似乎是指牙税。

据在档案中发现的河南牙税征收,可以知晓河南的征收数。乾隆初年,在上述雍正十一年施行"定额"牙行数额的基础上,乾隆初年对河南的"老税、牙帖二项税"进行了清理,牙帖税指牙税无疑,何为"老税"? 据户部尚书海望称:"该抚(河南巡抚尹会一)虽称民间买卖田房遵例税契,毋庸滥设牙行,但民间买卖田房,官交税银,由来已久,其房地行税从前起自何年,系照何例征收,该抚疏内并未详悉声明。"经户部咨查,老税是在房地产交易过程中,除征收契税之外,由牙行另外征收的"房地行税",亦是按"帖"征收,"交易多者,帖税较重,交易少者,帖税较轻",实际上也是一种牙税。"查通省原额老税并盈余银共一万一千一百三十七两四钱二分三厘零,原额牙帖并新增盈余、新认牙帖银共六万六百六十两九钱二分九厘零。……共应裁革税银七百六十两七钱五分零,其余老税、牙帖二项共银七万一千三十七两五钱九分零,仍请照数征收。"②即使不算"老税",仅牙帖税(原额牙帖并新增盈余、新认牙帖),河南的征收数在乾隆初年也已经达到六万两以上。这是一个较大的数额,值得注意。

另外,如广西,上表康熙二十四年广西牙税征收额为 101 两,乾隆十八年"未载",这里的"未载",极有可能是没有牙帖税的征收。据两广总督李侍尧称:"粤西一省地处边徼,所属各州县类多山城僻邑,贸贩稀少,通省并无冲衢大镇,是以向无设立牙行名目。惟桂林省城以及梧州、南宁、浔州等府

① 乾隆《大清会典》卷 17《户部》,第 91 页。
② 档案,乾隆三年十月初六日户部尚书海望题:《为钦奉上谕事》,户科题本,档案号:02-01-04-13045-010。

并思恩府属之百色地方商贾聚集较多,有外来客贩收买货物,浼托住歇之家代为引买者,谓之'担保',又有货物稍多,觅人代为称量,谓之'经纪'。买卖事毕,各人量给酬劳之费,原非评定物价之牙行可比。而情愿自相交易,不经担保、经纪之手者,亦各从其便,商民历久相安,从无垄断控争诓骗客商等弊。……该布政使淑宝以此等担保、经纪既已代人交易,即同私牙,议请禁革,设立官牙。但查广西物产有限,惟米谷居多,如东省商贩前往购籴,势必投一住歇之家,托其引买,至若本地之人,原可自相粜籴,如将担保、经纪革除,官设牙行,伊等纳税领帖,势必借端官兑为名,把持垄断,反于商民未便。……所有该布政使请设立牙行之处,应毋庸议。"①这是一份非常重要的奏折,说明此前广西大部分地区并没有牙行的设置,没有牙行,也就没有牙税。即使在桂林、梧洲、南宁、浔州等商贾聚集较多的地方,也只有类似私牙的"担保"和"经纪",而这些所谓的"私牙",也没有像其他省区指斥的那么多弊害,若设立"官牙",反而不利于商民交易。所以两广总督在遵旨议覆广西布政使的提议时,断然否定。

(二) 当铺与当税

当铺,或称典铺、行铺、当行、典行,当铺的设置,一般的地方州县为数不多,"一州一县中,开当铺者,多不过十数家,少不过数家"②。但在京城和商业、社会经济发达地区设置较多,其职能也不仅仅是一般的典当,其收钱、存钱、放钱行为,还会影响到银、钱比价和商业的运行。乾隆初年,在"银贵钱贱"时期,③为了平抑钱价,户部尚书海望曾谈到京城的当铺:"京城大小当铺不下二百余座,每当积钱约五百串,若统计之,不无十万余串,况当铺中人上市买钱,动以五六百两,一遇当铺人多,则钱市惟见银多钱少,故致长价。请嗣后当铺除银六钱以下仍准当钱,六钱以上,惟许当银,如有违者,将管当人责治。如此,则各当既无多积之钱,而钱市可免昂贵。……查当铺存贮钱

---

① 档案,乾隆三十四年四月十八日两广总督李侍尧奏:《为遵旨议奏事》,朱批奏折,档案号:04-01-35-0547-007。

② 档案,乾隆九年十一月初六日京畿道监察御史刘方蔼奏:《为敬陈刍荛一得以备荒政以广皇仁事》,军机处录副,档案号:03-0311-056。

③ 参见陈锋《清代银钱比价的波动及其对策》,《陈锋自选集》,华中理工大学出版社 1998 年版,第 379—401 页。

文,先经总理事务王大臣定议,大当只许存钱七八百串,小当只许存钱一二百串,其余概令发出市卖,违者照例治罪。"①乾隆二十二年,户部尚书蒋溥又谈到京畿地区大兴、宛平的民当、王公当铺和恩赏并滋生当铺:

> 据大兴县查出上户一百七十九户,中户八百一十五户,上、中二户共征银二千七百三十二两五钱。宛平县查出上户一百一十四户,中户八百七十五户,上、中二户共征银二千七百五十七两五钱。较之原额均有多余。

> 大邑(大兴)所属东北城安定门外,民居稠密,铺户亦多,向来并不征税,……应请将安定门各行户照例一并征收,以杜隐漏。至当铺一项,(安定门外)原额九十九座,向无司帖颁给,遇有开闭,私相顶替,并不报明收除,是以历年税银止系照额征收,从无增减。今查有新开当铺一十四座,又城乡新开小当二十六座,合之旧额,通共民当一百三十九座。又王公当铺已报税者九座,俱于乾隆二十一年为始照依行税之例给单办课,此外尚有王公当铺七座,恩赏并滋生当铺十三座,向不纳税。今应否一体完纳,合并分晰造册,详请核示遵办。

> 又据宛平县详称,平县所属当税一项,原额当铺一百二十六座,向无颁给司帖,私相顶替,其中开闭并不报明收除,是以税银亦无从增减,今查有新开当铺九座,又城乡新开小当一十二座,合之原额通共民当一百四十七座。又王公当铺已报税者七座,俱于乾隆二十一年为始交纳税银。又续查出王公当铺四座,俱于乾隆二十二年为始交纳税银。以上各当共一百五十八座,应照依行税之例,散给由单办课。此外尚有王公当铺九座,又恩赏滋生当铺一十三座,向不纳税,应否令其一体完纳,合并分晰造册,详请核示遵办。

> 应饬令将查出新开各当应纳税银于乾隆二十一年为始,同原额当税一体征收奏报。……王公当铺,……于乾隆二十二年为始一例交

---

① 档案,乾隆三年三月初六日户部尚书海望奏:《为遵旨议奏事》,朱批奏折,档案号:04-01-35-1228-003。

纳。……至大、宛二县所有内务府滋生各当系属官当,向不纳税,应仍照旧免纳税银。①

以上所述,一般"民当"上等户数和中等户数,大兴、宛平合计在 2 000 户左右,当税 5 000 两以上,当铺下户由于不征收当税,所以不在统计之列。王公大臣开设的当铺,之前有的查出报税,有的未征,此次查核之后,一律征税。"恩赏并滋生当铺"为内务府所属当铺,②此前并不征税,查核之后亦不征税。

下面根据《杂税全书》所载,展示江苏苏州等府的当铺数和当税数③:

表3 道光年间苏州等府当铺及当税、耗羡的征收

府　州	当铺(户)	当税(两)	随正耗羡(两)
苏州府	308	1 540	77
松江府	131	655	32.75
常州府	216	1 080	75.6
镇江府	171	855	59.85
太仓州	95	475	23.75
合　计	921	4 605	268.95

上表统计数据的来源为道光十年的奏销册,江南苏州等 4 府 1 州共有当铺 921 户,"每户纳税银五两",共收当税银 4 605 两。与苏州等府的牙税征收一样,"随正耗银"按"随正五分耗羡"和"随正七分耗羡"征收,共征耗羡银 268.95 两。值得注意的是,苏州等 4 府 1 州"原订典铺实共一千二百三十八户",乾隆四十年以降,陆续减少,到道光十年,"减歇典铺"达到 317 户,从某种程度上,意味着社会经济的衰退。

当税,或称典税、铺税、当饷、当铺税、典铺税、当行户税、铺行户税、典行

---

① 档案,乾隆二十二年八月二十八日户部尚书蒋溥题:《为请旨事》,户科题本,档案号:02-01-04-15056-019。

② 赖惠敏有《内务府的当铺与生息银两》,可以参考。参见赖惠敏《乾隆皇帝的荷包》,台北:台湾"中研院"近代史研究所 2014 年版,第 165—210 页。

③ 道光《杂税全书·苏松等府·杂税》。

户税。苏州等府的当税,是按铺计算,即"每户纳税银五两",这基本上是全国的通例。如山东,"当税,系各州县一例征收,每铺五两,凡遇新增退减,详报布政司存案,通省原额二千九百二十五两。雍正四年后尽收尽解"①。广东,"当饷,国朝康熙十二年,本省当税每铺一名,递年征税银五两,有定征无定额,各府州县共报一百五十二名,饷银七百六十两,嗣后历年开报,多寡各不等"②。但京畿地区与东三省略有不同,其中,"大(兴)、宛(平)两县征收行税银两,向例三年编审一次,上户征银五两,中户征银二两五钱,下户例不征收"③。盛京"每年每铺收银二两五钱",后来黑龙江等处亦仿照办理。④

据康熙《大清会典》和乾隆《大清会典则例》的不完全统计,康、乾两朝征收当税银数额大致如下表所列⑤:

表4 康熙、乾隆年间当税统计

省 区	康熙二十四年征收数(两)	乾隆十八年征收数(两)
盛 京	552.5	1 360.7
直 隶	22 660	14 610
山 东	5 610	6 755
山 西	12 810	26 560
河 南	2 370	5 175
江 苏	15 070	9 675.84
安 徽	3 040	3 714.99
江 西	380	675
福 建	950	4 400
浙 江	5 590	5 030

① 乾隆《山东通志》卷12《田赋志·杂税》。
② 雍正《广东通志》卷22《贡赋志·杂税附商税》。
③ 档案,乾隆二十二年八月二十八日户部尚书蒋溥题:《为请旨事》,户科题本,档案号:02-01-04-15056-019。按:乾隆十七年,"停止大、宛二县铺面行税三年编审之例"。见《清朝文献通考》卷31《征榷六》,第5139页。
④ 《黑龙江租税志》上卷,第115页。
⑤ 康熙朝数据,见康熙《大清会典》卷35《户部·课程·杂赋》;乾隆朝数据,见乾隆《大清会典则例》卷50《户部·杂赋下》。

（续表）

省 区	康熙二十四年征收数（两）	乾隆十八年征收数（两）
湖 北	1 110	2 585
湖 南	420	250
陕 西	2 000	6 860
甘 肃	4 060	7 717.56
四 川	未载	1 170.2（包括牙税在内）
广 东	1 300	575
广 西	30	165
贵 州	未载	1 060
云 南	未载	未载
合 计	78 252.5	98 339.29

　　表中所列康熙二十四年的当税，以直隶最多，达到 22 660 两，包括了京城的当税，反映出京城当铺的繁盛；乾隆十八年的当税，以山西最多，达到 26 560 两，也反映出山西当铺的繁盛以及山西金融业的发展。至于表中所列乾隆十八年的当税，有些省份有"两"之下的几钱几分，即江苏"当税银九千六百七十五两八钱四分"，安徽"当税银三千七百十有四两九钱九分"，等等，如果按每铺五两征收，是不应该有钱、分、厘之数的，之所以出现这种情况，于当税的"实征""尽收尽解"状况下的"征不足额"有关。

　　康熙元年已经题准："直省杂税，照正赋例，依限奏销，违者照例参处。"康熙十八年又题准："杂税钱粮，均照正赋考成。"①当税等银两的征收如果征不足额，有关官员照样会受到相应的处分。这种处分有间接责任和直接责任的区别。如对江宁府知府的考核：

　　　　户科抄出调任苏州巡抚张渠题前事内开：据苏州布政使司布政使徐士林详称，案照江宁府乾隆元年奏销册报，未完典税银一十五两，乾

―――――――――
　① 乾隆《大清会典则例》卷 50《户部·杂赋下》。

隆二年奏销册报,未完典税银二十五两。先因未据完解,当将江宁府知府张荸年职名先后报参,奉部议,每案降俸二级,戴罪督催在案。兹据该府将未完两该年典税银两照数全完解司,并请开复前来。除续完银两统于各年驳款案内登报归结外,所有江宁府知府张荸年原奉部议,乾隆元年典税银两未完,降俸二级、戴罪催征,又乾隆二年典税银两未完,降俸二级、戴罪催征之案,详请具题开复等情到臣。据此,该臣看得,江宁府未完乾隆元年分未完典税银一十五两,又未完乾隆二年分典税银二十五两,均于各年奏销案内开列报参,准部议处,转行苏州布政司遵照在案。今据布政使司布政使徐士林详称,……请题开复前来,臣覆核无异,相应具题,伏乞皇上睿鉴,饬部核销。……并将张荸年降俸银两,以奉旨开复之日止,按数扣抵报部查核。①

苏州知府没有征收钱粮的直接责任,属于连带的间接责任。即使是间接责任,征收当税不完,哪怕是极少的银两,也要受到"降俸"和"戴罪催征"的处罚。从这份题本中也可以看到考核的相关程序:先由布政使报巡抚,再由巡抚报户科,户科磨对查核后,抄呈户部长官,最后由户部定夺处分或"开复"。而且,初次不完报参后,如果"限内"(在规定的期限内)催征完毕,可以"开复"(解除处罚),但在奉旨开复之前的岁月,依然要"扣解"降俸银两,解交户部。

下面再展示对福建州县官的考核:

查乾隆六十年分奏销,原报罗源县未完额征当税银一十两,于初次一年限满,未据完解。闽清县奏销原报未完额征当税银五两,于初次一年限满,未据完解。仙游县奏销原报未完额征并新增当税银三百二十两,于初次一年限满,续完银七十两,尚未完解银二百五十两。晋江县奏销原报未完额征并新增当税,除已完外,尚未完银三百一十七两五

① 档案,乾隆五年七月十三日议政大臣协理户部事务讷亲题:《为奏销乾隆元年钱粮查参未完各官事》,户科题本,档案号:02-01-04-13253-027。

钱,于初次一年限满,未据完解。南安县奏销原报未完额征并新增当税共银二百六十五两,于初次一年限内,续完银一百五十两,尚未完银一百一十五两。惠安县奏销原报未完额征并新增当税,除应赔外,尚未完银八十两,于初次一年限满,未据完解。同安县奏销原报未完额征当税,除亏缺外,尚未完银二百七十七两五钱,于初次一年限满,未据完解。马港厅奏销原报未完额征当税,除已完外,尚未完银一百七两五钱,于初次一年限满,续完银七十五两,尚未完银一十二两五钱。龙溪县奏销原报未完额征并新增当税银两,除挪移并已完外,尚未完银三百七十一两,于初次一年限满,续完银六十二两三钱,尚未完银三百八两七钱。漳浦县奏销原报未完额征并新增当税,除已完外,尚未完银九十一两九钱,于初次一年限满,未据完解。南靖县奏销原报未完额征当税,除应赔外,尚未完银一百四十两,于初次一年限满,未据完解。诏安县奏销原报未完额征并新增当税,除已完外,尚未完银九十二两四钱六分一厘,于初次一年限满,未据完解。宁德县奏销原报未完额征当税,除已完外,尚未完银五两,于初次一年限满,未据完解。所有仙游、南安、马港、龙溪等厅县续完银两,应俟汇入嘉庆三年春拨册内造报拨饷。①

州县官是征收赋税钱粮的直接责任人,对他们的考核更加具体。由于这是福建巡抚在考核查参过程中上报的题本,未走完考核程序,所以没有具体的处罚;但从这份题本可以看出,赋税的考核与催征有时要经过数年之久——乾隆六十年的当税征收,到嘉庆六年尚未结案。而且从中也可以看出,福建有些县,如仙游、晋江、南安、惠安等县,除"额征"当税外,又有"新增当税",说明此时的当税又有新的征收,而且数额不少,仅未完银一项,许多县都达到数百两之多。

杂税的征收,特别是杂税征收数额的统计,是一个相当繁难的问题,据

---

① 档案,嘉庆六年十一月初十日福建巡抚汪志伊等题:《为查参等事》,户科题本,档案号:02-10-04-18340-016。

许檀、经君健的统计,清代前期杂税的征收数额及其在财政收入中所占的比重如下表所示①:

表 5　清代前期各朝杂税与其他岁入比较　　单位:万两

年 代	总额	%	地丁	%	盐课	%	关税	%	杂赋	%
顺治九年	2 438	100	2 126	87.2	212	8.7	100	4.1	?	?
康熙二十四年	3 424	100	2 823	82.4	388	11.3	122	3.6	91	2.7
雍正二年	3 649	100	3 028	83.0	387	10.6	135	3.7	99	2.7
乾隆十八年	4 266	100	2 964	69.5	701	16.4	459	10.8	142	3.3
乾隆三十一年	4 254	100	2 991	70.3	574	13.5	540	12.7	149	3.5
嘉庆十七年	4 014	100	2 802	69.8	580	14.4	481	12.0	151	3.8

许檀、经君健的统计比较系统,可以参考,各种记载亦不一致。②而据笔者的统计,乾隆十八年的芦课为 195 768 两,茶课为 69 191 两,渔课为 27 482 两,金银等矿课为 73 525 两,田房契税为 190 000 两,牙、当等税为 186 190 两,牲畜及落地杂税为 856 214 两,合计 1 598 340 两。乾隆三十一年的芦课为 122 500 两,茶课为 73 100 两,渔课为 24 500 两,金银等矿课为 81 000 两,田房契税为 190 000 两,牙、当等税为 160 000 两,牲畜及落地杂税为 858 000 两,合计为 1 509 100 两。如果再加上“杂赋”中包含的旗地租、官庄田租、学田租、贡税等项,数额还要多出数十万两,③均比许檀、经君健的统计为多。

实际上,要想知道各项杂税的具体征收总额,相当困难,再示列江南的征收记录,就可以明白这一点。乾隆《江南通志》记载如下:

田房税,给发契纸征收,尽征尽解,各州县同。

牙帖税,每帖一张,税银四钱五分以至一两不等,每年尽征尽解,各州县同。

---

① 许檀、经君健:《清代前期商税问题新探》,《中国经济史研究》1990 年第 2 期。数字一仍其旧,笔者仅加了百分比。

② 吴暻《左司笔记》卷 10《杂税》记载康熙三十九年各省的杂税均有细数,不备列,杂税总额为 464 432 两。

③ 参见陈锋《清代财政政策与货币政策研究》,武汉大学出版社 2006 年版,第 368—369 页。

花布牛驴猪羊等税,银每两三分,每年尽征尽解,各州县同。

典铺,每户输银五两,增歇不一,各州县同。

江苏布政使经历司佃民税,给发契纸,尽收尽解。

江宁都税司经征骡马税,无定额,按季同杂税汇解。

江宁都税司房税,给发契纸,尽收尽解。

淮安淮防厅并扬州、江都、仪征、通州、如皋四州县洲场税,给发契纸,尽收尽解。

扬州府税课司商税,额银一千二百一十八两四钱,遇闰加银三十三两三钱三分三厘有奇,两淮盐运司代办。

扬州府扬防厅额征由闸商,税并加增,银三万一千二百八十一两五钱九分五厘有奇,经征官自行解部。

徐州府课程等税银,每年尽收尽解。

仪征县由闸梁头操抚扣饷,并赔补缺额,共银一千七百五十三两二钱,遇闰加银一百两。

仪征县税课局额征商税银二千二百三十八两七钱五分八厘有奇,遇闰加银三两六分三厘有奇。

高邮州商税操赏裁解充饷银三两七钱。

扬州府邵伯司应征门摊税银五十七两二钱二分二厘,系府具批解司,汇同杂税解部。

通州税课局额征商税银八百六两八分四厘有奇,遇闰加银三两二钱九分一厘有奇。

如皋县靛花油饼等税银,每年尽收尽解。

京口将军经收八旗骡马税银,亦无定额,每年尽收尽解,令镇江府具批解司,汇入杂税达部。

合肥县、庐江县、巢县、六安州、霍山县五州县商税一款,每两三分,每年尽征尽解。

寿州、虹县、泗州三州县有鱼税一款,按价每两三分,每年尽征尽解。

街口司巡检报征船税银九百六十两有奇,内除银八百两有奇归入丁地案内另册奏报，实该银一百六十两。

长淮卫征收牙帖税银，尽征尽解，与州县同。

泗州李良桥等五处商税银二十两八钱八分，曲税银三两，牙税银尽征尽解，俱于雍正十三年归入宝应县征收。①

以上杂税大多数都标明是"尽征尽解""尽收尽解"或"无定额"，这正是数额难以清楚的原因之一。

从总体上说，清代前期的杂税征收相当繁杂，上述之外，仍有两个问题仍值得特别注意。

一是定额之外的额外加征。如雍正七年奏准："契税于额征外，每两加征一分，以为科场经费。"②该年题准的广东例为："广东文武闱乡试所需各项经费，除照例动拨正项外，尚有不敷之数，向在各州县业户买产每两例征契税银三分之外，又征一分充用，每年约征银二千五百余两，自雍正七年起，准为科场经费，造入奏销册内，同正额一例报销。"③

二是杂税的动用较为灵活。如雍正六年十一月奉上谕："湖南官员养廉之资，已令该抚将通省耗羡计算，均匀分给。又该省各府杂税银两项下，有报出赢余银七千二百二十两，着该抚将此项添入，亦可少资各官养廉之用。"④这是动用杂税赢余银支发养廉的一例。雍正七年十二月奉上谕："查广东落地耗羡之外，雍正六、七两年报有田房税契溢羡银四万四千三百余两，此系该省查出之羡余，应归于本省之公用。着于此项银两内将督抚等养廉银应给若干，着该督抚会同布政使王士俊斟酌定议，具折奏闻。"⑤这是动用田房税契溢羡银作为公用银和养廉银的一例。雍正七年，署理广东布政使王士俊疏称："民间置买田房产业，例按正价每两税契银三分。解司充饷之数，岁有常额，然常额之外，类有赢余，臣经屡饬属员，务将民间旧买田产

① 乾隆《江南通志》卷79《食货志·关税·杂税》。
② 《清朝通志》卷90《食货略·关榷十·杂税附》。
③ 乾隆《大清会典则例》卷50《户部·杂赋下》。
④ 《清世宗上谕内阁》卷75，雍正六年十一月十九日。
⑤ 《清世宗上谕内阁》卷89，雍正七年十二月十七日。

匿不税契者,悉令投税,并将税契赢余,尽收尽解。已据各州县将雍正六年及本年税契赢余银解存司库,共有四万八千四百四十八两零,……欲支动此项以为各府州县修理城垣之费。"①这是动用田房税契溢羡银作为修理城垣之费的一例。

①　《朱批谕旨》卷 73,朱批王士俊奏折。

契据与税收:清代前期的税契与契税

"税契"与"契税"在有些学者的笔下有所混同,在典籍记载中也有记载模糊的现象。之所以如此,是因为两者既有联系又有区别。严格地说,税契,是一种形式和手续,是对田房交易时的契据进行纳税(投税),这种纳税的"契据",并不是针对一般的契约文书,也不单单是一般研究契约的学者所谓的"白契"(不用印)、"红契"(用印)所能区别,而是有其特定的程式和载体。从税收角度考量,"白契"与"红契"有其特有的限定:"民间典买田宅,其立有绝卖文契,并注有'找贴'字样者,立契交易后报官投税,地方官用司颁契尾粘连、钤印,则为红契;未载'绝卖'字样,或注定年限回赎者,概不投税,则为白契。是红契有税,白契不税也。"①也就是说,用"司颁"契尾粘连契约,钤盖印信(布政使司印、州县印)才是真正意义上的"红契",其他用印者,只是"私印小契"(按:亦即"州县将白纸私契用印")。乾隆元年,总理事务王大臣允禄在回顾清代前期税契的变更时曾说:"民间置买田地房产投税,必用契尾,原系会典所载,遵行已久。嗣因设立契纸、契根,而契尾遂而停止。"②这里的"契尾"和"契纸""契根"才是税契的本体。契税,一般是指在买卖田地房产(绝卖)并经过一定的手续后(如,于原契后粘给司颁契尾、钤印等)所征之税,所以又称为"田房契税";但在典租(典当)田房时,晚清也较为普遍地对典租(典当)田房的活契征税,称为"典税",或统称为"契税",即所谓"契税云

---

① 档案,乾隆二十九年六月初一日蒋楫(按:原录副奏折未注明官衔)奏:《为请严杜税契之积弊事》,军机处录副,档案号:03-0345-050。中国第一历史档案馆藏,下注"档案"者,均为该馆所藏。
② 档案,乾隆元年十一月二十一日总理事务王大臣允禄题:《为请复契尾之旧例以杜私征捏契事》,户科题本,档案号:02-01-04-12863-015。

者,系典、买田房,赴官印契应纳之税"①。清代前期的"典税"亦为"契税"之一种,虽非常例,但也值得注意。

笔者已经指出,清代前期财政收入的构成,主要是田赋、盐课、关税、杂税四项,②在杂税中,契税无论是征收范围,还是征收数额,都是最为重要的税种。按瞿同祖所说,在清代前期的杂税中,"只有行纪税、当铺税和房地产契税是在各省都征收的"③,大致不误。在清代前期各省中,只有黑龙江没有征收契税,其他省区均有征收。据《黑龙江租税志》记载,黑龙江契税于光绪三十年开始征收,"凡民间买卖田房,不问年之远近,一律按价银一两收正税三分,副税三分,火耗六厘。正税报部,副税以二分充善后经费,以一分充承办人员办工之需,六厘火耗备倾化银锭之费"④。《黑龙江财政沿革利弊说明书》称:"江省田房契税,前副都统程'条陈筹办善后事宜',即请开办,然未实行。至光绪三十年,将军达始酌订章程,于呼兰、巴彦、绥化三处设税契局,派员试办。……三十一年,奏咨立案。惟典契未及规定,故典当田房契税,仍未征收。厥后呼兰、巴彦、绥化改设民治,地方官到任后,即饬由地方官经征,原设税契局先后裁撤。宣统元年五月,度支部奏准整顿田房契税,各省买契,一律征税九分;典契,一律征税六分。是年九月,江省通饬各属,改照新章加征买税,开办典税。"⑤本文对清代前期"税契"形式的变更与"契税"征收进行较为系统的探讨。

一、"税契"变更之一:从契尾到契纸、契根

税契渊源甚早,康熙《御定渊鉴类函》曾经概称:"税契始于东晋,历代因

---

① 民国《杭州府志》卷65《赋税八》。

② 参见陈锋《清代前期杂税概论》,《人文论丛》2015年第1辑,已收入本书;陈锋《清代财政收入政策与收入结构的变动》,《人文论丛》2001年卷。按:又有学者分为直接税、消费税、收益税、流通税四种。参见陈秀夔《中国财政制度史》,台北:台湾正中书局1973年版,第326页。

③ 瞿同祖:《清代地方政府》,法律出版社2003年版,第241—242页。

④ 《黑龙江租税志》上卷,第144页。此为"满洲租税史料"之一种,内部资料,藏于日本东京大学图书馆,有编者在日本昭和十八年(1943)二月六日的寄赠书章。

⑤ 陈锋主编:《晚清财政说明书》第1册,湖北人民出版社2015年版,第422页。按:据档案记载,黑龙江自光绪三十年十月开始征收契税,"于光绪三十一年六月间奏明"。档案,光绪三十三年十月初二日东三省总督徐世昌奏:《为江省试办田房税契事》,朱批奏折,档案号:04-01-35-0585-045。

之。"①清代也不例外，清代的各种文献均记载称："顺治四年覆准：凡买田地房屋，必用契尾。每两输银三分。"②也就是说，沿用契尾的形式进行征税，始自顺治四年。一般认为，清初所用契尾为布政使司颁发，并编立号数下发州县。揆诸现存契尾样式及有关档案、文献，存在一些误解或不清晰的地方，需要进一步辨析。

安徽博物院现存一份顺治五年安徽休宁县的契尾，如下图③：

图1　安徽休宁县吕昌年卖山契尾

这份契尾是清朝开征契税的次年，即顺治五年颁发的，十分宝贵。该契尾透漏出三点信息需要注意：一是契尾的颁发单位，二是契尾编号，三是投税方法（关于另外的"税例"问题，后面论述）。

就契尾的颁发单位来看，该份契尾由"巡按江宁等处监察御史"颁发，也就是"按院颁发契尾"，而不是一般所说的"司颁契尾"。契尾中的文字称：

---

① 康熙《御定渊鉴类函》卷134《政术部十三·杂税一》。

② 康熙《大清会典》卷35《户部十九·课程四·杂赋》；乾隆《大清会典则例》卷50《户部·杂赋下》；光绪《大清会典事例》卷245《户部·杂赋·田房税契》。按：《清朝通典》卷8《食货八·赋税下》称："顺治四年定，凡买田地房屋，增用契尾，每两输银三分。"多了"增用契尾"四字，不妥。

③ 安徽休宁县吕昌年卖山契尾（新买业户为邵光祖）（顺治五年二月），安徽博物院藏，档案号：434001-0046-001-00224-001。

"税契之法,原以防奸伪,故必用印信契尾,自应照旧通行。"又称:"税契之法,原以上供国赋,下杜纷争。……新朝底定,合行照旧颁给。……凡民间置买田房产业,赴县投税,即将院尾查照契开田地山塘房屋顷亩、间架,并价、税各数目,逐一填注于后,粘连原契,税票用县印盖给与业主收执。如有隐匿不行投税及无院印契尾者,有司不得推收过户。后若查出或告发,除将产业全没入官,仍按律究治不贷。"这里所谓的"照旧通行"和"照旧颁给",当然是循明朝之旧。但在明代,除按院契尾外,也有司颁契尾,明人毕自严编《度支奏议》曾经提到"司发契尾",并说在明代季年"有司多隐匿司契,私图收税,径用本州县印契"①。孔贞运编《皇明诏制》也曾经提到"民间买卖田产,许照旧例纳税,用布政司及本府印信契尾"②。由于文献资料的缺乏,尚不能断定清初最早颁发的契尾除安徽(江南)外,都是由"按院颁发",但确实在有些省份经历了由"院颁契尾"到"司颁契尾"的过程。乾隆元年,广东巡抚杨永斌在请求恢复"契尾旧例"时曾经回顾:"臣查未设契纸以前,凡民间执契投税,官给司颁契尾一纸,粘连钤印,令民收执为据。……臣思契尾之例,系投税之时官为印给,不同契纸另需民间价买,致有滋扰可比。在昔圣祖仁皇帝六十余年,行之无弊,今似应仍请复设,照依旧例,由布政使编给各属,令地方官粘连民契之后,钤印给发。"③若按"圣祖仁皇帝六十余年,行之无弊,今似应仍请复设,照依旧例"之说,似乎康熙一朝已经是"官给司颁契尾",但就现在所能见到的比较明确的"司颁"契尾的时间,应该在康熙四十年以后。康熙四十三年,浙江道御史王玮称:"田房税契,用司颁契尾,时江苏、安徽等属,皆遵照此例。"④《大清会典则例》称:"(康熙)四十三年覆准,田房税银,用司颁契尾,立簿颁发,令州县登填,将征收实数按季造册,报部察核。雍正四年覆准,凡典当田土,均用布政使司契尾。"⑤《重修安徽通志》亦称:"(康熙)四十三年覆准,田房税契用司颁契尾,立簿颁发,令州县登

---

① 毕自严:《度支奏议》卷5《题覆边饷堂条陈十六款疏》。
② 孔贞运:《皇明诏制》卷10。
③ 档案,乾隆元年九月初六日广东巡抚杨永斌奏:《为请复契尾之旧例以杜私征捏契事》,朱批奏折,档案号:04-01-35-0543-020。
④ 乾隆《江南通志》卷79《食货志·关税·杂税附》。
⑤ 乾隆《大清会典则例》卷50《户部·杂赋下》。

填。"①至雍正五年,安徽布政使石麟已称:"安徽向例用藩司印信契尾转发州县。"②最晚在康熙后期,由各省布政使司统一颁发契尾是没有疑问的。

就契尾编号来看,也经历了由各州县自行编号,到布政使司统一编号的过程。图1顺治五年二月的契尾编号为"徽州府休宁县天字二百一十七号",属于州县的自行编号。笔者查阅到的安徽省档案馆所藏康熙年间的契尾,既有州县编号的形式,也有布政使司的统一编号形式。下示图2为州县编号契尾③,图3为布政使司的统一编号契尾④:

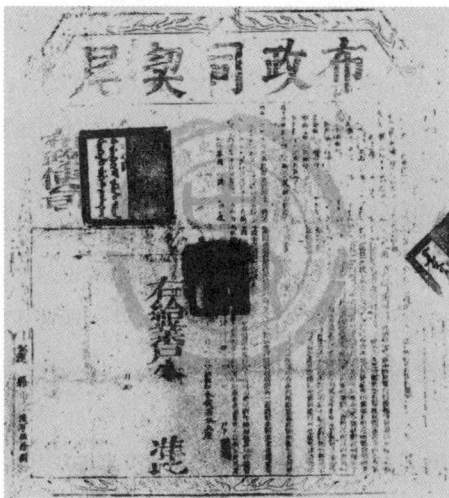

图2 安徽省泾县县字六百五十八号契尾

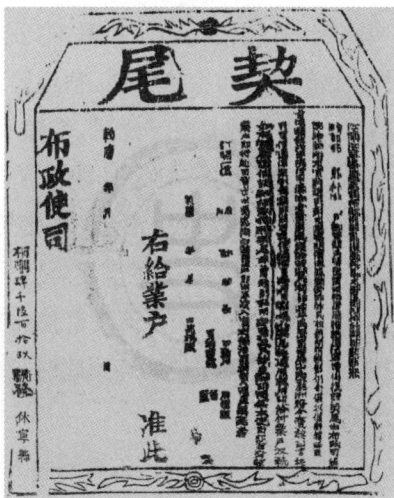

图3 江南安徽等处布政使司布字四千六百十九号契尾

上揭广东巡抚杨永斌的奏折曾言,契尾"由布政使编给各属,令地方官

① 光绪《重修安徽通志》卷78《关榷》。

② 《朱批谕旨》卷217,朱批石麟奏折,雍正五年闰三月二十九日江南安徽布政使石麟奏。按:在个别省份,布政使司颁发契尾相对滞后,如贵州,云贵总督鄂尔泰称:"民间买卖田地,黔省陋例,从不到官,税契致多讦告纷争。臣已饬令各属,务将买契送官,完税钤印,以杜假契冒混。今春布政司颁发契尾,令州县官钤印,给业主收执,如无契尾,即照匿税治罪之新例,各属现在遵行。"见《朱批谕旨》卷125,朱批鄂尔泰奏折,雍正六年七月二十一日云贵总督鄂尔泰奏。

③ 安徽省泾县县字六百五十八号契尾(康熙五十四年),安徽博物院藏,档案号:434001-Q046-00184-001。

④ 江南安徽等处布政使司布字四千六百十九号契尾(康熙朝),安徽博物院藏,档案号:434300-0001-039-P11-009。

粘连民契之后,钤印给发",所谓"布政使编给各属",亦即布政使司统一将契尾编号下发各州县。就此奏折以及上揭康熙年间的实物契尾来看,可以认为,在康熙年间已经实行了布政使司的统一编号,但由于雍正年间曾经废止契尾,实行契纸、契根之法(见后述),契尾的颁发和统一编号一度中断,到乾隆元年,因着广东巡抚杨永斌的上奏,才又恢复实行。乾隆元年十一月,总理事务王大臣允禄等议覆广东巡抚杨永斌的奏折云:"应如(杨永斌)所奏,通行直省各该督抚查照旧例,复设契尾,由布政司编号,给发地方官,粘连民契之后,填明价值、银数,钤印给发,令民收执。"朱批:"依议。"①亦即《大清会典则例》所载:"乾隆元年覆准,民间置买田地房产投税,仍照旧例行使契尾,由布政使司编给各属,粘连民契之后,钤印给发,每奏销时,将用过契尾数目申报藩司考核。"此后,乾隆十二年、十四年,又反复重申"布政使司颁发给民契尾格式,编列号数"。②同时,乾隆三十一年九月户部奉上谕,对于之前"民间已经投税,并无司颁契尾者(即所谓"私印小契"),令其据实首明,即行补给契尾",补发的契尾,则"另编恩字号"分发各州县。③但笔者也注意到,乾隆三十一年,直隶按察使裴宗锡仍然上疏要求"请嗣后布政司颁发契尾,编列号数"④,说明直到此时,布政使司颁发的契尾,仍然有不统一编号的现象。

就投税方法来看,虽然顺治五年的契尾文字已经规定"凡民间置买田房产业,赴县投税"(见图1),至于如何"赴县投税"则不清晰。据浙江布政使永德在乾隆三十二年的奏折中回顾之前的有关弊端可以知晓:直到乾隆十六年,才"定例设柜征收,令业户亲自赍契投税,毋得混交匪人,致被假印侵收",是时,"州县虽设柜,……而业户亲赍投税者百无一二,缘民间田房契券系产业凭据,视之极为珍重。而赴柜投税,必须将契交给管税经承,送署查对户名、征册,验明契价、税银,然后用印给发,非比完纳钱粮,银一入柜,即

---

① 档案,乾隆元年十一月二十一日总理事务王大臣允禄题:《为请复契尾之旧例以杜私征捏契事》,户科题本,档案号:02-01-04-12863-015。

② 乾隆《大清会典则例》卷50《户部·杂赋下》。

③ 档案,乾隆三十一年十一月二十二日广西巡抚宋邦绥奏:《为奏明事》,朱批奏折,档案号:04-01-35-0546-040。

④ 档案,乾隆三十一年六月二十八日直隶按察使裴宗锡奏:《为稽查契税以杜积弊事》,朱批奏折,档案号:04-01-35-0546-036。

得随时给串归农，远乡小民不无守候，且虑契一交官，别无执据，其管税经承，乡民多不认识，诚恐刁揩延捺，日后请领无凭。是以柜虽设，而鲜有赴柜投纳之户，悉系转托熟识衙门之人代纳，以致胥役棍蠹肆意包揽，侵用税银，往往私雕假印，哄骗乡愚。即如浙省近年屡有书役陆国治、王忠等假印诓骗契税审拟治罪之案"。所以永德认为："契税设柜征收，原照钱粮设柜之例。应请嗣后州县征收税契银两，亦照钱粮给串之式。另备税契部串存柜，俟业户赍契赴柜时，即将该业户姓名及契价、税银数目当面填写串票，先给业户收执，该管经承一面将契缴送内署，立即查核明白，粘连契尾印发，听业户于三日内执持串票赴柜领契，仍令该州县将串票随同尾根一并送司查核。"①乾隆三十六年，浙江按察使郝硕又上疏称："民间置买田房，例将应税之契赴州县官投税，粘连司颁契尾，盖用印信，给发业户收执，以为信据。……伏查州县征收地漕银两，设柜大堂，听民自封投柜，当即给予印串收执，并无守候，甚为便捷，虽收纳契税尚需查验盖印，与地漕有间，若投税契银之时，先给印单一纸，定限倒换契纸，亦属简便可行。……应请嗣后民间凡有置买田房赴官投税者，开具完粮的名，该经承验明银契数目相符，先给印单一纸，限以五日执单赴州县倒换契纸，该经承即日将银契及串根投缴内署，覆加核明，粘连司颁契尾，盖用印信，届五日之期给发领回执业，经承如敢揩留不发，许即赴该管官禀究。……业户先有印单为凭，统限一月之内执单赴领，自可验单给发，倘经承需索揩留，逾期不发，一并报官治罪。"②由此可以看出，业户的"赍契投税"，本是仿照较为成熟的田赋钱粮设柜投税之例，但只是仿照了其表面形式，并没有给业户相应的"串票"，所以导致弊端的产生和"业户亲赍投税者百无一二"的现象。在浙江布政使永德上奏后，朱批"该部议奏"。户部在议奏后，仍然没有具体的措施，所以才有乾隆三十六年浙江按察使郝硕的进一步上奏。

上述提到，雍正年间曾经废止契尾，实行契纸、契根之法，这是清代前期税契形式的一个重要变更。这种变更，是因着实行契尾之法的弊端以及河

---

① 档案，乾隆三十二年九月二十四日浙江布政使永德奏：《为征收契税请先给串票以杜包揽事》，军机处录副，档案号：03-0630-016。
② 档案，乾隆三十六年正月二十五日浙江按察使郝硕奏：《为请定税契给单之例杜弊便民事》，朱批奏折，档案号：04-01-35-0547-014。

南总督田文镜在雍正五年九月的上奏。

在田文镜上奏之前,已经有人提出类似的问题。如安徽布政使石麟奏称:"民间置买田地房产,定例每两税契三分,虽岁无常额,例应尽收尽解。乃官胥因循锢弊,以国税作虚名,视欺隐为常套,分侵肥囊,靡不相习成风。若不立法清查,流弊将无底止。"按照石麟的说法,弊端主要有两点:一是民间置买田房产业,"不用司颁契尾",而用"州县私票",甚至有绅衿包揽、奸牙勾通胥役以及"将白契乞恩盖印,免其税契者";二是在田房交易之时,虽用司颁契尾,但地方州县官员在造册报司之时,往往"以多报少""侵隐税银"。因此要求"立法清查,以除积习"。①随后田文镜上疏指斥契尾实行过程中的七种弊端:

> 民间买置田房山场等产,自应立时过户税契,但买主赴州县上税,止用白纸写契一张,呈送该州县,于契载价银数目上盖印一颗,即为税契,弊遂丛积。夫小民希图漏税,收匿白契,竟不用印,挨至地方官去任之时,乞恩讨情,彼去任之官,印信已将交出,乐于徇情,或图得半价,即与盖印。此一弊也。

> 凡愚夫愚妇,未能识字者,典卖田宅,烦人代写,立契交价后,买主即贿通代字之人,另写契约,或多开价值,令其难于回赎,或以典作卖,希图永为己业。此一弊也。

> 民间每年买卖田房地产,不计其数,小民之匿契漏税者,州县无从稽查,州县之征多解少者,上司亦无从稽查。此一弊也。

> 奸胥猾蠹,私收税银,描模假印,盖于纸上,下以欺民,上以朦官,此一弊也。

> 布政司备此契尾之时,不无刊刷纸张、用印油红之费,州县领此契尾之时,不无差役路费、司胥饭食之资。此一张契尾,颁到州县,价已昂贵,自不得不取偿于买主,是以每张契尾勒索三五钱不等。交易重大契内载有盈千累百之价者,自不惜买此契尾之需,但民间大产大价,岁有几何? 其余多系零星交易,甚有地不过数分,价不过数钱者,每两止抽

---

① 《朱批谕旨》卷217,朱批石麟奏折,雍正五年闰三月二十九日江南安徽布政使石麟奏。

税三分，其上纳正税不过数厘，而买此契尾，且逾百倍，是以裹足不前，宁甘漏税之怨。此一弊也。

州县官每年所收税银，实不肯全行起解，为其所侵肥者十常八九。如每契必用司颁契尾，则不能隐匿，无从染指，是以州县官将司颁契尾领过一次用完之后，不肯再领，民间投税印契者，仍止于契上银数盖印，或用朱笔于契内标注契尾候补字样。在小民愚贱无知，惟以地方官为主，既有印信可凭，且有朱标作据，即视司领契尾为可有可无之物。虽或因买卖不明争执涉讼，当官验契，在州县亦惟以契内有印无印，辨其是非，决不以契后有尾、无尾定其曲直，判断自由，以护其不给契尾之短。此一弊也。

契尾价贵，则价轻税微者，自难令其买置契尾，因而有税银五两以上者，方给契尾之陋规，其余概于契上用印。此一弊也。

田文镜认为，"有此数弊"，必须进行改易，因此要求"请自雍正六年始，民间买置田房山场产业，概不许用白纸写契，布政司照连根串票式样，刊刻契板，刷印契纸，每契一纸，用一契根，契内书立'卖契某人，今有自己户下或田或地或山或房，若干顷亩间数，凭中某人，出卖于某人，为业当受价银若干，其业并无重迭典卖亲邻争执情弊'等字样，仍于契中空处，开明四至、年月，其姓名、数目、四至、年月，听本人自行填注契根，照契纸内字句刊定。中空一条，编填字号，即于字号上钤盖司印一颗。恐州县领此契纸，司中勒索，民间买此契纸，州县居奇，亦即于契纸年月后刊定'每契纸一张，州县卖钱五文解司，以为油红、纸张之费，毋得多取，苦累小民'字样。每契百张，钉作一本，布政司查照州县之大小，地亩之多寡，四季印发，即于署内用印，连根封固，从铺递发给州县，不必经司胥之手，仍将发过数目，报明督抚查考。州县将契根裁存该房，止将契纸发各纸店，听民间照刊定价值买用，仍将收到司契日期、数目，申报督抚查考。再另用印簿一本，并发纸店，凡有买契者，俱于簿内注明某月某日某人买某字号契纸一张，其有写错无用必须另换者，俱令将原契纸交还纸店，缴官送司涂销。俟民间交价立契之后，过户纳税之时，并契纸送入州县即发房，照契填入契根，于价值之上盖印，仍于契内空处填写某年月日上税若干，用印讫字样，发给纳户收执。其契根于解税时，一并解司核对"。雍正帝朱批:"税契一事,指陈利弊,可谓剖析无遗。但朕自践阼以来,为百姓兴除之条陆续颁发者,难更仆数,各省督抚中或因循观望,而敷宣不力,或竭力遵循,而施措未遑,所以壅积者多,通行者尚少。今契纸之议,名为税课,有赋敛之嫌,且遍行直省,一体更张,而天下督抚尚未尽得称职之人,州县半属初任新吏,恐奉行不善,办理乖迕,徒滋纷扰耳。将此折发回,存留尔处,俟后相度时宜,有可行之机,具奏请旨可也。"①也就是说,雍正认可田文镜的说辞,但恐奉行不善,徒滋纷扰,要求相机实施。至雍正六年正月,始奉旨:"准河南总督田文镜之请,征收田房税契银两,饬令直隶各省布政司,将契纸、契根印发各州县,存契根于官,以契纸发各纸铺,听民买用,俟民间立契过户纳税之时,令买主照契填入契根,各用州县之印,将契纸发给纳户收执,其契根于解税时一并解司核对,至典业亦如卖契例。若地方官稽察有方,能据实报出税银至千两以上者,交部分别议叙。"②雍正六年正月的上谕,在准行田文镜之议的基础上,在卖契之外,又增加了对典契的征税以及多报税银分别议叙的规定,后面将集中讨论。

田文镜上疏以及雍正帝废除契尾之法涉及许多内容,其关键是官方"刷印契纸"(见图4)③令民间买用,不许民间"用白纸写契",即图4"契纸"所载明的:"凡绅衿民人置买田房山场产业,布政司照连根串票式样,刊刻契版,刷印契纸、契根,给发各州县,……将契纸发各纸铺,听民买用。若民间故违,仍用白纸写契者,向买主追产、卖主追价,概行入官,以漏税例治罪。倘州县将白纸私契用印者,亦照侵欺钱粮例究追。"这也就是后来的档案所称的"先于雍正六年钦奉上谕,凡绅衿民人置买田房,不许用白契"④。其根本目的是为了防止田房交易过程中滥用白契、偷税漏税,以杜绝典卖产业的纷争,保障契税的征收,连雍正帝也认为"契纸之议,名为税课,有赋敛之嫌"。

① 《朱批谕旨》卷126,朱批田文镜奏折,雍正五年九月二十五日河南总督田文镜奏折。

② 乾隆《江南通志》卷79《食货志·关税·杂税附》。按:该条乾隆《大清会典则例》卷50《户部·杂赋下》以及光绪《大清会典事例》卷245《户部·杂赋·田房税契》均未记载。

③ 安徽怀宁县何亚玉卖田契纸(布政司奉旨颁用契纸)(雍正十一年十一月),安徽博物院藏,档案号:434001-Q046-001-00174-001。

④ 档案,乾隆二十四年正月初九日江苏布政使常亮奏:《为敬筹画一税契之法,以期便民杜弊事》,朱批奏折,档案号:04-01-35-0546-007。

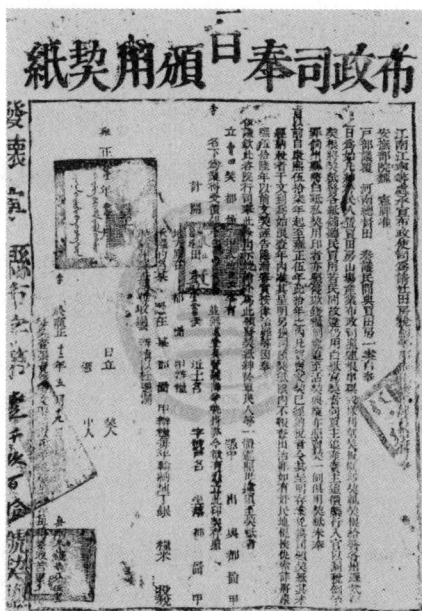

图4　安徽怀宁县何亚玉卖田契纸

田文镜在指斥契尾弊端时曾言："布政司备此契尾之时，不无刊刷纸张、用印油红之费，州县领此契尾之时，不无差役路费、司胥饭食之资。此一张契尾，颁到州县，价已昂贵，自不得不取偿于买主，是以每张契尾勒索三五钱不等。"亦即契尾索费甚多，加重了民间的负担，但官印契纸民间领用，依然有费（按官方规定，"每契纸一张，州县卖钱五文解司"），从而导致"契纸另需民间价买，致有滋扰"，因此雍正十三年十二月，乾隆帝即位不久，即"特奉上谕，将契纸、契根革除"。①在后来的一份题本中引述的乾隆帝上谕较为详细："雍正十三年十二月初六日，总理事务王大臣奉上谕：民间买卖田房，例应买主输税交官，官用印信，钤盖契纸，所以杜奸民捏造文券之弊，原非为增国课而牟其利也。后经田文镜创为契纸、契根之法，颁用布政司印信发给州县，行之既久，书吏因缘为奸，胁索之费，数十倍于从前，……不可不严行禁止，嗣后民间买卖田房，着仍照旧例，自行立契，按则纳税，地方官不得额外多取

---

①　档案，乾隆元年十一月二十一日总理事务王大臣允禄题：《为请复契尾之旧例以杜私征捏契事》，户科题本，档案号：02-01-04-12863-015。

丝毫,将契纸、契根之法永行停止。"①

因为涉及新即位的帝王立即否定乃父之法,有关记载简略含混。事实上,契纸、契根之法的废止,不止"契纸另需民间价买,致有滋扰"或"书吏因缘为奸,胁索之费,数十倍于从前"这些原因。最终导致契纸、契尾之法的废止,可能主要与两个问题关联。

第一,追缴此前十年间的"白契"未纳之税,导致对一般民众的纷扰。图4所示布政司奉旨颁用契纸所载明的"自康熙五十七年起至雍正五年,此十年内,凡买卖文契,已经纳税者,令其呈明存案,免换司颁契纸;其未经纳税者,于文到(日)为始,限一年内准其呈明,另换司颁契纸。限内不报,查出治罪"②。这里的"未经纳税者,于文到(日)为始,限一年内准其呈明,另换司颁契纸。限内不报,查出治罪",容易引起误解,实际上,按注揭的条例,为"限一年内准其呈明纳税",不单单是"准其呈明,另换司颁契纸",而是要令其"补税"(同时购买契纸),如果不行补税,"查出照漏税例治罪"。后来臣僚所引述的雍正六年的上谕,也是如此:"雍正六年钦奉上谕,凡绅衿民人置买田房,不许用白契,至活契典业一例俱填契纸,其未经纳税者,限一年内呈明纳税。"③由于在实行契尾之法时,民间田房交易多用白契,领用契尾纳税者甚少,所谓"契税为经制,而尔时民风淳厚,能立然诺,买卖房地往往以白头纸成交,白头纸对红契、红约言也。契税隶于户房,民之以契交户房者,十不得一,户房之以契呈官者,又十不得一"④。所以,这种清查补税所带来的纷扰可以想见。

---

① 档案,乾隆八年五月十八日广东巡抚王安国题:《为请复契尾之旧例以杜私征税契事》,户科题本,档案号:02-01-04-13586-005。按:乾隆《江南通志》卷79《食货志·杂税附》以及光绪《重修安徽通志》卷78《关榷》也记载了这份上谕,文辞略有不同:"雍正十三年十二月初六日,奉上谕:民间买卖田房,例应买主输税交官,官用印信钤盖契纸,所以杜奸民捏造文券之弊,原非为增田课而牟其利也。后经田文镜创为契纸、契根之法,预用布政司印信,发给州县,行之既久,书吏夤缘为奸,需索之费数十倍于从前,徒饱吏役之壑,甚为闾阎之累,不可不严行禁止。嗣后民间买卖田房,着仍照旧例,自行立契,按则纳税,地方官不得额外多取丝毫,将契纸、契根之法永行停止。"

② 按:佚名《新例要览》(雍正石室堂堂刻增修本)之"典买田房契纸"条,记载较为详细。"另换司颁契纸。限内不报,查出治罪"之语,记为:"自五十七年至雍正五年,此十年内,凡田房文契已纳税者,呈明存案,免换司颁契纸;未纳税者,出示晓谕,限一年内准其呈明纳税,另换司颁契纸,免其治罪。如限内不报出,查出,照漏税例治罪,庶田房税契可查,而征多报少之弊可除。"

③ 档案,乾隆二十四年正月初九日江苏布政使常亮奏:《为敬筹画一税契之法,以期便民杜弊事》,朱批奏折,档案号:04-01-35-0546-007。

④ 民国《禹县志》卷6《赋役志》。

　　第二，追查地方官员对民间已纳契税的隐匿，或自首免罪，或治罪追赔，地方官员不胜其苦。据乾隆十四年大学士、兼管户部事务事来保的题本可知，雍正六年二月还有另外一通上谕："雍正六年二月内钦奉上谕，向来各处税课银两隐匿者甚多，本应按律究治，朕格外开恩，准其自首，免其隐匿之罪，并不追其多收银两，倘再有隐匿，不行首出，而待上司或接任官查出者，除该员作何严行治罪外，仍将多收之银加倍追出，赏给查出之人。其有在任不行自首而离任被人查出者，亦照现任官治罪追赔。"而据该题本引述的广东巡抚岳浚的奏折，"粤东省行查康熙五十七年起至雍正五年止，各属征收税契赢余，令其自首免追银两一案"，连续十几年不能结案。个中原因"因通省各员有在粤升调及已离粤东并出仕粤省回籍之员，必须咨查各省，方能一并首报"，所以费时费力。据广东巡抚岳浚所报："原任大埔坪同知周天成首报前署南海县赢[盈]余银三百四十七两二钱零，前任东莞县赢[盈]余银一千六百七十五两四分；原任两广盐运使陈鸿熙首报前在乐昌县任内赢[盈]余银五十余两，前任顺德县赢[盈]余银一千六百两；原任归善县张世锡首报赢[盈]余银五十一两三钱九分令；原任饶平县魏沅首报任内每年赢[盈]余银一百至一百五六十两、二百两不等，署揭阳县任内赢[盈]余银一百四十五十两；原任高要县姜弘焯首报赢[盈]余银五十八两六钱四分零；原任高要县戴维贤首报赢[盈]余银五两二钱八分零；原任四会县龚启正首报赢[盈]余银三百七十两；原任惠州府通判徐慎首报署罗定州赢[盈]余银二十四两五钱七分零；原署定州杨以宁首报赢[盈]余银三十九两二钱零；原任连州冯槐首报署连山县任内赢[盈]余银八分；……新建县杨廷冀首报前任罗定州赢[盈]余银二千七百六十两六分零……"几乎涉及广东所有的州县，有的隐匿银两只有几分，也要反复行查，显得不可思议，隐匿最多的地方官员则达到二千七百余两。①本来，如上揭安徽布政使石麟所说："官胥因循锢弊，以国税作虚名，视欺隐为常套，分侵肥橐，靡不相习成风。"②地方官员对已纳契税的隐匿已经成为侵蚀税款的痼疾，对此进行清理或遏制在情理之中，只不过雍

　　① 档案，乾隆十四年八月二十二日大学士、兼管户部事务事来保题：《为遵旨议奏事》，户科题本，档案号：02-01-04-14341-002。
　　② 《朱批谕旨》卷217，朱批石麟奏折，雍正五年闰三月二十九日江南安徽布政使石麟奏。

正年间在实行契纸、契根之法时，对隐匿契税的清理有点矫枉过正，使其走向了反面。

追缴过往民间"白契"未纳之税以及追查地方官员对民间已纳契税的隐匿，使得民间和地方官员两受其累，也正由于如此的"扰累"，导致契纸、契尾之法的废止。

二、"税契"变更之二：契尾的复设与完善

上述雍正十三年十二月乾隆帝的上谕，主要在于废除契纸、契根之法。如何实行新法，只是笼统言及："嗣后民间买卖田房，着仍照旧例，自行立契，按则纳税。"多少有点事起仓促的意味。乾隆元年九月，广东巡抚杨永斌专折上奏称："若止就民间自立之契印税（当是针对上谕"自行立契，按则纳税"而言），则藩司衙门无数可稽，不肖官吏得以私收饱囊，……今契纸即已革除，而契尾尚未复设，民间俱怀观望"，因此要求重行契尾之法，"由布政使编给各属，令地方官粘连民契之后，钤印给发。倘有胥吏借端需索，该管上司严行察纠。每岁奏销之时，用过契尾数目，申报藩司查考，其税银如有盈余，仍令尽收尽解。如此则不惟民间无庸观望，而官吏侵收与奸民捏契之弊皆可杜矣"。朱批："总理事务王大臣会同该部议奏。"①乾隆元年十一月，经总理事务王大臣和户部议覆："应如所奏，通行直省各该督抚查照旧例，复设契尾，由布政司编号，给发地方官，粘连民契之后，填明价值、银数，钤印给发，令民收执。"朱批："依议。"②所以一般典籍记载："乾隆元年覆准，民间置买田地房产投税，仍照旧例行使契尾，由布政使司编给各属，粘连民契之后，钤印给发。每奏销时，将用过契尾数目申报藩司考核。"③

由于"覆准"的时间已经在乾隆元年年底，具体执行的时间应该在乾隆

---

① 档案，乾隆元年九月初六日广东巡抚杨永斌奏：《为请复契尾之旧例以杜私征捏契事》，朱批奏折，档案号：04-01-35-0543-020。

② 档案，乾隆元年十一月二十一日总理事务王大臣允禄题：《为请复契尾之旧例以杜私征捏契事》，户科题本，档案号：02-01-04-12863-015。

③ 乾隆《大清会典则例》卷50《户部·杂赋下》；光绪《大清会典事例》卷245《户部·杂赋·田房税契》。

二年，如有的方志记载："乾隆二年，复设司颁契尾。"①又如《杂税全书》所载有关府属的税契变化："民间置买田房产业，赴县投税，应照旧例由藩司衙门颁发契尾，粘给业户。……雍正六年，奉设契纸、契根，雍正十三年十二月钦奉上谕，将契纸、契根停止，民间买卖田房，按则投税。乾隆二年，请复旧例，仍设司颁契尾。理合注明备考。"②

乾隆元年奏准、乾隆二年开始实行的复设司颁契尾，并不是简单的回归，而是有新的具体措施和变化。具体的措施和变化，主要有如下数端。

第一，契尾形式的变化。乾隆初年重新实施司颁契尾以后，经过乾隆十二年和十四年的两次讨论，将契尾形式最终固定下来。如乾隆十二年奏准："民间置买田房产业，令布政使司多颁契尾，编刻字号，于骑缝处钤盖印信，仍发各州县。俟民间投税之时填注业户姓名、契价、契银数目，一存州县备案，一同季册申送布政使司察核。如有不请粘契尾者，经人首报，即照漏税之例治罪。"乾隆十四年议准："布政使司颁发给民契尾格式，编列号数，前半幅照常细书业户等姓名，买卖田房数目，价银、税银若干。后半幅于空白处豫[预]钤司印，将契价、契银数目大字填写，钤印之处令业户看明，当面骑字截开，前幅给业户收执，后幅同季册汇送藩司察核。"③除了重申由布政使司颁发契尾、统一编号外，主要是契尾由原来的一幅变为新式的前、后两幅。这种变化，是否在乾隆十二年已经实现，前述虽称"于骑缝处钤盖印信"和"一存州县备案，一同季册申送布政使司察核"，但并不十分清晰，一般典籍也缺乏进一步的记载。据查现存档案，乾隆十二年，安徽巡抚潘思榘奏称：

> 民间置买田产投税，粘用契尾，原以杜诈伪而止占争。……从前设立契纸之时，奸民不能以伪契私印妄起告争，而州县每年征解税银亦不下数千百两。自复用契尾以来，州县视为无额钱粮，易于隐漏，往往不粘契尾，滥印白契，任意侵没，不特征收税项甚属寥寥，且启刁民伪契投印、占争讦讼之弊，或虽用契尾，而以大改小，侵短税课。……查此弊在

---

① 乾隆《震泽县志》卷11《赋役二》。

② 《杂税全书》之《苏州府》《松江府》《常州府》等，该书不分卷，道光十八年重修本。日本东京大学东洋文化研究所藏。

③ 光绪《大清会典事例》卷245《户部·杂赋·田房税契》。

所多有,缘州县税契并无印串流水,上司凭以稽核者,仅有税簿一册,其中侵短隐漏,骤难查察,而滥印白契,尤属民间滋讼之源。……臣请照征收丁地钱粮之例,另设契税印串联三票:一毡(原文如此,当为"粘")契尾,为税户执照。一为验照,于季报之时同册申验。一为照根,存县备核。其印照契尾填注业户姓名、契价、税数,并于照票骑缝处所大书税银数目,对半裁截,分别缴存、掣给投税之户。①

这里除缕述契尾、契纸的变化及其利弊外,已经明确要求"照征收丁地钱粮之例,另设契税印串联三票",并将契尾"对半裁截,分别缴存、掣给投税之户",已与乾隆十四年的"骑字截开,前幅给业户收执,后幅同季册汇送藩司察核"没有区别。该份奏折朱批"该部议奏",笔者虽然没有查到户部的议奏结果,但乾隆十四年河南布政使富明奏称:"伏查从前契尾止于契后粘钤,并无契根存据。自部议多颁契尾以后,一给业户执照,一存州县备案,一送藩司查考。稽核之法,不为不周。"②与前揭安徽巡抚潘思榘所说别无二致。可以认为,乾隆十二年已经议准契尾的前幅、后幅制度。河南布政使富明另外奏称:"巧取病民犹未能尽除者,缘业户契尾,例不与照根同申上司查验,不肖有司因得舞弊欺蒙,如业户卖价千两,本完税银三十两,其于给民契尾则按数登填,而于存官契根或将价银千两字样改为百两、十两,任意侵匿,甚切捏造假名、移换字号,希图掩饰,及至日后田土不清,或控之于上官,或诉之于后任,提验契根,而字号两歧,查对契价,而银数互异,遂至狡黠之徒强执百两、十两之契根为原卖之正数,而业户契尾反指为伪造。官贻民累,何可胜言!似应设法清理,以杜积弊。奴才查知府、直隶州为州县亲临上司,相隔既近,稽查亦易,请嗣后州县经收税银于业户纳税时,将契尾粘连用印存贮,每逢十号(旬报),申送知府、直隶州查对;如果姓名相同、银数相符,即将应给业户之契尾并州县备案之契根于骑缝处截分,转发州县分别存给。其应申藩司契根于季报时由府州汇送。至知府、直隶州经收税契,请照州县申

① 档案,乾隆十二年五月初一日安徽巡抚潘思榘奏:《为请设契税印串,杜侵隐以息民讼事》,朱批奏折,档案号:04-01-35-0010-028。
② 档案,乾隆十四年十一月初九日河南布政使富明奏:《为请严侵收税契之弊以重民业事》,朱批奏折,档案号:04-0135-0545-036。

送府州之例,径申藩司,一体照办。"朱批:"该部议奏。"①户部议覆的结果,《清朝文献通考》有记载:"(乾隆)十四年……又更定税契之法。……户部议驳河南布政使富明疏奏,请于业户纳税时,将契尾粘连用印存贮。每遇十号申送知府、直隶州查对,不知契尾经一衙门,即多一衙门之停搁,由一吏胥,即多一吏胥之苛求,甚且掯勒驳查,以致业户经年累月求一执照宁家而不可得,应将所奏毋庸议。臣等酌议,请嗣后布政使颁发给民契尾格式,编列号数,前半幅照常细书业户等姓名,买卖田房数目,价银、税银若干,后半幅于空白处预钤司印,以备投税时将契价、税银数目大字填写钤印之处,令业户看明,当面骑字截开,前幅给业户收执,后幅同季册汇送布政使查核。此系一行笔迹平分为二,大小数目委难改换,庶契尾无停搁之虞,而契价无参差之弊。疏上,如议行。"②户部议驳了"每遇十号申送知府、直隶州查对"的办法,但同意了契尾前幅、后幅的形式,而且更为具体细致。并且特别强调"一行笔迹平分为二,大小数目委难改换",为避免州县官员隐匿税银、篡改数字提供了保障。现存安徽博物院的乾隆年间粘连契约的契尾③,即是契尾改变后的新式样(图5)。

图5 安徽布政使司布字八千七百二十六号契尾

---

① 档案,乾隆十四年十一月初九日河南布政使富明奏:《为请严侵收税契之弊以重民业事》,朱批奏折,档案号:04-0135-0545-036。

② 《清朝文献通考》卷31《征榷考六·杂征敛》,浙江古籍出版社1988年版,第5138—5139页。按:《清朝文献通考》没有记载河南布政使富明的原奏,也没有记载之前安徽巡抚潘思榘的奏折及相关情况。

③ 安徽布政使司布字八千七百二十六号契尾(乾隆五十年三月),安徽博物院藏,档案号:434300-0001-036-P11-0022。

　　契尾文载:"布政司颁发给民契尾格式,编列号数,前半幅照常细书业户等姓名,买卖田房数目,价银、税银若干,后半幅于空白处预给司印,以备投税时将契价、税银数目大字填写钤印之处,令业户看明,当面骑字截开,前幅给业户收执,后幅同季册汇送布政司查核。……凡有业户呈契投税,务遵定例,照格登填,仍令业户看明,当面骑字截开,前幅粘给业户收执,后幅会同季册送司查核,转报部院。"该契尾颁发的时间是乾隆五十年,与乾隆十四年之例基本相同,说明乾隆十四年之例一直沿用。

　　另外,值得注意的是,以上契尾制度的实行,是对民地民产而言,一些特殊的产业与此并不一致。如盐产区灶地的买卖,据乾隆五十八年两浙盐政全德奏称:"灶户置买产业,例应税契,以杜诈伪,乃浙江惟宁波府属鄞县、慈溪、象山、镇海四县灶地由县税契,此外各场,并不投税,仅由盐大使印结方单,以为执守。查方单,不过听灶户自行填单,送印发,其与契券是否相符,并无稽考,且匿报无单者亦多,以致控争之案,毫无依据断理。现据司府等议,请改用官设契尾,以杜讼端,具详核奏前来,复核契尾之设,原所以绝假冒而裕税课,民、灶事同一例,应请嗣后由运司照例刊颁契尾,印发各场,凡灶户买地土,将契赴场投税,粘用契尾给业户(收)执。至从前旧置产业原颁方单,限一年之内缴换契尾,如限满不换,以漏税论。"户部议覆:"应如所奏,转饬运司刊颁契尾,印发各场,凡灶户顶买地土,将契赴场投税,粘用契尾,给业户收执,以为确据。……从前灶户旧置产业原颁方单,限一年之内缴换契尾,既系该省自定限期,并令于接准部文之日起,依限清厘办理。……契尾印发该场,听业户投纳,买价一两纳税三分,随收价税数目大字填写,钤印之处,令业户看明,当面骑字截开,前幅给业户收执,后幅同季册汇送本司查核。"①可见,之前除鄞县、慈溪、象山、镇海四县灶地由县税契外,其他灶地仅由盐场大使给予"方单",并不投税;直到乾隆五十八年才实行"双幅"契尾,而且这种契尾也不是由布政使司颁发,而由掌管盐务的盐运使司刊印颁发。

　　第二,契尾报送查验的变化。上述采取"双幅契尾"(前幅、后幅)的形式,是在契据形式上防范地方官员对"契价、税银"(产业价值和应交税银)的更改和隐匿税银,但仍有不肖官吏违制犯法。乾隆三十一年,湖南曾经有人

---

① 同治《重修两浙盐法志》卷17《成式·契尾式》。

匿名"告知县家人陶忠串通经承曹文商、刘宗源,凡民间税契,先于司颁契尾内照契价填写发给后,于应缴契根内将多数改少,如二千余两者,只填二百余两,恐民奔控,每年两次差邀各区长戏宴款待"①。说明即使有好的制度也难免弊端的产生,这也就是所谓的"法积久而弊又生,不肖官吏仍得巧为侵隐"。之所以如此,按照直隶按察使裴宗锡的说法,是由于"民间投税不尽业户自到,或有托亲友转交书吏代纳者,或有书役因事赴乡,业户乘便托其代税者,即有亲自投纳,而不能守候看填者亦正不少。以致不肖官吏串通一气,将契尾骑字处先自两半截开,另用别纸凑合,一处将前半幅之给民者,照实数开填,后半幅之送司查核者,则以大改小,填写虚数,而报解之税银,亦随之而减少。其中或以百改十,或以千改百。吏蚀官侵,毫无顾忌。……是设立契尾之良法复得为侵隐之利数"。因此,"又不得不随时变通,以除其流弊"。裴宗锡要求"嗣后州县税契,将所填契尾粘连业户原契,按月申送知府、直隶州查验,直隶州则申送该管道员,查验果系数目相符,即截裁两半,定限十日发还该州县,一给业户收领,一存俟汇送藩司。如道府、直隶州衙门或有停拦留难,不依限验发,或任书吏借端需索,以及查验不力,仍任各州县私改侵吞、漫无觉察者,将该道府州一并严参。其如何处分之处,应恭候皇上饬部分别定议"。朱批:"该部议奏。"②裴宗锡于乾隆三十一年六月二十八日上奏,户部于九月十二日议覆:"直隶按察使裴宗锡条奏添发契尾,请由道府、直隶州查验一折,嗣后州县给发契尾,价在千两以上者,令该州县将所填契尾粘连业户原契,按月申送知府、直隶州查验,直隶州则申送该管道员查验相符,将契尾即截裁两半,仍定限十日发还州县,一给业户收领,一存俟汇送藩司稽核,并令该督抚随时查访。倘州县申送,而道府、直隶州逾限不

① 档案,乾隆三十一年五月十三日湖南巡抚李因培奏:《为奏明查办事》,朱批奏折,档案号:04-01-01-0262-024。按:这种州县官吏以多报少之弊,事实上后来依然存在,即所谓:"州县书吏包揽印契,其纳税之银,每至加增无定,弊难尽除,惟于契尾司印处大书契价、税银数目,每不令业户当面看明,截开骑字,如前幅给业户收执者,照该原契书契价若干两,纳税若干两,而后幅同季册汇送布政司者,即可随意少写若干两,于前幅迥不相符,以为隐吞之地。民间谓之'大头小尾',实为各省之通弊。"档案,嘉庆十六年十一月二十八日江西道监察御史杨怿曾奏:《为请除税契积弊以杜隐漏而重国课事》,军机处录副,档案号:03-1787-050。
② 档案,乾隆三十一年六月二十八日直隶按察使裴宗锡奏:《为稽查契税以杜积弊事》,朱批奏折,档案号:04-01-35-0546-036。

给,以及查验不力,仍有私改侵吞情弊,定以分别处分。或道府、直隶州已按期给发,该州县不即给还业户收执,亦照例议处。仍令各于契尾上注明呈验,并各给发月日,以备查核。"朱批:"依议。"①这也就是载入《会典事例》的条例:"(乾隆)三十一年议准,直隶省州县给发契尾,如田房契价在千两以下者,照旧办理。其契价在千两以上者,令各该州县将所填契尾粘连业户原契,按月申送知府、直隶州及道,查验相符,即将契尾裁截两半,定限十日发还州县,一给业户收领,一存俟汇送藩司稽核。"②这个条例的关键,一是规定了逐级报送契尾查验的程序,以及按月申送、十日内将契尾返还州县的限期;二是规定了查验的契价标准,"契价在千两以上者"才报送查验。

这一规定是否得到切实实行,仍然值得怀疑。该条例在议定的当年就有不同的意见,如浙江巡抚熊学鹏称:"臣查民间田房交易,在部臣定议价银千两以上令道府、直隶州查验契尾,定限给发,俾业户无守候之苦,而地方官亦不致烦琐难行,立意非不甚善。惟是民间田房交易在千两以上者甚少,在千两以下者甚多,即在千两以上者,或一产分为二三次,前后以数百两、数十两陆续分契交易,亦所常有。……虽云查核,仍属有名无实。且多一衙门查验,即多一衙门胥吏需索",而且,"部议上司定限十日发还,查地方官承审一切命盗重案,尚有封印及公出等事例准展限之条,况此田房细故,安能勒定此十日之外不致一日逾违乎?是业户守候之苦究不能免也。臣思立法务在简明,简则办理易遵,明则愚贱易晓"。③浙江巡抚熊学鹏的奏折主要在于说明该条例的难以执行。此后,"契价在千两以上者"报送查验的规定未见改变,但在纳税"时限"上有所放缓,规定"民间置买田房,于立契之后,限一年内呈明纳税",又规定"用过契尾并征收税银按月报司,复每季攒造税推各册,会同截存尾根,送司查核"。④将月报制、季报制、年报制结合,也暗含"十日发还"契尾的延迟。

---

①③　档案,乾隆三十一年十一月二十四日浙江巡抚熊学鹏奏:《为请旨事》,朱批奏折,档案号:04-01-35-1383-010。
②　光绪《大清会典事例》卷245《户部·杂赋·田房税契》。
④　光绪《大清会典事例》卷245《户部·杂赋·田房税契》。档案,道光二年三月二十一日江西巡抚毓岱奏:《为钦奉谕旨查明江西契税情形事》,军机处录副,档案号:03-3156-005。

三、契税的税则与"卖契""典契"的税银征收

在第一节中,已经分析过顺治五年的"契尾"值得注意的三个问题。另外一个"税例"问题,则直接关系到契税的征收税则(税率)。该契尾载:"税契之法,……自应照旧通行。若税例,每两以三分为准,不得再有参差。"这也就是各种典章所记载的"顺治四年覆准:凡买田地房屋,必用契尾,每两输税银三分"①,只不过各种典章只是记载了清初最早的契税标准,没有言及历史沿革。该契尾所谓的"照旧通行"以及"不得再有参差"则表明了两点要义:第一,"照旧通行"之"旧",是延续明代之例;第二,"不得再有参差",恐怕一方面意味着明代的契税标准有参差不一的现象,另一方面,清初顺治四年或五年之前实行的契税标准也有参差不一的现象。

按照地丁钱粮的征收惯例,顺治初年所遵循的原则是"天下田赋,悉照万历年间则例征收"。契税的征收标准也不会超脱万历则例的总体要求。陈支平、袁良义、何平等学者已经先后指出过,万历年号,长达48年,前后征税标准多有变动,所谓的"万历则例"是一个十分模糊的现象。笔者已经考证指出:在田赋征收中,"顺治四年之前遵循的万历则例是'模糊'的,它的'模糊',是没有指明具体的年份,但有一点是清楚的,是时所谓的'万历则例'剔除了万历晚期的有关加征。顺治四年之后的'万历则例',则已十分明确,按万历四十八年的标准征收"②。清初契税按买卖产业价值"每两输税银三分"的征收标准是承继明代晚期万历年间何年之例呢? 笔者示列如下三条记载:

> 万历二十一年五月内奉文增饷,每两征银三分。四十年十月,……

---

① 康熙《大清会典》卷35《户部十九·课程四·杂赋》;乾隆《大清会典则例》卷50《户部·杂赋下》;光绪《大清会典事例》卷245《户部·杂赋·田房税契》。

② 陈锋:《清代财政政策与货币政策研究》,武汉大学出版社2008年版,第166页。并参考该书第四章之"田赋征收原则的确立与田赋征收的货币化"一节及第三章之"'轻徭薄赋'的政策实质"一节。另参见陈锋《清初"轻徭薄赋"政策考论》,《武汉大学学报》1999年第3期。

凡卖契一张，每银十两，该银一钱二分六厘。①

查税契。查得税契古法，原非厉民，……旧例每价一两，税银三分，近日减去一分，曲加鼓舞，每两止税二分，以充杂项新饷，遵行在案。……崇祯四年，又当大造黄册之年，……若以其原派者归新饷，而以其增加者助旧饷，议极确而计极便，所当责成各抚按道府，亟行查核。②

原行税契，每价银一两，旧例征三分，新例加三分。以旧例计之，小县约五百两，大县约五千两，总计之每县以千两为率，约可百万两。加之新例三分，又可百万两。然每遇大造税册，止报三分之一，吏书侵匿之弊，无可查者。③

由上三条材料可知，明代万历至崇祯年间，契税标准多有变动，而且记载也不一致。如果追究其详，需要另外撰文。但大体已经可以知晓，清初所承继的明代标准为万历二十一年之例。

顺治四年颁布契税的征收标准后，从总体上说，清代前期都遵循"每两输税银三分"，即按买卖田房产业价值的 3％ 收税，税银由买主（新业主）承担，即"买主赴州县上税"④，或"民间买卖田房，例应买主输税交官"⑤。总体上的税率恒定，并不意味着没有变化。兹将乾隆《大清会典则例》及光绪《大清会典事例》所载有"变化"事例的年份示列如下⑥：

康熙十六年题准：增江南、浙江、湖广各府契税。每年苏、松、常、镇四府大县六百两，小县二百两。安徽等十府州，分别州县大小，自五百两至百两不等。扬州府照《赋役全书》额征，淮安、徐州府属及宝应、霍山、宿迁、临淮、五河、怀远、定远、临璧、虹九州县均无定额，尽收尽解。

---

① 顾炎武：《天下郡国利病书》卷 27《江南》。
② 毕自严：《度支奏议》卷 5《题覆边饷堂条陈十六款疏》，明崇祯刻本。
③ 林章：《林初文诗文全集》之《奏疏·破倭后疏》，明天启四年刻本。
④ 《朱批谕旨》卷 126，朱批田文镜奏折，雍正五年九月二十五日河南总督田文镜奏折。
⑤ 乾隆《江南通志》卷 79《食货志·关税·附杂税》。
⑥ 乾隆《大清会典则例》卷 50《户部·杂赋下》；光绪《大清会典事例》卷 245《户部·杂赋·田房税契》。

杭、嘉、湖、宁、绍、金、严七府,大县三百两,中县二百两,小县百两。台、衢、温、处四府,仍照见征造报。湖北大县百五十两,中县百两,小县五十两,僻小州县十两。

康熙十七年题准:增山东等省田房契税。大县百八十两至二百四十两,中县百二十两,小县六十五两至三十五两。

康熙二十年题准:增浙江台、衢、温、处四府契税。大县百两,中县六十两,小县三十两。

康熙二十一年题准:增江西萍、龙、永、泸、上、定六县契税。

雍正四年覆准:凡典当田土均用布政使司契尾,该地方印契过户,一应盈余税银尽收尽解。

雍正七年题准:广东文武闱乡试所需各项经费,除照例动拨正项外,尚有不敷之数,向在各州县业户买产,每两例征契税银三分之外,又征一分充用,每年约征银二千五百余两。自雍正七年起,准为科场经费造入奏销册内,同正额一例报销。

从以上所列及其他相关史料来看,有五个重要的契税征收问题需要在这里讨论。

第一,康熙年间的增税。康熙年间的增税,以康熙十六年最为典型,涉及江苏、安徽、浙江、湖北等省。康熙十七年至二十一年,又有对山东全省和浙江、江西部分府县的增税。上引"每年苏、松、常、镇四府大县六百两,小县二百两",实际上有脱文,按照康熙《大清会典》的记载为"康熙十六年题准,增征江南、浙江、湖广等各府契税(原按:每年苏、松、常、镇四府,大县六百两,中县四百两,小县二百两)"[1],遗漏"中县四百两"之标准。这种规定每县征收多少两的规定,类似于"包税制",实际上是因三藩之乱的军需紧急而进行的强行摊派。笔者在《清代军费研究》中已经指出,清代前期"杂税的加征,康熙三藩之乱期间最为突出",加征包括了房税、田房契税、牙税、牛驴猪羊等税,并根据档案列示了康熙十七年、十九年江南有关州县的田房契税征

---

① 康熙《大清会典》卷 35《户部十九·课程四·杂赋》。

收数额,可以参看。①

这种固有成例之外的增税,在三藩之乱结束、国家财政趋于好转之后陆续取消。以致在晚清有人提出"田房税契,各省州县岁有定额,如额征不足,自应整顿,以儆将来。乃臣风闻江苏管理奉行不善,……例载江苏等省田房税契,每年额征大县六百两,小县二百两"之时,两江总督刘坤一在回复上谕的质询时称:"原奏(上谕称"有人奏",据上引奏折可知是福建道监察御史黄桂鋆奏)所称'例载税契大县六百,小县二百'之语,遍查现行则例,并无此条。向来税契尽征尽解,本无定额,历年奏销皆声明有案。"②地方大员已经不知道原来曾经实行过的先例。

第二,典契的收税与禁止。典租(典当)田房产业,立有典契,对典契的普遍性收税本是晚清的事情,但在清代前期也间有实行。上揭事例载"雍正四年覆准:凡典当田土均用布政使司契尾,该地方印契过户",只明确说明"典当田土"也要用"布政使司契尾"立契,没有指明收取税银;但"印契过户"一语,似乎意味着收取典税,否则很难想象田房的"过户"。在雍正六年的上谕中,始要求"典业亦如卖契例"③。据后来的奏折回溯,这里的"典业亦如卖契例",是与卖契一例纳税。乾隆二十四年,江苏布政使常亮称:"雍正六年钦奉上谕,凡绅衿民人置买田房,不许用白契。至活契典业一例俱填契纸,其未经纳税者,限一年内呈明纳税。……雍正十一年定例,民间田地暂用活契典业,若典价四十两以上,过二年不赎者,按价每两征税银一分五厘,如典主找价承买,照全价每两以三分计算,除去典价半税银数,余令找纳。"④很清楚,典业不但与卖契一例纳税,以前未经纳税者,还要重新补税。雍正十一年的定例,又作了更改,限定"典价四十两以上,过二年不赎者,按价每两征税银一分五厘",其中,特别规定"过二年不赎者"收取契税税银的一半。

也许正是由于这种繁杂的规定和不断变化,在各地的实际执行过程中,

---

① 陈锋:《清代军费研究》,武汉大学出版社1992年版,第309—310页。
② 档案,光绪二十五年九月初六日福建道监察御史黄桂鋆奏:《为江苏办理税契究及年远田产,科索扰累事》,军机处录副,档案号:03-6521-076。档案,光绪二十五年十一月十二日两江总督刘坤一奏:《为江苏现办理税契事》,朱批奏折,档案号:04-01-35-0577-038。
③ 乾隆《江南通志》卷79《食货志·关税·杂税附》;光绪《重修安徽通志》卷78《关榷》。
④ 档案,乾隆二十四年正月初九日江苏布政使常亮奏:《为敬筹画一税契之法,以期便民杜弊事》,朱批奏折,档案号:04-01-35-0546-007。

典契是否按与卖契一样的税率纳税或有所区别,各地的文献记载有所不同。乾隆《震泽县志》称,震泽原属于吴江县,雍正四年"析置县",震泽设县后,"遵行旧例","立契者赴县领给契尾,按价每两输税三分",至于"典业,亦如买契例"纳税。①而广东香山县,据光绪《香山县志》引述"祝志"(道光六年香山知县祝淮所修之道光《香山县志》)云:"业户买受产业,每价一两,税银三分。……典业,每价一两,税契二分五厘。"②产业的买与典,所收税银略有区别。广东肇庆府又有所不同,"典业,每价一两,税银一分五厘"③。香山县与肇庆府的记载,都没有区分典业是否"过二年不赎",凡是典业一概纳税。

上揭江苏布政使常亮的奏折及其他文献,都曾记载:"雍正十三年钦奉上谕,活契典业乃民间一时借贷银钱,原不在买卖纳税之例,嗣后听其自便,不必投契用印,收取税银。"④但常亮称:"查活契典业,自奉上谕免征之后,原未奉有复令投税之文,只缘律载凡典卖田宅不税契者笞五十等语,虽系相仍旧律,但典契是否应免,未奉注明,且系奉颁在雍正十三年上谕之后,是以民间奉行不一,或投税,或不投税,往往参差。除投税者该州县将银随征随解外,其不投税者,地方官亦未尝责令输纳。而健讼之徒牵执律文,指摘不税以为犯科,而被告者又以免输系经奉旨,不但两造之争执纷纭,即有司引断亦茫无一定。"因此要求"饬令各省将活契典当之产,钦遵雍正十三年上谕,一概免其输税,以息争端,仍请于律册内注明,俾其引用,不致互异"。⑤常亮的这份奏折非常重要,说明尽管早就奉有典业免税之令,但由于有关上谕和定例的不清晰,且上谕与"律载"不符,导致"民间奉行不一,或投税,或不投税,往往参差"。至少在上奏的乾隆二十四年,民间仍有征收典税的事例。现在看到的《大清律例》的两条记载,实际上有不统一的地方,其一称:"凡典买田宅不税契者,笞五十(仍追),契内田宅价钱一半入官,不过割者,一亩至五亩,笞四十,每五亩加一等,罪止杖一百,其不过割之田入官。若将已典卖

---

① 乾隆《震泽县志》卷 11《赋役二》。

② 光绪《香山县志》卷 7《经政志》。

③ 道光《肇庆府志》卷 9《经政志》。

④ 参见乾隆《江南通志》卷 79《食货志·关税·杂税附》。

⑤ 档案,乾隆二十四年正月初九日江苏布政使常亮奏:《为敬筹画一税契之法,以期便民杜弊事》,朱批奏折,档案号:04-01-35-0546-007。

与人田宅,朦胧重复典卖者,以所得重典卖之价钱,计赃准窃盗论,免刺,追价还后典买之主,田宅从原典买主为业,若重复典买之人及牙保知其重典卖之情者,与犯人同罪,追价入官,不知者不坐。"这里的"典买田宅"应该包括了"典"与"买",典买田宅不税契,要受到相关的处罚。其二称:"凡民间活契典当田房,一概免其纳税。其一切卖契,无论是否杜绝,俱令纳税,其有先典后卖者,典契既不纳税,按照卖契银两实数纳税,如有隐漏者,照律治罪。"①这里又明确指明了"活契典当田房,一概免其纳税"。尽管如此,乾隆二十四年之后,典税是否完全杜绝,仍值得怀疑。乾隆二十九年蒋楫的奏折称,江苏松江府"民间典买田宅",立有"正、副二契",其中,典契"仍照绝卖之契折半上税"。针对这种情况,蒋楫甚至建议"令地方官另立典契税一项,每年造册报解"。②显然,此时松江府的典税仍然在征收,上示广东香山县以及肇庆府的事例,也意味着典税在道光年间依旧存在。这也正说明政策的颁布与实行的背离。③

第三,契税的附加。从上列资料可以知晓,雍正七年,因广东文武闱乡试所需经费不足,题准"向在各州县业户买产,每两例征契税银三分之外,又征一分充用"。这另外加征的一分,附加率为33.33%,是在契税之上进行的"科场费"附加,即如《清朝通志》所称:"雍正七年,准契税于额征外每两加征一分,以为科场经费。"④笔者在与王燕合作的一篇文章中曾经指出,所谓"向在"云云,即意味着雍正七年之前就有征收,并举出了"钞档"中乾隆十一年户部海望的题本作为证据。⑤现存原始档案中也还有类似的记载,而且更为具体,乾隆八年,广东巡抚王安国的一份冗长的题本称:

又奉前署理广东巡抚印务户部右侍郎傅泰……为奏明科场税银事,雍正七年五月二十七日准户部咨,……广东文武两场额支正项银一

---

① 《大清律例》卷9《户律·田宅·典买田宅》。

② 档案,乾隆二十九年六月初一日蒋楫(未注明官衔)奏:《为请严杜税契之积弊事》,军机处录副,档案号:03-0345-050。

③ 笔者已经指出过财政政策制定之后,在实施过程中出现的三种结果。参见陈锋《清代财政政策与货币政策研究》,第9—10页。

④ 《清朝通志》卷90《食货略十·关权·杂税附》,浙江古籍出版社1988年版,第7283页。

⑤ 参见王燕、陈锋《再论清代前期的杂税与财政》,《中国经济与社会史评论》2017年卷。

千六百两(引者按：系属地丁银)，而各项费用共需银一万两(引者按：包括"修理贡院及制办一切什物供应，并举人坊价等项")，历来在于通省田房税契银三分之外另征一分，名为"科场税"。……其不敷之项，自顺治十一年，经前督抚据藩司酌议详定，通省各州县业户买产，每两照例征税三分之外，另征一分，解充科场之用。仍或不足，又于公费银内拨应。此历来相沿旧例。……查税契内另征一分，合计通省每年约可收银二千五百余两，三年可共得银七千五百两有奇，凑充科场供应，历有年所。……伏乞照旧征收，奏销册内注明，贮为科场之费。……雍正七年五月十七日题，本月十九日奉旨依议。①

这里的"科场费"附加，用了"科场税"一词，似乎是清代前期杂税中的一个税种，但究其实，仍为契税的附加。从该题本可以看出，顺治十一年就议定并实施了科场费的附加，只不过这种"议定"，是总督、巡抚和布政使的讨论决定，并没有上报朝廷，是地方上的一种自主行为。直到雍正七年，才有署理广东巡抚印务的户部右侍郎傅泰专折上奏，经过户部的讨论，随即朱批"依议"，成为正式的一项税收政策。

广东的典契也同样征收"科场"费用。香山县的典税，在"典业，每价一两，税契二分五厘"的基础上，另征"科场银五厘"。肇庆府在"典业，每价一两，税银一分五厘"的基础上，也是另征"科场银五厘"。②可以看出，典契与卖契相比，典契的科场银减半征收。

第四，契尾、契纸的工本费及额外索取。雍正五年，河南总督田文镜在历数契尾之弊时就说过，布政使司颁发的契尾，有"刊刷纸张、用印油红之费"，州县在领取契尾时，有"差役路费、司胥饭食之资"，所以，"一张契尾，颁到州县，价已昂贵，自不得不取偿于买主，是以每张契尾勒索三五钱不等"，甚至有"地不过数分，价不过数钱者，每两止抽税三分，其上纳正税不过数厘，而买此契尾，且逾百倍"。③所谓契尾的纸张及相关费用"逾百倍"，当有夸

① 档案，乾隆八年五月十八日广东巡抚王安国题：《为请复契尾之旧例以杜私征税契事》，户科题本，档案号：02-01-04-13586-005。
② 光绪《香山县志》卷7《经政志》；道光《肇庆府志》卷9《经政志》。
③ 《朱批谕旨》卷126，朱批田文镜奏折，雍正五年九月二十五日河南总督田文镜奏折。

张,但每张"勒索三五钱不等",大概是普遍的现象。在雍正六年改用契纸后,契纸上曾经特别注明:"每契纸一张,卖钱五文,解司,以为油红纸费。毋得多取累民。"(见上列图4)乾隆以后复用契尾后,纸张工本及相关费用的索取仍然是普遍的现象。既有所谓"买田过户,不能不经庄户书之手,……纸笔费,每田一亩给钱十文,山荡给钱五文,向有定章。现在余姚县推收之费,每田一亩索价几及千文"①的记载,也有"乡民持帖到户吏处,则视其人强弱以需索用费,或一分、二分、加倍、加数倍不等"②的说道。从清末奉天所定契税章程中,也可以看出这种借契尾纸张工本费而进行的索取:"州县请领契尾,旧章每张呈解纸张工本银五钱,其取之于民者,或恐不止此数。前户部征收旗地税契,每执照一张,随征照费东钱二十吊,为数亦觉太多,现拟酌中定为每户管一纸,概收纸张工本银一两,仍以五钱作为纸张工本解局核收,以五钱留充承办书吏办公之费。"③

第五,契税征收的议叙与处分。在雍正六年实行契纸、契根之法时,曾经奉旨"地方官稽察有方,能据实报出税银至千两以上者,交部分别议叙"④。这种议叙,主要是针对契税的"溢额"银征收(后面将具体论述),对契税的"无定额""定额"之外的"溢额"银的大量征收曾经起到至关重要的作用。雍正十三年十二月初六日废止契纸、契根的上谕,也一并谕令"其地方官征收税课多者,亦停其议叙"⑤。此后,在契税的征收中,未再有议叙的规定。

对隐匿契税、契税征收不完或解送迟延,则有相应的处分规定。按乾隆《大清会典事例》的记载,有关处罚则例首次议定于乾隆十六年,该年议准:"契税银系属杂项,原与地丁等项正课不同,若一例处分,未免漫无区别,但

---

① 档案,光绪六年(具体月日不详)江南道监察御史邵曰濂奏折附片,军机处录副,档案号:03-6203-107。

② 档案,光绪二十八年正月三十日湖广道监察御史高熙喆奏:《为山东办理税契扰累讹诈,弊端百出事》,军机处录副,档案号:03-6513-062。

③ 档案,光绪三十二年正月二十日盛京将军赵尔巽呈:《整顿奉省各地及三园税契试办章程十五条清单》,军机处录副,档案号:03-6522-046。

④ 乾隆《江南通志》卷79《食货志·关税·杂税附》;光绪《重修安徽通志》卷78《关榷》。按:该条材料乾隆《大清会则例》卷50《户部·杂赋下》以及光绪《大清会典事例》卷245《户部·杂赋·田房税契》均未记载。

⑤ 档案,乾隆八年五月十八日广东巡抚王安国题:《为请复契尾之旧例以杜私征税契事》,户科题本,档案号:02-01-04-13586-005。

不肖有司将契税银任意侵匿，而该管上司乃竟全无觉察，或已经察知，仍不据实详报，自应分晰情节，酌定处分，以专稽察之责。嗣后所属州县倘仍有侵收契税情弊，即行据实指参，系直隶州侵收者将该管道员，系州县侵收者将该管知府、直隶州知州，皆一并察参，仍将或系徇隐，或系失察，于疏内分晰声明。如系有心徇隐，照徇庇例降三级调用；如止于失察者，照属员因事受财同城知府失于觉察例降一级留任。"①该处分是针对隐匿、侵蚀契税的地方官而言。

对契税征收不完或解送迟延的处分制定较晚。乾隆三十七年，广东巡抚德保称："州县征收田房税羡银两，例应尽收尽报，陆续解贮司库，按年题报。查粤东田房税羡银两向于下年冬季具题。臣抵任以来，乾隆三十四、五两年税羡银两，迟至次年秋冬，经臣屡次严催，始据藩司详据各属全数解足，汇册请题。……税羡一项，逐年岁底即经征完，非若地丁钱粮必俟次年春季始全行完解者可比，……（契税）向未定有迟延处分，各州县视为无关考成，每多延缓，该管府州亦不上紧督催，似应明定处分，以惩玩愒，而杜亏那［挪］。"因此请求："嗣后各州县征收田房税羡银两，除遵照定例尽收尽报，陆续批解外，统限奏销前全数解司，如不完解，即行参处，将该州县罚俸一年，督催不力之府州罚俸六个月，勒令即行解足，倘有亏那［挪］情弊，立即严参，照例治罪追赔。直隶州应解税羡银两，如逾限不行解足，照州县一律参处，该管道员亦照府州之例查参。如此则上下各官自顾考成，不敢仍前玩忽。"②照此奏折来看，契税由于没有像地丁正项钱粮那样的考成规定，溢额议叙之法废除后，没有相关的考成措施，"向未定有迟延处分，各州县视为无关考成，每多延缓"。所以才有如上的处分要求和规定。

乾隆三十七年之后，这一处分措施一直延续实行。如乾隆四十七年户部议覆对广东电白县知县等的处分："该抚疏称，各属征收银两，俱系奏销前完解，惟电白县于九月十九日始据解到，所有完解迟延职名，系电白县升任知县齐翀督催不力，……查定例，官员解送钱粮停拦日期者，罚俸一年，督催

---

① 乾隆《大清会典则例》卷15《吏部·考功清吏司》。

② 档案，乾隆三十七年二月十五日广东巡抚德保奏：《为请定批解田房税羡银两迟延之处分以重钱粮事》，朱批奏折，档案号：04-01-35-0547-025。

不力之上司罚俸六个月等语,应将完解迟延之电白县知县升任潮州府同知齐翀照例罚俸一年,督催不力之前摄高州府事、高廉道卫诣照例罚俸六个月,前任高州府革职知府周人杰照例罚俸六个月,注册署高州府事候补知府丁亭照例于补官日罚俸六个月。"①可见,这种处分是连带性的,既处分当事者(升迁或革职依旧追究),又处分上一级官员。从嘉庆十六年大学士庆桂的题本中,还可以再次体会这种处分。庆桂称:

> 广西省嘉庆十三年地丁等项钱粮奏销案内,原参署平乐县知县张埙春未完报收税契银一千三百三十二两六钱四分九厘,临桂县知县陈惠未完税契银二百八十七两二钱三分,先经户部会同吏部照例议以各降俸二级,戴罪督催,张埙春系署事官,未据声明卸事日期,其应照例议结之处,复参到后再议等因在案。今据该抚(广西巡抚钱楷)疏称,平乐县奏后续完银一千三百三十二两六钱四分九厘,造入十四年奏销册内新收项下,详请照例扣除免议在案。今又据临桂县续完银二百八十七两二钱三分,俟造入十五年奏销册内新收项下报部。请将前任临桂县告病知县陈惠、署平乐县事试用知县张埙春奉行各降俸二级、戴罪督催之案,具题开复等语,吏部查定例,官员承追不作十分之杂项钱粮,未完降俸二级,戴罪督催,完日开复等语,应将续保全完之前任临桂县告病知县陈惠、署平乐县事试用知县张埙春原议降俸二级、戴罪督催之案,均照例准其开复。②

从这份题本中可以知晓,契税的征收与地丁钱粮一样,要按时奏销,所以称"地丁等项钱粮奏销案"。征收契税官员在受到未完处分后,"戴罪督催",如果督催征完,前定处分可以免除,即"完日开复"。而且这种处分和督催规定,与一般正项钱粮不同,即"官员承追不作十分之杂项钱粮",其"不作十分"之语,意为不作十分考成的杂项钱粮。凡此,都值得注意。

---

① 档案,乾隆四十七年正月二十七日户部尚书和珅题:《为请复契尾之旧例以杜私征捏契事》,户科题本,档案号:02-01-04-17292-009。

② 档案,嘉庆十六年四月十四日大学士、管理户部尚书事庆桂题:《为奏销等事》,户科题本,档案号:02-01-04-19160-006。

四、契税的正额、溢额、总额与契税的拨解、支发

在各省的契税额度与征解中，见到最多的词是所谓的"无定额"和"尽收尽解"。如康熙《大清会典》称："淮、徐二府州属及宝、霍、宿、临、五、怀、定、临、虹九州岛县，（契税）俱无定额，尽收尽解。"①乾隆《盛京通志》称："奉天府属田房税契，雍正六年为始，尽收尽解，无定额。"吉林各属"田房税契，无定额，尽征尽解"②。光绪《重修安徽通志》称："田房税契每两税银三分，每年尽收尽解，无定额。"③道光《杂税全书》称："田房税银尽收尽解""田房洲场等税银尽收尽解"④，等等。是不是真的"无定额"，是怎样的"尽收尽解"？都需要辨析。

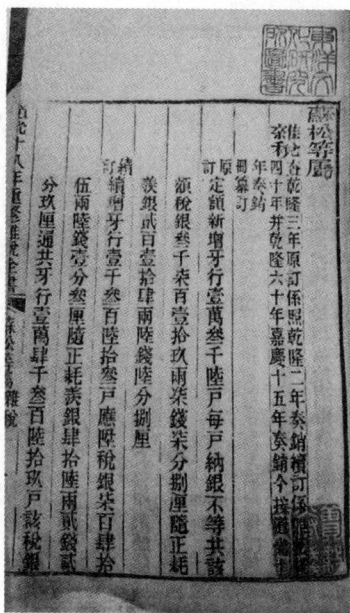

图6 《杂税全书》书影⑤

---

① 康熙《大清会典》卷35《户部十九·课程四·杂赋》。
② 乾隆《盛京通志》卷38《田赋二·各项杂税》。
③ 光绪《重修安徽通志》卷78《关榷》。
④ 道光《杂税全书》之《苏州府》《松江府》，日本东京大学东洋文化研究所藏。
⑤ 该书为笔者20年前在日本东京大学东洋文化研究所图书室发现的，此前未见国内学者引用，弥足珍贵。当时笔者在东京大学访学，在京都大学访学的范金民教授因前来东京聚会，也在场。

事实上,各省的契税大都经过了"田房税契一项原无定额"到"有定额"的过程。①康熙《大清会典》首次记载了各省的契税征收额数,如下表②:

表1　康熙二十四年各省契税及"杂赋"银额

省　别	"杂赋"总额(两)	契税(两)	备　注
直　隶	64 481.19	1 886.335	在"杂赋"中以当税银为最多,年额为22 660两
盛　京	947.894	——	"杂赋"以"铺行户税"银为最多,年额为552.5两
江　苏	53 206.29	19 958.084	在"杂赋"中,以契税为最多,占37.51%
安　徽	30 012.96	12 877.77	在"杂赋"中,以契税为最多,占42.91%
浙　江	56 470.31	10 690	在"杂赋"中,以"外赋并南关杉板"银为最多,年额为32 622.804两
江　西	32 333.33	7 460	在"杂赋"中,以"商税"银为最多,年额为12 064.23两,但该"商税"据称是"并入地丁起运银内拨用"
湖　北	34 537.104	4 373.744	在"杂赋"中,以"武昌厂船料"银为最多,年额为10 000两
湖　南	14 506.341	267.345	在"杂赋"中,以"各府商税"银为最多,年额为5 963.37两
福　建	34 084.93	4 880.59	在"杂赋"中,以渔课银为最多,年额为5 900.404两
山　东	38 625.18	8 755	在"杂赋"中,以契税为最多,占22.67%
山　西	63 681.88	7 610	在"杂赋"中,以"溢额商税"银为最多,年额为34 370.295两
河　南	34 697.85	7 683.218	在"杂赋"中,以契税为最多,占22.14%
陕西西安等处	42 654.23	——	在"杂赋"中,以"停免"银为最多,年额为10 523.499两
巩昌等处	46 221.32	95.4	在"杂赋"中,以"盐税"银为最多,年额为23 015.968两

---

①　档案,乾隆十二年六月二十二日四川巡抚纪山奏:《为遵旨查办事》,朱批奏折,档案号:04-01-01-0150-033。

②　康熙《大清会典》卷35《户部十九·课程四·杂赋》,凤凰出版社2016年版(关志国、刘宸缨校点本),第422—429页。

（续表）

省　别	"杂赋"总额（两）	契税（两）	备　　注
四　川	13 979.904	—	在"杂赋"中，以"杂货税"银为最多，年额为8 594.19 两
广　东	41 168.66	3 065.5	在"杂赋"中，以"杂税"银为最多，年额为11 010.91 两
广　西	26 145.1	377.3	在"杂赋"中，以"杂税"银为最多，年额为22 608.778 两
云　南	32 359.884	—	在"杂赋"中，以"商税酒税"等银为最多，年额为13 418.63 两
贵　州	13 766.65	—	在"杂赋"中，以"杂税"银为最多，年额为12 626.47 两
合　计	673 881.007	77 102.516	仅就表中统计，契税占"杂赋"的11.44％

按：康熙《大清会典》所记载的"杂赋"与一般所说的"杂税"不同，不包括"芦课"，芦课被放在了康熙《大清会典》卷34《户部》"关税"项下；也不包括康熙《大清会典》卷35所记"杂赋"之外另行记载的"茶课""鱼课""金银诸课"。

从上表来看，当时各省的契税征收额非常有限，总额不足8万两，其中有几个省份缺记，除盛京当时还没有开征契税外（据上述，盛京是雍正六年开始征收的），陕西、四川、云南、贵州当是没有报解，并不是没有征收。如四川，据四川总督常明称："川省税契盈余一事，缘康熙年间户口稀少，税额只二万一千有零。"①虽不清楚"康熙年间"是何年，但提到"户口稀少"的情况下，每年的契税征收仍有二万余两。从此也可以看出，该表反映的契税数是各省报解的契税银数，只是大多数省份的实征数，并不是额征数。如山东契税"通省原额一千一百二十四两一钱九分零"②，表中所列为8 755两，要超出"原额"数倍。据笔者已经做过的"乾隆十八年岁入明细统计"和"乾隆三十一年岁入统计"，该两年的契税总数均为190 000两。③这时的数字基本上是各省契税的定额，这种定额，有些省称为"原额"，有些省称为"正额"。各省

---

① 档案，嘉庆十五年十月初三日四川总督常明奏：《为据实密陈事》，朱批奏折，档案号：04-01-35-0552-016。

② 乾隆《山东通志》卷12《田赋志》。

③ 参见陈锋《清代财政政策与货币政策研究》，第368—369页。

实际征收的契税银数要远远超过"原额"和"正额"。为了反映契税"正额"（额征）与"溢额"（溢羡）的情况,特根据现存档案,列出广东一个较长时段的契税征收作为示例:

表2　雍正至道光年间广东契税的正额银与溢额银

年　度	额征银（两）	溢羡银（两）	资料来源
雍正六年	7 570.913	44 300 余两	乾隆八年五月十八日王安国题本
雍正十三年	7 570.913	77 826.076	乾隆二年二月初八日张廷玉题本
乾隆元年	7 570.913	25 179.949	乾隆三年十一月十九日讷亲题本
乾隆二年	7 570.913	42 902.903	乾隆三年十一月十九日讷亲题本
乾隆五年	7 570.913	65 126.973	乾隆七年四月初九日海望题本
乾隆七年	7 570.913	78 898.614	乾隆九年六月初八日海望题本
乾隆九年	7 570.913	85 430.668	乾隆十一年五月十八日海望题本
乾隆十年	7 570.913	75 895.113	乾隆十五年三月初五日傅恒题本
乾隆十二年	7 570.913	94 976.873	乾隆十三年八月初十日岳浚题本
乾隆十五年	7 570.913	113 035.420	乾隆十六年十一月二十一日苏昌题本
乾隆十八年	7 570.913	141 630.547	乾隆十九年十一月十一日蒋溥题本
乾隆二十二年	7 570.913	144 040.874	乾隆二十三年十月二十八日李元亮题本
乾隆二十三年	7 570.913	138 866.905	乾隆二十四年十月十一日傅恒题本
乾隆二十四年	7 570.913	158 719.362	乾隆二十五年十一月初六日傅恒题本
乾隆二十六年	7 570.913	154 240.434	乾隆二十七年十月初九日傅恒题本
乾隆二十七年	7 570.913	159 533.684	乾隆二十八年十二月初八日傅恒题本
乾隆二十九年	7 570.913	169 062.822	乾隆三十年十月二十八日傅恒题本
乾隆三十七年	7 570.913	186 918.402	乾隆三十八年十二月初八日于敏中题本
乾隆三十八年	7 570.913	198 419.745	乾隆三十九年九月初七日德保题本
乾隆三十九年	7 570.913	198 997.537	乾隆四十年十月二十九日于敏中题本
乾隆四十年	7 570.913	182 405.174	乾隆四十一年十二月十八日于敏中题本
乾隆四十五年	7 570.913	181 330.651	乾隆四十七年正月二十七日和珅题本

年　度	额征银(两)	溢羡银(两)	资料来源
乾隆四十六年	7 570.913	187 838.499	乾隆四十七年十二月十四日和珅题本
乾隆五十一年	7 570.913	191 086.191	乾隆五十二年十二月初二日图萨布题本
乾隆五十九年	7 570.913	187 876.536	乾隆六十年七月二十日朱珪题本
嘉庆五年	7 570.913	166 845.437	嘉庆六年十二月十九日瑚图礼题本
嘉庆八年	7 570.913	159 611.852	嘉庆十年正月二十四日倭什布题本
嘉庆十一年	7 570.913	164 772.835	嘉庆十三年二月十七日孙玉庭题本
嘉庆十六年	7 570.913	167 489.309	嘉庆十八年四月初二日韩崶题本
嘉庆十九年	7 570.913	160 250.435	嘉庆二十一年十一月二十九日董教增题本
嘉庆二十二年	7 570.913	168 343.475	嘉庆二十五年二月初十日阮元题本
嘉庆二十五年	7 570.913	160 683.030	道光五年八月二十六日陈中孚题本
道光四年	7 570.913	62 437.286	道光七年十一月初十日成格题本
道光十五年	7 570.913	146 029.218	道光二十二年六月二十五日梁宝常题本

由上表可见,广东历年的额征银均是七千五百余两,可以体会到,契税是有定额的。事实上,如果没有"定额",也就没有"溢额""溢羡"之说。广东的溢羡银从雍正六年的四万四千余两,在乾隆年间陆续增加(间有减少,乾隆以后,又有减少),表中所列溢羡银征收最多的年份是乾隆三十九年,接近十九万九千两(实际上征收最多的年份超过了二十万两,如乾隆四十三年,达到二十万四千余两,因为未见到该年的奏销题本,缺少细数,未列在表中,见下述),如果将"额征银"和"溢羡银"两项加在一起,该年的契税银达到二十万六千余两,仅广东一省的契税实征银已经超过上述乾隆十八年和乾隆三十一年十九万两之额。

本来,契税的溢羡银无一定之额,征多征少都是一种正常的现象,但实际情况是,如果溢羡银与上年或前些年相比有减少的情况,也会受到户部的质询。乾隆三年,议政大臣讷亲在议覆乾隆二年广东的契税销算时就称:"查粤东省乾隆二年分广、南等十府,罗、连、嘉三州属征解税契银七千五百七十两九钱一分三厘。汇入该年地丁册内。查与历年额征银数相符,应于奏销案内查核题覆。又解科场经费银二千五百二十三两六钱四分九毫。……税契、科场溢羡银四万三百七十九两二钱五分四厘零。该署抚虽称现存司库另款收存，但查粤东题报乾隆元年征收田房税羡银二万二千六百五十六两三钱零，臣部查与雍正十三年征收溢羡银七万七千八百二十六两零，数目悬殊。业经行令该署抚再行确查题报在案。今乾隆二年各属征收溢羡银数，较之雍正十三年仍属短少，其因何短少，并经征各官有无侵收入己之处，疏内均未声明，应仍令该署抚王謩一并确查。"如果查核以后，的确是"尽收尽解，并无收多报少情弊"，才可以"取具印甘各结"结案。①乾隆四十一年，大学士于敏中在议覆乾隆四十年广东的契税销算时称："查核历年征收银数俱在十九万一千余两至二十万两以外，今四十年征收银仅止十八万七千四百五十余两，其因何减少之处，未据声明，应令该抚向系确查，据实报部查核。"②乾隆四十七年，户部尚书和珅在议覆乾隆四十六年广东的契税销算时又称："查征收前项溢羡银一十八万七千八百三十八两零，较之四十三年征收银二十万四千五百二十五两零，计少征银一万六千六百八十七两零。虽据该抚疏内声明，委系尽收尽解，并无征多报少情弊，但查四十六年与四十三年，同系有闰之年，所征银两因何多少悬殊，是否实在情形及有无侵蚀等弊，应令该抚严饬详查，到日再行定议。"③

到乾隆后期，溢羡银开始出现地方欠解的情况。乾隆五十九年，广东州县应解布政司的欠解银为一万二千余两，④嘉庆八年为三万八千余两，⑤嘉

---

① 档案，乾隆三年十一月十九日议政大臣、协理户部尚书事讷亲题：《为请复契尾之旧例以杜私征捏契事》，户科题本，档案号：02-01-04-13059-001。按：所谓"取具印甘各结"，是指"取具各府州县印结，由司(布政使司)加结保题"。见档案，乾隆二十三年十月二十八日协办大学士、兼管户部尚书事李元亮题：《为请复契尾之旧例以杜私征捏契事》，户科题本，档案号：02-01-04-15134-019。

② 档案，乾隆四十一年十二月十八日大学士、兼管户部尚书事于敏中题：《为请复契尾之旧例以杜私征捏契事》，户科题本，档案号：02-01-04-16777-021。按：这里说的乾隆四十年契税征收银"十八万七千四百五十两"，与表2所列该年的数额不同，是因为该数额包括了额征银七千五百余两，而没有包括"科场经费银"二千五百余两。表2所列数字，是经过剔除、叠加处理后的数据。

③ 档案，乾隆四十七年十二月十四日户部尚书和珅题：《为请复契尾之旧例以杜私征捏契事》，户科题本，档案号：02-01-04-17287-024。

④ 档案，乾隆六十年七月二十日署理两广总督朱珪题：《为请复契尾之旧例以杜私征捏契事》，户科题本，档案号：02-01-04-17919-018。

⑤ 档案，嘉庆十年正月二十四日两广总督倭什布题：《为请复契尾之旧例以杜私征捏契事》，户科题本，档案号：02-01-04-18562-009。

庆十一年为六万一千余两。①到嘉庆十六年，欠解八万三千余两，已经接近应征溢羡银的一半，即："应征税契、科场溢羡银一十七万五千六十两二钱二分二厘，已完解司银九万六百八十七两一钱四分九厘，又番禺、连平等州县共未完解司银八万三千五百六十三两九钱七分三厘。"②这种欠解的情势基本与地丁钱粮的欠解相一致。

以上是作为研究的个案，对广东契税征收原额、溢羡征解的列表分析。其他各省的情况当然也值得注意。可以再举出江西、云南、四川省的事例作为参照。

江西的契税征收，表1所列为七千四百余两，据乾隆二十四年署理江西巡抚阿思哈称"江省税契，向年不过六七万两"，每年六七万两大概是一个常数，乾隆二十三年征收尤多，"统计一年共收新旧税契银一十六万七千四百余两，较之二十二年收银六万八千余两计多收银九万九千余两"。③而据"江西通省每年约用契尾十五六万张"来看，征收的契税数目，当不在少数，即使一张契尾征收税银一两，每年也应该有十几万两之谱。但是由于"江西州县借此那[挪]移，上司亦以此为通融抵补，往往前次所领契尾全数尽销，而税银分文不解"④，这才导致每年税银不过六七万两，乾隆二十三年征税达到十六万七千余两，正是清查的结果。

云南的契税征收数额在表1中缺记，其征收额，道光年间每年大概在二三万两。道光八年，"税契银二万一千六百两七分九厘"；道光十一年，"税契银二万四千二百六十五两三钱四分一厘"；道光十五年，"税契银二万三千四百八十六两八钱六分一厘"；道光十九年，"税契银三万一千七百八十一两六

---

① 档案，嘉庆十三年二月十七日广东巡抚孙玉庭题：《为请复契尾之旧例以杜私征捏契事》，户科题本，档案号：02-01-04-18827-024。

② 档案，嘉庆十八年四月初二日广东巡抚韩崶题：《为请复契尾之旧例以杜私征捏契事》，户科题本，档案号：02-01-04-19379-004。

③ 档案，乾隆二十四年二月十六日署理江西巡抚阿思哈奏：《为奏闻事》，朱批奏折，档案号：04-0135-0546-008。

④ 档案，道光二年三月二十一日江西巡抚毓岱奏：《为钦奉谕旨查明江西契税情形事》，军机处录副，档案号：03-3156-005。该份奏折又称："距省较远之处，每年约计应用（契尾）张数，汇总赴司请领一次，其距省较近者，半年请领一次。税银最多之县，每年酌给契尾五六千张，余自三四千至二三百张不等。"

钱一分七厘";各不等。①

四川的契税银在表1中亦缺记,实际上四川的契税在康熙年间已经有"定额"。嘉庆十六年,四川总督常明即说"川省契税自定额至今,已历百十余年"②。嘉庆十五年,在契税定额银"二万一千三百八十余两"之外,征收"赢[盈]余银六万四千七百八十两。统计一年之内,除正月未经开印以前原无税契外,共实收银八万六千一百六十余两"③。据后来的档案可知,四川的情况较为特殊,曾经将盈余银累加,成为新的"定额"。此事见于光绪二十六年四川总督奎俊的奏折:"查川省州县税契原额银二万一千三百八十余两,嘉庆十一年,加银六万四千七百八十两,永为定额。"④

由上不难看出,由于契税的征收存在着"无定额""定额""盈余"以及拨解或不拨解等情况,十分复杂,契税征收的额数要远远超过一般典籍的记载。

至于契税的所谓"尽收尽解"或"尽征尽解",揆诸档案资料及一般典籍所载,存在几种情况。

第一,地方官员私自隐匿税银,不如实上解。一如四川总督常明所说:"川省州县税契赢[盈]余未能尽征尽解,陋习相沿,已非一日。本日询问勒

---

① 档案,道光九年十二月初六日户部尚书禧恩题:《为奏销等事》,户科题本,档案号:02-01-04-20383-017。档案,道光十二年六月二十八日户部尚书禧恩题:《为奏销等事》,户科题本,档案号:02-01-04-20537-024。档案,道光十六年十二月十二日大学士、管理户部尚书事潘世恩题:《为奏销等事》,户科题本,档案号:02-01-04-20812-018。档案,道光二十年十二月初十日大学士、管理户部尚书事潘世恩题:《为奏销等事》,户科题本,档案号:02-01-04-21040-004。

② 档案,嘉庆十六年二月初十日四川总督常明奏:《为遵旨妥议川省契税章程事》,朱批奏折,档案号:04-01-35-0552-021。

③ 档案,嘉庆十六年十二月十八日四川总督常明奏:《为川省契税赢余银两年内报解全完事》,朱批奏折,档案号:04-01-35-0552-048。

④ 档案,光绪二十六年正月十二日四川总督奎俊奏:《为部议筹款六条,谨就川省情形分别办理事》,朱批奏折,档案号:04-01-35-1052-002。按:另据四川总督鹿传霖称:"川省税契原额仅二万一千余两,嘉庆十五年奏加盈余六万余两。……无暇详核,亦无底簿可稽,百数十年相沿至今。"该说法与四川总督奎俊的说法不同,当误。鹿传霖自己也说"无暇详核,亦无底簿可稽"。见档案,光绪二十二年五月十四日四川总督鹿传霖奏:《为沥陈川省税契碍难再加情形事》,军机处录副,档案号:03-6507-043。又按:据《四川全省财政说明书·契税说明书》记载:"川省田房契税,每岁仅征银二万一千三百八十两,是为原额。嘉庆十六年,加盈余银六万四千七百八十两,是为加征。"把加征契税盈余银的时间说成嘉庆十六年,当误。见陈锋主编《晚清财政说明书》第4册,湖北人民出版社2015年版,第799页。

保,据称,州县等平日征多报少,比比皆是。"这当然是有违成例。之所以如此,按常明的说法,有其不得已之处:"总缘该州县除养廉之外,别无得项,而养廉摊扣又多,不能全领,以致各项办公之费多有未敷,不能不借此贴补。"①这显然不是官员的"侵蚀入己",而是为了借此弥补地方办公经费的不足。而安徽布政使石麟则称,契税"例应尽收尽解,乃官胥因循锢弊,以国税作虚名,视欺隐为常套,分侵肥橐,靡不相习成风"②。按照石麟的说法,则属于地方官员的"分侵肥橐"。不管是哪一种情况,都导致了契税不能完全尽收尽解。

第二,契税尽收尽解,各不相同。由于契税的"正额"或"盈余"税银性质的不同,存在不同的尽收尽解的方式。一般地方志说的契税"尽征尽解,各州县同"③,并不能如实反映实在状况。

一般说,契税的正额银尽收尽解,报解中央(户部),并同地丁钱粮一并造册报解。这在许多奏销题本中都有说明,如乾隆二年大学士张廷玉称:"查粤东省雍正十三年分广南等十府,罗、连、嘉三州属征解税契银七千五百七十两九钱一分三厘。汇入该年地丁册内。查与历年额征银数相符,应于奏销案内查核题覆。"④这里的"税契银"七千五百余两,即是广东契税的正额银,"汇入该年地丁册内"奏销。乾隆九年,户部尚书海望所说更为直接:"乾隆七年分……通省共解额征税契银七千五百七十两九钱一分三厘。已汇入该年地丁册内奏销。"⑤只有在个别情况下,经过奏准,契税的"正额"才能留存地方,拨充地方公用。如雍正十二年江西巡抚谢旻所说:"江省司库存公银两,前因每年存剩无多,恐有一时需用之事,未免不敷,荷蒙皇恩将雍正八年税契银七千八百五十三两零,拨存司库,以备地方公用。"⑥

① 档案,嘉庆十六年二月初十日四川总督常明奏:《为遵旨妥议川省契税章程事》,朱批奏折,档案号:04-01-35-0552-021。

② 《朱批谕旨》卷217,朱批石麟奏折,雍正五年闰三月二十九日安徽布政使石麟奏折。

③ 乾隆《江南通志》卷79《食货志·关税·杂税附》。

④ 档案,乾隆二年二月初八日大学士、管理户部尚书事张廷玉题:《为请复契尾之旧例以杜私征捏契事》,户科题本,档案号:02-01-04-12964-014。

⑤ 档案,乾隆九年六月初八日户部尚书海望题:《为请复契尾之旧例以杜私征捏契事》,户科题本,档案号:02-01-04-13678-001。

⑥ 《朱批谕旨》卷138下,朱批谢旻奏折,雍正十二年正月初八日江西巡抚谢旻奏折。

契税盈余银的报解方式则要复杂得多。雍正四年曾经议准："凡典当田土,均用布政使司契尾,该地方印契过户一应盈余税银尽收尽解。"①这是典章制度首次规定契税"盈余税银尽收尽解"。尽管如此,广州府知府蓝鼎元也称:"雍正五年,税契溢羡,未奉全解之檄,存贮邑库。凡上官公事捐输、修造战船炮台之类,就中支解。"②这种契税盈余银"存贮邑库"亦即存贮府库的记载,为笔者首见,蓝鼎元以广州府知府的身份记载此事,当不虚。说明至少在雍正五年之前,契税的盈余银并未上解(或未全部上解),而是留充地方府县作为地方费用。在"盈余税银尽收尽解"的规定之后,契税盈余银的"尽解"也并非上解中央,而是上解藩库,即所谓"州县征收田房税羡银两,例应尽收尽报,陆续解贮司库,按年题报"③。对此,可从乾隆八年广东巡抚王安国的题本中仔细体会:

> 粤东省各属征收落地、田房二项税羡银两,递年尽收尽解,存留支应各官养廉及津贴修船之用,岁底题报在案。……所有现存银两,一、落地税羡,自雍正九年至十一年,共存银一十一万四千一百四十一两九钱七分四厘八毫零。一、田房税羡,自雍正十年起至十一年,共存银一十一万六千二百九十三两九钱七分五厘二毫零。以上二项税羡共存银二十六万四百三十五两九钱五分零(按:不是前两项的直接相加,还有其他年份的存银),内封贮银二十一万五千八百五十三两一钱七厘零。尚(有)雍正十年、十一年落地税并零星赢[盈]余存贮司库,候给各官养廉银四万四千五百八十二两八钱四分二厘零。嗣后递年通省所收落地税羡,遵照恩旨,赏给留支各官养廉,每年征收田房税契银两,另款收存司库,遇有本省建造工程应动之案,题明动支。……前署广东巡抚傅泰题报征收落地税银案内,于雍正七年二月内奉旨:广东落地税赢[盈]余

---

① 乾隆《大清会典则例》卷50《户部·杂赋下》;光绪《大清会典事例》卷245《户部·杂赋·田房税契》。

② 蓝鼎元:《鹿洲初集》卷10《记》。

③ 档案,乾隆三十七年二月十五日广东巡抚德保奏:《为请定批解田房税羡银两迟延之处分以重钱粮事》,朱批奏折,档案号:04-01-35-0547-025。

银两,于该督抚奏折内批令赏给该省官员为养廉及津贴修理战船之用,已有旨了。……又于雍正七年十二月内奉上谕:……广东落地税美之外,雍正六、七两年报有田房税契溢美银四万四千三百余两,此系该省查出之美余,应归于本省之公用,着于此项银两着给督抚等养廉,应给若干,着该督抚会同布政使王士俊斟酌定议。①

王安国的题本主要是回顾了广东契税盈余银与落地税盈余银的征解留支。其中,雍正七年十二月的上谕,雍正六、七两年广东上报的契税"溢美银"四万四千余两,是该省"查出"的"美余",应该留存地方,"归于本省之公用",支给"督抚等养廉"。之所以支给"督抚等养廉",是因为养廉银主要在耗羡归公银内支发,②而"广东耗羡仅十五万九千余两,除公用六万五千余两,所存九万余两,不敷大小各员养廉之用"③。于是,便形成了广东契税盈余银"递年尽收尽解,存留支应各官养廉及津贴修船之用,岁底题报"的格局。这里的关键问题是,契税盈余银上解、存留藩库,作为地方的相关费用,凡遇动用,事先报明,到年底上报户部备案。关于此点,还可以从下述广东等省契税盈余银的支出作进一步的窥察。

乾隆二年,大学士张廷玉称,广东雍正十三年除报解契税正额银七千五百余两外,"又解税契、科场溢美银七万七千八百二十六两七分六厘零。该抚既称支给添设营房、建造衙署、炮台、仓廒与恩科乡试经费等项共银八千五百六两二钱九分一厘七毫零,应令该抚俟各项工竣,将用过工料细总各数,造报工部核销之日,报部查核。……尚余银六万九千三百一十九两七钱八分四厘三毫零,既经另款收存,应令该抚遵照原题,遇有本省一切建造工程,题明动用"④。可见,税契、科场溢美银(即契税盈余银、科场经费银)全部留存藩库,除添设营房、建造衙署、炮台、仓廒以及支给恩科乡试经费外,剩

---

① 档案,乾隆八年五月十八日广东巡抚王安国题:《为请复契尾之旧例以杜私征税契事》,户科题本,档案号:02-01-04-13586-005。

② 参见陈锋《论耗羡归公》,《清华大学学报》2009年第2期。

③ 《清世宗上谕内阁》卷89,雍正七年十二月十七日上谕。

④ 档案,乾隆二年二月初八日大学士、管理户部尚书事张廷玉题:《为请复契尾之旧例以杜私征捏契事》,户科题本,档案号:02-01-04-12964-014。

余银两"另款收存",再有支项,题明动用。

乾隆七年,户部尚书海望称:"鹤山县添设黑坑等五处汛防应建营房,……需银六百九十六两九钱三分一厘零,……在田房税羡银内给发兴建。……粤省应办沉速香斤,系供奉坛庙祭祀之用,毋须选择一律大块好香采买,……乾隆五年应办解沉速香三百斤,另附秤头香三十斤,共三百三十斤,每斤需价银四两一钱六分五厘,计该银一千三百七十四两四钱五分,应照乾隆四年之例,在于乾隆五年各属征收田房税科羡余解贮司库银内动给采买。……惠、潮二府属之归善、海阳等各县添设县治,建筑城垣、炮台、关口等,……共需工料银三万三千二百四十四两七钱零,……在司库存贮各年田房税羡银内动给修建。"①这里除营房、城垣、炮台等修建外,为内务府采办的沉速香,也在契税盈余银内动支。

乾隆十一年,户部尚书海望称:"(乾隆九年契税银)支给办买沉速香价、点锡价脚、额外孤贫口粮、修葺城垣、钱局等项共银四万六千八十九两一钱七分九厘零。"②这里除修葺城垣、采买沉速香等已经出现过的支出项目外,又多了点锡的采买与运脚、孤贫口粮、钱局等项的支出。

广东省之外,其他省份也有类似的情况。如福建,据闽浙总督赵慎畛称:"福建省福州、泉州、漳州、台湾四厂承办修造水师各营战船,应给正价一项,每年约需银二万两左右",曾经在其他杂税银内动支,但其他杂税"每年仅有解司银数千两,不敷支用。惟税契一款,年有解司银数万两,堪以动支船工正价之需。今福州厂造补新字八号船正价银三百九十九两七钱一分四厘,泉州厂造补成字七号船正价银二千二百四十四两三钱零三厘,即奉部奏驳不准动支地丁(按:道光四年六月十八日钦奉上谕:"嗣后遇有必不可缓之工,务派妥员查验确实,出具切结,方准具折声明,次第请修,所需工料银两,总不准擅动地丁正项"),应请改动司库道光四年分税契银两,以应工需。并请嗣后各场修造船工应给正价,一体在于税契银内动支"。朱

---

① 档案,乾隆七年四月初九日户部尚书海望题:《为请复契尾之旧例以杜私征捏契事》,户科题本,档案号:02-01-04-13446-012。

② 档案,乾隆十一年五月十八日户部尚书海望题:《为请复契尾之旧例以杜私征捏契事》,户科题本,档案号:02-01-04-13987-019。

批:"户部知道。"①如山西,据山西巡抚鄂宝称:"晋省科场经费向例,武场额设正项并不敷银一千三百九十一两零,内正项银六百七十两零,系于各州县额解武举盘缠并武宴牌匾项下动支银四百二十八两零,又动支进士旗匾给剩银二百四十一两零,以充正项额支不敷之数,不敷银七百二十一两零,系于耗羡项下分作三年每年酌留银二百四十两零,积存备用。此系专为正科而设,今庚寅年特开恩科,各省武场,经部臣奏明,于本年十月乡试所有武场事宜应行预期次第办理,需用经费银两,因无款可动,行据布政使朱珪详称,武场应需正项银六百七十两零,请照文场之例在于乾隆三十五年税契盈余项下动支,其不敷银七百二十一两零在于乾隆三十五年耗羡银内动给。"朱批:"该部知道。"②山西巡抚成格称:"山西省科场额定经费银四千二百五十八两零,本年举行恩科,请循例照上届恩科之例在于嘉庆二十五年税契盈余银内动用银二千一百五十八两零,其不敷银二千一百两并应给正副考官路费银八百两,均请在于嘉庆二十五年耗羡项下如数动给。"朱批:"户部知道。"③这些对契税盈余银的动用,朱批"户部知道"或"该部知道",都没有经过户部的议覆,可见是循其惯例的例行奏报。

契税盈余银留存地方,支发养廉银及其他费用,在一定程度上弥补了地方经费的欠缺,并对中央财政与地方财政的划分产生一定的影响;而用盈余银采买沉速香解交内务府,又涉及皇室经费和物料的来源。其意义是多方面的。

---

① 档案,道光五年六月十九日闽浙总督赵慎畛奏:《为福建省福州泉州二厂造补战船应给正价银两事》,朱批奏折,档案号:04-01-36-0060-013。

② 档案,乾隆三十五年四月十三日山西巡抚鄂宝奏:《为循例奏明事》,朱批奏折,档案号:04-01-35-0909-022。

③ 档案,道光元年四月二十六日山西巡抚成格奏:《为请动科场经费循例奏闻事》,朱批奏折,档案号:04-01-35-0949-015。